KB007430

易占

우리나라 전통 행운찾기

문명상

충남 공주 마곡사에서 수행
1978년 동국대학 불교대학 인도철학과 졸업
해인서예학원 원장 역임
현재는 서울 정릉 성불사 주지

(02) 914-3674

서울 · 성북구 정릉4동 833-20 성불사

역점(우리나라 전통 행운찾기)

1판 1쇄 발행일 | 2004년 6월 16일
발행처 | 삼한출판사
발행인 | 김충호
지은이 | 문명상
편 집 | 배경환

등록일 | 1975년 10월 18일
등록번호 | 제13-47호

서울 · 동대문구 신설동 103-6호 아세아빌딩 201호
대표전화 (02) 2231-4460
팩시밀리 (02) 2231-4461

값 26,000원
ISBN 89-7460-096-× 03180

신비한 동양철학 · 57

易占
우리나라 전통 행운찾기

문명상 편저

■ 64괘 찾아보기(( )안의 숫자는 쪽수입니다).

下卦 \ 上卦	1(天)	2(澤)	3(火)	4(雷)	5(風)	6(水)	7(山)	8(地)
1(天)	乾爲天 (29)	澤天夬 (210)	火天大有 (79)	雷天大壯 (170)	風天小畜 (58)	水天需 (43)	山天大畜 (132)	地天泰 (66)
2(澤)	天澤履 (62)	兌爲澤 (278)	火澤睽 (187)	雷澤歸妹 (259)	風澤中孚 (291)	水澤節 (287)	山澤損 (201)	地澤臨 (100)
3(火)	天火同人 (75)	澤火革 (236)	離爲火 (150)	雷火豊 (264)	風火家人 (183)	水火旣濟 (299)	山火賁 (114)	地火明夷 (178)
4(雷)	天雷无妄 (127)	澤雷隨 (91)	火雷噬嗑 (109)	震爲雷 (245)	風雷益 (205)	水雷屯 (35)	山雷頤 (137)	地雷復 (123)
5(風)	天風姤 (215)	澤風大過 (141)	火風鼎 (241)	雷風恒 (160)	巽爲風 (274)	水風井 (232)	山風蠱 (96)	地風升 (224)
6(水)	天水訟 (46)	澤水困 (228)	火水未濟 (304)	雷水解 (197)	風水渙 (282)	坎爲水 (145)	山水蒙 (39)	地水師 (50)
7(山)	天山遯 (165)	澤山咸 (155)	火山旅 (269)	雷山小過 (295)	風山漸 (255)	水山蹇 (192)	艮爲山 (250)	地山謙 (83)
8(地)	天地否 (71)	澤地萃 (220)	火地晉 (174)	雷地豫 (87)	風地觀 (105)	水地比 (54)	山地剝 (118)	坤爲地 (32)

책머리에

인간이 평생을 살아가면서 제일 궁금한 것이 있다면 그것은 자기 자신에 대한 미래의 일일 것이다. 과학이 아무리 발달하고 인지(人智)가 밝아진 오늘날에도 각자의 앞 길을 명확하게 판단한다는 것은 어려운 일이다. 더욱이 21세기를 앞둔 현대 사회는 복잡다난하고, 변화 무상한 생활환경 속에서 자신의 내일의 운명이 어떻게 변해 갈지, 자신의 일을 미리 예측하여 나아간다는 것은 거의 불가능한 일일 것이다. 이는 고대(古代)사회나 현대사회나 각 개인의 능력에 따라서 누구나 그 궁금증을 갖고 살아가는 것이 인간의 모습이다.

한 개인이 평생을 살아가면서 겪는 일이란 수없는 우여곡절과 시행착오를 하면서 삶을 이어가고 있는 것이 인간의 모습이다. 때로는 뜻하지 않은 행운이 찾아오기도 하고, 때로는 예기치 못한 불행이 닥쳐와 소중한 일생을 탄식과 고통으로 마감하는 경우도 있다. 이는 인간이 생을 영위해 나가는 동안 어느 누구에게나 닥칠수 있는 일들이다. 그러면 이런 일들을 사전에 예견(豫見)하여 살아가는 방법은 없는 것일까.

이와같은 인생의 복잡다난하고 불확실한 내일의 문제를 미리 예견하여 불행을 방지하고, 자신이 원하는 일들이 이루어지는 길을 찾으려는 노력은 옛날이나 현대를 살아가는 오늘에도 대다수의 사람들이 원하고 있는 숙원일 것이다.

오늘날 물질문명이 고도로 발달하고 과학이 눈부신 발전을 거듭해 왔지만, 이 문제만은 현대 과학이 풀수 없는 숙제로 남아 있다. 실용주의적인 서양 과학문화가 아무리 발전을 해도 인간과 자연의 오묘한 이치는 과학만으로서는 풀수 없게 되자, 요즘에 와서 동양의 신비주의에 대한 관심과 연구가 활발하게 진행되고 또한 이를 인정하고 있다.

동양에서는 이미 3천여년 전에 만들어진 이 주역은 동서 고금을 통틀어서 예지(豫知)하는 술(術)의 책으로는 가장 으뜸이 되는 책으로 인정되어 그 연구가 활발하다. 동양의 문화 사상의 근본바탕을 이루는 사서오경(四書五經) 가운데서 가장 심오(深奧)하고 난해한 책이 주역이다. 이 주역을 공자(孔子)가 만년에 너무 좋아해서 위편삼절(韋編三絶)했다는 말이 있다. 위(韋)는 부드럽게 손질된 가죽을 말하는데, 옛날에는 종이가 없어 대나무를 깎아 거기에 글을 썼는데 이를 죽간(竹簡)이라 했다. 이 죽간을 가죽 끈으로 묶어서 책을 만들었는데 그렇게 만든 주역책을 그 가죽끈이 세번이나 끊어질 정도로 열심히 보았다고 하는 유명한 이야기가 사마천(司馬遷)의 사기(史記) 공자세가(孔子世家)에 기록되어 있다.

우리가 주역하면 점술(占術)이라 하여, 무조건 미신이라고 치부해 버리는 무지(無知)하고 어리석은 생각을 버려야 할 것이다. 이 주역이 한낱 점치는 책에만 불과하고 아무런 가치가 없는 책이라면 이내 그 존재는 벌써 없어졌을 것이다. 그러나 오랜 역사 속에서 많은 학자들이 연구를 계속하여 왔고, 그 속에서 자연과학과 형이상학적인 우주론과 인생론을 밝혀 실천적인 철학서로써 정치, 경제, 사회 등 여러 방면에서 인간의 실생활에 응용해왔고, 삶의 지침서로써 그 역할을 해왔다.

주역하면 난해(難解)하다고 하는 사람이 많다. 그러나 이 역(易)이란 말에는 쉽다는 뜻이 있다. 그러므로 누구나 가깝게 두고 복잡다난한 세상을 살아가면서 혼자서는 해결 할 수 없는 어려운 문제에 봉착 했을 때, 이를 풀어가는 길잡이가 되도록 쉽게 풀이한 것이니, 선입관을 버리고 예측불허한 자신의 미래에 대해 희망과 도움이 되기를 바랍니다.

편저자 씀

차 례

제1장 역학(주역)의 이해

1. 역(易)의 기원과 성립

역(易)의 기원

오늘날 우리가 알고 있는 주역(周易)은 지금부터 3천년 전인 주나라 문왕(文王) 때의 역(易)으로 보고 있다. 그러나 그 이전에 저자와 시대는 알 수 없으나, 연산역(連山易)과 귀장역(歸藏易)이 있었던 것으로 전해져 내려오나, 그 원형은 남아 있지 않고 알려져 있지도 않다. 다만 연산역(連山易)은 수렵시대, 즉 원시생활시대로 보며, 그로부터 아랫대로 내려와 중국의 황하유역에서 농경생활을 시작한 무렵에 귀장역(歸藏易)이 생겼다고 전해져 오고 있다.

일선에 의하면 연산역(連山易)은 신농씨(神農氏)시대의 역(易)이고, 귀장역(歸藏易)은 황제(皇帝)시대의 역(易)이라 했다. 그후 문자에 의한 역(易)은 주역(周易)이라 하여 이를 삼역(三易)이라 하였다. 그러나 지금은 연산역(連山易)과 귀장역(歸藏易)은 그 원형이 전해지지 않아서 알 길이 없고, 현재는 주역(周易)만이 남아 있다. 이 주역(周易)이 전통적 사상서로 자리잡은 것은 한왕조(漢王朝)시대에 유교가 국교로 정해지는 과정에서 주역(周易)도 경전화됨으로써 명실상부한 사상서로 공인되었다.

역(易)의 성립

일반적으로 주역(周易)으로 알고 있는 본래 이름은 역(易)이다. 이 역(易)이란 글자에는 여러 가지의 뜻이 포함되어 있기 때문에 이 글자를 선택한 것 같다. 이 역(易)은 쉽게 풀이하면 바꾼다 또는 바뀐다의 뜻이고, 좀더 구체적으로 설명하면 역(易)에는 간역(簡易), 변역(變易), 불역(不易)의 3가지 뜻이 있다.

첫째, 간역(簡易)이라고 하는 것은 세상의 모든 변화와 순환법칙이 알기 쉽고 따르기 쉽고 복잡하지 않고 간단해 누구나 쉽게 알 수 있다는 뜻이다. 즉 천지자연의 조화가 변화무쌍해도 일정한 법칙에 의해서 그 형태가 변하고 질서에 의해서 생성소멸하며, 때에 따라서 생장 발육한다는 것이다. 즉 추운 겨울이 지나면 따뜻한 봄이 와서 새싹을 돋게 하고, 씨앗을 뿌리면 그것이 자라 열매를 맺는다. 이렇게 봄·여름·가을·겨울 사계절의 순환이 누구나 알기 쉽고, 또한 그 변화가 결코 어긋남이 없이 간단해 사람이 순응하기 쉽다는 원리다.

둘째, 변역(變易)은 세상의 만물이 변하고 바뀐다는 뜻이다. 우주자연 현상이다. 인간의 운명이 고정불변한 것이 아니라 항상 변화하고 바뀐다는 것이다. 한낮이 지나면 밤이 오고 봄·여름·가을·겨울 사계절의 변화가 있듯이, 음(陰)과 양(陽)의 기운이 서로 바뀌어 가면서 변화하고 작용한다는 뜻이다.

셋째, 불역(不易)은 우주 자연과 하늘과 땅 사이의 모든 만물이 항상 변화하는 것이지만 변하지 않는 절대적인 법칙이 있다는 것이다. 즉 하늘과 땅의 위치가 바뀌거나 사계절의 순서가 바뀌는 일은 절대 없으며, 이들은 일정한 법칙에 의해서 질서를 지키며 움직이고 있다는 것이 역(易)의 원리다. 그러나 역(易)의 원리를 이렇게 풀이하는 것은 정설은 아니다. 어느 누구에 의해서 이렇게 불렸으며, 누가 지었는지 확실하게 입증된 자료가 없다.

이 밖에도 일월설과 도마뱀설, 관측설이 있다. 일월설이란 역(易)자를 날일(日)자와 달월(月)자를 합쳐 된 것이라 한다. 즉 회의(會意)문자에서 비롯되었다는 설이다. 일(日)은 태양을 뜻하여 양(陽)이라 하고, 월(月)은 달이라 하여 밤을 뜻하는 음(陰)이다. 우주자연의 현상계나 인간, 이 세상의 모든 것이 음양(陰陽)으로 이루어졌으므로 음양(陰陽)의 작용에 의해서 변화한다는 설이다.

도마뱀설은 역(易)자를 도마뱀의 상형문자로 표현한 설이다. 이 도마뱀은 보호색을 지닌 동물로 주위 상황에 따라 색을 자주 바꾸는 것처럼 자연현상계나 인간사 만물이 이와 같이 변화무쌍하다는 설이다. 마지막 관측설은 역(易)자를 해(日)와 만물(勿)자를 회의(會意)문자로 해석한 것으로, 해를 우러러 본 다음에는 어떤 행동도 함부로 해서는 안 된다. 즉 이 해는 자연의 으뜸이니 자연의 순리를 거스르는 행동을 하지 말라는 뜻이다.

이상과 같이 주역(周易)이란 말은 본래 역(易)의 이름이 연산역(連山易)과 귀장역(歸藏易)을 거쳐 주나라 시대의 주역(周易)으로 발전되어 오늘날 주역(周易)이라고 부르게 되었다.

2 주역(周易)의 구성

주역(周易)은 팔괘(八卦)와 육십사괘(六十四卦) 그리고 이에 따르는 괘사(卦辭)와 효사(爻辭), 그리고 이 경문(經文)을 해석하여 오묘한 이치를 밝히는 십익(十翼)으로 이루어져 있다. 팔괘(八卦)는 중국의 복희씨(伏羲氏)라는 제왕의 황하에서 나온 용마의 등에 그려진 무늬를 보고 계시를 얻어 천지자연의 형태와 만물의 형상을 관찰해 팔괘(八卦)를 만들었다고 한다.

육십사괘(六十四卦)는 천지자연의 형태와 만물의 가장 기본이 되는 팔괘(八卦)에는 정해졌지만, 그 변화무쌍한 이치는 표현되지 않아서 그 변화의 이치를 팔괘(八卦)를 2개씩 합쳐서 육십사괘(六十四卦)로 변화 발전시키게 되었다. 이로써 육십사괘(六十四卦)는 우주에 존재하는 모든 현상과 형태의 끊임없는 변화의 원리를 나타낸 것이다.

효사(爻辭)는 우주만물이 처음으로 생길 때 태극(太極)이었다. 이 태극(太極)에서 음(陰)과 양(陽)이 나뉘어졌고, 이 음(陰)과 양(陽)에서 만물이 생겨났다고 한다. 즉 음(陰)은 땅을 나타내고, 양(陽)은 하늘을 나타내는 가장 근본이 된다는 것이다. 그래서 가장 기본이 되는 것을 표현한 것이 효(爻)다. 십익(十翼)은 경문(經文)을 해석하여 역(易)의 오묘한 이치를 밝히는 10가지 문헌을 가리킨 것이다. 단전(彖傳)의 상과 하, 상전(象傳)의 상과 하, 계사전(繫辭傳)의 상과 하, 문언전(文言傳), 설괘전(設卦傳), 서괘전(序卦傳), 잡괘전(雜卦傳) 10가지다.

- 단전(彖傳)의 단(彖)은 단(斷)과 같은 뜻으로, 경문의 괘사(卦辭)를 부연 설명한 것이다. 괘(卦)의 이름과 모양을 육효(六爻)의 구성으로 해석한 것이다.

- 상전(象傳)은 괘(卦)의 상과 효(爻)의 상을 말한다. 즉 사물의 모양을 표현한 것이 아니라 동작을 표현한 것이다. 이 상전(象傳)은 대상(大象)과 소상(小象)으로 구성되어 있다. 이 대상(大象)은 괘(卦) 전체의 뜻과 위・아래 괘(卦)의 배치에 대한 논리를 가지고, 인간이 하늘의 운행에 끊임없이 이를 본받아서 쉬지 않고 자신을 닦아야 한다는 것이다. 소상(小象)은 한효 한효 효사(爻辭)를 다시 구체적으로 설명한 것으로, 육십사괘(六十四卦) 모두에 각 상이 있다.

- 계사전(繫辭傳)은 괘사(卦辭)와 효사(爻辭)를 다시 구체적으로 설명하고, 그 이치를 밝혀 주역(周易)의 이론을 논리적으로 설명해 체계를 세운 해석서다.

- 문언전(文言傳)은 건(乾)・곤(坤)의 괘(卦)를 즉 건위천(乾爲天)과 곤위지(坤爲地) 주괘와 그 효사(爻辭)를 다시 확대해 해석한 도덕적 해설서다. 그 한 부분을 인용하면 선행을 쌓으면 반드시 경사가 있을 것이요, 악행을 쌓으면 반드시 재앙이 생긴다는 내용이다.

- 설괘전(設卦傳)은 점을 치는 사람을 위해 괘(卦)를 설명한 것이다. 즉 팔괘(八卦)의 성질과 변화와 작용을 구체적으로 설명한 것이다. 팔괘(八卦)가 천지자연의 형상을 나타낸다는 것과 소성괘(小成卦)가 대성괘(大成卦)로 되면서 만물의 형태를 변화와 조화로 다시 한

번 총괄적으로 설명한 것이다.

- 서괘전(序卦傳)은 육십사괘(六十四卦)의 배열순서와 그 뜻의 원리를 논리적으로 설명한 것이다. 즉 천지자연의 변화가 일정한 법칙과 순서에 따라서 움직인다고 설명한 것이다.
- 잡괘전(雜卦傳)은 육십사괘(六十四卦)를 2개씩 서로 비교하면서 각각의 특색과 의외를 대조해가면서 설명한 것이다.

3. 팔괘(八卦)의 해설

우주만물을 구성하는 가장 기본적인 요소를 삼재 천(天) 지(地)인(人), 즉 하늘과 땅과 사람을 가리키고, 팔괘(八卦)는 이 삼재의 원리에 의해 생긴 것이다. 하늘과 땅 사이에 존재하는 모든 자연현상을 상징하는데, 자연에 존재하는 8가지 모습에 이름을 붙인 것이고, 또한 그 모습의 성질과 의미를 나타낸 것이다.

이 팔괘(八卦)가 8개의 소성괘(小成卦)를 이루어 각각 8번 변하여 육십사괘(六十四卦)가 되어 대성괘(大成卦)가 되고, 대성(大成) 육십사괘(六十四卦)가 육효(六爻)로 변하여 384괘로 되었다. 역점(易占)은 이 육십사괘(六十四卦)가 지닌 뜻을 해석한 것이다. 이 육십사괘(六十四卦)의 뜻도 결국 소성팔괘(小成八卦)에서 나온 것이니 팔괘(八卦)의 의미와 그 성질을 아는 것이 중요하다.

4. 소성팔괘(小成八卦)의 내용

건(乾) ☰ 천(天)

- 형태 : 하늘, 해.
- 괘의 뜻 : 강건, 진실, 건강, 존귀, 원만, 완전.

- 인물 : 남자, 남편, 부친, 군주, 윗사람, 노인, 고승, 고귀한 사람.
- 인사 : 과단, 매정, 투쟁, 강세, 활동적.
- 인체 : 머리, 목, 뼈, 폐.
- 방위와 지리 : 서북방, 서울(수도), 높은 곳.
- 계절과 시각 : 늦가을, 초겨울, 10~11월, 오후 9~11시.
- 일기 : 맑음, 서리, 우박, 얼음, 진눈깨비.
- 색상 : 백색.
- 사물 : 대하, 대평원, 사찰, 관청, 고층건물, 금, 둥근 물건, 거울, 관, 모자.
- 동물 : 용, 말, 사자, 호랑이, 코끼리.
- 음식 : 말고기, 딱딱한 음식, 매운 것.

태(兌) ☱ 택(澤)

- 형태 : 연못.
- 괘의 뜻 : 기쁨, 웃음, 친화, 색정, 유혹.
- 인물 : 소녀, 애인, 친구, 여배우, 기생, 가수.
- 인사　: 즐거움, 구설, 악담, 음식.
- 인체 : 입, 혀, 여성의 성기.
- 방위와 지리 : 서쪽, 연못, 시내, 물가, 폐쇄된 우물, 산사태, 못쓰는 땅.
- 계절과 시각 : 가을, 오후 9시.
- 일기 : 흐림, 비온 후 땅이 축축하게 젖은 상태.
- 색상 : 백색, 황금색.
- 사물 : 골짜기, 깨진 물건, 물, 악기, 돈, 그릇.
- 동물 : 양, 고양이, 물고기.
- 음식 : 양고기, 삶은 것, 매운 것, 쓰고 매운 것.

이(離) ☲ 화(火)

- 형태 : 불, 해.
- 괘의 뜻 : 아름다움, 태양, 격렬, 분명함, 장식함.
- 인물 : 중년 여인, 애인, 군인, 경찰, 법관, 문인, 예술가.
- 인사 : 저·화·문학에 관한 일, 광고·장식에 관한 것.
- 인체 : 눈, 심장, 피부, 현기증.
- 방위와 지리 : 남쪽, 마른땅, 남향땅.
- 계절과 시각 : 여름, 6월, 정오.
- 일기 : 맑음.
- 색상 : 적색.
- 사물 : 문서, 화폐, 수표, 병기, 병사, 자동차.
- 동물 : 꿩, 거북, 자라, 게, 우렁이, 조개, 새, 학.
- 음식 : 꿩고기, 데친 것, 태운 것, 찐 것, 쓴맛.

진(震) ☳ 뢰(雷)

- 형태 : 우뢰, 천둥.
- 괘의 뜻 : 결단, 성공, 경악, 소리, 격정, 의욕, 분방.
- 인물 : 장남, 형, 황제, 연장자, 상속자, 협력자.
- 인사 : 의술, 기술, 건축사, 통솔력이 있는 사람.
- 인체 : 수족, 강장, 모발, 성음.
- 방위와 지리 : 동쪽, 큰 길, 떠들썩한 거리, 젊은이가 많은 거리, 환락가.
- 계절과 시각 : 봄, 3월, 오전 5시.
- 일기 : 맑음, 우뢰소리.
- 색상 : 청색, 초록색.
- 사물 : 나무, 수레, 대, 숲, 상자, 악기, 배, 불.

- 동물 : 용, 뱀, 준마.
- 음식 : 어육, 신맛, 과일, 채소.

손(巽) ☴ 풍(風)

- 형태 : 바람.
- 괘의 뜻 : 출입, 진퇴, 냄새, 이익, 여행.
- 인물 : 장녀, 주부, 여승, 과부, 배우, 상인.
- 인사 : 허물없는 사람, 경박한 사람, 정숙한 사람, 저술가, 광고업.
- 인체 : 팔, 다리, 호흡, 기(氣).
- 방위와 지리 : 동남, 초목이 무성한 곳, 꽃, 과일, 채소, 밭, 시장.
- 계절과 시각 : 늦봄~초여름, 오전 7시~9시.
- 일기 : 흐리고 비가 오지 않는다. 강풍.
- 색상 : 청색, 초록색, 백색.
- 사물 : 나무, 밧줄, 세공물, 초목, 집, 종자.
- 동물 : 닭, 뱀, 물고기, 산 속의 새들과 벌레, 나비, 잠자리.
- 음식 : 닭고기, 산나물, 채소, 신맛.

감(坎) ☵ 수(水)

- 형태 : 물, 시내.
- 괘의 뜻 : 지혜, 사상, 근심, 걱정, 슬픔, 혼란, 분망.
- 인물 : 중년 남자, 선원, 법률가, 의사, 철학가, 도둑, 죄수.
- 인사 : 버릇없는 사람, 고심하는 사람, 병자, 주소불명.
- 인체 : 귀, 신장, 냉증, 혈관.
- 방위와 지리 : 북방, 하천, 호수, 우물, 습한 땅, 골짜기.
- 계절과 시각 : 겨울, 자정, 오후 12시.
- 일기 : 비, 눈.
- 색상 : 검은색.

- 사물 : 술, 얼음, 우물, 액체, 수레, 수렁.
- 동물 : 여우, 쥐, 생선, 조개.
- 음식 : 술, 음료수, 스프, 바다에서 나는 음식.

간(艮) ☶ 산(山)

- 형태 : 산.
- 괘의 뜻 : 정지, 근면, 완고, 오만, 독립, 침착, 거부, 보수적.
- 인물 : 소년, 승려, 목사, 신부, 종업원, 은행원.
- 인사 : 수위, 집을 지키는 사람, 관념적인 사람.
- 인체 : 손, 손가락, 척추, 코, 정수리, 남성의 성기.
- 방위와 지리 : 동북, 산악, 구릉, 분묘.
- 계절과 시각 : 늦겨울부터 초봄, 오전 1~2시.
- 일기 : 흐름, 구름, 안개.
- 색상 : 황색, 노란색.
- 사물 : 집, 문, 성(城), 건물, 묘, 사찰, 책상.
- 동물 : 개, 호랑이, 표범, 사슴, 족제비, 과일.
- 음식 : 고구마, 감자, 육류, 야생물, 단맛.

곤(坤) ☷ 지(地)

- 형태 : 땅, 대지.
- 괘의 뜻 : 순종, 유순, 포용, 겸양, 정숙, 의혹, 비천, 퇴각, 잃음.
- 인물 : 어머니, 아내, 아랫사람, 친척, 고향사람, 백성.
- 인사 : 유순, 나약, 인색한 사람, 민중.
- 인체 : 배, 늑골, 비장, 위.
- 바위와 지리 : 서남, 논밭, 촌락, 향리, 평지, 교외.
- 계절과 시각 : 늦여름~초가을, 7~8월, 오후 1시반~4시반.
- 일기 : 흐림, 구름, 가랑비.

- 색상 : 노란색＋검은색(옅은 검정).
- 사물 : 옷감, 의상, 곡식(오곡), 흙, 논, 밭, 음식, 가재도구.
- 동물 : 소, 숫말, 고양이.
- 음식 : 소고기, 곡물, 내장물, 고구마, 감자, 죽순.

5. 역점(易占)을 치는 마음 자세

　인간은 누구나 세상을 살아가면서 크고작은 일이나 어려운 일을 당하면 처신을 어떻게 해야 유리한 결과를 가져올까 하고 망설이게 된다. 그것은 미래에 대한 불안감 때문이다. 그래서 때로는 초능력적인 절대자에게 의지하기도 하고, 종교에 매달리기도 하고, 자신보다 더 나은 능력을 가진 사람에게 의논하기도 한다.

　과학이 아무리 발달하고 문명과 문화가 고도로 개화된 오늘날이라지만 인간의 미래에 대한 궁금증은 옛날이나 오늘이나 변함이 없을 것이다. 더욱이 요즘처럼 복잡하고 다양한 사회구조 속에서 살아가는 현대인들은 더욱이 자신의 앞날을 미리 알고 싶어하는 마음이 더할 것이라 생각된다. 생각 한번 잘못해 애써 노력해 쌓은 일이 하루 아침에 물거품이 돼 갈곳을 몰라 해매는가 하면, 인간관계를 잘못 맺어 패가망신하고, 잘못된 투자로 빚더미에 올라 어떻게 해야 좋을지 모르는 막막한 일을 당하는 등 수많은 사건과 사고가 다반사로 일어나는 것이 요즘의 세태다.

　사업자는 사업의 번창, 상업자는 더 많은 이익, 정치가는 더 높은 입신, 수험생은 원하는 곳의 합격 등 이 모두가 미래에 대한 일을 미리 알고 싶은 궁금증에 점술가나 철학관이나 무속을 찾게 된다. 그러나 이런 것으로 어느 정도의 도움을 얻을 지는 모르지만 결국 자신의 일은 자신을 가장 잘 아는 본인 뿐이라는 것을 알아야 하고, 최후의 결정도 자신이 내려야 하는 것이므로, 어려운 문제에 봉착했을 때 이 역점(易占)이 향후 자신의 문제에 큰 도움이 되리라 믿는다.

6. 점칠 때 주의할 점

- 점을 치려는 내용이 부정한 것이면 안 된다. 다시 말해 윤리에 어긋나거나 남에게 해가 되는 일은 안 된다.
- 같은 내용을 2번 하면 안 된다. 나온 괘(卦)가 자신의 의사에 맞지 않거나 불리하다고 해서 다시 시도한다면 역점(易占)에 대한 신뢰성이 없으니 자신이 진정으로 얻어야 할 답을 바랄 수 없게 된다. 자신이 풀 수 없는 어려운 문제를 해결하기 위해서라면 진지한 마음으로 임해야만이 도움을 얻을 수 있다.
- 막연한 내용을 점치지 마라. 예를 들면 자신의 장래가 좋겠는가, 나쁘겠는가, 무엇을 해야 성공할 수가 있겠는가 하는 등이다. 구체적인 일이나 문제의 핵심을 찾아서 점을 쳐야 한다. 가령 사업을 하고 있다면 투자를 해야 할 것인가, 앞으로 전망은 어떨까, 신규사업을 하려는데 시기가 괜찮은가 등이다. 사업 내용이 분명한 것 등 범위를 좁혀서 점을 쳐야만 확실한 해답을 구할 수 있다.
- 점칠 당시의 마음 상태가 중요하다. 불안하고 초조해 마음의 안정을 얻을 수 없을 때는 점을 치지 마라. 아무리 당황스런 문제가 있어도 차분하게 마음을 가라앉히고 평정을 찾은 후에 점을 쳐야 한다. 또 주위가 산만하거나 수선스러운 곳은 피하라. 아무래도 정신 집중이 어려우니 바른 괘(卦)를 얻을 수 없기 때문이다. 이상으로 점을 치는 사람은 점에 대한 확신과 믿음을 갖고 진지한 태도로 임해야 맞는 점괘를 얻을 있다.

7. 점치는 방법

점을 치는 방법에는 본서법(本筮法), 중서법(中筮法), 약서법(略筮法)이 있다. 본서법(本筮法)을 18변서법(變筮法), 중서법(中筮法)을 6변서법(變筮法), 약서법(略筮法)은 3변서법(變筮法)이라고도 한다. 이 책에서는 산가지 사용법과 동전 사용법 2가지만 설명한다. 먼저 설명에 앞서 기본적으로 알아야 할 팔괘(八卦)를 살펴보면 다음과 같다.

- 1개가 남으면 ☰ 건(乾—天), 하늘
- 2개가 남으면 ☱ 태(兌—澤), 연못
- 3개가 남으면 ☲ 이(離—火), 불
- 4개가 남으면 ☳ 진(震—雷), 우뢰
- 5개가 남으면 ☴ 손(巽—風), 바람
- 6개가 남으면 ☵ 감(坎—水), 물
- 7개가 남으면 ☶ 간(艮—山), 산
- 8개가 남으면 ☷ 곤(坤—地), 땅

〈역경〉에 나타난 자연의 기본이 되는 8요소를 표시한 것이 팔괘(八卦)다. 이 팔괘(八卦)에 각기 8번씩 다시 변화를 주면 64괘가 된다. 이 64괘를 다시 효(爻)로 동(動)하면 384괘가 된다. 이를 주제로 하여 알기 쉽게 항목별로 풀이한 것이 이 책의 내용이다. 다음 내용을 참고하기 바란다.

■ 산가지 사용법
① 먼저 서죽(筮竹), 산가지(대나무를 가늘게 쪼개 길이 8인치(24cm) 또는 1자 5치(45.5cm) 길이로 50개)를 준비한다.

② 그런 후에 산가지 50개를 두 손으로 잡고, 일체의 잡념을 떨쳐버리고 신령스런 마음으로 모년 모월 모일 아무개(점을 치려는 사람의 이름과 생년월일, 음력이나 약력 모두 상관없음)의 어떤 일(구체적으로)을 점치고자 합니다 하고 진심으로 기원하면서 50개의 산가지 중에서 1개를 뽑아 책상 위에 놓아둔다. 이것을 태극(太極)이라 하는데, 끝까지 그대로 놓아두고 49개로 점을 친다.

③ 태극(太極)을 제외한 49개를 양손에 다시 쥐고, 명상을 하면서 잘 섞어서 2등분하여 오른 손의 것을 책상 위에 놓고, 그 중에서 하나를 들어 왼손의 약지와 새끼손가락 사이에 끼운다. 이것을 고서륵이라 한다.

④ 다음은 오른손으로 왼손에 잡고 있는 산가지를 2개씩 4차례 8개를 제거하고, 같은 식으로 반복하다 남은 것이 8개가 안 될 때 왼손 약지에 끼워둔 고서륵 하나까지 합하여 남은 갯수로 괘(卦)의 형태를 파악한다.

⑤ 앞에서 말한 팔괘(八卦)의 순서에 따라 1개가 남으면 건(乾), 2개가 남으면 태(兌), 3개가 남으면 이(離), 4개가 남으면 진(震), 5개가 남으면 손(巽), 6개가 남으면 감(坎), 7개가 남으면 간(艮), 8개가 남으면 곤(坤)으로 내괘(內卦) 즉 아랫괘(下卦)가 형성된다. 그래서 제일 앞 페이지 도표의 왼쪽란 아랫괘가 정해진다.

⑥ 그리고 다시 최초의 태극(太極)을 제외한 산가지를 앞과 같은 방법으로 반복하면 외괘(外卦) 즉 윗괘(上卦)가 형성되면 앞의 도표 위쪽 상괘(上卦)를 찾아 그 두 괘(卦)가 합치되는 란이 해당되는 괘(卦)다. 그 밑에 숫자는 2쪽에 있는 안내 숫자다.

다음은 변괘를 만드는 법이다. 본괘를 보고난 후에 더 자세한 운세를 보고 싶을 때 이용하는 방법이다. 즉 효(爻)를 뽑는 것이다.

① 이것도 태극(太極)은 그대로 놓아두고, 산가지 49개를 앞에서와 같은 방법으로 2등분해서 오른손의 것을 책상 위에 두고, 그 중 1개를 들어서 왼손 약지와 새끼손가락 사이에 끼운다.

② 그리고 2개씩 3번, 즉 6개를 제외한다. 만일 6개 이상 남으면 산가지를 몇 번이고 제거한다.

③ 그런 후 1개가 남으면 1효, 2개가 남으면 2효, 3개가 남으면 3효, 4개가 남으면 4효, 5개가 남으면 5효, 6개가 남으면 6효가 된다.

■ 동전 사용법

① 먼저 동전 6개를 준비한다.

② 산가지 방법과 마찬가지로 일체의 잡념을 버리고 조용하게 명상하면서 동전을 두 손아귀에 넣고 잘 흔든 다음, 1개씩 빼내어 아래서 위로 6개를 차례로 늘어놓는다.

③ 동전의 앞면을 양(陽), 뒷면을 음(陰)으로 결정했으면(앞면을 아라비아 숫자로 하든 인물이 있는 초상화로 하든 본인이 결정한다), 만약 차례로 앞·앞·뒤, 뒤·뒤·앞으로 나왔으면 양(陽)은 ── 로 정하고, 음(陰)은 ── 로 해서 그래서 앞의 3개는 ☴ 이 되어 제일 첫 면 도표에 위쪽 상괘란에서 찾으면 5풍(風)이 있고, 뒤쪽 3개는 ☳ 이 되어 도표 왼쪽 하괘란에 4뇌(雷)가 되어 두 괘(卦)가 합치되는 곳이 풍뇌익(風雷益)이 된다.

④ 그래서 밑의 숫자 205쪽을 보면 된다.

⑤ 그 후 효(爻)를 뽑아보면 된다. 효(爻)를 보는 방법은 위에서 설명한 그대로다.

제2장 64괘 역점

1. ▤ (一.一) 건위천(乾爲地)

건, 원형, 이정(乾, 元亨, 利貞)

• 상(象)의 해설

건(乾)은 하늘의 도(道)를 다스리는 근원이다. 도(道)는 이치(理致)에 맞아야 하고, 바르고, 옳은 것을 뜻한다. 또한 건(乾)은 강건(剛建) 즉 굳세고 지칠 줄 모르는 강하고 적극적인 것을 상징하는데, 역경(易經)에서는 여섯용이 하늘에 올라 조화를 부리는 형상이라 했다.

• 운세

당신은 태양이 동쪽 하늘에 오르고 초목의 눈이 자라나는 듯한 힘찬 운세로 혈기 왕성하게 뻗어가는 때이지만 세상 이치가 그러하듯이 근본을 잊어서는 안된다. '하늘의 운행은 법칙에 따라 쉬지 않고 움직인다'는 것과 같이 비록 전성기에 달했더라도 이때는 더욱 책임감과 긴장을 늦추지 않아야 무사할 수 있다. 인간사는 항상 성(成)과 패(敗)가 함께 공존하는 법이다. 성(成)하다고 자만심을 가지면 불행을 자초하는 격이니, 지나친 언행은 삼가고 꾸준하고 부지런하게 노력함으로써 좋은 결실을 맺을 수 있다.

원(元)을 상(常)에 자기의 재능을 갈고 닦아 그 덕(德)을 쌓으면 현재의 운세가 파괴되지 않는다. 이런 때일수록 행운을 타고 지나치게 활동하는 경향이 있으나, 실질이 따르지 않을 때이고 모든 일이 생각뿐이고 실천에 옮기기에 무리가 생길 수 있으니 신중을 기해야 한다.

건위천(乾爲天) 지침

신, 불(神, 佛)의 은혜가 당신을 찾아왔으니 태양과 같은 밝은 마음으로 고결한 행동과 큰 꿈을 가져라. 그러나 교만과 완고, 과욕은 금물이니 명심하라.

1효(爻), 물속에 잠긴 용이다. 실력은 있으나 아직 때가 되지 않았으니 때가 올때까지 힘을 기르며 기다려라. 당장은 힘들지만 좋은 시기가 필히 온다.

2효(爻), 땅위에 나타난 용으로, 유능한 실력자의 협조를 받아 일을 진행하는 것이 단독으로 하는 것보다 더 좋은 결과를 얻을 수 있다.

3효(爻), 평상심(平常心)대로 행하라. 경솔하게 행동하면 위험을 당할 수 있다. 즉 손재를 입을 수다. 그러나 몇 차례 실패해도 낙심하지 않고 끊임없이 노력하고 삼가 조심하면 화(禍)를 면해 득(得)이 된다.

4효(爻), 일을 추진하려 하나 장애가 생기거나 아니면 여건이 되지 않거나, 힘이 부족하거나하여 추진하려해도 사정이 생겨 마음 먹은대로 되지를 않을 때이니, 나아감과 물러섬을 깊이 생각하여 결정해야 한다. 대개는 선뜻 나아가지 못하는 사정이 발생한다.

5효(爻), 용이 솟아올라 하늘에 도달한다. 신, 불의 덕과 힘이 풍성해 운세가 대단히 왕성한 때이고 좋은 성과를 올릴 때다. 그러나 항상 정상에 올랐을때 위험한 법이니, 이를 지키려면 유능한 실력자의 협력을 받으라.

6효(爻), 정상에 다 올라간 용. 물도 차면 넘치고 달도 차면 기우는 법이다. 이제 더 나아갈 곳도 없으니 휴식을 취하라. 이때는 대개 일에 지나침이 있을 때다. 분수를 넘어 자신이 감당할 수 없는 일에 하지 않아도 되는 참견을 하여 믿음을 잃을 수 있으며 후회할 일이 생기니 주의하라.

건위천(乾爲天) 사항판단

• 소원 : 과욕을 부리지 말고 차분한 마음으로 기다리면 시일은 걸리나 목적은 달성한다.

• 사업 : 과욕과 허영심으로 겉은 화려하고 거창하게 보이나 내면은 실속이 없고 성과를 올리기에는 힘이 부친다. 비록 운(運)은 얻었으나 자신을 과대평가한 나머지 도리어 과중한 책무와 내부의 인

과 관계가 복잡하여 어려움이 많을 때다. 또 금전, 거주에 고심이 따를 수 있고 내부에 의견이 분분하여 추진하는 일도 실행에 옮기기에 어려운 때이다.

- **상담** : 성급하게 서두르지 마라. 무리하게 추진하면 낭패를 당하거나 분쟁이 일어나기 쉬우니, 침착하고 꾸준히 인내심을 가지고 추진하면 당장은 성사되기 어렵더라도 반드시 기회가 온다.
- **매매** : 시기적으로 적당하지 못하고 하절이나 동절은 이익이 없으니 더 두고 보라.
- **계약** : 문서운은 길하나 조급해 하지 말고 서서히 하라.
- **소송** : 끈기있게 싸우면 승소한다. 만일 하절에 소송을 당하면 쉽게 끝나지 않으나, 남방으로 협력자의 도움이 있으면 승소한다.
- **취직** : 공무원 계통이면 취직이 비교적 잘 될 때이다.
- **승진** : 봄, 여름에 지인(知人)의 도움으로 승진한다.
- **이사** : 이사는 하지 않는 것이 좋으나 부득이 해야 하는 경우에는 2개월이나 5개월 후에 하라.
- **여행** : 단체로 해외여행이나 먼 곳으로 가겠다. 그러나 단독으로 먼 곳에 가는 것은 피하는 것이 좋겠다.
- **연애** : 깊이 사귀지 않는 것이 좋겠다. 기질과 성격이 너무 강해 자주 충돌하거나, 서로 자기 주장을 굽히지 않고 자기만 앞세우니 부드러운 분위기를 느낄 수 없다. 그러나 2효, 5효면 길하다.
- **결혼** : 장애가 생겨 혼담은 성사가 어렵다. 남성의 경우 이 괘가 나오면 결혼을 서두르기 보다는 생활의 안정을 꾀해야 한다. 여성이 상대방 남성을 점쳤을 때는 아주 믿음직스럽고 유능한 사람을 만난다. 대체로 이 괘가 나왔을 때는 혼담에 지장이 생겨 성사가 힘들고 잘못하면 논쟁이 생길 수도 있다.
- **출산** : 초산은 사내아이고 귀자를 얻는다.
- **가출인** : 절간이나 시골 등 한적한 동남방에 있으나, 서북방으로 다시 가고져 한다.
- **기다리는 사람** : 단시일내라면 돌아오지만 늦어지면 돌아오지 않는다.

- 분실물 : 집안의 것은 서북쪽을 찾아보고, 집밖의 것은 찾기 힘드니 단념하라.
- 건강 : 전염성, 유행성 질병, 특히 정신병, 두통이나 노이로제, 신경과민, 수면부족 등의 원인이 있다. 중환자나 장기간 병석에 있는 사람은 위험하다.
- 날씨 : 맑은 날씨. 여름이면 가뭄, 가을은 푸른 하늘을 보게 되고 겨울은 추위가 심한 날이며 곳에 따라 눈이 많이 내린다.

2. ䷁ (八.八) 곤위지(坤爲地)

곤, 원형, 이빈마지정(坤, 元亨, 牝長之貞)

• 상(象)의 해설

곤(坤)은 대지(大地)의 상징이다. 대지는 고요, 정숙, 유연, 유순, 순종하다는 뜻이다. 대지의 덕(德)은 암말(牝長)의 일에 비유된다. 암말은 유순한 가운데 무한한 힘을 감추어 가지고 있다. 유순하면서도 굳게 절조(節操)를 지킨다. 또한 대지는 만물을 포용하여 자기 위에 싣고 그것을 성장시키고 육성시키고 있는 무한한 덕을 갖추고 있다. 곤(坤)은 능동적이 아니라 수동적이고, 적극적이 아니라 내성적이고, 여성적인 것을 의미한다.

• 운세

곤(坤)은 광대하고 풍부한 힘을 갖추고 있다. 넓은 대지를 뜻하고 또한 모든 것을 낳고 포용해서 성장, 양육하는 모성의 뜻이 있다. 이 괘가 나왔을 때에는 추운 겨울에 봄이 오기를 기다리듯이 설사 뛰어난 재능이 있다고 하더라도 안으로 감추고 지키면서 때가 오기를 조용하고 정숙하며 유순하게 행동해야 한다.

비록 실력을 인정받아 명예로운 지위에 오를지라도 화려한 성공을 바라지 말고, 오직 최후의 대성(大成)을 위해서는 무슨 일에도 능동적으로 행하지 말고, 겸양과 겸손으로 상대의 의견을 좇아 행동하면

이로우리라.

곤위지(坤爲地) 지침

자연과 애정에 혜택을 받으며 행운이 깃든다. 단, 유순한 아내의 역할을 자처하라. 모든 것은 연장자의 의견을 따르고 그 가르침을 지켜야 한다. 상사에게 복종하고 그 명령에 따라 행동하라.

1효(爻), 모르는 사이에 악운이 찾아오나 이를 잘 파악하면 악운이 바뀌어 길운이 될 수 있다. 아무리 대수롭지 않은 문제라도 소홀히 하게 되면 큰 화(禍)를 불러올 시기이니 각별히 유념하라. 개미 구멍이 강둑을 무너지게 할 수 있다.

2효(爻), 어떠한 일을 하더라도 곧고 공명정대한 마음을 가지고 근면, 성실하게 처신하면, 현재 하고 있는 일이나 하고자 하는 일이 반드시 성공한다.

3효(爻), 훌륭한 재능과 풍부한 재력을 가졌다 해도 밖으로 드러낼 시기가 아니다. 자기자신을 과신하여 일을 진행하면 손해를 볼 때이니, 자신의 재능을 안으로 간직하고 그 힘을 자제하고 기다리면 자신의 재능과 힘을 발휘할 수 있는 좋은 기회가 올 것이니 조급히 행하지 마라.

4효(爻), 주머니를 단속하라. 자신의 재능과 지혜를 과신하지 말고 언행을 삼가하면 재난을 면하나, 만약 자신의 실력을 과신한 나머지 일을 만들면 화를 면치 못한다.

5효(爻), 행운이 따르는 길한 괘이다. 그러나 자신의 의견과 주장을 앞세우지 말고 주위 사람들의 의견을 존중하고 조언(助言)을 받아 행하면 순조롭게 이루어진다.

6효(爻), 두 마리의 용이 피투성이가 되어 싸우는 격이다. 이때는 시비(是非)가 일어나기 쉬운 때이니 자중하라. 그렇지 않으면 상해(傷害)나 논쟁(論爭)이 생겨 화(禍)를 자초한다.

곤위지(坤爲地) 사항판단

- **소원** : 조급히 굴면 실패하나, 인내심을 가지고 진행하면 이루어진다. 세상의 모든 일에는 때와 순서가 있는 법이니 된다는 확신을 가지고 기다려라.

- **사업** : 추운 겨울에 아무리 봄을 재촉해도 때가 되어야 봄이 오는 법이니 급히 서두르지 말고 경험이 풍부한 윗사람과 의논해서 추진하면 일이 순조롭게 이루어진다. 그러나 단독으로 앞장서서 나아가려 한다면 길을 잃고 헤매니 반드시 선배나 동료들과 의논해서 결정하도록 해라. 신규사업은 금물이고 사세(社勢)를 확장하거나 또는 적극적인 투자나 행동을 취할 때가 아니니 현상유지에 힘써라.

- **상담** : 상대방도 마음을 정하지 못해 망설이고 자신 또한 확신을 갖지 못해 일이 진행되지 않는다.

- **매매** : 현재는 값이 싸나 시일이 좀 지나면 값이 올라 매입은 길하다. 시비(是非)가 일어날 수 있으니 문서를 주의하라.

- **계약** : 성사되기도 힘들겠지만 하지 않는 것이 좋겠다.

- **소송** : 타인의 허황된 일로 구설이 많으니 타협함이 길하다. 토지 소송은 패한다.

- **취직** : 급히 구하면 오래가지 못하므로 서둘지 말고 주위 사람들과 상의해 구하라. 그러나 상업, 토지, 부동산 관계 등에는 길하다.

- **승진** : 친한 사람이나 선배에게 협조를 구하라. 그렇지 않으면 힘드니 다음 기회를 기다려라.

- **입학** : 목표가 확실하지 않아 망설일 때다. 주위 사람들과 자신과의 희망이 달라 갈등을 겪고 있으므로, 결정이 어렵더라도 소신있고 신중하게 목표를 세워야 한다. 만약 그렇지 못하고 늦어지면 패한다.

- **이사** : 당장 옮기면 손재의 수가 있으므로, 그대로 있으면서 시기를 기다리는 것이 길하다. 그러나 꼭 해야 하는 경우라면 서쪽, 서북쪽, 남쪽으로 하라.

- **여행** : 해외여행은 사고가 날 위험이 있으니 삼가하고, 동행이 있으면 가까운 곳은 괜찮다.
- **연애** : 남녀 서로가 우유부단하여 적극적이지 못하고 또한 내면적으로도 서로 생각이 달라 망설이고 있을 때이다. 대개의 경우 이 괘가 나오면 적극적으로 진행할 수 없는 상황에 놓이게 된다.
- **결혼** : 재혼이나 만혼이면 길하나 젊은 남녀의 결혼은 길하지 못하다. 그러나 중매결혼이면 급히 성사되지는 않으나 시일을 두고 재삼 교섭하면 성사된다. 2효나 5효는 길하다.
- **출산** : 예정보다 늦어지나 순산한다. 귀한 아들을 얻을 수 있고 복이 많아 가문을 빛내고 명성을 얻을 것이다. 신불(神佛)에게 기도하라.
- **가출인** : 시골이나 고향에가 있다. 아니면 근처 아는 집에 있다.
- **기다리는 사람** : 도중에 피치 못할 사정이 생겨 속히 돌아오기 힘들다. 그러나 짧게는 3일, 길게는 3개월 후에는 소식이 오겠다.
- **분실물** : 가까운 곳에 있으나 급히 찾기는 힘들겠다. 나이든 여인에 물어보라. 아니면 서남쪽에 있으므로 찾아보라.
- **건강** : 과식, 과음으로 소화기, 호흡기 계통의 질병이 생길 수 있다. 그로 인하여 발열 등으로 고생할 수 있다. 오래 끌면 병이 중해지니 서둘러 치료하고, 만약 오랜 병이면 위험하니 신불(神佛)에게 기도하라.
- **날씨** : 대체로 흐리고, 곳에 따라 비가 온다. 그러나 개인 여름에는 무더워 비만인 사람은 견디기 힘들다.

3. ䷂ (六.四) 수뢰둔(水雷屯)

둔, 원형, 이정(屯, 元亨, 利貞)

- **상(象)의 해설**

둔(屯)은 초목의 싹이 굳은 땅을 뚫고 나오려 하나 아직 차갑게

얼어붙은 흙이 덮고 있어 뚫고 나오기에 싹의 힘이 너무 약하다. 비록 안으로 힘찬 생명력과 힘찬 기운을 간직하고 있지만, 아직 때가 오지 않아 내일을 위해 힘을 기르고 있는 상태이다.

비록 현재는 혼돈과 암흑속에서 헤매고 있지만, 힘찬 생명력을 간직하고 있기 때문에, 얼어붙은 대지가 해동(解凍)되어 푸른 싹이 힘차게 대지(大地)위로 솟아 오르는 상(象)이다.

• 운세

현재의 고뇌와 고난을 인내로써 견뎌내면 반드시 새로운 발전이 오게 되니, 괴롭더라도 좌절하지 말고 서둘러 나아가지 마라.

푸른 새싹이 눈속에서 따뜻한 봄이 오기를 기다리는 것같이 새 생명이 태어나려면 산고(産苦)가 따르지만 불안과 초조의 고통이 지나면 새 생명의 탄생이라는 희망과 기쁨이 온다.

큰 목적이나 희망이 있어도 지금은 주위의 환경과 상황이 당신에게 모두 불리하여 뜻대로 되지 않는다. 만약 성급하게 자기 혼자서 독단으로 일을 진행하면 좋은 결과를 기대할 수 없을 뿐더러, 그 힘이 너무 벅찬 나머지 당신 혼자의 힘으로는 감당하기 어렵게 된다. 이런 때일수록 새로운 일이나 큰 일을 하고픈 욕망이 생겨나게 되지만, 아직 때가 오지 않았으니 선배나 동료의 협력을 얻어 인재를 등용하여 적재 적소에 배치하고, 꾸준히 노력하여 목적하는 일을 진행시켜 나가면 반드시 좋은 결과를 얻을 수 있다.

수뢰둔(水雷屯) 지침

인생 행로에서 신고(辛苦)와 고난을 당할때 좌절속에서 헤어나지 못하는 사람이 있고, 그 고통을 굳건히 이겨내어 승리하는 사람이 있다.

당신은 후자의 타입이니 하는 일이 고통스럽다고 중도에서 좌절하거나 중지해서는 안된다. 참고 견디면 훌륭한 결실을 맺을 수 있게 된다.

1효(爻), 일을 진행하려 하나 막힘이 있어 고심한다. 재능이나 재력 등이 풍부하여 능력은 있지만, 아직 시운(時運)이 맞지 않으니 선배나 동료들의 협조를 얻어 겸손한 마음으로 현재의 난관을 극복해 가는 것이 좋다.

2효(爻), 나아가고 물러남에 갈피를 잡을 수 없는 상태다. 그러나 미로(迷路)를 마냥 헤매고만 있을 수 없으니, 바른 몸가짐과 곧은 마음으로 현실을 직시하여 굳은 의지로 정당하게 맞서면 개운(開運)된다.

3효(爻), 지나친 욕심은 금물이다. 멀리 있는 것을 쫓다가 발아래 함정이 있는 줄 모르고 달려가다 빠지는 격으로, 자신의 역량과 분수를 올바로 평가하여 과욕을 피하라. 때가 아니니 한 걸음 물러나 자신을 돌아 보아야지 만약 그렇지 않으면 헤어나지 못해 크게 후회하게 된다.

4효(爻), 미로(迷路)를 헤매는 혼미(昏迷)한 상태이지만, 자신의 능력과 재능이 부족함을 알고 협력자를 구해 현 상황을 타개해 나가면 좋은 결과를 얻을 수 있다. 만약 당신에게 일을 청해 오는 사람이 있어 함께 일을 도모(圖謀)하면 길하다.

5효(爻), 아직 자신의 능력과 역량이 부족하다. 남에게 은덕(恩德)을 베풀 때에도 어느 정도의 여력이 생겼을때 베풀어야지 다음에 또 줄 수 있는 힘을 지닐 수 있다. 그렇지 않으면 정작 꼭 필요할 때는 베풀수 없는 법이다. 분수(分數)에 맞는 일을 할때는 길하나 분수에 넘치면 실패한다.

6효(爻), 비록 지위는 높으나 아무런 권한이 없어 일을 하고 싶어도 못하는 시기다. 기업으로 치면 명예회장이라 할 수 있다.

패기만만한 꿈과 희망은 사라지고 비탄과 참담만이 남아 비극이 극에 달하였지만, 끝이 다시 시작이 될지니 꿈과 희망을 버리지 말고 분연히 일어나 나아가면 다시 길이 열릴 것이다.

수뢰둔(水雷屯) 사항판단

• 소원 : 속히 이룰수 없으니 인내심을 가지고 때가 오기를 기다려

라. 혼자의 힘으로는 어려우니 선배나 동료의 협력이 필요하다.

- **사업** : 창업의 시기로 자금 부족이나 인재난 등과 여러 가지 난관에 봉착할 시기이다. 다사다난(多事多難)한 때이지만 반년 정도의 기간을 참고 노력하면 현재의 어려움이 해결되어 나아질수 있는 계기가 올 것이다.

  세상일이 시작부터 순풍에 돛단듯이 순조로울수 없으니, 더 큰 것을 얻으려면 더 많은 인고(忍苦)를 겪어야 새로운 발전이 있으니 기다려라.

- **상담** : 성사되기 어렵다. 상대편의 계획 변동이나 내부 사정으로 인하여 일의 성사가 어려울뿐 아니라 만약, 무리하게 진행하면 손해 볼 수 있으니 경솔하게 행동하지 마라.

  상대편에서 호의를 가지고 접근해 오더라도 성급하게 결정하지 말고, 다시 한번 생각하여 신중하게 처신하라.

- **매매** : 남의 말을 믿지 마라. 지금은 손해를 보니 더 기다려라. 폭락하는 일은 없다. 매입도 보류하라. 큰 소득이 없으며 폭등하는 일이 일어나지 않으니 시기를 늦추라.

- **계약** : 본인은 성실하게 양심껏 하려고 하나 상대는 성실치 못하니 감언이설에 귀를 기울이지 마라. 시비가 일어날 수 있으니 말을 앞세우지 마라.

- **소송** : 하지 않는 것이 좋다. 오래 갈 수 있으며 결국 패소하게 된다. 단 유능한 변호사를 얻게 되면 유리해진다.

- **취직** : 현재로선 경쟁이 치열하든지 능력이 부족해 무리이다. 연장자나 지인(知人)의 도움을 구하라. 자신의 능력으론 힘들다.

- **승진** : 힘들게 노력했으나 도리어 자신의 의중이 잘못 전달되어 피해를 당할 수 있으니 경계하라. 그러나 흉허물 없는 선배나 동료의 도움을 구하면 이루어질 수 있다.

- **입학** : 희망하는 학교는 어렵다. 앞으로 남은 기간동안 당신이 얼마나 분투 노력하느냐에 달렸다. 자신이 바라는 학교보다 한 단계 낮추어 지원하라.

- **이사** : 불편해도 그대로 있는 편이 낫다. 옮기려고 해도 사정이 여

의치 않을 때이다. 설사 움직인다 해도 좋지 않은 일이 발생한다.

- **여행** : 도중에 불상사가 생길 수 있으니 가지 않는 것이 좋다. 그러나 서북쪽은 괜찮다.
- **연애** : 환경과 성격차이가 많은 사람과 만나, 연애하기도 쉽지않고 깊게 맺어질 상대도 아니니 망설임이 많을 때다. 보통 결심으로는 이루기 어려운 상황이 생길 때이니 차분히 자신을 이성적으로 판단하라.
- **결혼** : 재혼은 길하다. 초혼의 경우 서로 어느 정도의 호감은 있으나 적극적으로 나아가기에는 미진한 점이 많다. 그러나 당장은 어렵지만 재차 혼담이 이루어지면 성사될 수 있다.
- **출산** : 산모의 건강 이상으로 근심은 생기지만 큰 병고(病苦)는 없으니 걱정하지 마라.
- **가출인** : 멀리 있어 찾기 힘드나 묘술일(卯戌日)에 서신이나 소식이 있어 거처를 알 수 있다.
- **기다리는 사람** : 두 사람이 동행해 중도에 일이 있어 오지 못하니, 기다리지 마라.
- **분실물** : 다른 곳으로 이동되어 빨리 찾지 못한다.
- **건강** : 한열이 있고 두통, 위장, 신장 등의 병이 있으나 차차 나아진다. 어린이 병은 고치기 힘드니 속히 치료하라.
- **날씨** : 비가 내린다. 여름이면 오후의 소나기로 볼 수 있다.

4. ䷃ (七·六) 산수몽(山水夢)

몽, 형(夢, 亨)

- **상(象)의 해설**

몽(夢)은 젊음, 아동 즉 어린 아이의 상태, 세상 물정을 모르는 무지한 어린 아이를 뜻하는데, 어린 아이는 어른이나 선생님의 가르침을 받아 그 지능이 개발되어야 비로소 자신이 해야할일과 하지 말아야할일을 분별할 수 있다.

어린 아이는 스스로 사물을 바르게 보는 지혜나 능력이 없으므로, 올바른 가르침이나 지도 없이는 자신의 일을 결정하지 못하는 무지 즉, 어둠의 상황으로 불안정한 유아기(幼兒期)에 해당되는 때를 말함이다.

• 운세

몽(夢)의 상태는 산기슭에 샘물이 솟아올라 물기가 흩어져 안개로 변하고, 안개는 계곡을 가득 메우니 한치 앞을 분간할 수 없는 때다. 앞으로 나아가려고 하나 안개가 눈앞에 자욱하여 나아갈 수 없는 상태이다.

어린 아이의 심성은 아름다우나 세상사를 모르기 때문에 좋은 스승을 만나 지도를 받아야 하듯이, 이 괘가 나왔을 경우에는 본인 스스로가 일을 진행할 수 없는 상황을 맞게 된다. 이러한 때는 선배나 실력자의 조력을 받아야 한다.

이 몽괘는 처음에는 곤란을 겪지만 노력여하에 따라 뒤에 갈수록 발전할 수 있으니, 경거망동을 삼가고 웃사람의 의견이나 가르침을 따르면 무사할 수 있다.

산수몽(山水夢) 지침

산기슭에 안개가 자욱하여 시계(視界)가 불투명한데다 덩굴풀까지 무성하여, 길을 찾으려 하나 어디로 가야할지 분간 할 수 없는 때다. 이때는 길을 찾아 함부로 행동하지 말고, 침착하게 마음을 가다듬어 주위를 잘 관망하면서 앞으로 나아가라.

1효(爻), 엄격하고 냉엄한 자기통제로 현상황을 타개해 나가지 않으면 안된다. 자칫 만용을 부리거나 방심하면 화난(禍難)을 초래할 수 있으니, 가까운 선배나 친구의 지혜를 빌려 현명하게 대처하면 난(難)을 피할 수 있다.

2효(爻), 재능과 능력이 있더라도 행동을 삼가고 겸양으로 매사에 임하면 집안이 화평하고 번영을 가져오나, 만약 독단적으로 무리하게 일을 진행하면 해(害)를 당하게 된다. 선량한 동반자를 맞아 화합하면 집안이 번영한다. 소박한 마음을 잊지마라.

3효(爻), 함부로 행동하지 말아라. 법도를 벗어나거나 예절에 어긋나면 화를 면하기 어렵다. 특히 색정으로 남녀간에 연정이 생겨 그로 인하여 망신이나 재난이 일어나기 쉬운 때이니 남녀 불문하고 자신에게 지나치게 친근히 접근해오는 이가 있으면 일단 경계심을 가져라. 자칫 피해를 당한다.

4효(爻), 매사에 무지로 인하여 고통을 당하니 현명한 조력자를 얻지 못했기 때문이다. 지인을 중히 여겨라. 마음은 곧고 바르나 현실 경영에 익숙지 못해 고생할 때이다.

5효(爻), 동몽길(童夢吉)이라. 자신이 아는 바는 깊으나 허심탄회하게 남의 도움을 청하라. 비록 자신의 의견이 옳을지라도 남의 의견을 진지하게 경청하면 덕이 된다. 무지한 어린이가 공손한 태도로 스승의 가르침을 청하는 것처럼.

6효(爻), 강정(强情)한 사람은 남의 원한을 사게 된다. 강직하면 부러지기 쉽고 남의 가슴에 상처를 주게 되니 마음을 너그럽게 가지고 상대를 포용하라. 그렇지 않으면 화난을 당한다. 매사가 실패하기 쉬운 때이니 현실을 직시하여 남의 말에 속지마라.

산수몽(山水夢) 사항판단

- **소원** : 타인의 방해로 고생한다. 가부(可否)가 불투명하나 때를 기다리면 이루어진다.
- **사업** : 내부관계가 밝지 못하고 곤란한 사정이 많을 때이다. 젊은 사람에게는 전도(前途)가 매우 유망하지만 성급하면 실패하기 쉽다. 이때는 단독으로 일을 진행하면 잘못된 판단으로 일을 그르칠 수 있으니, 선배나 웃사람의 의견을 듣고 행하여야 한다. 만사를 성급하게 추진하면 난관이 많이 따르고 손해를 볼 수 있다. 또한 이 괘가 나왔을 때는 타인에게 속임을 당할 수 있으니 유의하라. 현재는 상황이 좋지 않지만 시일이 경과하면 호전된다.

- **상담** : 본인은 성사시키려 노력하지만 내부사정으로 인하여 차질이 생겨 힘드니, 다시 한번 자신의 생각을 정리해서 능력이 있는 협력자를 구하면 성사될 수 있다.
- **매매** : 당분간 관망하라. 앞으로 올라간다.
- **계약** : 두 사람의 의견차이로 서로 의심을 갖게 되어 말썽이 날수 있으니 하지 않는 것이 좋다.
- **소송** : 관액은 없으나 시일이 오래 가면 불리하니 타협함이 좋다.
- **취직** : 혼자 힘으로는 어렵고 주위의 선배나 지인에게 도움을 청하면 된다. 당장은 힘드나 시일이 경과하면 기회가 온다.
- **승진** : 현재는 어려우니, 다음 기회를 기다려라.
- **입학** : 상류학교는 어려우나, 하류나 지방은 가능하다.
- **이사** : 경솔하게 움직이면 해가 있으니 좀더 시기를 보고 움직여라.
- **여행** : 여행중에 병난(病難)이나 사고를 당하기 쉬우니 보류하라.
- **연애** : 자기 감정에 치우쳐 상대의 기분을 파악하지 못해 오해를 불러올 수 있으며 본인이 적극적으로 나서지 못하는 입장이다. 또한 상대편에서 요구를 해와도 선뜻 나서지 못하는 때이다.
- **결혼** : 중매가 마땅하지않아 성사되기 어렵거나 아니면 방해자가 있어 순조롭지 못하다.
- **출산** : 사내아이면 길하고 계집아이면 불길하며, 출산전에 산모의 건강을 조심하라. 분만의 시기가 늦어질수 있다.
- **가출인** : 동북방에 있다. 멀리 가지 않았으니 찾지 마라. 소식이 온다.
- **기다리는 사람** : 있던 곳에서 마음을 결정치 못하고 다시 다른 곳으로 갔으니 속히 오기 어렵다.
- **분실물** : 눈에 잘 띄는 곳에 두고 어디에 두었는지 모를 때에는 곧 찾을 수 있다. 도둑을 맞거나 바깥에서 잃어 버렸다면 찾기 어렵다.
- **건강** : 증상은 심하지 않으나 쉽게 낫지 않으며 병명도 뚜렷하지 않아 오래 간다.
- **날씨** : 잔뜩 찌푸린 날씨다. 구름이나 안개가 짙으나 오후에는 갠다.

5. ䷄ (六.一) 수천수(水天需)

수, 유부, 광형(需, 有孚, 光亨)

• 상(象)의 해설

수(需)는 기다린다, 대기한다는 뜻이다. 구름이 하늘에 몰렸으나 아직 비가 되어 대지를 윤택하게 적시지는 못하는 상이다.

염천(炎天)에 단비가 내리길 기다리고, 눈 내리는때 매화가 봉우리를 터뜨리는 것을 보고 봄이 오는 것을 기다린다는 것이 수(需)의 괘상이다.

• 운세

현재 자신의 목적이나 희망을 마음속에 간직하고 때가 올때까지 동요함없이 인내하며 기다려야 한다.

새로운 도약을 위해서는 나아가는 것보다 충분한 휴식을 취하면서 힘을 길러 그 힘을 발휘할 기회가 올때까지 기다려야 한다.

과감히 일에 뛰어드는 것만이 용기가 아니다. 욕망이 일어나더라도 더 큰 도약을 위해서 욕망을 억제하는 것이 더 큰 용기다. 초조한 나머지 성급히 진행하면 필히 위험이 따르니 비록 조금의 능력이 있다고 하더라도, 이 괘가 나왔을 때는 나룻터에서 배가 도착하기를 기다려 타고 가야 한다. 그렇지 않고 강물에 뛰어들어 배를 따라간다면 무모한 행동일 뿐만 아니라 위험에 빠져 갈수록 되돌아 올 수도 없는 상황에 빠지게 된다. 설사 일을 추진하려 해도 기다리지 않을 수 없는 상태가 되기 쉽다. 대개 크게 부족함없이 기다리는 상황이니 기다리는 동안 자신의 능력을 다시 한번 점검하여, 다음 일을 시작하면 크게 성공할 수 있다.

수천수(水天需) 지침

진심(眞心)이어서 행운의 신(神)이 도우는 사람도 때가 무르익을 때까지는 기다려야 한다. 과욕을 부리면 찾아온 행운도 멀리 도망가게 된다. 신불에 빌며 자신의 마음을 상대에게 통하게 하면 길하다.

1효(爻), 함부로 동(動)하면 낭패 당하기 쉽다. 또한 일을 추진하려고 하나 장애가 많아 추진하기가 힘겨운 때다. 모든 일의 승패는 시작이 중요하니 비록 의욕은 왕성하더라도 뜻대로 되지 않으니 자숙(自肅)함이 길하다.

2효(爻), 현재는 평온한 것같지만 언제 태풍이 몰아 닥칠지 모르니, 모래위를 걷는 것처럼 걷기에 힘들어도 확실하게 한걸음 한걸음 조심스럽게 발밑을 잘 살펴라. 그렇지 않으면 구덩이에 빠져 넘어질 수 있다. 초조해하지 말고 마음을 너그럽게 가져라. 다소의 분쟁과 비난이 따르지만 시간이 해결해준다.

3효(爻), 이때는 절대로 방심하면 안된다. 여차하면 여태까지 쌓아왔던 공든 탑이 무너지기 십상이다. 신중에 신중을 기하여 나아가면 실패를 면할 것이다. 목전(目前)의 이익만 생각하고 성급하게 뛰어들면 결코 좋은 결과를 얻지 못하니 자중하라.

4효(爻), 남과 다투지 마라. 싸움을 말리다 오히려 자신이 피해를 본다. 자신이 남을 도우는 것이 아니라 내가 남에게 도움을 청하여야 한다. 운이 나쁘면 길을 가다가 지붕위의 기와가 떨어져 머리를 다치는 격으로, 재물의 손실이나 상해를 당할수니 위험한 곳에 나서지 마라.

5효(爻), 신불에 공양을 올리듯 마음을 정결하게 가다듬어 말과 행동을 품위있고 정대하게 가지고 기다리면, 큰 어려움 없이 일이 성사된다.

6효(爻), 도망갈래야 더 갈 곳이 없는 궁지로 몰리게 되었다. 그러나 궁(窮)하면 통하는 법이다. 과거에 조금 베푼 것이 자신에게 돌아옴이다. 곤란을 당하나 뜻하지 않는 곳에서 생각지도 않은 사람의 도움을 얻는다.

수천수(水天需) 사항판단

• **소원** : 오랫동안 추진해 왔던 것이라면 이루어질 때이다. 그러나 현재 추진중인 것이라면 당장은 곤란하다. 지금은 시기상조이니

시일을 두고 기다리면 성사될 것이다. 조급히 굴면 도리어 해가
되니 초조히 생각지 말고 느긋하게 기다려라.

- **사업** : 아무리 훌륭한 계획과 유망한 사업이라도 때가 있는 법이
다. 지금은 그 때가 아니니 조금 더 시간적 여유를 가지고 지켜보
는 것이 좋다. 그렇다고 현재 당신이 계획하고 있는 사업이 장래
성이 없다는 것이 아니고, 그 시기가 적절치 않다는 것이다. 지반
을 튼튼히 닦으면서 인내하고 자중하면서 기다리면 성공할 수 있
으나, 조급하면 모든 것이 수포로 돌아가니 얼마동안은 관망하는
것이 상책이다.
- **상담** : 쉽게 이루어지지 않는다. 그러나 인내심을 가지고 대하라.
상대방이 뭔가 의심을 가질수 있고 내부의 이견이 생겼을 수도 있
으니, 성급히 굴지 말고 유유자적하게 시일을 잡고 추진하면 성사
된다.
- **매매** : 이익이 없으니 그만두라. 그렇지 않으면 시일을 넉넉하게
두고 서서히 진행하면 득이 있을 것이다.
- **계약** : 서로 의견이 다르고 의혹으로 인해 다툼이 일어나겠으니
지금은 안하는 것이 좋다. 성급하게 결정하면 소송이나 쟁의가 발
생하기 쉽다.
- **소송** : 변호사에게 위임하라. 사건의 해결이 속히 끝나지 않고 오
래 가니 마음을 놓을 수 없다.
- **취직** : 조급히 서둘지 말고 마음의 여유를 가지고 끈기있게 노력
하면 좋은 결과를 얻을 것이다.
- **승진** : 열심히 노력은 하나 대가가 없고, 타인의 방해로 불가하다.
직장 내부에서 다른 부서로 옮기고 싶은 생각이 있더라도 서둘지
말고 다음으로 미루라.
- **입학** : 전기는 힘들고 후기는 가능하겠으나, 자신의 실력을 다 발
휘할 수 없는 상황이 일어날 수가 있다. 실망하지 말고 더욱 열심
히 노력하라.
- **이사** : 옮기지 마라. 손재나 병난이 우려된다.
- **여행** : 벗이 있어 동행을 하니 즐거운 일이 생긴다. 동쪽과 동남쪽

을 주의하라.

- **연애** : 서로가 깊이 사귀고 있더라도 결혼하기 어렵다. 오랫동안 사귀어 온 사람이면 가능성이 있지만 아직 때가 되지 않았으니 더 기다려야 한다. 주위의 여건이 갖춰져 있지 않아 장애가 많다.
- **결혼** : 상대방이 의향은 있지만 성사는 안된다. 본인은 뜻이 있어 서둘러도 상대쪽에서 사정이 생겨 성사되기 어려우니 다른 사람을 구하라.
- **출산** : 분만이 늦어지나 고귀한 자를 낳겠다. 초산이면 여아이고 두번째면 남아이다.
- **가출인** : 멀리 가지 않았으나, 사정이 생겨 조금 늦겠다.
- **기다리는 사람** : 오려고 하는데 막는 사람이 있어 속히 오지 못한다.
- **분실물** : 의심이 없는 가운데 잃어버린 것이다. 집안의 분실물은 시간이 흐르면 찾을 수 있고, 외부 모임에서 잃어버렸으면 가까운 사람에게 물어보라. 찾을 경우도 있을 것이다.
- **건강** : 집밖에서 얻은 병이라 증세가 불투명하나, 깊은 병은 아니다. 주독(酒毒), 소화기 질환, 물이 고이는 병이다. 특히 복부를 주의하라.
- **날씨** : 구름이 짙어 곧 비가 올것 같지만 오지 않는다.

6. ䷅ (一.六) 천수송(天水訟)

송, 유부실(訟, 有孚室)

·상(象)의 해설

송(訟)은 소송, 싸움을 뜻한다. 하늘은 위로 향하고 물은 아래로 흐른다. 즉 상괘(上卦) 건(乾)의 천기(天氣)는 상승하고, 하괘(下卦) 감(坎)의 수기(水氣)는 하강하니 서로가 반목하고 친하지 않다. 본인이 아무리 성실하고 아무리 정당한 사유가 있어도 자신을 너무 내세우면 오히려 화를 초래할 수 있으니, 이때는 자신의 의견을 너무 강하게 주장하지 말고 상대가 자신의 정당한 의견을 이해할 때까지 마음을 너그럽게 가져야 한다. 천명과 시운이 아직 이르지 않았으므로, 상대편을 궁지로 몰지 말고 친화의 마음으로 대하면 무사할 수 있다.

• 운세

사람이 세상을 살아가다 보면 대소의 싸움이 있기 마련이다. 설사 본인이 정당하고 잘못이 없음에도 불구하고 싸움을 걸어오니 싸우지 않을 수 없게 되는 경우가 종종 있다.

이 괘가 나왔을때에는 소송이나 투쟁, 언쟁 등이 발생하기 쉬운데 본인이 아무리 정당하고 이치에 합당하더라도 소송이나 투쟁은 자신에게 불리하게 된다. 끝까지 자기 주장을 내세운다면 싸움은 더욱 격렬해져 걷잡을 수 없이 확대되어 나쁜 결과를 가져오게 되니, 자존심이 상하더라도 상대방이 스스로 뉘우칠 때까지 관용을 베풀면 좋게 해결된다. 현명한 사람은 싸움에 불씨가 생겨나지 않게 작은 일이라도 깊이 생각하여 분쟁이 일어나지 않도록 조심한다. 만약 소송이나 분쟁이 일어났다면 상대방과 자신의 의견이 너무 상반되어 화해하기가 어려우니, 이때는 한걸음 물러나 자신의 감정을 냉정하게 억제하고 상대방의 의견을 받아들이든지, 아니면 제삼자에게 중재를 부탁해서 해결하는 것이 현재의 불리한 상황에서 벗어나는 길이며, 지금은 운세가 약하므로 무모한 아집과 고집으로 일을 진행하면 낭패를 당하니 화해와 협조하는 마음으로 대하면 무사하다.

천수송(天水訟) 지침

자신의 의견을 내세우면 내세울수록 시비를 불러 화를 자초하니 시비를 멀리하라. 만약 시비가 일어났다면 화친하는 것이 최상책이다. 만사에 위험이 있다고 생각되면 속히 물러설 준비를 하라.

1효(爻), 자고로 싸움은 오래 끌어서 득이 없다. 모든 시비는 발단 초기에 중단하는 것이 길하다. 작은 일이 크게 확대되기 쉬운 때이니 깊이 생각하여 분쟁을 막고 화해를 도모해야만 화를 면할 수 있다.

2효(爻), 이미 잃은 것을 찾으려다 더 많은 것을 잃게 된다. 지금이라도 늦지 않았으니 과감히 포기하고 근신하는 것이 이로울 것이다.

만약 소송이 있으면 패소하며 상소를 하더라도 승산이 없을 뿐 아니라, 도리어 시간과 경비만 낭비하게 된다. 그러니 자신의 운세와 능력이 부족한 줄 알고 중지하는 것이 길하다.

3효(爻), 창업이 어렵다고 하나 지키기는 더욱 어렵다고 한다. 지금까지 노력하여 이룩한 것을 잘 지키도록 힘쓰라. 방심은 금물이다. 일에 다소의 변동이 생길수 있고 생활의 변화가 있겠으나 절대로 동하지 말고, 현재의 생활에 만족하고 웃사람에게 공손한 태도로 따르면 무사하다.

4효(爻), 인간사의 성패가 하늘의 뜻이나, 노력해도 가망이 없더라도 낙담하지 말고 굳은 인내심을 가져라.

이런때는 마음을 비우고 사심없이 심기를 편안하게 가지면 차츰 현재의 위기에서 벗어나게 된다.

5효(爻), 지금까지의 고통과 고난이 점차 사라지고 원만하게 해결될 시기가 왔다. 소송에는 승산이 있다. 공명정대하게 해왔기 때문에 장기간 풀리지 않은 난제(難題)도 해결될 시기이다.

6효(爻), 적국을 침공하여 승리는 하였으나 내전으로 인하여 자신이 실각되니 오히려 패한 격이다. 영토를 확장하기 전에 국민의 복지와 생명을 보호하는 것이 먼저다. 또한 승리하였으나 자만과 교만으로 타인의 원한을 사서 도리어 해를 당하는 때이다.

소송은 일심에는 이겨도 재심에는 패소한다. 실물, 재난, 도난을 주의하라.

천수송(天水訟) 사항판단

• **소원** : 지금은 바라지 마라. 장애가 따르니 다시 검토하여 다음 기회로 미루는 것이 좋다.

• **사업** : 시기도 좋지 않을 뿐더러 자신의 역량과 능력이 부족하니

그만 두는 것이 좋다. 신규사업은 실패할 가능성이 많다. 또한 계약서, 견적서등 문서상에 하자가 발생할 수 있고, 그밖에 다른 문제로 손해를 당할 수니 면밀히 검토하기 바란다. 그러나 당신의 재능이나 능력에 합당한 것이라면 진행해도 괜찮다.

- **상담** : 일방적으로 밀고 나가면 손해를 보는 때다. 단독으로 무리하게 추진하면 결과가 좋지 않으니, 역량있는 사람과 함께 진행하면 괜찮다.

- **매매** : 값의 고하(高下)가 빈번하고 거래도 심해질 것이다. 그러나 속히 이루어지지 않으니 기다려라. 그러면 성사된다.

- **계약** : 토지, 가옥에 관한 것이라면 득이 있다. 중간에 쓸데없는 잡음이 있으나 염려할 필요가 없다.

- **소송** : 공연한 구설로 해를 당한다. 될 수 있는 한 소송을 피하라. 이익이 없다.

- **취직** : 동서로 분주히 다니며 노력하나 헛수고만 한다. 설령 된다고 하더라도 오래 가지 못한다. 때가 아직 이르니 더 기다려라.

- **승진** : 될듯하면서도 안되니 실망하지 마라. 지금은 오히려 현위치를 충실히 잘 지키도록 노력하라.

- **입학** : 요행을 바라지 말고 실력을 쌓는데 힘쓰라. 경쟁이 심하니 자신의 능력을 다시 점검하라.

- **이사** : 한 집에 주장이 둘있어 의론이 분분하니 하나는 떠나라. 단독이면 동하지 말고 그대로 있으라. 꼭 가야할 경우는 서쪽이나 서북쪽으로 가라.

- **여행** : 동행자와 다툼이 일어나기 쉽고, 불쾌한 일이 발생할 때이니 중단하는 것이 좋다.

- **연애** : 사소한 문제로 다툼이 일어나 돌이킬 수 없는 선까지 갈 수 있다. 서로 양보하고 상대의 기분을 잘 파악하여 분위기를 전환시키면 화해가 된다. 그러나 결혼상대로는 환경과 성격 차이가 커서 어렵겠다.

- **결혼** : 성사되기 힘들다. 만약에 성사된다 하더라도 다툼이 일어나 오래 가기 힘들다. 인연이 아니니 다시 한번 생각하라.

- **출산** : 산전에는 괜찮으나 산후에 후유증이 있기 쉬우니 주의하라. 득남할 수다.
- **가출인** : 서북으로 갔으나 어디로 갔는지 분명치 않다. 곤란한 상태에 있다.
- **기다리는 사람** : 속히 오지 않는다. 도중에 사고가 생겨 오지 못하나 소식은 오겠다.
- **분실물** : 찾기 힘들다. 도둑을 만나 없어질 수 있으며, 찾기 위해 온갖 수단과 방법을 동원하더라도 구설만 요란하다.
- **건강** : 신체 윗부분에 열이 나고 허리 아랫부분은 차다. 두통, 현기증, 고혈압, 폐, 늑막 등의 지병이 재발하기도 하고 병에 따라 의사의 오진이나 약의 오용으로 병이 더 악화될 때니 다시 검진하기 바란다.
- **날씨** : 당일은 비온 후 갠다. 장기적으로 보면 날씨가 고르지 못하고 장기간 비오는 곳이 있겠다.

7. ䷆ (八.六) 지수사(地水師)

사, 정(師, 貞)

• 상(象)의 해설

사(師)는 싸움 또는 전쟁을 뜻한다. 또는 군대, 집단을 의미한다. 군(軍)은 곧 전쟁이라는 전제하에 존립하는 것이다.

사람은 사회적 동물이다. 사회 즉 집단을 떠나서는 살아갈 수 없는 존재다. 그러나 거기에는 필연적으로 생존경쟁이 있기 마련이고 집단을 이끌어 가는지도자와 그 지도자를 따르는 무리가 있다. 한 집단의 지도자가 되려면 개인적인 고통과 사리(私利), 사욕(私慾)을 감수하고 정의로와야 한다. 기업의 관리자가 되려면 부하직원의 고충과 심정을 헤아려 이끌어 주어야 상사(上司)를 믿고 따른다. 그러니 자연 책임감이 무겁고 아무리 괴롭고 어려운 일이 있더라도 감수해야 하고, 보통 사람보다 뛰어난 기량과 인덕을 갖추어야 한다.

• 운세

사(師)는 군대, 집단, 전쟁의 뜻이므로 사람이 모이는 곳에는 자연 경쟁과 시비가 생기게 마련이다. 이로 인하여 재판이나 소송같은 것이 일어날 수 있으니 인화와 화친이 중요하다. 그렇지 않으면 고립되어 혼자서 여러 사람과 싸우게 되어 고난에 처하게 된다. 이때 탁월한 능력과 재능을 갖추었으면 능히 헤쳐갈수 있지만 그렇지 못하면 근심이 많을 것이고 금전상의 고통이나 손실이 있게 된다. 이를 극복하기 위해서는 당신의 주위에 심복을 만들어야 한다. 그러기 위해서는 자신의 지혜와 포용력으로 다른 역량있는 사람이나 협력자의 도움을 받아야 한다.

또 사(師)는 대지가 물을 저장하고 있음을 뜻하니, 만약 저장된 물이 없다면 만물이 자랄 수 없다. 물이 있어 만물을 포용하여 생장 발육하듯이 포용과 아량으로 주위를 다스려야 무사할 수 있다.

지수사(地水師) 지침

강력한 실력자나 경험이 풍부한 사람의 협력을 얻으면 어려운 난관을 무난히 극복할수 있으나, 우유부단하고 너무 인정에 약한 사람의 협력은 안된다. '이에는 이'라는 말이 있듯이 강직함은 강직함으로써 제어해야하니 능력과 재능이 탁월한자의 도움을 받아야 한다.

1효(爻), 국가를 유지하는데 법률과 사회질서가 있어야 혼란에 빠지지 않고 그 사회가 건전하게 유지되는 것처럼, 한 가정도 법도와 질서가 있어야 그 가정이 화목하고 편안한 법이다. 법도와 질서가 무너지면 혼란과 파탄이 따르기 마련이다.

일을 시작하는데 있어서도 규칙과 규율을 분명하게 세워라. 그렇지 않으면 내분이 있거나 아니면 큰 손해를 입는다.

2효(爻), 여태까지 해결되지 못했던 일이라든지, 침체의 늪에서 헤어나지 못했던 모든 것들이 당신의 성실한 노력으로 시운을 맞아 빛을 보게 되는 때이다. 이때는 중요한 지위에 올라 중책을 맡을 수 있으며 능히 책임을 완수할 수 있는 기량을 발휘할 때이다.

또 현재 하고 있는 일이 어려움에 처해 있더라도 굽히지 말고 나아가면 반드시 성공으로 이어질 것이니, 좌절하지 말고 분발하여 노력하라. 그러면 윗사람이나 동료의 도움으로 좋은 결과를 얻는다.

3효(爻), 무슨 일을 하더라도 승산이 없으니 단념하라. 하려는 욕망과 패기는 대단하나 이때는 무조건 물러남이 옳다. 만약 욕심을 내어 무리하게 진행하면 필히 도중에 그만두게 되니 그 손해가 크다. 자신의 재능을 너무 과신하지 말고 현상유지에 힘쓰라.

4효(爻), 사업이나 또는 자신의 이상을 실현하는데는 모두 시기가 있는 법이다. 나아가고 물러나고 머무를 때 적절히 대처하지 않으면 실패를 보게 된다. 지금은 모든 것을 일시 중단하고 물러남이 좋다. 만약 분에 넘치는 일을 하든지, 사업의 확장이든지 또는 신규의 일을 하게 되면 헤어나지 못하는 궁지에 처하게 되니, 일단 한걸음 물러서서 다음 기회를 보라.

5효(爻), 사람은 어차피 사람과 사람과의 관계에서 모든 것이 시작되니 피할 수 없는 것이다. 그러나 그중에는 자신에게 도움이 되는 사람도 있고, 피해를 주는 사람도 있고, 자신을 이끌어주는 사람도 있고, 자신이 끌어주어야 되는 사람이 있다. 그래서 무슨 일을 하든지 대인관계가 중요한 것이다. 대체로 이럴 때는 방해자나 또는 당신을 속여 이용하려는 자가 있을 때이니, 주의하지 않으면 큰 피해를 본다. 반대로 신망이 있고 덕을 갖춘 인물이라면 당신에게 도움을 줄 것이다. 손해배상, 명예회복을 구하는데는 길하다.

6효(爻), 소송이나 싸움이 매듭지어질 때이다. 추진하던 일들이 결실을 보게 되는 때이지만 방심 해서는 안된다. 마지막 불씨까지 철저히 찾아 정리하지 않으면 도리어 화가 미칠 수 있는 시기이니, 긴장을 늦추지 말고 끝까지 최선을 다하라.

지수사(地水師) 사항판단

• 소원 : 때를 기다려라. 방해가 있어 어렵지만 노력하면 늦게라도

이루어질 수 있다.

- 사업 : 대체적으로 노고나 근심이 많을 때이고 금전상의 고통이나 손실이 있을 수 있다. 내부적으로도 의견이 달라 충돌이 일어날 수 있으니, 경영자가 맡아야 할 책임을 다하기 위해서는 포용력으로 다스려야 무난히 수습되어 이끌어 나아갈 수 있다.
- 상담 : 순조롭게 성사되기 힘든 때이니 이쪽에서 먼저 손을 써야 한다. 경쟁자가 많아 강력하게 밀고 나가면 거래가 이루어질 수 있지만, 형편에 맡겨두면 곤란을 당하기 쉽다. 아니면 실력자의 도움을 받으면 성사될 수 있다.
- 매매 : 방해가 있어 손해가 따르겠으니 중단하라.
- 계약 : 큰 이익도 손해도 없으나 분쟁이 일어날 수 있으니 주의하라. 아니면 소송까지 갈수 있다.
- 소송 : 재산문제로 인하여 발생한다. 처음에는 불리하지만 중간에 협조자가 있어 도움이 된다. 그러나 화해함이 좋다.
- 취직 : 경쟁이 치열하여 몹시 힘들지만 굽히지 말고 열심히 노력하라. 그러면 좋은 결과를 얻을 수 있다. 만약 실력있는 사람에게 부탁하면 쉽게 된다.
- 승진 : 경쟁이 심해 혼자힘으로는 힘드나 귀인의 도움이 있으면 가능하다.
- 입학 : 자신이 가고자 하는 곳에 경쟁이 심하나 열심히 노력하면 가능성이 있다.
- 이사 : 타인과 동거하니 다툼이 있고 주거가 불안하나 그대로 있어라. 이사할 수 없게 된다.
- 여행 : 가까운 근교는 괜찮으나 멀리 가는 것은 피하라.
- 연애 : 서로 진정으로 사랑해주는 사람을 만나지 못하는 때이다. 사사로운 정과 일 때문에 진실성이 없으니 각자 일에 충실을 다하라.
- 결혼 : 성급하게 결정하지 마라. 평생의 동반자가 될 사람인데 서로 불행하게 되면 후일에 후회해도 소용이 없다. 대개 불화가 일어나 파탄이 생길 수 있으니 숙고하라.
- 출산 : 난산의 기미가 있으니 신불에 기도하라. 초산이면 남아이고

재산(再産)이면 여아이다.

- **가출인** : 행선지에서 고생하고 있다. 때가 지나면 거처를 알 수 있다.
- **기다리는 사람** : 올 듯하다가 중도에서 그만두면 오지 않는다.
- **분실물** : 찾기 힘들다. 하수구나 냇가에 있을 수 있으나 찾아도 파손되어 있다.
- **건강** : 위장병, 신장병, 식중독, 암 계통 등의 만성이나 오래된 병이 많을 때다. 갑자기 열이 나고 복통 등이 생겨날 수 있다. 오랜 병이면 사망한다.
- **날씨** : 흐린 뒤에 비가 오겠다. 여름이면 무더운 날씨다.

8. ䷇ (六.八) 수지비(水地比)

비, 길(比, 吉)

•상(象)의 해설

비(比)는 상친(相親)하게 지내는 것이 길하다. 즉 사람이 서로 화목하고 친밀하게 지내는 것은 좋은 일이다. 그러나 선악의 구별없이 친하라는 것은 아니다. 점(占)을 쳐서—신(神)의 뜻을 묻고 나서—항상 곧고 올바른 길을 가는 사람, 허물없이 강직하고 현명한 사람을 선택하는 것이 중요하다. 덕망이 있고 현명한 사람이라면 주저하지 말고 가까이 하여 친하게 지내라. 만약 때를 놓치면 모처럼 찾아온 좋은 기회를 잃어버리는 불운을 가져온다.

이 비(比)는 물이 땅위로 나타난 형상으로 풍요로움을 나타내는 것이고, 오랜 전쟁이 끝난뒤 화기(和氣)가 가득찬 모습을 의미한다.

•운세

비(比)는 사람들이 서로 화목하고 친하게 된다는 뜻이기 때문에, 자신의 주위에 사람이 많이 모이고 또한 같은 목적을 두고 경쟁이 심할 때다.

비(比)는 비교한다, 비화한다는 말과 같이 평화로운 가운데 생존

경쟁이 오히려 치열해질 수 있는 때이다. 같은 목표를 두고 많은 사람들이 모여들게 되는 즉, 당신이 바라는 것을 다른 사람도 바란다는 것이다. 그러므로 남과 교분을 가진다는 것은 그저 단순하게 친하게 지내는 것이 아니고, 남에게 뒤지지 말라는 뜻도 있으니 지체하지 말고 자신이 신뢰하고 의지할 수 있는 사람에게 협력을 구해야 한다. 그러면 도움을 받을 수도 있고 협력자도 나타날 것이다. 만약 시기를 놓쳐 남보다 한걸음 늦을 때는 오히려 화를 당할 수 있다.

또 이때는 남에게 도움을 주는 경우도 생기게 된다. 그러나 도움을 받거나 주거나 간에 남보다 먼저 행해야 한다. 공존공생(共存共生)이라는 것이다. 그러므로 이런 때는 공동사업 같은 것을 하면 좋은 때이다.

수지비(水地比) 지침

인생행로에서 가장 경계해야 할 때가 평온하고 풍족하여 아무런 부족함이 없을 때이다. 이때 자칫 방심하게 되어 방종한 생활로 인하여 인생을 그르치는 경우가 종종 있다.

행운과 불운은 항상 함께 있는 법이니 행운을 누릴때 불운이 찾아와도 능히 이겨낼 수 있는 힘을 비축하고 길러야 현재의 풍요로움이 지속될 수 있을 것이다. 이런 때일수록 남보다 한걸음 먼저 행동하는 노력이 따라야 한다.

1효(爻), 사람을 의심하지 말고 정성껏 진실을 말하라. 그러면 현재 여의치 않는 일이 있더라도 반드시 행복을 얻게 된다.

성실하고 진실하게 성의를 다하여 사람들과 친하게 되면, 비록 상대편이 당신에게 직접적인 도움을 줄 수는 없지만, 다른 사람을 통해서라도 뜻하지 않은 행운을 얻게 될 것이다.

2효(爻), 신하가 군주를 보필하는 것이니 충실한 마음과 성실한 마음으로 웃사람을 도우면 크게 이로울 것이다. 그러나 아랫사람을 거느릴 경우에는 좋지않은 사람을 만날 수 있으니 유의함이 좋다.

3효(爻), 서로 화합하여 일을 도모하려 하나 서로 상처만 입게 된다. 매사에 사람을 잘 만나야 하는 일이 순조롭게 이루어질 것인데 그럴 시운이 아니다. 자신이 아무리 진실된 마음을 주려고 하나 당신 주위에는 그런 사람이 없다. 이때는 상하를 막론하고 당신의 의중과 진심이 통하지 않으니 오히려 서로 마음의 상처를 입지 않도록 노력하라.

4효(爻), 현자(賢者)와 바깥에서 친근히 지낸다. 웃사람을 성심, 성의껏 도와 아랫사람의 도리를 다하면 필경 크게 발탁되어 중용(重用)하게 될 것이다.

5효(爻), 사람과의 사귐에 바르고 곧아 사심이 없으면 길하다. 자상함과 인자한 마음으로 수하(手下)를 다루어야 한다. 강압이나 무리로 사람을 구하지 마라. 오히려 해가 된다. 가는 자는 버려두고 순종하는 자만 취하라.

6효(爻), 진실성이 없는 사람과 만나 단교(斷交)하니 해를 당하는 것이다. 이미 시기를 잃었다고 볼 수 있다. 시작부터 당신의 부주의로 계약상의 잘못이라든지, 불명확한 관계설정으로 부당한 환경에 놓이게 되어 그 수습이 어려울 때이다.

수지비(水地比) 사항판단

- **소원** : 대개 작은 일이라면 능히 성취할 수 있으나 바라는 바가 큰 것이라면 혼자 힘으로는 힘들고 주위의 도움이 있어야 가능할 수 있다.

- **사업** : 당신이 하고자 하는 일을 역시 원하는 사람들이 주위에 많은 때이다. 그러나 아무리 경쟁이 심하다고 해서 물러서면 안된다. 능력이 탁월한 지도자를 구하여 남들보다 한걸음 앞서 착수해야 한다. 이때는 주위의 협력자도 구할 수 있는 시기이고, 공동사업도 길한 때이니 서로 합심해서 나아가라.

- **상담** : 경쟁이 치열한 때이니, 시기를 잘 선택하여 남보다 한걸음 앞서 추진하면 성사될 수 있다. 만약 너무 큰 이익을 바라고 머뭇거린다든지 경쟁자에게 선수(先手)를 빼앗기면 어렵게 된다.

- **매매** : 큰 이익은 없으나, 작은 이익은 있다. 처음에는 어려운듯 싶어도 몇 번의 반복후에 서로 의기가 상통되어 성사될 것이다.
- **계약** : 본인은 권리를 가졌고 상대는 돈을 가졌으니, 두 사람의 의견과 생각이 서로 부합하니 길하다.
- **소송** : 중간에 방해하는 자가 있어 불리하다. 오래끌면 손해를 보게 되니 화해하는 것이 좋다.
- **취직** : 경쟁이 치열할 때이지만 특이한 재능이 있거나, 웃사람이나 선배의 도움이 있으면 성사된다.
- **승진** : 여러 사람이 경합을 하나 당신에게 협조하는 사람이 있으니 그의 도움을 받으라. 그러면 승진한다.
- **입학** : 경쟁이 심하니 하향지원 하라.
- **이사** : 그만두고 잠시 보류하라. 그러나 친척이나 아는 사람의 소개로 가는 것은 괜찮다.
- **여행** : 근교의 단기간 여행이나 단체여행 등은 괜찮다. 또한 사업이나 장사 등의 관계로 멀리 출장가는 것은 무방하나 불미스러운 일이 없도록 주의하라.
- **연애** : 당신이 여성이라면 한 남성을 두고 서로 애정을 독차지 하기 위해서 갈등을 겪을 때이다. 자연 마음이 밝지 못하고 우울한 상태이지만, 정히 마음에 드는 남자라면 좋은 상대이니 적극적으로 나아가라. 만약 남성이라면 주위의 여러 여성과 사귀는 상이니 주의함이 좋다.
- **결혼** : 좋은 혼담이 여러 곳에서 들어올 때이다. 이 사람, 저 사람 너무 고르거나 망설이면 다음에 후회하게 되니, 어느 정도 합당하면 빨리 결정을 내려라. 좋은 배우자를 얻게 되리라.
- **출산** : 산모도 건강하고 태아도 건강하여 순산하나, 5효는 산모의 신체에 주의하라. 추절이면 남아이고, 춘·하절이면 여아이다.
- **가출인** : 빨리 서두르면 근처에서 찾을 수 있으나, 시간이 오래되면 먼 곳으로가 돌아오기 힘들다. 그렇지 아니하면 중간에 여자가 방해하여 찾기 어려울 수도 있다.
- **기다리는 사람** : 돌아오지 않으니 재촉하라. 만약 시일이 지나서

돌아오면 근심이 가중되고 구설이 분분하겠다.

- **분실물** : 집안에서 잃어버렸으면 다락이나 장농사이, 선반 등에 있을 수 있으니 빨리 찾아보라. 만약 늦어지면 찾기 어렵다.
- **건강** : 호흡기 계통이나 소화기 질환, 신장병, 늑막에 물이 생기는 병, 그리고 오래된 병이면 고치기 어렵고 생명이 위독할 때이다.
- **날씨** : 흐리고 비가 조금 있겠으나, 바람이 불면 갠다.

9. ䷈ (五.一) 풍천소축(風天小畜)

소축, 형(小畜, 亨)

• 상(象)의 해설

소축(小畜)은 머물게 한다, 조금씩 모으다, 조금씩 쌓는다 라는 뜻이다. 즉 하늘이 구름을 모으는 현상인데, 그러나 많이 모이지 않으므로 비가 올듯 하면서도 구름만 짙게 깔렸을 뿐 비가 내리지 않는 상태를 말한다. 그러나 때가 되면 비는 반드시 내려 대지를 축축하게 적셔 만물을 생장(生長)하게 한다. 물론 비가 내릴 때까지 기다리는 마음은 울적하고 답답할 것이다. 아무리 답답하고 울적해도 하늘의 뜻이니 어쩔 수 없는 것이 아닌가? 조급히 굴지 말고 성실한 마음으로 기다리면 우울한 마음을 씻어줄 단비가 내릴 것이다.

• 운세

아직 운이 닿지 않았다. 아무리 성과 열을 다하나 성과가 나타나지 않을 때이다.

소축(小畜)은 잔뜩 찌푸린 하늘을 바라보고 있는 심정과 같은 뭔가 시원치 아니하고 우울하고 답답하고 초조한 마음의 상태다. 찌푸린 하늘에 비가 쏟아지면 마음이 후련할 텐데 올듯하면서도 오지않는 때이다.

이 괘가 나왔을 때는 저축이라는 뜻이 있기 때문에, 물질적으로는 부족함없이 풍족하고 운도 센 편이다. 그러나 현재 계획하고 있는 일이나 추진하고 있는 모든 일들이 자신의 뜻대로 진행되지 않거나, 내부적으로 정리되지 않는 일이 있든지 아니면 다른 방해나 지장이 있어 나아가기 어려운 상황에 처할 때이다. 그러나 현재의 어려운 문제들이 머지않은 장래에 해결될 것이니 서두르지 않는 것이 좋다. 성급하게 결정하여 물러난다거나 도중에 좌절하여 그만두면 큰 손해를 당한다. 최후까지 버티면서 최선을 다하면 시원한 결과를 얻을 수 있는 괘이니 단념하지 말고 목적과 목표를 위해 부단한 노력을 하면서 기다려야 한다.

또 이때는 남에게 말못할 사정이 생겨 입밖에 내지 못하고 혼자 고심하다 무리인 줄 알면서 자기 마음대로 행동을 일으키다 화를 초래하기 쉬운 때이니, 매사에 심사숙고하여 낭패를 당하지 않도록 해야 한다.

풍천소축(風天小畜) 지침

사람이 매사에 정도(正道)를 행하면 처음에는 고통과 고난을 당하나 시일이 지나면 자신이 바라는 소기(所期)의 목적을 이룰 수 있을 때이니 심신을 가다듬어 성실을 다하라. 아직 힘은 미약하나 반드시 목적을 달성한다.

1효(爻), 주나라 문왕(文王)이 주왕(紂王)을 정벌하러 나아가다 아직 때가 이르므로 되돌아온다는 뜻이다. 때가 되지 않았음을 알고 돌아오니 무슨 허물이 있겠는가? 자신이 비록 능력이 있다고 하나 일을 추진하기에는 그 힘이 부족할 수 있고 주위의 여건이 성숙되지 않아 나아가기엔 아직 때가 아니며 추진한다 해도 뜻대로 잘 되지 않는 시기이니, 조급한 마음을 누르고 기다리면 성취된다.

2효(爻), 인간사의 득실(得失)을 말할때 앞으로 나아가는 것만이 능사가 아니고, 때에 따라서 제자리에 머물거나 아니면 물러서는 것이 득이 될 때도 있는 법이다. 무모한 전진을 피하고 자신의 위치로 돌아와서 현재의 자기직분에 충실하면 길하다.

3효(爻), 폭주(暴走)로 인하여 몸체와 바퀴가 분리되어 나감이라.

모든 남녀간이 서로 반목(反目)하여 평상의 생활이 깨지는 낭패를 당할 수다. 또한 회사 내부의 갈등으로 자신의 위치와 능력을 알지 못하고, 만용을 부리게 되면 자신의 지위나 직책을 잃을 수 있으니 시비를 피하라.

4효(爻), 유순하고 성실하면 유혈의 참상에서 벗어날 수 있다. 만약 인내심이 부족하다거나 방자한 행동을 하게 되면 도저히 피할 수 없는 곤경에 처하게 되니 매사에 너그러운 마음으로 대하여야 한다. 이때는 자신에게 불평불만을 품고 음해(陰害)를 하는 자가 있을 수 있고 직접적으로 해를 주는 자도 있으니, 긴장을 풀지 말고 일에 대처하라. 그러나 자신이 존경하는 유덕한 사람을 가까이 하면 고난과 곤경에서 벗어나고 근심걱정도 사라진다.

5효(爻), 더불어 함께 부를 누림이라. 자신의 이익을 이웃과 나눔으로써 더 큰 이익이 자신에게 오는 것이다. 모든 것이 혼자의 힘으로 된 것이 아니라 서로 협조하여 이루어진 것이니 자신의 능력인 줄 착각하지 말아라. 자칫 교만하거나 혼자만 욕심을 부리면 모든 것이 수포로 돌아간다.

6효(爻), 잔뜩 찌푸렸던 검은 구름이 마침내 비가 되어 만물을 적시니 여태까지의 고심하던 모든 일들이 해결되었다.

그러나 부녀자의 도리는 유순함에 있다. 세상의 모든 것이 지나치면 위험이 따르는 법이고 달도 중천에 높이 뜨면 기울기 마련이니 더이상 나아가면 흉하게 된다. 현재는 손해를 보는것 같아도 단념하라.

풍천소축(風天小畜) 사항판단

- **소원** : 당장의 것은 어렵다. 그러나 오래 걸리는 일이라면 성사된다. 결국 자신의 인내심 여하에 성패가 달렸으니 중도에 포기하지 말고 나가라. 그러나 분수에 넘는 일이라면 망설이지 말고 중단하라.
- **사업** : 현재는 큰 부족함이 없으니, 더 큰 욕심을 내지 말고 현상유지에 힘쓰라. 축(畜)은 머물다, 모으다, 기르다는 뜻이므로 당분간 사업의 확장이나 신규는 중지하는 것이 좋다. 일을 하고자

하는 욕망이 일어나더라도 자신의 뜻대로 되지 않을 뿐만 아니라, 오히려 현위치를 지킬 수 없는 좋지 않은 결과를 초래할 때이니 무리하게 추진하려고 하지 마라.

- **상담** : 당장의 것은 성사되기 어렵고 오히려 말썽이 따르기 쉽다. 대체로 늦어지는 경우가 많으니 상대편에서 연락이 올 때까지 기다리는 것이 좋다.

- **매매** : 현재 이익이 없으며, 앞으로 값이 오르더라도 크게 오르지 않는다.

- **계약** : 남의 말을 그대로 믿지 마라. 실제와 내용이 다를 수 있으니 세심하게 살펴 보라.

- **소송** : 작은 이익을 얻으나 오래 끌면 분규가 증대된다. 대개 쉽게 끝나지 않고 오래 간다.

- **취직** : 본인이 바라는 곳은 늦어지나 임시직이나 지위가 낮은 곳은 취업된다. 여성은 서비스업이면 길하다.

- **승진** : 지금은 어렵겠다. 다음 기회는 희망이 있으니 기다려라.

- **입학** : 본인의 실력부족이든지, 지원하는 학교가 수준이 높아 힘들겠으니 2차나 3차 아니면 지방에 있는 학교를 택하라.

- **이사** : 주거에 고생이 많겠으나 좀더 기다려야 하겠다.

- **여행** : 단기간이나 단거리 여행은 상관 없으나 도중에 비, 바람을 만나거나, 사소한 언쟁 등 기분 나쁜 일이 일어날 수 있다. 해외나 장거리 여행에는 좋다.

- **연애** : 정상적인 관계가 아닌 경우가 많다. 연하의 남자라든지 연상의 여자라든지 아니면 유부남과의 관계 등일 수 있고, 또는 결혼을 하지 않고 동거하는 경우, 아니면 남자가 아내 이외의 여자와 바람을 피우는 경우 등이다. 비정상적이니 자연히 마음의 갈등과 심적 고통이 많을 때이다.

- **결혼** : 정식결혼이면 합당하지 않다. 만약 성사된다 하더라도 중간에 이별 수가 있든지 아니면 결혼생활이 순탄하지 못할 것이다. 재혼은 괜찮다.

- **출산** : 예정일이 넘어서야 출산할 수 있으며 산모가 위험하겠다.

춘하(春夏)간에 출산하면 남아이고, 추동(秋冬)이면 여아이다.

- **가출인** : 남쪽으로 멀리 갔다가, 다시 서쪽으로 멀리가 오기 힘드니 찾지마라.
- **기다리는 사람** : 방해자가 있어 오지 않으니 기다리지 마라. 구설이 많고 주위가 산란하고 불길한 징후다.
- **분실물** : 여자가 개입 되어 있으니 찾기 힘들다. 물건을 찾으려다 오히려 봉변을 당할 수가 있다.
- **건강** : 호흡기 질환, 감기, 두통, 결핵 등이 우려된다. 대체로 몸이 허약해서 오는 병으로 양기(陽氣)를 보(補)하지 아니하여 왔으니 보양(補養)하라. 오랜 병이면 고치기 어렵다.
- **날씨** : 가끔 흐린 날씨지만 비는 내리지 않고, 바람이 불면 개인다.

10. ䷉ (一.二) 천택리(天澤履)

리호미블지인, 형(履虎尾不知人, 亨)

• 상(象)의 해설

리(履)는 밟는다는 뜻이다. 즉 호랑이 꼬리를 밟는 것과 같은 위험한 상황에 처한 때이다.

하늘은 위에 있어 침해를 받지 않고 연못은 아래에 있어 하늘을 경멸하지 않고 존경하니 상하귀천이 명백하여 각기 자기 분수를 지키는 것이 예의의 근본이다. 이 괘는 유순함이 굳센 것을 따르는 형상이니, 옛 성현들의 지혜와 덕을 따른다면 아무리 호랑이 꼬리를 밟는 위험을 범하더라도 물려죽지 않고 능히 위험에서 벗어날 수 있다.

• 운세

리(履)는 밟는다, 예의를 지킨다, 상하의 질서를 지킴을 말함이니, 윗사람의 의견을 존중하고 그 의견을 따르면 호랑이 꼬리를 밟는 위험한 일은 일어나지 않는다. 즉 일을 경영함에 앞서간 사람들의 경험과 교훈을 귀담아 듣고 자신의 일에도 성공과 실패를 잘 분간하여 행동하여야 한다.

이때는 남보다 앞장서서 일을 추진하면 반드시 위험한 상태에 빠져 헤어나지 못하게 되니, 어떤 일이라도 앞에 나서지 마라. 남의 뒤를 따른다는 것이 때로는 고통일 수 있고, 많은 어려움이 있으나 좋은 결과를 얻을 수 있으니 무턱대고 혼자서 나아가지 마라.

매사 선후(先後)를 분명히 가려 나아가는 것이 중요하다. 처음에는 대단히 어려운 듯하지만 순조롭게 풀릴 것이다. 일을 시작하기도 전에 위험이 두려워서 아무런 계획없이 무작정 허송세월을 보낼 수는 없는 법이 아닌가? 다소의 위험이 따르더라도 자신의 능력에 맞게 성실하게 나아가면 처음에는 위험이 있겠지만 반드시 목적을 달성할 수가 있다.

신규의 사업이라든지 새로운 일의 시작은 그 계통에 경험이 풍부하고 안목이 높은 웃사람의 조언을 듣고 행해야 좋은 결과를 얻는다. 이런 때는 애매모호한 태도로 일을 하든지 막연히 '잘 되겠지' 하는 생각으로 일을 시작하면 후에 큰 불안에 처하기도 하고, 때로는 자기 능력에 과분한일 등을 맡기 쉬운 때이며, 보통의 인내력으로 견디기 어려운 상황에 빠질 수도 있다. 대체적으로 이 괘가 나왔을때는 처음에는 놀랠 일이 일어나지만 나중에는 기쁨으로 변한다는 뜻이 있으니, 주위의 정황(情況)을 잘 판단해서 예절을 지켜 바른 길을 나아가라.

천택리(天澤履) 지침

웃사람과 아랫사람, 귀한 자와 천한 자의 분별을 명백히 하고, 사람의 도(道)를 바르게 밟으며 유순하게 예절을 지켜나가면 처음에는 어려운 난관에 봉착하나 난관을 무난히 극복하고 바라는바 목적을 이룬다. 단, 심신을 너그럽고 풍부하게 가져라.

1효(爻), 순수한 마음으로 신을 신고 가면 허물이 없다. 사람이 먼 길을 여행할 때 신을 신고 정도를 따라가면 어디든지 순조롭다. 신을 신고 여행한다 함은 혼자 뜻을 실행한다는 것이다. 혼자서 여행한다는 것은 고독, 고립을 말함이니 현재 자신의 주위에 도움을 받을 만한 사람이 없어 매우 어려운 시기라 본다. 매사에 모든 것을 혼자서 처리해 나아가야 하니 무척 힘들고 난관이 많을 때다. 그러나 남에게 폐를 끼치지 말고 혼자 해결하라. 바른 일은 꼭 이루어진다.

2효(爻), 1효와 마찬가지로 누구에게도 도움을 바랄 수 없는 고립무원(孤立無援)의 상황이다. 사람은 어느 한편으로 보면 모두가 고독하다고 할수 있다. 왜냐하면 어느 누구도 내마음과 같지 않기 때문이다. 또 태어날 때나 살아갈 때나 죽을때나 모두가 혼자이기 때문이다. 그래서 영원한 동반자는 없으니 실망하지 말고 주위의 유혹이나 소란에 흔들리지 말고 차분히 나아가라.

현재의 근심걱정에 얽매이지 말고 미래를 향해 서둘지 말고 차분히 나아가라. 그러면 좋은 결과를 얻는다. 만약 이를 이겨내지 못하고 자신의 현재 리듬이 깨지면 혼란과 낭패를 당한다.

3효(爻), 재능과 능력을 갖추지 못하고 마음만 앞서 자칫 일을 그르친다. 자신의 어리석음으로 현상황을 파악하지 못하고, 무모하게 추진하다 큰 낭패를 당하기 쉬운 때이니 조심하라. 대개 자기를 과신한 나머지 분수 이외의 일에 관여할 때이니 절대로 동하지 마라.

4효(爻), 어두운 밤길에 촛불을 들고 가는 격이다. 여간한 조심성이 없으면 촛불이 꺼져 오가지도 못하는 난감한 상태에 빠지고 만다. 일을 행함에 자신도 모르게 휩쓸려 들어가 궁지에 몰려 화를 당할 수 있을 때이니, 호랑이 꼬리를 밟는 것같이 모든 일에 두려움을 갖으나, 침착하게 신중한 마음을 잃지 않으면 무사하다.

5효(爻), 한 집단의 책임자로 이를테면 회장, 사장 등의 최고직으로 모든 운영이나 인사의 권한을 가지고 있다 하더라도 독단으로 결단을 내려 행하면 위험이 있겠다.

본인이나 또는 결행하는 일이 아무리 정당하고 옳다고 해도 너무 강하게 부하직원이나 주위사람들의 의견을 무시하고 처리하면 화를 당하는 때이니, 남의 의견도 참고할 줄 알아야 한다.

6효(爻), 자신이 과거에서 현재에 이르기까지 행하여 왔던 모든 일들을 돌이켜 보고, 나아가고 물러남을 결정하여야 한다. 현재 추진하고자 하는 일들이 길흉(吉凶)이 상반(相半)하니, 자신에게 결함이 있거나 잘못이 발견되면 과감히 떨쳐 버리고 궤도를 수정해 나아가면 훌륭한 성과를 거두게 된다.

천택리(天澤履) 사항판단

- **소원** : 처음에는 곤란을 겪으나 후에는 성공할 수 있다. 중도에 몇 번 어려운 상태를 만나나 희망을 잃지 말고 끝까지 나아가라. 이때는 경험자의 도움을 받으면 쉽게 이루어진다.
- **사업** : 현재의 상황은 그다지 좋은 상태라 할 수 없다. 처음 시작할 때 애매모호한 태도와 불확실한 상태에서 출발했기 때문에 그로 인한 결과이다. 지금에와서 시작이 잘못되었음을 탓해 보았자 아무런 이득이 없을 뿐만 아니라 오히려 시비와 논쟁만 분분하여 더욱 복잡해질 가능성이 크니, 지난날은 모두 접어두고 다시 시작하는 마음으로 나아가라. 상태는 호전될 것이다. 단 이 괘가 나왔을 때는 자신이 앞장서 주관하지 말고, 웃사람이나 경험자의 의견을 따르라.
- **상담** : 성급하거나 무리하게 진행하면 이루어지지 않는다. 느긋하고 유순하게 진행하면 결국 성사되니 신중하고 겸손하게 대하라. 그러면 당신에게 유리한 방향으로 결말을 맺을 수 있다.
- **매매** : 가격의 변동이 심할 때이니, 당분간 보류하여 조금 더 시기를 관망함이 좋다.
- **계약** : 상대방의 마음을 정확하게 헤아릴 수 없을 때이다. 혹시 딴마음을 가질수 있으니 조심하라. 겉으로는 옳은 것 같지만 내심은 그렇지않아 시비나 손재가 있으니 유의하라.
- **소송** : 이쪽에서 강력하게 대처하지 않으면, 결국 시간만 허비하고 흐지부지하게 끝나고 만다. 때로는 위험에 처할수 있는데 화해하면 좋으나 만약 그렇지못할 경우 강하게 나가면 승소한다.
- **취직** : 여러곳에 이력서를 제출했으나 현재는 가능성이 희박하다. 아직 때가 아니니 기다려라. 그러나 웃사람이나 선배 등 아는 사

람에게 부탁해 보라.

- **승진** : 친인(親人)의 도움 없이는 불가하다.
- **입학** : 합격하기 힘들다. 2차, 3차까지 지원하라.
- **이사** : 움직이면 손재를 당하니 그만두라.
- **여행** : 여행중에 병으로 고생하기 쉽고, 아니면 다른 일로 어려움을 겪을수 있으니 조심하라.
- **연애** : 대개의 경우 비정상적인 관계가 많을 때다. 처녀가 유부남과 연정을 나눌 때이고, 남자가 부인 이외의 여자와 관계를 할 때가 많다. 또는 정식 결혼이 아니고 동거하는 경우가 있다.
- **결혼** : 신부가 재혼할수 있는 팔자이고, 고독하고 몸이 허약하니 좋은 인연이라 할 수 없다.
- **출산** : 산모나 태아에게 이상이 있을수 있고, 여자아이일 가능성이 많다.
- **가출인** : 서북방으로 멀리 갔으니, 찾아도 찾지 못하고 헛되이 마음고생만 한다.
- **기다리는 사람** : 돌아오지 않는다. 아직 때가 오지 않았다.
- **분실물** : 집안에 있으니 손이 닿을 만한 곳을 찾아라. 빨리 찾으면 나온다.
- **건강** : 한열로 병을 얻는다. 폐와 간의 질환, 풍이 겸하여 합병증일 수 있고 오래된 병은 위험하고, 급병(急病)이면 쾌차한다.
- **날씨** : 구름이 흩어지고 비가 그치니 맑은 날씨가 계속된다.

11. ䷊ (八・一) 지천태(地天泰)

태, 소왕대래, 길형(泰, 小往大來, 吉亨)

• 상(象)의 해설

태(泰)는 편안하다, 안팎으로 모든 것이 갖추어져 있어 부족함 없이 편안하고 안락하다는 뜻이다. 하늘과 땅이 화합하는 것이 태(泰)

괘다. 하늘과 땅이 화합 한다는 것은 하늘의 양기가 내려오고, 땅의 음기가 올라가 서로 합쳐서 만물을 생성하고 육성한다. 또한 안으로는 양기가 가득차 있어 강건하고, 밖으로는 음기가 차 있어 유순하다.

태는 편안하다, 통한다, 친목·화합한다, 일이 성취된다는 뜻이지만 반면에 대길(大吉)은 흉(凶)으로 돌아온다. 즉 달도 차면 기운다는 말과 같이 교만, 태만의 뜻도 있으니 방심은 금물이다.

· 운세

모든 것이 원만한 때이다. 사회적으로나 가정적으로나 안정되어 부족함이 없는 편안한 상태라 볼 수 있다. 새로운 일의 시작이라든지 현재 추진중인 일등 모두가 당신의 마음 먹은대로 이루어져 가고 있는 만족스러운 상태다. 또한 주위의 대인관계 즉, 상사나 부하, 남편과 아내, 아버지와 아들, 친구와 동료 모두가 마음이 서로 통하여 화기(和氣)가 가득한 화목한 상태다. 그러나 이러한 때에 가장 유의해야 할 것은 교만한 마음이 생겨 일을 태만하게 하기 쉽다는 것이다. 이 태괘에는 논밭, 가옥을 없앤다는 뜻도 있다. 또는 마신다, 쳐부순다 등의 자기를 괴롭히는 행위가 생겨날 수 있다. 때문에 사람에 따라서는 태(泰)를 파괴하고 난 을 일으킬 수 있으니 특히 젊은 사람은 혈기를 주의해야 한다.

지천태(地天泰) 지침

모든 것이 원만하고 순조롭게 되어가고 있고, 생활에 불편한 것이라든지 부족함이 없는 안정되고 편안한 상태이니 매사에 당신의 의지대로 나아가라. 뜻이 통하여 원하는 것을 얻을 수 있고 이룰 수 있다. 단, 교만한 마음과 태만심을 경계하라.

1효(爻), 천지가 서로 화합하니 동료와 서로 도와 힘이 상승하는 때이다. 의기가 서로 통하는 사람들과 함께 일을 경영하면 크게 이룰 수 있는 때이니, 주저하지 말고 마음이 맞는 사람들과 함께 적극적으로 추진해 나가라. 이때는 자신의 재능과 능력이 주위의 인정을 받아, 사람이 모여들어 큰 일을 도모해도 능히 감당할 수 있는 환경과 여건이 갖추어지게 된다. 단독으로는 좋은 성과를 얻지 못한다.

2효(爻), 시류(時流)의 흐름을 탄다. 최대한의 노력을 다한다면 무리한 일일지라도 통하게 된다. 즉 좋은때와 운을 만난 것이다. 일체의 잡다한 것을 넓은 도량(度量)으로 포용하여 과감하게 나아가는 대담성, 자신의 친구나 멀리 떨어져 있는 사람까지도 배려하여 자신의 사욕을 버리고 공명정대하게 함께 하는 공명심을 갖는다면 크게 성공한다. 그러나 현재의 상태에 만족하여 자칫 교만과 태만, 무례하게 되면 모처럼의 호기(好機)를 놓치게 된다.

3효(爻), 운이 왕성한 가운데 쇠퇴의 징후가 있다. 먼저 가는 것은 반드시 돌아온다. 현재의 평화스러움은 항상 계속되는 것이 아니다. 이 시기는 변화가 올 때이다. 아니면 벌써 왔다고도 볼 수 있다. 지금까지 아무 탈 없이 잘 되어온 일들이 어려움에 봉착하는 시기이다. 정신적으로 다소의 타격은 있으나 너무 염려하지 마라. 성실한 태도와 마음으로 일에 임하면 무사할 것이다. 그러나 식생활에는 어려움이 없다.

4효(爻), 생각이 얕고 경박한 사람이 주위에 모이기 때문에 잘 살펴서 능력이 있는 사람을 골라 써야 한다. 또한 재능과 능력도 없는 사람이 자기 과신으로 능력 이외의 일을 맡아 곤란을 당할 때이다. 이는 매사에 신중하지 못하고 경솔한 가운데서 일어나는 것이니 자신의 처지와 위치를 잘 고려하여 한걸음 물러남이 옳다. 그렇지 않으면 재능이나 능력이 있는 현명한 사람의 자문을 구하여 그 의견을 따르면 무사할 것이다. 이때는 자신이 비록 높은 자리에 있다 하더라도 하심(下心)하여 이웃이나 수하(手下)사람들을 경계하거나 의심하지 말고 서로 신뢰하고 진실된 마음으로 일을 진행하면 좋은 결과를 얻는다.

5효(爻), 신불(神佛)이 감응하여 행복하게되니 크게 좋다. 이는 임금이 어진 신하에게 자신의 누이를 시집보내는 상(象)이라. 겸손하고 겸허한 마음을 가지고 일을 추진해 간다면 크게 길하다.

6효(爻), 성운(成運)이 지나면 멸운(滅運)이 가까이 왔음을 뜻한다. 성벽이 무너져내려 본래의 웅덩이로 되돌아가는 것과 같다. 당신이 지금까지 공들여 쌓아왔던 모든 것들이 무너져내리는 위험에 봉착했다고 볼 수 있다. 이제는 자신의 힘으로는 더이상 어떻게 해볼 도리가 없으니 모든 것을 운명에 맡기고 과감히 포기하라. 그렇지 않으면 더욱 비참한 곤경에 처하게 된다. 그러나 낙담하지 마라. 세상일은 돌고 도는 법이다.

지천태(地天泰) 사항판단

- **소원** : 당장의 일이든지 단기간의 일이라면 성취되니 강력하게 밀고 나가라. 혹, 중도에 장애가 있을 수 있으니 그때는 남의 의견을 듣고 따르면 성공한다.
- **사업** : 벌써 상당한 성과가 있다고 하겠다. 금전문제나 대인관계도 좋아 아무런 걸림이 없을 때이다. 모든 것이 당신에게 유리한 방향으로 나아가는 운이므로 계속해서 진행하라. 당신의 노력에 비하여 큰 성과를 올릴 수 있는 좋은 기회이니 놓치지 마라.
- **상담** : 모든 것이 당신에게 유리하게 전개되어 당신의 노력에 따라 성취될 때이니, 모든 일에 적극적으로 대처하면 큰 성과를 거둔다. 이때는 대인관계도 원만하여 협조를 구할 수 있으니 협조를 받아라.
- **매매** : 소규모는 괜찮으나 액수가 큰 부동산이나 여타 물건은 손해를 본다. 그러나 사두는 것은 이익을 본다.
- **계약** : 자신의 힘은 미약하고 상대는 강하니, 중간에 힘있는 사람이 들면 협조를 받아 즉시 계약하라. 큰 이익을 얻는다.
- **소송** : 상대편에서 먼저 소송하면 길하나, 이쪽에서 먼저하면 어렵다. 모든 것을 변호사에게 위임하라.
- **취직** : 자신의 능력에 부합한 곳은 무난히 될 수 있지만 정직하고 겸손하라. 또 웃사람이나 선배등 지인(知人)에게 부탁하면 좋다. 전직(轉職)이나 전업(轉業)은 좋지 않다.
- **승진** : 승진은 되나 기뻐할 일이 아니다. 좌천을 당하든지 한직(閑職)으로 물러날 수 있으니 분발해야 한다.

- **입학** : 대학, 대학원 등에는 실력이 부족하니 목표를 낮추어 지원하라.
- **이사** : 하지 않는 것이 좋다. 대개의 경우 현재 생활이 안정되어 있을 때다. 그러나 피치 못할 사정으로 옮겨야 할 경우에는 가까운 시일안에 좋은 곳이 있을 것이다.
- **여행** : 즐거운 마음으로 출발하라. 아무런 문제가 없다. 장기간의 해외여행도 길하다.
- **연애** : 서로가 만족할 만한 상대를 만났다. 다소의 문제가 있더라도 개의치 마라. 이 괘가 나왔을 때는 결혼까지 하게 되는 경우가 많다. 직장동료라든지 친척이나 친구의 소개로 만나는 경우가 많은데 인물이나 성격 등도 서로 잘 어울리는 상대이니 좋은 연분이라 하겠다.
- **결혼** : 성사된다. 좋은 인연이다. 친척이나 지인의 소개가 많은데 처음에는 양가의 신분이나 입장의 차이가 있어 고심하나 걱정할 필요가 없다.
- **출산** : 산모도 건강하고 태아도 건강하다. 출산도 순조롭고 귀자(貴子)를 낳게 되어 집안에 큰 경사를 보겠다.
- **가출인** : 서남으로 멀리 갔으니 찾지 말고 기다려라. 4~5일이면 소식을 듣는다.
- **기다리는 사람** : 벌써 오고 있는 중이다. 금일중에 소식이 있겠다.
- **분실물** : 대개 집안에 있다. 관리를 잘못하여 어디에 두었는지 모를 때이다. 웃사람에게 물어보라. 아니면 서북쪽 물건 밑을 찾아보라. 실물 수는 없다.
- **건강** : 대체로 건강할 때이다. 그러나 만약 위장병, 폐결핵, 늑막염 등의 병을 얻게 되면 오히려 위험이 있게 된다. 과음으로 인하여 두통, 위통, 변비 등이 발병할 때니 주의하라.
- **날씨** : 구름이 걷혀 청명하고 바람도 순하며 날씨가 온화하다.

12. ䷋ (一.八) 천지부(天地否)

부지비인(否之匪人)

• 상(象)의 해설

부(否)는 막히다, 거부하다의 뜻이다. 하늘은 끝없이 높고 땅은 끝없이 낮아 천과 지가 서로 분리되어 사귀지 아니하니 만물이 생성, 생장하지 못하는 격이다. 부는 소인의 무리가 날뛰어 세상의 의기(意氣)가 통하지 아니하고 막혀 있다. 아무리 바른 길을 지켜 나가려 해도 방해를 받아 지켜지지 않는다. 사람이 사람의 도를 행하지 못하고 비상식이 판을 치게 되는 형이다. 건실하고 열심히 노력하는 자가 잘 살고 대접을 받아야 하는 법인데, 정반대로 권모술수가 능하고 비상식적이고 부정한 자들이 호의호식하며 잘 사는 세상을 의미한다. 이 부(否)는 정당함이 통하지 않는 부정(否定), 거부(拒否), 불운(不運), 비운(非運)을 뜻한다.

• 운세

위험에 직면할 시기다. 아무리 정당하고 능력이 있다고 하더라도 그것이 통하지 않는다. 모래위의 누각이라 언제 무너져 내릴지 모르는 위험하고 절박한 때다. 한시라도 머뭇거려서는 안된다. 물론 현재의 상황에서 벗어나려고 노력해도 마음과 같이 되지 않지만 최선을 다해서 현실과 정면대결하여야 한다. 어차피 뒤로 물러설 자리도 없으니 나아가지 않으면 갈 곳이 없다. 세상사 모든 것이 하늘의 운행을 어찌 하겠는가. 그러나 좌절하지 마라. 궁하면 통하는 법이니 머지않은 장래에 운이 바뀌어 현재의 어려운 고난에서 벗어나게 될 것이다.

천지가 서로 배반하니, 아주 친밀한 사람에게 배반을 당하게 되고 실직이나 가정불화, 실패 등도 있게 된다.

천지부(天地否) 지침

만사가 통하지 않고 꽉 막혀 고전을 면치 못하는 최악의 상태에 도달했다. 실직, 실패, 가정불화 등의 비운과 불운의 시기이다. 이때는 피하려 하지 말고 정면으로 맞서 해결점을 찾으라. 아무리 어려운 고난이 닥치더라도 속단하지 말고 자중하며 인내심을 잃지 말고 견뎌나가면 해결될 시기가 온다.

1효(爻), 위험한 곳에서 빨리 벗어나야 무사하다. 질이 좋지 않은 친구를 만나 어울린다든지 사기꾼의 감언이설에 속아 놀아난다든지 아니면 훌륭한 사람이라고 생각한 사람 또는 친한 사람에게 배신을 당하는 때이다.

2효(爻), 웃사람의 명령에 순종하고 받아들여야 무사하다. 만약 자신의 고집대로 혼자 나아가면 나쁜 결과를 얻게 된다. 때에 따라선 남과 다투어 투쟁이 일기 쉽고, 웃사람의 감정을 상하게 하여 자신에게 불리함이 있게 되니 현실에 순응하고 자중해야 한다.

3효(爻), 자신의 처지와 신분을 잊고 허세를 부려 망신을 당할 때이니 자신을 감추지 말고 치부(恥部)까지도 솔직하게 털어 놓고 매사에 임하라. 실력이 부족하면 부족한대로, 능력이 없으면 없는대로 하면 오히려 자신과 합당한 자리에서 평안을 얻게 된다. 이때는 능력밖의 지위나 일을 맡게 되어 고충이 따를 때다.

4효(爻), 신불의 은총으로 행운길이 열린다. 여태까지 펴보지 못한 자신의 의지와 기상을 나타낼 운기가 온다고 하겠다. 좀처럼 자신의 능력을 인정받지 못해 고심하던 사람도 차츰 주위의 사람들로부터 인정받게 되고 한직에 있던 사람이 중앙부서로 발탁되는 시기라 본다.

5효(爻), 지금까지 어려웠던 문제들이 서서히 풀려 나가는 시기가 왔다고 하겠다. 즉 천지부(天地否)의 진행이 중단됨으로써 꽉막혔던 기운이 통하게 된다는 뜻이다.

기나긴 추운 겨울 꽁꽁 얼어붙은 대지가 다가오는 봄기운을 느끼는 때와 같다. 이제부터 새 생명의 탄생을 위해서 다가오는 봄을 맞을 준비를 해야 할 것이다. 자칫 씨뿌리는 시기를 놓치면 허사가 되니 만반의 대비를 해야 한다. 그러나 아직 봄은 오지 않았으니 방심은 금물이다. 언제 다시 추위가 닥칠지 모르기 때문이다.

어려움 끝에 찾아온 기회를 놓치지 않도록 각별히 유의하여 모든 일에 소홀함이 없어야 할 시기이다.

6효(爻), 지난날의 악몽에서 아직 벗어나지 못해 불안이 가득하지만, 조심해서 진행하면 희망이 보일 것이다. 인간사의 행복이 영원한 것이 아니듯이 불행 또한 영원한 것이 아니다. 오늘에 이르기까지 겪은 숱한 어려운 고비가 차츰 물러나는 시기라고 본다.

천지부(天地否) 사항판단

- **소원** : 자신의 뜻과 의지가 막혀 모든 일이 제대로 되지 않는다. 당장은 가능성이 없다. 아직 때가되지 않았다. 그러나 반년 후쯤에 기회가 온다.
- **사업** : 쇠퇴의 운에 들었다고 본다. 아니면 벌써 어려움에 처한 상태일 수도 있다. 이때는 나아감을 멈추고 내부의 허실을 점검하고, 외부의 거래처도 다시 한번 세밀히 검토해야 할 필요가 있다. 운세 자체가 불리하나 좌절하지 말고, 때가 올때까지 기다리면 자연히 풀리게 된다.
- **상담** : 운자체가 약하기 때문에 상대편에게 끌려갈 수 있다. 성사시키려고 급하게 서두르면 손해를 보는 때이다. 상대편에게 당신의 약점을 보이지 마라. 당장은 어려우나 2~3차례 교섭 후에 이루어지면 좋은 결과를 얻는다.
- **매매** : 현재의 여건이 어려워 당장 해결을 보려 하면 손해가 있으니, 힘들지만 경거망동하지 말고 좀더 기다렸다 처리하라.
- **계약** : 언행이 일치하지 않으니 순조롭게 진행할 수 없게 된다. 이때는 아무리 친한 사이라도 서류관계는 분명히 해야 한다. 인정상 서로 믿고 적당히하게 되면 후에 시비가 생겨 큰 불화의 원인이 된다.
- **소송** : 지금으로선 이길 가망이 없다. 당신이 아무리 정당하고 옳다고 해도 통하지 않을 때다. 그러나 대법원까지 갈 수 있으면 호

전된다.

- **취직** : 기다리기 싫어도 기다려야 할 시기다. 그동안 부족한 공부를 하든지 실력을 더 쌓아서 당신이 원하는 곳에 지원을 하라. 단 현재의 어려움에서 벗어나기 위해 원하지 않는 곳에는 가지 마라. 좋은 기회를 잃게 된다.
- **승진** : 다음 기회로 미루어라. 윗사람의 도움으로 좋은 직책이나 당신이 바라는 곳으로 가게 된다.
- **입학** : 합격은 어렵다. 다음 시험을 대비하라.
- **이사** : 마땅치 않으니 기다려라. 흉한 일만 생기게 된다. 꼭 가야 할 상황이면 남쪽으로 가라.
- **여행** : 좋지 않은 일이 발생하게 되니 가지 않음이 좋다. 멀리 가든지 오랜 여행이면 중지하라.
- **연애** : 주위의 여건으로 마음과 같이 진행되지 않는다. 상대방도 당신을 사랑하고 있으나 말못하는 내부사정이 있다. 이때는 가족이나 주위의 반대로 당장 성사되기 어렵지만, 시간이 좀 걸리더라도 주위사람들을 설득시키면 된다.
- **결혼** : 이루어지기 어렵다. 무리해서 결혼하게 되면 파탄을 초래한다. 그러나 시일이 오래 경과하면 성사되나 난관이 많겠다.
- **출산** : 큰 우환은 없으나 순탄하지 않다. 여아이면 쌍둥이일 가능성이 있고, 남자아이면 불길하다.
- **가출인** : 서남방에 있으나 당분간 거주를 모른다.
- **기다리는 사람** : 당분간 오기 힘드니 기다리지 마라.
- **분실물** : 대개 찾기 어려우나 동남쪽을 찾아보라. 만약 집안에서 없어진 물건이면 늦게라도 찾게 되나, 바깥에서 잃어버렸으면 찾기 어렵다.
- **건강** : 대수롭지않게 생각하다 중병이 될 수 있다. 오래된 병이면 위험하다. 두통, 복통, 혈액순환의 불순, 구역질, 소화불량 등이 있고, 이때는 약효도 별로 없다.
- **날씨** : 구름이 짙게 깔렸으나 비는 오지 않는다. 그리고 차차 갠다.

13. ䷌ (一.三) 천화동인(天火同人)

동인우야, 형(同人于野, 亨)

• 상(象)의 해설

동인(同人)이란 같은 뜻을 가진 사람들이 함께 하는 것을 뜻한다. 덕과 지혜를 겸비한 현명한 사람이 하늘에 높이 뜬 태양과 같이 강력한 통솔력으로 어리석은 군중을 모아놓고 넓은 들에서 바른 길로 이끄는 형상을 나타내는 괘이다. 많은 사람을 이끈다 함은 정당하고 사심이 없어 모든 사람이 공감(共感)을 갖도록 하는 것이 중요하다.

또 큰 내를 건너면 이롭다함은 하늘의 큰 덕을 행하는 것이다. 하늘의 큰 덕이라 함은 넓고 큰 아량으로 모든 사람을 포용하는 힘과 능력을 갖추어야 한다는 것이다. 그래야 자신이 품고 있는 원대한 뜻이 이루어진다는 뜻이다.

이때는 따르는 사람이나 이끄는 사람 모두가 공명정대(公明正大)해야 크게 이룰 수 있는 것이다.

• 운세

강한 때이다. 그러나 혼자서는 그 힘을 발휘할 수 없다. 동인(同人)은 동료, 뜻을 같이 하는 사람들이 모여서 같은 목적과 목표를 두고 함께 힘을 합쳐 노력하여 크게 이루는 현상을 말한다.

이때는 공동사업, 주식회사 등 대외적인 활동이 좋다. 강한 운세이기 때문에 사람을 끌어모을 수 있는 능력과 따르고 도우는 능력있는 사람들이 당신의 주위에 모일 때고, 후원을 해주는 사람도 생기게 된다. 반면에 시작에는 어려움이 많이 따른다. 사람이 모이는 곳이니 여러 가지 문제가 일어나기 마련이다. 그러나 그 중심이 되는 사람은 덕과 지혜를 갖춘 도량(度量)이 큰 인물이기 때문에 능히 감당할 수 있게 된다.

피차 허심탄회하게 터놓고 합심하여 성심성의껏 노력하면 훌륭한 결실을 보게 된다. 단, 혼자만의 욕심을 차린다면 소외되어 밀려나게 되고, 지위나 명예도 모두 잃게 된다. 또한 재능과 능력이 뛰어난 사람일수록 자신을 감추고 사람들 앞에 나서는 것이 대중을 이끄는 지혜임을 잊어서는 안된다.

천화동인(天火同人) 지침

우물안 개구리처럼 집안에만 있지 말고 바깥 세상에 나아가 활동하라. 의기가 통하는 사람들과 함께 뜻을 이루도록 노력하라. 시기와 질투, 경쟁과 다툼이 있으나 개의치 마라. 능히 이겨나갈 수 있는 지혜와 힘이 생겨난다.

1효(爻), 문밖으로 나와 널리 자기의 범위를 넓혀 여러 사람과 교제하여 뜻을 이룬다. 자신이 아무리 탁월한 능력과 훌륭한 계획을 가지고 있더라도 혼자의 힘으로는 일을 진행하기가 어려울 뿐만 아니라 자기가 바라는 목적을 이루기가 어렵다. 자신이 생각하고 있는 목적과 일들을 상대에게 솔직히 털어놓고 의견을 구해 함께 협력해서 공동경영하면 큰 성과를 얻을 것이다. 단, 자기 독단으로 일방적으로 나아가게 되면 주위로부터 외면을 받아 고립과 고난을 당하는 어려운 상황에 처한다.

2효(爻), 지혜롭고 덕을 갖춘 사람은 자신의 능력을 겉으로 내보이지 않아도 주위의 모든 사람이 알게 된다. 그러나 실력이 미천한 사람일수록 밖으로 나타내려고 애를 쓰는 법이다. 능력은 있으나 지혜롭지 못한 사람은 자만심에 빠져 상대를 무시하니 신의를 잃게 되고 주위 사람들에게 시기를사 경원(敬遠)을 받게 된다. 매사에 자신의 입장보다 상대편의 심중을 헤아려 처신하면 실패가 없다.

3효(爻), 하고자 하는 의욕은 넘치나 안으로 부족함이 너무 많다. 일을 진행하려고 하나 마음뿐 주위의 여건이 따르지 않는다. 금전이나 인사관계 등 모두가 여의치 않을 시기다. 모든 것이 당신의 역량이 부족한 탓이니 누구를 탓하겠는가. 만약 무리하게 추진하다 역부족으로 편법(便法)을 동원한다 해도 통하지 않는다.

4효(爻), 현재 당신이 생각하고 있는 모든 것이 실현가능성이 희박하다. 의욕은 넘치나 그만 중단하는 것이 좋다. 때로는 정도(正道)가 아닌 사도(邪道)로 가는 경우도 있을 수 있으니 빨리 전환하라. 결국 통하지 않으니 망신만 당한다. 또한 신용도 잃게 되어 회복불능 상태까지 갈 수 있다. 정도로 돌아오면 오히려 전화위복(轉禍爲福)이 되어 곤궁한 가운데 길함이 있다.

5효(爻), 동료, 동지, 자신과 함께 하는 사람과 앞으로 나아가려고 하나 방해하는 자와 장애물이 많아 나아가지 못하고 한탄하는 때이다. 그러나 최후의 순간까지 힘을 합쳐 전진하면 방해와 장애물을 모두 물리치고 성공한다. 자신의 계획이나 목적이 정당하고 확실한 것이라면 꺾이지 말고 적극적으로 추진하면 승산이 있다. 결국 처음에는 울다가 나중에는 웃는다는 뜻이다.

6효(爻), 교외에 은둔하는 운이 되어 사람들과도 소원(疏遠)하다. 아직 뜻을 얻지 못했으니 훗날을 위해 조용히 물러나 관망하라. 적극적으로 나아가면 안된다. 현재까지 해왔던대로 평상심(平常心)을 지켜야 무사하다.

천화동인(天火同人) 사항판단

• **소원** : 동료나 지인등 주위 사람의 도움이 있어야 달성한다. 경쟁자가 많아 중도에 어려움이 있으나, 정당하므로 성취된다. 단, 부정한 방법으로는 안된다.

• **사업** : 혼자의 힘으로는 어려움이 많다. 여러 사람이 같은 뜻을 가지고 힘을 합해 진행하면 큰 성과를 거둘 수 있다. 대개 이 괘가 나왔을 때는 공동사업 등이 성공한다. 재능과 능력을 겸비한 사람이 이끌어 주면 더욱 확실한 보장을 받을 수 있다. 이때는 자신의 능력부족이든지 회사내부의 갈등이든지 외부의 경쟁이 심할 수 있다. 초조해 하면 실패할 경우가 생기니 주의하라. 단, 친척과의 공동사업은 불가하다.

• **상담** : 상대편에서 적극적으로 나오니 결정은 당신이 내려야 한다. 언쟁이 발생할 수 있고 중도에 약간의 문제가 생기나 다른 사람의 힘으로 진전을 본다.

• **매매** : 여러 사람이 함께 이익을 취하면 좋으나, 자기 혼자만 이익을 챙기려 하면 도리어 손해를 보게 된다.

- **계약** : 두 사람 의견이 서로 맞지 않으면 당초에 그만 두는 것이 좋다. 계약상의 문제로 다툼이 있거나 성사되기 어렵다.
- **소송** : 당신을 도우는 지원자가 있어 승소한다.
- **취직** : 경쟁이 심하겠지만 가능성이 있으니, 자신의 능력과 실력이 합당한 곳을 택하라.
- **승진** : 상반기에 명단에 오르나 실상(實相)은 없고, 하반기 10~11월이면 승진된다.
- **입학** : 당신의 실력에 맞는 곳이라면 합격된다. 경쟁자가 많더라도 두려워하지 말고 침착하라.
- **이사** : 길하나 공동주택이 더욱 좋다.
- **여행** : 단체여행이나 동료들과 함께 가는 것은 매우 즐겁고 유익하다. 그러나 단독여행은 좋지 않다.
- **연애** : 남녀 모두 교제가 넓고 많을 시기다. 여성의 경우 데이트 신청이 많을 때이고, 직장이나 사회활동이 왕성한 여성이라고 볼 수 있다. 아무리 유순한 여성이라도 개성이 강하고 어느 한 분야에 특별한 재능을 가졌다고 본다.
- **결혼** : 여성이 대개 직장생활이나 개인사업을 하는 경우로 맞벌이 부부라면 좋다. 남성은 사업적으로나 직장생활에서 지배력과 실행력 있는 사람이라고 보면 틀림이 없다. 그러나 이 괘가 나오면 연애결혼은 성사되나 중매결혼은 성사되기 힘들다.
- **출산** : 산모, 태아 모두 건강하고 아무탈 없이 순산한다. 여아일 가능성이 높다.
- **가출인** : 서북방에 있으나 돌아올 마음이 없으니 기다리지 않음이 좋다.
- **기다리는 사람** : 오기는 하지만 시간이 걸린다.
- **분실물** : 빨리 찾지 않으면 찾기 어렵다. 귀중품이면 경찰에 신고하라.
- **건강** : 눈병, 후두질환, 복통, 고열 등이 우려된다. 중환자라면 마음을 놓을 수 없다.
- **날씨** : 맑다. 조금의 비가 온다 해도 곧 갠다.

14. ䷍ (三・一) 화천대유(火天大有)

대유, 원형(大有, 元亨)

• 상(象)의 해설

대유(大有)는 크게 지닌다, 즉 크게 보유(保有)한다, 여러 사람이 복종한다, 성황을 이룬다는 뜻이다. 태양이 중천에 높이 떠서 만물을 비추어 크게 생장시키고 포용하여 육성시키는 것을 의미한다. 모든 것이 풍족하고 부족함 없이 크게 소유하고 있기 때문에 크게 베풀 수 있는 힘과 능력을 가지고 있음을 말한다. 하지만 이 괘는 태양이 중천에서 내려 비치는 상으로 기세가 대단한 상이지만, 유약한 군주가 강한 부하 때문에 편안치 않은 형상의 의미도 있기 때문에 주인이 어리든가 또는 여주인, 양자(養子)로 볼 수 있다. 또 이 괘는 중년 이하의 사람에게는 그 힘이 유약하여 쇠운에 이르거나, 손해를 보거나, 주색 때문에 패가 망신할 수 있다는 뜻이다.

• 운세

운세가 대단히 왕성한때를 만났다 할 수 있다. 경제적인 면에서는 지나치리 만큼 풍부하고, 지위와 신분도 자신이 바라는 이상으로 만족하고 있는 상태를 나타내는 때이다. 이때는 재능과 능력이 행운의 시기를 만나 충분히 발휘되어 크게 발전할 때이므로, 매사에 주저함 없이 능동적으로 행동해 나가도 허물은 없다. 그러나 이러한 때에 명심해야 할 것은 정상에 올라 모든 것이 풍족하고 자신의 뜻과 이상이 실현되었을 때, 사람들은 자칫 방심하여 정상에 오를때까지의 여정(旅程)의 어려움을 잊어버리고 방종하여 쇠락의 길을 걷게 되니 언행을 삼가하고 일에 소홀하지 않도록 유의하여야 한다.

세상만사에는 정(正)과 반(反), 희(喜)와 비(悲), 양(陽)과 음(陰) 등이 항상 상존하는 법이다. 현재의 상태를 유지하기 위해서는 사전에 충분한 대비책을 잊지 않도록 냉정하고 겸허한 자세를 가져야 한다.

화천대유(火天大有) 지침

태양이 중천에 높이 떠서 만물의 생장 기운이 왕성할 때이다. 마음을 겸손하고 성실하게 가져 더욱 열심히 노력하면 신불의 가호로 높아가는 지위와 명예와 재산을 유지보존할 것이다. 안일한 마음과 방심으로 인해 불행을 초래하지 않도록, 자기 자신은 물론 매사에 점검과 확인하며 나아가라.

1효(爻), 인간은 사회적 동물이라는 말과 같이 현실을 살아가는 데는 인간과 인간과의 관계가 중요하다. 현자(賢者)를 만나면 지혜를 배우고, 우자(愚者)를 만나면 어리석음을 배우는 것이다. 군자는 이롭지 못한 사람 즉, 어리석은 자와 가까이 하지 않는다는 것이다. 해로운 일, 손해보는 일에 휩쓸리지 않아야 한다. 괘상으로는 성품이 강직하여 남과 잘 어울리지 않지만 때에 따라서는 사람을 쉽게 믿어 버리는 경우가 있다. 이로 인하여 피해를 볼 수 있으니 조심하라.

2효(爻), 큰 사업도 능히 성공시킬 수 있는 성운의 시기이다. 큰 사업을 이끌어 가려면 그만큼 책임이 무겁고 힘이 든다. '큰 수레에 짐을 싣는다'는 것처럼, 큰 수레는 많은 무거운 짐을 실을 수 있다는 뜻이다. 그러므로 큰사업을 이끌어 갈 수 있는 능력과 책임을 다해야 하는 것이다. 직장일이나 사업이나 개인적인 영리(營利) 등 매사에 실적이 올라 행운을 맛볼 때다.

3효(爻), 공익에 관한 사업은 이룰 수 있으나 사적인 사업은 어렵다. 제후(諸侯)가 천자의 잔치상을 받는다함은 국가에 공헌을 한 제후에게 국왕이 백성을 대신해서 그에 대한 답례로 그의 공적을 치하해주는 것이다. 그러므로 사사로움이 없다고 하겠다. 운세로는 강하다고 하겠으나 사욕에는 도리어 해가 된다고 본다. 공익·공적 사업은 크게 성공할 수 있다.

4효(爻), 운세가 대단히 왕성한 시기이다. 당신의 재능을 한껏 발휘하니 그 절정에 도달하는 때다. 모든 사람에게 신망을 얻게 되어 크게 발전되고 높은 지위에 오르게 되도 뽐내지 않으면 허물이 없다. 높은 지위에 올랐다 하더라도 겸손과 겸양의 미덕을 잊지 말아야 무사하다는 것이다. 예를 들면 웃사람이 실권이 없다고 해서 얕보거나 소홀하게 대접하지 말라는 것이다.

5효(爻), 큰사업을 일으켜 크게 성공하는 상이다. 자신의 목적을 향해 확고한 신념과 적극적인 행동으로 나아가라. 신불의 은총이 따를 것이다. 단, 현재의 행운과 위치를 지키고 보전하려면, 사람을 대함에 있어 진심으로 성심, 성의껏 대하여야 한다. 그러나 위엄을 갖추어야 한다. 주종(主從)과 상하(上下)의 분별을 분명히 하라. 아랫사람을 대할 때는 관용만이 능사가 아니고, 때에 따라서는 지도자로서의 위엄을 보여주어야 통솔이 된다. 또한 웃사람을 대함에 지나친 복종은 아첨으로 보이는 것이니 때로는 직언도 할 줄 알아야 한다. 그러나 자기를 과신하여 언행을 함부로 하지 마라.

6효(爻), 하늘이 당신을 도움으로 만사가 대길하다. 이때는 정당하고 옳은 일이라면 부족함이 있더라도 추진해 나아가라. 작은 것으로 크게 이룰 수 있는 시기이니 주저하거나 망설이지 말고, 당신의 목적과 목표를 향해 나아가면 크게 성공할 수 있다.

화천대유(火天大有) 사항판단

- **소원** : 현재까지 추진해온 일이라면 순조롭게 이룬다. 그리고 지금 다른 사람과 더불어 함께 시작하는 것은 성취가 되나 단독의 일은 어렵다.
- **사업** : 능력과 운세가 모두 갖추어져 적극적인 행동으로 나가도 괜찮은 시기이다. 준비단계를 빨리 벗어나 본궤도에 진입하도록 방침을 세워야 할 때다. 정상에 도달한 경우라면 혹시 어디서 결함은 없는지 잘 살펴서 나아가도록 하라. 또한 주위의 질시와 반감이 일어나지 않도록 유의해야 한다.
- **상담** : 모든 것이 순조롭게 진행될 때이다. 여태까지 진척이 어려웠던 문제도 원만하게 해결된다. 대개 단독으로 하는 것이 아니라 여러 사람이 나서는 집단, 단체의 경우로 의견이 분분하나 잘 타결된다.

- **매매** : 오랫동안 추진해오던 것은 순조롭게 성사되나, 최근의 것은 이익이 없으니 중단하라. 혹 취중에 말을 삼가하지 않으면 시비가 생길 수 있으니 조심하라.
- **계약** : 관·공직과의 계약이면 성사된다.
- **소송** : 큰 사건의 경우에 강력하게 대처하면 승소한다. 사소한 문제라면 득이 없으니 평정심을 찾아 화해함이 좋다. 그러나 끝까지 가면 승소는 한다.
- **취직** : 능력과 재능을 갖추었으니 이루어진다. 단, 전직이나 전업은 불가하니 중단함이 좋다.
- **승진** : 재능과 실력을 인정받아 주위 사람들의 추천을 받아 좋은 직책과 직위에 오른다.
- **입학** : 명문학교, 학과에 합격한다. 경쟁이 치열해도 무난하니 지원해라.
- **이사** : 가지 않음이 좋다. 집이 불편하면 수리하여 그대로 살아라. 그러나 꼭 가야하는 경우라면 무방하다.
- **여행** : 봄, 가을의 단체 야유회나 학교단위의 견학, 단체 단합대회 등이 좋다. 장기간의 여행은 서방쪽이 길하고, 동북방은 불길하다.
- **연애** : 활달하고 의욕이 강하며 개성도 뚜렷한 여성이다. 많은 남성들의 경애(敬愛)의 대상으로 부러움을 사고 있는 때다. 너무 의지적이거나 경직되면 오히려 여성으로의 자격이 부족해 호감을 잃어버릴 수 있다. 남녀 모두 자기주장을 굽히지 않으려는 강직함이 부담스러운 때이다.
- **결혼** : 빨리 이루어지지 않으나 늦게라도 성사된다. 정신적으로도 물질적으로도 상당히 안정된 상태다. 이때는 여성이 가정의 주도권을 쥐고 있는 경우가 많다. 그러니 자연 책임감도 많게 된다. 남성은 온화한 사람으로 포용력이 있는 사람이다.
- **출산** : 산모, 태아 모두 건강하여 안산(安産)한다. 남자아이일 가능성이 많으나 진(辰), 사(巳), 유(酉)일에 낳으면 여아이다. 총명한 아이이다.
- **가출인** : 서북방에 있으나 찾기 어렵다.

- **기다리는 사람** : 둘이서 동행하다 또 한 사람이 늘어 삼인이 동반하였으니 늦게 돌아온다.
- **분실물** : 새로 고치거나 지은 집 근처를 찾아 보라. 빨리 찾지 않으면 찾기 어렵다.
- **건강** : 열이 높아 두통이 심하고 몸살기운이 있다. 시력장애, 장티푸스, 결핵등 고열로 고생한다. 약을 쓰나 좀처럼 회복되지 않고 때로는 병명이 뚜렷하지 않을 경우가 있다. 여귀(女鬼)의 장난으로 인한 것이다.
- **날씨** : 맑고 좋은 날씨다. 다소 흐리고 비가 온다 해도 곧 개인다.

15. ䷎ (八.七) 지산겸(地山謙)

겸, 형(謙, 亨)

• 상(象)의 해설

겸(謙)은 겸손(謙遜), 겸양(謙讓), 겸허(謙虛)를 뜻한다. 벼는 익을수록 고개를 숙인다. 즉 속이 찰수록 더욱 숙이는 벼이삭과 같이 제몸을 낮추어 사양한다. 그래서 겸(謙)을 미덕(美德)이라 말한다.

천도(天道)는 아래로 내려와 밝게 비추어주고 지도(地道)는 낮은데서 위로 올라간다. 천도는 가득 차 있는 것을 덜어서 겸손한 곳에 보태주고 지도는 가득차 있는 물건을 변하게 하여 겸(謙)에 흐르게 함이다.

자신에게 가득차 있는 물건을 덜어내어 남에게 나누어 준다는 것은, 사람을 대함에 교만함과 자만심을 버리고 겸손과 겸양으로 대하면 성장 발전한다는 것이다.

• 운세

겸(謙)은 땅가운데 산이 있는 것이다. 즉 높은 산의 흙을 깎아내려 계곡을 메우는 것같이, 남아 있는 많은 물건을 부족한 곳으로 보내는 것과 같이, 자신만의 사리사욕(私利私慾)에 눈이 어두워서는 안된다는 의미이다. 훌륭하고 덕을 갖춘 사람일수록 자신보다 못한 사람, 어려운 사람을 위해 베풀려고 노력하라는 것이다. 항상 겸손과 겸양, 겸허의 마음을 잃지 마라. 이때는 당신이 뛰어난 재능과 능력을 지녔다 해도 그것을 감추는 것이 더욱 빛을 낼 수 있는 시기이다. 그러므로 함부로 나서지 말고 기회가 올 때까지 삼가 근신(謹愼)함이 길하다.

대체로 이 괘가 나왔을 때는 생활에 큰 어려움이 없을 때로 오히려 과욕을 부리면 화를 자초하게 되니, 자중하여 주위를 잘 살펴 남에게 해를 주거나 미움을 사는 일이 없도록 노력을 해야 한다. 현재는 일이 어렵겠으나, 이후에는 발전하는 괘상으로 처음에는 뜻대로 되지 않아 곤란을 겪게 되나 순조롭게 풀려나가 큰 이익을 보게 된다.

지산겸(地山謙) 지침

지혜와 재능을 풍부하게 가졌더라도 함부로 드러내지 말고 도덕과 예절, 예의를 중히 여기고 겸손과 겸허한 마음을 지니고 있으면, 주위의 신망을 얻어 중요한 자리에 발탁되어 빛을 볼 것이다.

현재의 어려움에 너무 개의치 않으면 발전이 있게 된다. 단, 자신도 모르는 곳에서 뜻하지 않은 장애로 허물이 생겨날 수 있으니 화를 당하지 않도록 주의하라.

1효(爻), 큰 냇물을 건너는 형상이다. 큰 냇물을 건넌다는 것은 위험이 있을 수 있다는 뜻이다. 즉 급하게 나아간다든지 진로를 변경한다든지 하면 냇물에 빠질 위험이 있으니, 현재까지 해왔던대로 노력하라는 것이다. 자신의 몸을 낮추어 겸손하고 조심스럽게 진행하면 위험을 당하더라도 아무 탈이 없다.

2효(爻), 자신이 비록 재능이 있어 주위에 알려져 있더라도 나타내려 하지 말고 안으로 감추어 두라. 매사에 앞장서서 나서지 말고 다른 사람의 의견을 듣고 따르면 무사할 수 있다. 그러나 공명심이 앞서 혼자서 잘난체 하거나 거만하게 굴면 화가 미치게 되니, 겸허한 마음을 잃지 않으면 언젠가는 웃사람에게 인정을 받아 성취된다.

3효(爻), 노고(勞苦)가 많다고 심려하지 말고, 현재의 고난에 물러서지 말고 분투노력하면, 모든 사람이 복종하여 당신의 노고에 감사하게 되어 더욱 큰 결실을 맺게 될 것이다.

4효(爻), 더욱 겸손하여 겸양의 미덕을 발휘한다. 하는 일에 비해 자신의 능력이 부족하다고 볼 수 있다. 이때는 능력있는 사람의 힘을 빌리지 않으면 어렵다. 자신의 힘으로는 역부족이니 신규의 일은 삼가하고, 해오던 일이라도 무리하게 확장하면 실패가 따르기 쉬운 때이니, 한걸음 물러나 조용히 관망하며 후일로 미루고 현상유지에 힘쓰라.

5효(爻), 자신에게 높은 지위와 능력이 있는데도 불구하고, 스스로 과소평가하여 능력이 부족하다고 생각하기 쉽다. 절대 마음이 심약해져서는 안된다. 이때는 확고한 신념과 용기를 가지고 일에 대처하라. 주위 여건이나 대인관계 등도 현재 당신에게 불리하게 되어 있어 대단히 어려운 상황에 처해 있다고 본다. 그러나 나약해져서는 안된다. 지금은 비록 기초가 약하지만 당신의 노력 여하에 따라 호전될 수 있으니 마음을 굳게 가져라.

6효(爻), 아직은 때가 되지 않았으니, 다시한번 주위를 세밀히 점검하고 관찰하여 불상사가 일어나지 않도록 경계심을 가져야 한다.

이를테면 겸손과 겸양이 지나쳐 상대방에게 아첨으로 여겨져, 도리어 당신에게 해가 돌아옴과 같다. 이때는 절도와 절약 또는, 지나친 친절로 의혹받지 않도록 언행에 신중함을 기해야 한다. 그렇지 않으면 상처를 받게 된다.

지산겸(地山謙) 사항판단

- 소원 : 작은 일은 이루어지나 큰 일은 쉽게 이루어지지 않으니, 능력있는 사람과 의논하여 협조를 구해 차분히 추진하라.
- 사업 : 욕심은 금물이다. 남는 물건을 나누는 것이 이 괘의 상이니 남에게 봉사와 헌신하는 마음으로 지내야 한다. 이때는 나아가는 것을 멈추고 내부에 결함은 없는지 점검하여 하자(瑕疵)없이 지반

을 튼튼하게 닦도록 노력해야 한다. 겉만 요란하고 실상은 없으며 자신의 이익만을 취하려하면, 도리어 해를 당하니 중단함이 좋다.

- **상담** : 서둘지 말고 순서를 밟아 차분하게 진행해야 한다. 성급하게 추진하면 실패한다. 이때는 실력있는 사람을 내세워 그 사람의 의견을 따름이 좋다.
- **매매** : 빨리 처분하는 것이 좋으나, 상대편의 말을 너무 믿지 마라. 불미스러운 일이 생기게 된다.
- **계약** : 일의 내부를 잘 알아보고 결정하라. 상대가 딴 마음을 가질 수 있으며, 그로 인하여 손해를 볼 수 있으니 미연(未然)에 방지하라.
- **소송** : 소송에 승소하나 큰 이익은 없다. 그로 인하여 남에게 손해를 입히게 되어 원한을 사게 된다. 그러므로 덕을 닦고 은혜를 베풀어라.
- **취직** : 자신이 바라는 합당한 곳은 어렵다. 임시방편으로 일용직, 고용직은 있을 것이니 당분간 근무하는 것이 좋겠다.
- **승진** : 아직 때가 아니다. 자신은 실력으로 보나 능력으로 보나 자격이 있다고 생각하나, 지금은 그럴 시기가 아니니 조용하게 근신하면 후에 크게 발탁된다.
- **입학** : 보통의 실력과 노력으로는 어렵다. 목표를 낮추거나 차후를 준비하라.
- **이사** : 별지장은 없다. 그러나 동남쪽은 피하라.
- **여행** : 즐거운 여행이 된다. 두 사람 이상의 단체여행이나 해외여행도 무방하다. 단, 혼자 가는 것은 금하라.
- **연애** : 큰 진전이 없을 때다. 아직 두 사람의 환경이나 여건이 성숙되지 않을 때여서 현재의 상태로는 급히 성사되기 힘드나, 장기간의 교제라면 좋은 결과를 얻게 되어 성사된다. 이때 남성의 경우라면 건실하지만 바람기가 많다.
- **결혼** : 젊은 사람의 경우는 성사가 힘드나, 나이든 경우 시일은 좀 걸려도 결국 성사 된다.
- **출산** : 산모, 태아 모두 건강하여 출산에 아무 탈 없다.

- 가출인 : 남쪽으로가 숨어 있어 찾기 어렵다.
- 기다리는 사람 : 중도에 시비가 생겨 늦어지나 연락은 온다.
- 분실물 : 잃어버린 후 말썽이 요란하고 빨리 발견되지 않는다. 도둑 맞은 것이면 경찰에 신고하라.
- 건강 : 식욕부진, 과로 등으로 고생하니 휴식을 취하라. 이때는 성병, 요통 등이 많고, 여성의 월경불순등 자궁병은 잘 낫지 않고 오래 간다. 오랜병이나 중병이면 위험하다.
- 날씨 : 흐리고 비가 내린다. 가을이나 겨울은 바람이 분다.

16. (四.八) 뇌지예(雷地豫)

예, 이건후행사(豫, 利建侯行師)

• 상(象)의 해설

예(豫)는 기쁘다, 즐겁다, 편안하다, 태만하다, 예비하다의 뜻이다. 기나긴 겨울이 가고 봄이 오기 전에 땅속에 움츠리고 있던 우뢰가 봄이 오는 것을 미리 땅위에 알리는 것이 예의 괘상이다. 천지는 일월의 움직임으로 춘하추동 사계월을 만들어 낸다. 사람도 이러한 천지의 법칙에 순응해서 예와 덕을 갖추고 어긋남 없이 각자 현재 자신의 위치와 입장을 잘 파악하여 살려 나가면, 그 뜻을 크게 발전시켜 나아가는데 한 점의 의혹도 없게 된다.

• 운세

엄동한설(嚴冬寒雪)에 움츠렸던 만물이 춘뢰(春雷)와 더불어 그 기상이 서서히 발현하는 호조(好調)의 기운을 맞을 때이다.

여태까지 불운에 처했던 사람이 새로운 전기를 맞을 때이며, 능률이 오르지 않고 지지부진하던 일, 뜻은 있으나 추진하지 못했던 일들을 다시 새로 시작할 시기가 왔다고 볼 수 있다.

'훌륭한 위정자(爲政者)가 확고한 신념과 탁견(卓見)으로, 국민이 나아갈 바를 미리 정하여 이끌어 나아가면 모두 따를 것이다'

이와같이 현재의 당신은 모든 것을 원만히 준비하여 갖추고 새로운 출발을 시작하는 시기이니, 새로운 각오와 다짐으로 나아간다면 좋은 결과를 얻을 것이다. 또 이때는 재능과 능력을 가졌더라도, 빛을 보지 못하던 당신이 주위의 인정을 받아 높이 기용되고 여태까지 해결하지 못한 난제(難題)들도 풀 수 있는 기회가 왔다고 본다. 아무튼 이 좋은 기회를 놓치지 말고 사전에 충분히 검토하여 추진하라. 이 괘가 나왔을 때는 신규사업에는 좋다고 하겠다. 단, 유의해야 할 것은 예비 한다고 해서 미리 걱정하고 나아감에 망설임이 있으면 후회하게 된다. 예정대로 밀고 나가면 크게 성공한다. 그러나 인생사가 다 그러하듯이 걸림없이 너무 순조롭게 진행되다 보면 자신을 과신하기 쉽고, 경제력이 풍부하면 방종하게 되어 자칫 몸을 망칠 우려가 있으니 경계하라. 또한 아직 시작단계이니 무리한 것은 바라지 마라. 서서히 이루어질 것이다.

뇌지예(雷地豫) 지침

만물이 동면(冬眠)에서 깨어나는 봄이 오는 것은 새생명의 잉태를 알리는 것과 같이 모든 것이 새로운 출발을 하는 시기로 기쁨과 기대속에서 내일을 설계하는 즐거움이 젖어들 때이다. 그러나 자칫 방심하여 태만해지거나 나태해져 모처럼의 호기를 망칠 수 있으니 마음을 가다듬어 경계심을 늦추지 마라.

1효(爻), 자기자신의 능력을 배양(培養)하라. 아무리 자기와 친하고 가까운 사람이 막강한 권력과 재력을 가졌다 해도 자신의 것은 아니다. 그를 믿고 우쭐대고 으시대다 그 사람이 자리에서 물러나면 일시에 물거품이 되고 마는 법이다. 양기(陽氣)와 음기(陰氣)의 자리가 바뀌어 있으니, 정당한 자리가 아닌 것처럼 매사가 당신이 예상한대로 가지 않고 어긋나게 된다. 이는 당신의 능력으로 해야 하는데도 타인의 힘을 믿은 까닭이다. 또한 사전에 기밀이 누설되어 낭패를 당하는 경우도 있는 때다. 운세 자체가 막혀 있으니 함부로 동하지 마라.

2효(爻), '돌사이에 끼여 있는 물건과 같다. 하루를 넘기지 못하고 끝이 난다.' 현재 추진하고 있는 일이나 생각을 세밀히 살펴 대처하지 않으면 회복할 수 없는 어려운 상황에 처하게 되니 큰 실패를 당하기전에 미리 대책을 강구해야 한다. 만약 현재 진행하고 있는 일에 조금이라도 미심쩍은 문제가 있다면 즉시 중단함이 좋다.

3효(爻), 자신의 능력과 분수를 헤아려 일을 해야 한다. 상대가 세력과 권위를 믿고 진행하다 하루 아침에 폐가망신한다. 상대의 세력을 언제 잃을지 모르기 때문이다. 또 너무 상대편을 과대평가하여 자신도 덩달아 능력 이상의 일을 쫓게 되면 큰 실패를 당하여 곤경에서 벗어나기 어려우니 자신의 주위를 잘 살펴 조심하라. 일을 당하고 난 후에는 후회해도 이미 때가 늦어 복귀(復歸)하기 어려우니 매사에 주의를 게을리 하지 마라.

4효(爻), 자신의 이상과 포부를 펼쳐 이룰 수 있는 시기이다. 대개 한 단체의 장이라든지, 이와 유사한 위치에서 대중을 보살피고 이끌어 주어야 하는 책임이 있는 때라 때로는 고심되는 일이 있지만 의심하지 말고 나아가면 원래의 뜻을 이루게 된다. 물론 한 웃사람으로서 여러 사람의 뜻을 모으려면 사사로움이 없어야 한다. 그래야 그 뜻이 모두에게 통하게 되어 크게 이룩하게 된다. 현재 하고 있는 일을 중도에서 그만두거나 변경하지 마라. 설사 다소의 어려움이 있더라도 꼭 달성한다.

5효(爻), 모든 것이 자신의 뜻대로 되지 않는 불길한 운세이다. 아랫사람이 모든 실권을 쥐고 있어 자신의 의견이 통하지 않는 곤란을 겪는 상황이다. 그러나 아직 자리를 잃지 않고 있으므로 다행이라 하겠다. 어차피 자신의 의견이 통하지 않을 때이니 평상심을 지켜나가라. 만약 무리하게 추진하면 크게 화가 미치니 현재는 마음을 유연하게 가지고 삼가 근신(謹身)함이 상책임을 알아야 한다.

6효(爻), 사건, 사고가 일어나기 전에 미연에 방지하지 못해 몰락이 문전(門前)에 다달았다. 또한 자신이 해야 할 본분과 의무를 팽개치고 도락(道樂)에 빠져, 위험에 처하기 전에 조속히 수습하여야 한다. 대개 남자의 바람이나 잘못된 취미(화투, 빠징꼬, 마작, 여타 노름)일 경우가 많다. 생각이나 행동 등 생활 환경의 전환이 없으면 영원히 회복될 수 없게 되는 시기이다. 그러나 뉘우치고 반성하면 허물은 사라진다.

뇌지예(雷地豫) 사항판단

- **소원** : 생각대로 되지 않아 지연되는 경우가 많다. 단, 다른 사람을 의지해서 추진하면 성취되는 시기이다.
- **사업** : 모든 기획이나 계획 등이 충실하고 출발이 좋은 시기를 맞았으니 본격적으로 시작하라. 크게 발전할 것이다. 그러나 매사에 발앞을 조심해야 한다. 예기치 않은 돌발사고에 대비하지 않으면 자칫 변을 당할 수 있기 때문이다. 그러나 너무 걱정할 필요는 없다. 마음에 항상 경계심을 가진다면 모든 것이 순조롭게 진행되어 성공을 하는 운이다.
- **상담** : 모든 것이 순조롭게 진행된다. 새로이 시작하는 문제라면 이미 당신 스스로 모든 준비가 되어 있기 때문에 무난하다. 그러나 여러 문제가 얽혀 있는 것이라면 본인 스스로 나서지 말고 다른 사람을 내세워 추진하면 좋은 결과를 얻을 수 있다.
- **매매** : 다른 사람과 함께 의논하면 좋다. 큰 이익을 얻게 될 것이다.
- **계약** : 의견과 마음이 상대방과 서로 통하여 원만하게 타결되어 좋은 결과를 얻게 된다.
- **소송** : 일에 순서가 없고 복잡하게 얽히며 손재가 따르게 되니 화해하는 것이 좋다.
- **취직** : 관운(官運)이 있으니 취업은 된다.
- **승진** : 추동(秋冬)에 진급이 된다.
- **입학** : 충분한 실력을 갖추었고 열심히 노력한 보람이 있으니 실력에 맞는 곳에 지원하라. 단, 시험장에서 실수가 없도록 주의하라.
- **이사** : 새로운 곳으로 이전, 새로 집을 짓거나 고쳐도 좋다. 사업장의 이전 등 모두 길하다.

- **여행** : 단독여행이나 단체여행 등 상관 없다. 상용(商用)으로의 여행이라면 성과를 올릴 때이다. 오랜 장거리여행이나 해외여행 등 모두 길하다.
- **연애** : 서로 큰 어려움이나 부담없이 사귀는 때이다. 연인이 즐겁게 데이트를 즐기니 흠이 있을 수 없다. 특히 남성은 방탕할 우려가 있으니 조심하라. 자칫 자신의 일에 지장이 생길 수 있다.
- **결혼** : 좋은 인연을 만났다고 할 수 있다. 서로의 처지가 합당하고 만족함을 얻을 수 있는 상대라고 본다. 그러나 자신의 처지를 망각하고 지나침이 있으면 곤란을 당하게 된다. 예외로 신부가 자식을 데리고 오는 경우도 있지만 무난하게 해로하게 된다.
- **출산** : 조금 놀랄 일이 있으나 너무 걱정할 필요는 없다. 마음을 편안히 가져라. 여아일 가능성이 높다.
- **가출인** : 동북쪽에 있다. 돌아올 마음이 있으니 기다려라.
- **기다리는 사람** : 돌아오나 동행자가 있겠다.
- **분실물** : 바깥에서 잃어버린 경우가 많다. 찾으려 하나 헛수고만 한다. 만약 집안에서 잃었다면 현관이나 선반위를 찾아 보라.
- **건강** : 목이 아프거나 기침, 골절 등 갑자기 온 병은 쉽게 낫고 위장병, 정신병, 심장병 등 오래된 병이면 완치하기 힘들다.
- **날씨** : 뇌성벽력과 함께 소나기가 내리나 곧 개인다.

17. ䷐ (二.四) 택뢰수(澤雷隨)

수, 원형(隨, 元亨)

•상(象)의 해설

수(隨)는 따른다, 수행한다의 뜻이다. 즉 강한 자가 유순한 자를 따른다는 것이다.

천둥은 한여름에 울려야 제 힘을 나타내는 것인데, 제철을 지나 가을에 울리니 그 힘을 잃은 것이다. 그래서 수는 따른다 즉, 때에 따르고, 사람에 따르고, 여건과 입장에 따른다는 것을 말함이다. 추종(追從), 수행(隨行)하는데 높고 낮음없이 해야 한다. 예를 들면 중년남자가 젊은 여자에게 따른다든지, 어진 임금이 신하와 백성의 의견을 존중해서 따르는 것을 의미한다.

수(隨)가 지니는 또다른 의미는 평화를 뜻하는데, 즉 힘없는 자의 겸손은 아첨으로 보여 미움을 살 수 있지만, 힘있는 자의 겸허는 도리어 그 인덕의 훌륭함을 돋보이게 한다는 것이다.

• 운세

철지난 가을 천둥소리, 연못속에 잠긴 우뢰의 형상이라, 왕성한 기세가 꺾이고 평온하고 평화스러움을 상징한다. 이 괘가 나왔을 때에는 현재 하고 있는 일을 멈추고 조용히 물러서서 다음 기회가 올 때까지 자신의 모든 역량과 실력을 감추고, 웃사람이나 아랫사람의 의견과 뜻에 따라 행함이 길하다.

이미 변화가 왔다고 볼 수 있는데 직업, 직장, 사업, 거주지 등이 바뀌는 새로운 환경을 맞게 되는 시기이다. 또한 자신의 목적과 생각의 변화 등이 있을 때이다. 그러나 현재의 운으로는 적극적인 활동과 능동적인 행동을 삼가고 '우뢰가 연못에 잠겨 있는 것처럼' 그 힘을 밖으로 드러내서는 안된다. 만약 현재까지 원기왕성하게 일을 해온 사람인 경우에는 심신의 피로도 풀 겸 휴양하는 마음으로 내부를 정리정돈함이 좋다.

이 괘는 적극적인 운세가 아니고 소극적이고 약한 것이지만, 결코 나쁜 운은 아니다. 단지 변화의 대처에 있어 그 변화를 수용하여 따라가라는 것이다.

택뢰수(澤雷隨) 지침

강함이 유에 따름이다. 자신에게 뛰어난 능력과 재능이 있더라도 안으로 접어두고 주위의 변화에 따르면 무사할 것이다. 일을 함에 때에 따르라 하는 것은 자신의 의견이나 주장이 통하지 않을 뿐 아니라, 만약 무리하게 추진하면 화를 면하기 어려운 시기라는 것이니 명심하라.

1효(爻), 변화와 변동이 많을 때다. 이를테면 직장이나 사업, 경영하는 일에서 지금까지와는 다른 환경에 접하게 된다. 직장에서라면 자리이동, 위치변화, 사업이라면 확장이나 새로운 운영방법, 사람의 교체 등으로 볼 수 있다. 이때는 우물안 개구리처럼 안에만 있지 말고 밖으로 나가 대인관계도 넓히고 사업의 범위도 넓히는 등 적극적인 행동을 취하면 성공한다.

2효(爻), 하나의 목표, 한 가지의 일, 진심으로 따라야 할 한 사람 등의 의미로 여기 저기 힘을 분산시키지 말고 하나의 큰 목표를 정해 그것에 몰두하라는 것이다.

'소인에게 얽매인다'는 소인과 가까워지면 대인을 놓친다. 즉 진심으로 믿고 따라야 될 훌륭한 사람을 놓치는 것으로 꿩 잡으려다 매를 놓치는 격이다.

사업면에서 보면 전체를 보고 일을 추진해야 함에도 불구하고 국지(局地)적인 것에 매달려 신경을 쓰다보니 전체적인 것, 사업자체를 실패로 만들어 버리는 것과 같다. 오랫동안 추진해 오던 것을 버리고 최근의 일에 동요된다든지 여러가지 작은 일을 벌려 대사(大事)를 그르치는 형국이 되는 것을 말한다.

3효(爻), 소인을 버리고 대인을 가까이 따른다는 의미이다. 큰 일을 위해서는 사소한 인정에 끌려서는 안되는 법이다. 또한 친인척에 얽매여 능력있는 훌륭한 사람을 놓쳐서는 안된다. 능히 더 큰 도움을 받기 때문이다. 일에 있어서도 대를 위해 소를 희생시켜라.

4효(爻), 자신의 뜻이 옳다고 해도 통하지 않고 도리어 오해를 불러 흉하게 됨이라. 잘못된 행동인줄 알면서 동조하여 득을 보았지만, 이것은 신불의 뜻에 배반하는 것이 되니 결국은 더 큰 실(失)이 됨으로, 자신의 양심에 꺼리낌이 없는 행동이 당장은 실이 될지라도 이후에는 길함이 있다. 목적이 아무리 정당하고 확고한 일이지만 받아들이는 사람에 따라 그 의도를 달리 생각하는 사람이 있다. 이때는 의혹을 받기 쉬운 시기이니 조심해야 한다.

5효(爻), 주위의 신망과 존경을 받을 때이다. 또한 자신의 목적과 주장이 관철되는 때이다. 웃사람에게 신뢰를 받아 지위가 올라가거나 좋은 곳으로 발령을 받거나 등의 상하 서로 의기가 상통하니 길하다.

6효(爻), 지위가 높으니 오히려 불편하다. 한 단체의 장은 그만큼 책임과 의무가 막중하기 때문에 자유로움이 없고 구속을 받아야 하는 것이다. 자칫 조그만 실수로 민심이 흩어져 낭패를 당하든지, 자신의 의사가 통하지 않아 어려움이 있을 수 있다. 대체로 이런 때는 운이 따르지 않고 매사가 인력으로 어쩌지 못하는 상황이라 할 수 있다.

택뢰수(澤雷隨) 사항판단

- **소원** : 정당한 것이라면 대개 성취할 수 있겠으나, 웃사람의 의견에 따름이 좋다. 여태까지 오랫동안 추진하여 왔던 것이라면 한번쯤 생각의 전환을 해보는 것도 괜찮을 것이다.
- **사업** : 변화, 변동이 있거나 아니면 변화를 해야 하는 상황이라고 생각되는 시기이다. 인사의 쇄신, 경영방침의 전환 등 새로운 방침을 강구하면 좋은 결과를 얻게 된다. 직장이라면 근무지 이동, 직책의 변동 또는 직업전환 등의 새로운 상황변화 등이 있는 운세이니 그 변화에 따라 움직이지 않으면 안된다. 그럼으로써 오히려 더 좋은 상태로 발전한다.
- **상담** : 지금까지 해결되지 않고 진행되어 오던 것이라면 일단 중단함이 좋다. 모든 것이 새로운 국면에 부닥쳤으니 다시 정리하여 새롭게 추진하는 것이 당신에게 유리할 때이다.
- **매매** : 자신의 뜻대로 하면 손해를 보게 된다. 오히려 남의 의견을 따르면 득을 본다.
- **계약** : 단독으로 처리하면 말썽이 일어날 수 있다. 상대편이 의심을 품을 수도 있으니 웃사람이나 대리인과 함께 하라. 늦으면 어렵게 되므로 빨리 추진함이 좋다.

- **소송** : 중간에 다소의 문제가 발생해 불리해지는 것 같으나 금명 간에 해결될 것이니 너무 걱정하지 마라.
- **취직** : 자신이 성실하고 정직하니 귀인이 도와 성사된다. 솔직하고 성실함을 잃지 마라.
- **승진** : 진급할 가능성이 많으나 남에게 양보함이 더욱 좋다. 그러면 다음에 더 좋은 위치에 오를 수 있다.
- **입학** : 입학은 가능하다. 그러나 자신의 실력보다 낮은 곳에 지원하라.
- **이사** : 변화가 왔으니 이사함이 좋다.
- **여행** : 즐거운 여행이 될 것이다. 단체여행이나 소그룹의 여행 남녀의 밀월여행 등이 있을 때이다.
- **연애** : 남녀의 연령차가 많이 나는 사람과의 만남이라 본다. 이때는 나이 많은 남자가 젊은 여자에게 반해 따라다닌다든지, 또한 젊은 여성이 나이 많은 남성을 따른다든지 아니면 부인이 있는 남성이 젊은 여성에게 빠져 부인과의 갈등 관계에 놓이는 등 애정문제가 복잡하게 되는 경우가 많이 일어나는 때이다.
- **결혼** : 양부모가 있거든 서둘러 결정하라. 서로 인연이 있으니 좋은 연분이라 할 수 있다. 만약 말만하고 지연되면 후회하게 된다.
- **출산** : 남아를 생하면 장수하지 못하고 산후 후유증이 오래 가게 된다. 신불에게 기도하라. 여아면 순산한다.
- **가출인** : 동북쪽에 있으며 돌아올 마음이 있으니 기다려라.
- **기다리는 사람** : 다른 사람이 데리고 옴으로 돌아온다.
- **분실물** : 대개 자신이 잘못해서 잃은 것이니 급히 찾으면 찾을 수 있으나, 그렇지 않으면 쉬 발견되지 않는다.
- **건강** : 입병이나 목병, 호흡기 질환, 구토, 감기 몸살로 인한 열병 등으로 오는 수가 많다. 오래 걸리나 완치된다.
- **날씨** : 바람이 불고 비가 내리며 우뢰가 있을 때다. 갠 날씨라도 흐리게 되어 비가 올 가능성이 많다.

18. ䷑ (七.五) 산풍고(山風蠱)

고, 원형(蠱, 元亨)

•상(象)의 해설

고(蠱)는 파괴(破壞), 파탄(破綻), 파산(破産) 즉 깨진다, 흩어진다, 당황한다의 뜻이다. 또한 강한 기운은 위로 올라가고 유한 기운이 아래로 내려가니 서로 협조가 없는 형상을 가리키고, 또한 접시 위의 음식이 부패하여 벌래가 많다. 이러한 상태는 혼란과 부패로 극히 복잡하여 근본적인 대책을 강구하지 않으면 안되는 때이다. 미봉책(彌縫策)을 쓰게 되면 더욱 돌이킬 수 없는 상황까지 가고 만다. 어차피 겪어야 할 관문이니 빨리 수습하여 나아가야 한다. '대하(大河)를 건너면 이롭다'함은, 해결의 길이 있다는 의미라 먼저·치밀한 계획을 세워 진행하면 실패가 없다는 것이다.

•운세

대개 이 괘가 나왔을 때는 주위 상황이 걷잡을 수 없이 복잡하여 혼란에 빠져 있다고 할 수 있다. 예를 들면 자신이 경영하는 사업 또는 가정, 회사 등에 내분이 있어 수습하기 어렵다든지 상하가 무책임한 행동으로 부패하여 대수술을 하지 않으면 안되는 상황에 처하게 되는 때이다. 또는 여색과 음주로 인한 가정파탄이 올 수 있고 친·인척간의 내부 갈등으로 집안이 파산지경에 이르는 등 여러가지 혼란이 생겨나는 운세이다. 이는 오직 자신의 방만하고 안일한 생활 태도에서 일어난 것이다. 무슨 일이든간에 늦었다고 생각할 때는 상당한 지경에 다달았겠지만, 오히려 느끼고 생각했을 때 이를 타개해 나가는 것이 빠르다고 본다. 더 늦게 되면 그나마 다 잃은 후가 될 수 있기 때문이다. 이때는 냉정하게 자신의 현상황을 파악해서 일대 변혁을 시도하지 않으면 안된다. 자신의 마음이 나약하거나 의지가 부족해서 용기와 엄두가 나지 않아 실행하기에 어려움이 따르겠지만, 더이상 방치할 수는 없는 것이니 혼신의 힘을 다해 노력하라. 그러면 현재의 파탄을 회복시킬 수 있게 된다. 특히 유의해야 할 것은 애정문제로 인한 심각한 고민이 생겨날 시기이니 명심해서 더 큰 파탄이 일어나지 않도록 하라.

산풍고(山風蠱) 지침

파괴와 파탄, 파산의 위기에 접어 들었으므로 자신의 생활태도를 일신하지 않으면 안된다. 일에 임해서도 일대 수술을 단행해야 하는 때이다. 모든 것이 자신의 안일한 사고와 생활태도로 말미암아 생겨난 것이니 근본적인 사고의 전환이 없으면 도저히 벗어날 길이 없다. 적극적이고 진취적인 행동으로 현재의 난황을 타개해 나가라. 그러면 새로운 발전의 길이 열리게 될 것이다.

1효(爻), 환경의 변화로 어려운 상황에 처하게 되었다. 이를테면 남의 일을 물려받아 이끌어가야 한다든지, 가업의 어려운 일을 맡아 처리해야 하는 등의 일이 있을 때다. 과중한 책임을 맡게 되니 자연 위험과 곤란을 겪을 수밖에 없다. 위태롭고 불안하지만 무난하게 해결할 수 있을 것이다. 만약 자신이 웃사람이나 아버지의 입장에서 실패를 당했다면 아랫사람이나 자식에게 모든 것을 맡기고 자리를 물러나는 것이 옳다.

2효(爻), 자신의 생각과 일이 아무리 정당하고 옳더라도 너무 완고하면 일을 그르친다. 융통성을 발휘해서 임기응변으로 일을 처리해 나가라. 이때는 매사에 유연하게 나아가지 않고 강경하게 밀고 나가면 실패하기 쉽고, 설사 곤란과 고통을 겪는다해도 결과는 좋게 된다.

3효(爻), 너무 완고한 아버지의 잘못을 바로 잡으려다 도리어 노여움을 사게 된다. 자신은 열심히 노력하나 뜻과 같이 되지않고, 실패를 거듭하게 되어 파탄지경까지 이르게 되는 때이다. 주위의 신용까지 잃으니 아무리 발버둥쳐도 회복하기는 커녕 오히려 상태만 자꾸 나빠져가는 시기다. 모든 일을 중단하라. 지금은 때가 아니니 물러서서 관망하라.

4효(爻), 우유부단하여 때를 놓치고 능력도 부족하여 아무런 진척이 없을 때이다. 인내심을 가지고 우선 기초부터 다시 쌓아야 한다. 기회는 반드시 오게 되니 조급하게 생각하지 말아라. 만약 현재 자신의 처지를 무시하고 무리하게 추진하면 낭패를 당해 크게 후회할 일이 생긴다.

5효(爻), '아버지의 잘못을 바로잡아 칭찬을 듣는다' 여태까지의 어려운 상황이 점차 호전되어 가는 시기이다. 남의 도움을 받아 과거의 병폐를 고치고 주위의 신용도 회복하게 되어, 새로운 각오와 기분으로 매사를 진행할 수 있는 호기가 왔다고 본다. 지금까지 해결되지 않던 대인관계, 친·인척관계의 분쟁이나 불화 등이 해소되어 본래의 상태로 돌아와 서로 협조하는 때이다.

6효(爻), 세상의 모든 명예나 권세, 부귀가 일장춘몽(一場春夢)이라. 이것은 인생을 살다보면 누구나 한번쯤은 느끼는 바다. 때로는 좌절과 체념, 자포자기의 심정을 느낄 때가 있을 것이다. 현재의 상황은 의욕과 희망이 없는 상태라 볼 수 있다. 설혹 가능성이 있다고 해도 용기가 없어 행할 수 없는 시기를 만났다. 이때는 현실을 겸허하게 받아들이고 자신의 인격수양에 힘쓰면서 미래를 관망하라.

산풍고(山風蠱) 사항판단

- **소원** : 달성하기 어렵다. 지금까지 해결을 보지 못하고 끌어왔던 것이면 미련없이 포기하고 새로운 목표를 정해 나아감이 좋다. 자칫 남에게 속임을 당할 수도 있다.
- **사업** : 변화와 변혁의 시기라 볼 수 있다. 말하자면 세대교체라든지 과거의 방침을 바꾸는 경영의 쇄신·혁신 등의 일이 생겨나는 때이다. 이미 일어났다고도 볼 수 있다. 물론 당황되고 난감하지만 변화와 쇄신을 해야만 수습해낼 수 있다. 그대로 방치하면 회복불능 상태에 처하게 된다. 상처가 작을때 치료를 해야지 방심하여 그대로 두게 되면 악화되어 대수술이 불가피하게 될 뿐만 아니라, 자칫 치료가 불능한 것과 같음이라. 근본적인 원인을 찾아 과감하게 제거하고 일대의 혁신을 단행해야 무사할 수 있다.

- **상담** : 변화의 시기이기 때문에 지금까지 진행해온 일이 진척이 없을 때는 포기함이 좋다. 새로운 국면에 봉착할 때이니 다시 시작하라. 과거의 것을 청산하고 새로운 계획을 세워야 하는 중요한 시기이다.
- **매매** : 일단은 보류하는 것이 좋다. 중간에 장난을 치는 사람이 있든지, 상대가 정당한 생각을 갖지 않는 경우가 발생하여 손해를 볼 수 있다. 한번 그릇되면 다시 바로 잡기 어렵다. 대개 파는 것은 무난하나 사는 것은 피함이 좋다.
- **계약** : 문서를 분명히 하지 않으면 나중에 문제가 일어나기 쉬우니 문서를 분명히 작성하라. 그렇지 않으면 법정에까지 갈 수 있다. 또한 자신에게 불리하게 된다.
- **소송** : 제삼자가 중간에 괴롭히니 시일을 오래 끌면 이기더라도 아무런 득이 없고, 손해만 보니 당장 양보함이 길하다.
- **취직** : 현재는 불가능하다. 신변정리부터 하라. 여태까지 결말을 보지 못하고 끌어온 것이라면 그만두라. 노력만 헛되게 된다. 다시 다른 곳에 알아보면 가능성이 있다.
- **승진** : 지금은 가능성이 희박하다. 조만간에 다시 기회가 오게 되니 그때 추진하면 성공한다.
- **입학** : 부모가 원하는 곳에 지원을 하라. 가능하다. 그러나 자신이 가고자 하는 곳은 어렵다.
- **이사** : 무방하다. 동서에는 득이 없고, 남북은 길하다.
- **여행** : 몇 사람의 동행이나 단체 여행은 불길하다. 도중에 병이 생기거나 좋지 않은 일이 발생하여 손재를 당할 수 있다. 기분을 바꾸기 위한 가벼운 여행은 괜찮다.
- **연애** : 미혼이면 서로 상당히 깊은 관계에 있는 경우로 헤어지기에는 이미 늦었지만, 그렇다고 결혼하기에도 모든 여건이 맞지 않는 복잡한 상태다. 남성의 경우 화김에 바람을 피우는 때이고 미망인의 경우에는 젊은 연인이 생겨 빠져들 때이다.
- **결혼** : 서로 망설이다 성사단계에서 훼방 놓는 사람으로 인해 파혼하는 일이 생겨나게 된다. 그러나 상대에 대한 확고한 믿음이

있으면 성사된다.

- **출산** : 산후 후유증으로 고생한다. 남아이든 여아든지 단명할 수니 신불에게 기도하라.
- **가출인** : 서남으로 갔으나 거처가 분명치 않고, 속히 찾기 힘드니 찾지 마라. 돌아오기 힘들다.
- **기다리는 사람** : 아직 시기가 되지 않아 돌아오지 않는다.
- **분실물** : 집안에서 잃어버렸을 경우 누군가 고의로 훔쳐갔을 때가 많다. 혹 동북간에 있으나 파손돼 있다.
- **건강** : 유전성·선천성 병이 많고 수족, 성병, 신경계통의 병 등이 있다. 대체로 치료를 제대로 못하여 오래된 병이라 고치기 힘들다. 만일 소아병이면 목숨이 위험하다.
- **날씨** : 대체로 흐리고, 강풍을 동반한 태풍이 불어 피해를 심하게 볼 때다.

19. ䷒ (八.二) 지택림(地澤臨)

림, 원형(臨, 元亨)

• 상(象)의 해설

림(臨)은 강한 기운이 위로부터 아래를 내려다 보는 것, 즉 군림(君臨)하는 것을 말한다. 만물에는 생명이 있고, 생명 그 자체에는 근원이 있다. 그 근원은 순환하면서 그 형태를 달리한다. 이 괘상으로 천지의 기상을 사계절에 비추어 보면, 양기가 1월에 발생하여 6월에 왕성했다가 8월에는 쇠퇴하므로 흥함이 있다.

림(臨)은 때의 변동에 따라서 자신을 잘 조화시켜 적응해 나가야 한다는 것이다. 봄기운이 아무리 왕성하다고 해도 여름이 가고 가을로 접어들면, 그 왕성한 기운 세력을 점차 잃어버리게 된다. 마찬가지로 사람의 운기도 왕성할 때와 쇠퇴할 때가 있는 것이다. 그러므로 그 기운이 왕성할 때 쇠퇴의 운도 함께 헤아려서 대처해 나가라는 의미이다.

림(臨)의 괘상은 점차 번성한다, 소원을 이룬다, 상하가 서로 뜻이 통한다, 상대에게 사랑을 받는다는 뜻이다.

• 운세

봄기운이 점차 무르익어 왕성해져가는 시기라 볼 수 있다. 만물이 겨울의 지루한 추위를 벗어나 봄을 만나 새로운 출발을 하는 상태로 그 기운이 점차 왕성해져 가는 강한 운세이기 때문에 무슨 일을 하든지 착수하기에는 좋은 때이다. 그러나 매사가 다 그러하지만 시작도 중요하지만, 진행하는 과정과 결과가 더욱 중요하다는 것을 잊어서는 안된다. 사전(事前)에 충분한 계획과 미래 전망을 잘 파악해야 한다.

이 괘는 상황의 변화에 따라 잘 적응해 나가야 조화(調和)할 수 있다는 것이다. 즉 봄의 기운이 아무리 강하다고해도 곧 가을이 닥쳐와 기운이 급락(急落)하는 것이니, 추진하는 일에 민첩성이 필요한 때다. 봄의 기운에 취해 있는 동안 가을이 오고 있다는 사실을 미처 깨닫기도 전에, 이미 가을이 접어들어 강한 운이 반전(反轉)되어 불운에 빠지게 됨을 잊지 말아야 한다. 대개의 경우 이런 때를 당하여 모처럼의 호기를 살리지 못하고 불행에 빠지는 경우가 허다하다.

그러나 당신은 좋은 시기를 만났으니, 매사에 상황판단을 잘 해나간다면 좋은 결실을 맺을 것이다. 만약 직장인이라면 승진, 승급, 영전 등의 새롭게 시작하는 발전의 운이 왔다고 하겠다.

지택림(地澤臨) 지침

자신의 뜻이 통달되고 발전하는 좋은 운을 맞았으니, 크게 희망을 가지고 매사에 임하라. 성심(誠心), 성의(誠意)는 인간의 삶의 질을 높이는 근본임을 잊지 말고 나아가면 크게 이룰 것이다. 그러나 이때 주의해야 할 것은 미래에 대한 상황변화에 능동적으로 대처하는 임기응변을 발휘할 수 있는 마음가짐을 가지지 않으면 모든 것이 일장춘몽(一場春夢)으로 끝난다는 사실이다.

1효(爻), 뜻과 마음이 통하는 유능한 사람과 함께 일을 진행하면 크게 이룰 수 있는 시기이다. 무슨 일ㅂ이나 자기 단독으로 진행하면 결과가 좋지 않다.

림(臨)은 순종하다, 따르다는 의미로 다른 사람과 더불어 서로 마음을 터놓고 협동심을 가져야 목표에 무난히 도달할 수 있다. 만약 자신의 의지와 뜻만을 주장하여 나아간다면 현재의 운으로는 감당하기 어려운 때라고 본다. 또한 이 효는 지금까지 해오던 것 또는 하고자 하는 일을 꾸준히 변함없이 진행해야 한다는 의미도 있다. 매사를 순서에 따라서 차분히 해나가면 성공한다.

2효(爻), 천운(天運)이 왕성하니 매사에 활력이 넘치고 생기가 감돌 때라 정당한 일이라면 만사가 형통하다. 이때는 기력이 충만하여 무엇이든지 하고자 하는 욕망이 일어날 때이다. 자신이 하고자 하는 일을 자신의 뜻에 따라 추진해도 좋은 시기라 본다. 단, 과부급(過不及)이라, 무슨 일이나 지나치면 화가 미치게 되는 법이다. 이 괘 자체도 쇠퇴해가는 기운이 있으므로, 열심히 노력해서 일을 하더라도 결과에 대해서 세밀히 검토하지 않으면 안된다. 그러나 만약 자신의 기분대로 달려 나아가면 후회하게 된다. 그러나 이미 때는 늦는다.

3효(爻), 생각이나 행동이 지나쳐 실패하게 됨이라. 이미 당신에게 닥쳤을 수도 있다. 자신의 일에 너무 과신하여 자기도취에 빠져 일을 그르치는 때이다. 매사에 자신을 위주로 너무 소홀하게 대해온 까닭에 대인관계에 있어서도 바르고 원만하지 않음이 많다. 서로 허물이 없어야 이심(異心)이 없는데, 그렇지 못하니 문제가 발생할 수밖에 없다. 그러나 이내 잘못을 깨닫고 과거를 반성해서 매사를 소홀히 여기지 말고 긴장하여 경계를 하면 무사하다. 만약 조금이라도 입지(立地)가 불안하면 물러섬이 옳다.

4효(爻), 열과 성의를 다하라. 그러면 바라는 바를 얻을 수 있다. 특히 인간관계를 소중히 생각해야 하는 때이다. 자신이 비록 능력을 가졌다 해도 자신의 능력으로는 성사되기 어려운 상황이다. 사람은 각자 가지고 있는 인맥과 안목이 달라 나름대로의 식견(識見)을 가지고 있다. 이때는 유순한 태도와 지극한 정성으로 사람을 대하면 행운이 찾아온다.

5효(爻), 덕망있는 군자가 강하고 재능있는 신하의 보필을 받아 아랫사람에 임(臨)하는 훌륭한 군자라 할 수 있다. 또한 자신이 가지고 있는 능력도 충분하게 갖추어져 있으니 실력있는 사람, 유능한 사람을 가까이 하여 서로 의기투합(意氣投合)하면 큰 일을 할 수 있는 때다. 크게 성공할 수 있으니, 자신이 생각하고 있는 목적이나 계획을 주저하지 말고 추진하라. 단, 충분한 계획, 일에 대한 확신 등 사전에 철저한 준비가 있어야 한다.

6효(爻), 비록 높은 자리에 있더라도 겸손한 마음과 독실한 마음으로 자기자신의 내부를 잘 다스려야 한다. 그래야만 주위 사람들이 진심으로 협조하여 희망을 이루게 된다. 자칫 자신의 위치만 생각하고 거만한 마음으로 행동하면, 자기에게 적대심을 가지거나 인심(人心)이 멀어져 일을 패하기 쉽다. 그러나 너무 의기소침(意氣銷沈)할 필요는 없다. 자신의 태도를 유순하고 겸손하게 나아가면 희망을 달성할 수 있는 좋은 시기이다.

지택림(地澤臨) 사항판단

- **소원** : 생각지 않은 도움이 있어 희망이 달성된다. 그러나 빠른 것은 이루나 장기적인 것은 좋지 않다.
- **사업** : 봄기운이 왕성한 것과 같이 모든 것에 의욕이 넘칠 때이고 사업도 번창할 시기이다. 또한 새로운 일을 시작할 때다. 그러나 현재의 호운이 지속된다는 보장은 없으니 순간순간 닥치는 변화에 잘 대처해 나갈 수 있는 기민성(機敏性)이 있어야 한다. 분위기에 들떠 변화를 느끼지 못하고 지나쳐버릴 경우가 생겨날 수도 있다. 이때는 부하나 주위의 말을 잘 청취하여 새로운 정책을 세워 변화에 대처해 나아가야 한다.
- **상담** : 모든 것이 자신에게 유리하게 전개된다. 무리하게 추진하지

않아도 상대편에서 응해오는 때이다. 단, 감언이설(甘言利說)에 주의하라.

- **매매** : 서로 마음이 통하여 큰 이익이 있을 때다. 그러나 사욕(私慾)을 부리지 마라. 이때는 매입하는 것이 좋다.
- **계약** : 순조롭게 이루어져 서로 만족하게 되어 이익이 된다. 그러나 각자 자신의 욕심만 생각하면 손해를 본다.
- **소송** : 정당한 사유가 있어 끈기있게 싸워나가면 승소한다. 단, 부당한 일을 가지고 시비(是非)를 하게 되면 자신이 크게 해를 당한다.
- **취직** : 새로운 일자리, 직책이나 직위 등 좋은 시기이다. 급하게 서두르지 말고, 새로운 일자리에 잘 적응해 나가는 것이 좋다.
- **승진** : 직책이나 직위 등이 높이 오르는 좋은 운이다.
- **입학** : 좋은 운세이니 자신이 바라는 곳에 능히 합격된다. 당황하지 말고 느긋한 마음으로 시험에 임하라.
- **이사** : 어차피 변동이 있어 옮겨야 하는 상황이라 상관없다. 동서에는 이익이 없고 남북이 길하다.
- **여행** : 해외여행이나 단체여행 모두 무방하다. 즐거운 여행일 것이고 많은 것을 얻게 된다.
- **연애** : 대개 젊은 사람이 기분에 젖어 들떠 있을 때이다. 그러나 그 기분이 가라앉게 되면 쉬 식어버리는 위험도 있다. 화려한 데이트를 많이 하게 되나 너무 깊게 빠져버리면 실망도 크게 되는 법이니, 변하기 쉬운 감정을 경계하지 않으면 안된다.
- **결혼** : 인연이 있는 사람을 만나게 되는 때이나 다소 의견차이가 있을 수 있고 중간에서 잡음이 있을 수 있다. 그러나 서로 잘 절충하여 의논하면 통하게 되어 성사될 수 있는 시기이니 노력하라.
- **출산** : 산모, 태아 모두 건강하게 순산한다. 초산이면 귀한 아들을 낳는다. 신불에 기도하라.
- **가출인** : 동행자가 있어 현거주지에서 다른 곳으로 갔다. 급히 찾으려 하나 소용없고, 때가 지나면 거처를 알 수 있다.
- **기다리는 사람** : 다소 문제가 생겨 말썽이 있으나 조만간에 나타나 화합하게 된다.

- 분실물 : 대개 밖에서 잃어버릴 때가 많다. 여러 사람이 수소문 하면 찾을 수 있다. 도둑이 가져간 것은 아니다.
- 건강 : 과음으로 인한 병일 때가 많다. 높은 열로 정신이 혼미하여 안정을 찾지 못하는 경우가 있다. 휴식을 취하고 기력을 돋우면 회복되어진다. 유행성, 전염병, 소화기계통의 병, 후유증이 있을 수 있으니 치료후에도 계속 주의하라.
- 날씨 : 오래 계속되는 비라도 곧 개인다.

20. ䷓ (五.八) 풍지관(風地觀)

관, 관이부천, 유부옹약(觀, 盥而不薦, 有浮顒若)

• 상(象)의 해설

관(觀)은 사물을 관찰한다, 자세히 살핀다, 고요하고 침착하게 사물의 깊은 곳까지 헤아려 본다는 뜻이다. 위에서 크게 아래를 관찰한다. 즉 땅위의 바람을 말함인데 바람은 대지 위의 모든 사물을 움직이고 있다. 거칠은 바람이 불어오니 모든 사물은 침착하지 못하고 동요된다.

또 관(觀)은 손만 깨끗이 씻고 아직 신에게 제사를 지내지 않았다는 뜻이다. 즉 제사에 임하기 전의 경건한 마음으로 정성스럽게 예식과 예절을 차례, 제사에 임하기 전의 엄숙한 분위기에 주위의 모든 사람들이 감화(感化)된다는 뜻이다.

천지의 신비로움과 오묘한 도를 관찰하니, 춘하추동 사시(四時)의 변화가 어김없이 행해지는, 대자연의 신비한 운행을 성인이 신비한 도로서 천하를 교화하니 천하의 모든 물(物)이 이에 복종함이다. 땅위로 부는 신(神)의 바람은 대지를 밟고 살아가는 사람이 걸어가야 하는, 마음의 자세를 나타내는 신의 마음이 깃들여 있음을 뜻한다.

• 운세

땅위를 부는 바람이 사물을 동요하게 하는 상태라, 외부에서 불어

닥치는 일로 인하여 침착하지 못하고 불안한 모습이라 할 수 있다. 이때는 태산(泰山)처럼 움직임이 없어야 한다.

운기가 요동을 하니 마음이 불안정하고 안정하기 어려울 때도 있지만, 여하간 흔들리는 마음을 가다듬어 매사에 신중하게 관찰하는 자세를 가져야 한다.

이 괘는 물질적인면에서보다 정신적인면에서 상당한 발전을 올릴 수 있을 때이다. 예를 들면 학문, 종교 등 관념적(觀念的)이며 이상적(理想的)인 활동을 들 수 있겠다. 이때는 이상과 현실이 같지 않기 때문에 고심하기 쉬우니 내부를 견고하게 하는데 힘을 써야 한다. 불필요한 행동으로 일을 그르치는 수가 생겨나게 되어 어려움을 당하게 된다. 만약 여태까지 왕성하게 활동한 사람의 경우에 후퇴의 조짐이 있으면 나아가려 하지 말고, 조용히 근신하고 있으면 다시 기회는 오게 되니 염려하지 마라.

풍지관(風地觀) 지침

천지의 오묘함과 신비한 도(道)를 보라. 춘하추동 사계의 변화가 조금도 어김없이 운행하니 자신도 이와 같이 함부로 동요치 말고 태산처럼 부동한 마음의 자세로 매사에 혜안(慧眼)을 가지고 관(觀)하라. 신의를 중히 여겨 대인관계에 소홀함이 없이, 상하에게 예의를 소중히 하면 스스로 행복이 찾아올 것이다.

1효(爻), 어린 아이처럼 사물을 유치하게 관찰하나, 소인에게는 큰 허물없이 일상사의 작은 일은 무방하나 대·내외적인 것은 신중을 기하기 어렵다. 사물을 관찰함에 정확성이 없어 실패하기 쉽다. 자신이 생각하기에는 틀림이 없는 것이라 할지라도 자신의 뜻과 의도대로 되지 않는 때이니, 주변의 의견을 청취하여 심사숙고 해야 한다. 자신의 고집이나 의견대로 나아가면 헤어날 수 없는 궁지에 빠지게 된다.

2효(爻), 문틈으로 세상을 보는 격이니, 모든 사물의 동향을 똑똑하게 볼 수 없고 정확하게 파악할 수가 없다. 한 부분만을 보고 전체를 안다는 것은 있을 수 없다. 그러니 일에 대해서도 섣불리 판단하면 큰 착오가 일어나게 되어 실패가 따르는 때이다. 큰 계획이나 새로운 일은 삼가해야 하고 자신이 알고 있는 것은 다시 한번 검토해서 헛됨이 없는지를 잘 파악하여 경솔하게 행동치 말아야 한다. 모든 것에 시야를 넓게 가져야 패함이 없을 것이다. 현상유지에 힘쓰라.

3효(爻), 자신의 역량을 살펴보고 진퇴를 결정하면 무사할 것이다. 세상에서 가장 두려운 것은 자신에 대한 무지(無知)라 할 수 있다. 자신의 역량을 모르고 마음만 앞서 나아가니 무리가 따르게 되고 그 무리로 인하여 자신이 감당할 수 없는 지경에까지 가게 되니 실패는 자명한 사실이다. 이때는 분수 이외의 일은 삼가하라. 자신이 잘 판단할 수 있기 때문이다.

4효(爻), 모든 일에 대세(大勢)의 흐름을 잘 살펴서 일의 중요함이 어디에 있는지를 알아 진행해야 한다. 호운의 시기로 교섭이나 거래, 직장 등에서 상당한 실적을 올려 그 능력을 인정받고 대접을 받을 때이다. 그러나 자신이 주체(主體)가 아님을 잘 파악해서 행동하여야 한다. 웃사람이나 선배 등에게 도움을 받더라도 자신은 어디까지나 아랫사람으로서의 위치나 신분을 잊어서는 안된다. 만약 상황판단의 착오로 큰 실수가 따르게 되면 모처럼의 기회를 잃어버린다.

5효(爻), 자신의 신분과 위치를 잘 파악하여 분수에 넘치는 행동을 삼가해야 허물이 없다. 이때 의욕만 앞세워 나아간다면 필경 나쁜 결과를 초래하게 되니, 평상심(平常心)으로 현재의 일에 신경을 쓰라. 적(敵)이 바깥에 있는 것이 아니라, 자신의 내부에 있음을 알고 자신을 잘 통찰하여 매사에 임하면 무사하다.

6효(爻), 사람의 마음은 믿을 바 못된다. 그러나 상대를 탓하지 마라. 모든 것을 자신의 부덕(不德)한 소치로 알고 있으면 편안하게 된다. 아직 때가되지 않았으니 적극적으로 나아갈 바도 아니고 나아갈 수도 없다. 본의 아닌 실수가 따를 수 있으니 경계심을 늦추지 마라.

풍지관(風地觀) 사항판단

- **소원** : 목표가 너무 크거나, 자신의 분수에 넘치는 것은 달성하기 어렵다. 그러나 남을 위하는 일이라면 성취된다.
- **사업** : 이상과 현실은 다르다. 아무리 치밀한 계획과 전망이 있는 일이라도 현재의 운세로는 실적을 기대할 수가 없다. 지금은 모든 것을 중단하고 내부정리에 힘써야 할 때이다. 또한 이때는 확실한 계획이라든가 명확한 해답을 얻을 수 없어 침착하지 못하고 망설임이 많을 시기로, 함부로 동요되어서는 안된다. 조용하게 사물을 관찰하는 마음이 필요하다. 여러 가지 잡다한 문제가 발생하여 마음이 혼란스러울 때가 많다.
- **상담** : 적극적으로 추진할 때가 아니다. 자신도 확실한 마음을 가지지 못하고 망설이고 있으므로, 설사 상대편에서 적극적으로 나오더라도 다시 한번 잘 생각해서 결정해야 한다. 성사된다 해도 큰 이익은 없다. 이때는 충분한 시간적 여유를 가지고 진행하라. 순간의 기분으로 결정하게 되면 후회할 일이 생긴다.
- **매매** : 정당하고 솔직하게 하면 득이 있다.
- **계약** : 서류에 하자가 발생하지 않도록 하라. 일자체는 서로가 합당하여 큰 이익을 보게 된다.
- **소송** : 서로 형세를 관망하고 있어 결말이 속히 나지 않는다. 오래 가면 불리하니 화해함이 좋다.
- **취직** : 여태까지 노력을 계속하여 왔으면 이루어진다. 이때는 특히 교직, 예술, 종교직 등의 정신적인 방면이 좋을 때다.
- **승진** : 춘하간에 지인의 도움으로 승진된다.
- **입학** : 자신이 바라는 학교에 합격된다. 목표를 조금 높게 올려도 승산이 있다.
- **이사** : 움직이지 않는 것이 좋다. 그러나 꼭 가지 않으면 안되는 경우가 생길 수 있을 때다. 남방이 길하다.
- **여행** : 단체여행은 좋으나 혼자 가는 것은 피하라. 그러나 상용일 때는 큰 성과를 거둘 수 있다.

- **연애** : 상당히 깊은 상태까지 진전되었다고 본다. 본인들은 정신적
  으로나 육체적으로 뜨거운 사이이나, 주위의 여건이 성숙되지 않
  아 다소의 의견이 있을 때라고 본다. 결혼까지 하기에는 현실적으
  로 어려움이 있겠다. 여성이라면 감성이 섬세하고 예민하며 이상
  도 높기 때문에 남성을 선택하는데 이상과 현실이 일치하지 않아
  상당히 고심할 때라 본다. 눈을 너무 높게 가지지 말고 조금 낮출
  필요가 있다.
- **결혼** : 본인들은 마음에 있으나 주위 환경이 맞지 않아 어려움이
  따른다. 대개 여자쪽이 눈이 높아 어지간한 남성은 눈에 들지 않
  아 성사되지 않는 경우가 많다.
- **출산** : 산모, 태아 모두 건강하게 안산한다. 생남(生男)한다.
- **가출인** : 서남으로 멀리 가 있어 쉬 돌아오지 않는다.
- **기다리는 사람** : 삼인(三人)이 함께 하여 소식은 들을 수 있으나
  쉬 오지 않는다.
- **분실물** : 도난당한 것이라 찾기 어렵다. 만약 집안에서 잃은 것이
  면 나중에 찾게 된다.
- **건강** : 성병, 수족의 통증, 현기증 또한 음식으로 인한 병이다. 장
  기간의 중병환자는 회복하기 어렵다.
- **날씨** : 흐린 후 차츰 갠다. 바람이 조금 분다.

21. ䷔ (三.四) 화뢰서합(火雷噬嗑)

서합, 형(噬嗑, 亨)

• 상(象)의 해설

서합(噬嗑)은 씹는다, 깨문다 즉 이빨과 이빨 사이에 딱딱한 물건
이 있어 씹어서 깨뜨려 버린다는 뜻이다. 입안의 물건을 씹어 부수
려니 자연 힘이 든다. 그러나 끈기있게 노력하면 장애물은 제거되어
목을 통과하고 영양분이 되어 사람이 활동하는데 필요한 에너지의

원천이 된다.

깨물어서 부순다 함이니 방해물을 제거한다, 투쟁하여 무찌른다, 서로 치열하게 경쟁한다, 집안의 불화합 즉 부부, 고부간의 갈등이 일어날 때 등을 의미한다. 원기왕성한 활동력을 가지고 나아간다면 장애와 방해물이 제거되어 큰 성과를 거둘 수 있다고 하겠다.

• 운세

입안의 물건을 씹어서 먹는다는 것은 생활에 활력이 넘치고 의욕이 흘러넘치는 때이다. 이때는 모든 일에 자신감을 가지고 목적을 향해 적극적으로 밀고 나가면 설사 장애물이 나타난다 하더라도, 자신의 끈질긴 투쟁력만 가지고 있다면 무난히 제거하여 목적한 바를 달성할 수 있다. 또한 대인관계에 있어서도 서로 경쟁이 치열할 수 있고, 방해를 하는 자도 있고, 심한 경우에는 투쟁사(鬪爭事)도 발생할 수 있을 것이다. 그러나 중도에서 좌절하거나 포기하거나 타협하지 말고, 과감하게 열의를 다해 노력해 나아가야 한다. 만약 물러서거나 중도에서 타협을 하게 되면 지금까지 노력해 쌓아왔던 공든 탑이 무너지고 말 것이다. 대체적으로 이러한 시기에는 일이 뜻과 같이 진척 되지 않아 상당한 곤란을 겪을 때가 많다. 그러나 처음 시작하던 당시의 마음으로 시종일관(始終一貫) 밀고 나가면 차차 전망이 밝아져 좋은 결과에 도달하게 된다. 또 이때는 가정내부에도 고부간의 갈등이라든지, 부부간의 애정문제로 인한 싸움이 일어나기 쉬운 때다. 그러나 너무 걱정할 필요는 없다. 한때의 지나가는 태풍으로 끝나게 된다.

화뢰서합(火雷噬嗑) 지침

고지(高地)를 점령하려면 어떠한 난관에도 굴하지 않고 돌파해 나아가는 정신력이 필요하다. 어떠한 장애물과 방해물이 닥치더라도 좌절하지 말고 정정당당하게 정면돌파를 시도하라. 그러면 아무리 어려운 난관도 무난히 극복되어 자신이 바라는 목적을 이룰 수 있다.

1효(爻), 발목에 쇠고랑을 채워 발꿈치를 다친다, 여러가지 어려운 문제에 부닥쳐 몸이 부자유한 상태라 본다. 이때는 주변의 일들을 잘 살펴서 뒤에 문제가 발생하지 않도록 해야 한다. 자신의 능력 이상의 일을 무리하게 추진하다 큰 해를 당할 수 있다. 이미 닥친 일이라면 지금 시점에서 정리를 해야만 손해를 줄일 수 있다.

2효(爻), 매사에 대인 관계, 사업, 거래 등 강경하게 대하면, 배신이나 손재(損財)를 당하게 되는 시기다. 운세 자체가 강하기 때문에 무리를 무릅쓰고라도 일을 하고자 하는 의욕이 일어난다. 그것을 자제하기가 쉽지는 않지만, 유연하게 대처해 나가지 않으면 안된다. 그래야만 현재의 위기에서 무사할 수 있을 것이다.

3효(爻), 마른 고기를 씹다가 독한 냄새를 맡지만 시간이 지나면 벗어날 수 있다. 현재 자신이 하고 있는 일이라든지, 계획하고 구상하는 일이 모두 자신의 생각과 맞지 않을 때가 많고 뜻대로 움직이지 않을 시기다. 설사 조금 진척이 있다고 하더라도 자신에게 전혀 도움이 되지를 않는다. 이때는 자신의 역량이나 주위환경을 면밀히 검토해서 일을 진행하면 화를 면할 수 있다.

4효(爻), 노력을 아무리 해도 그 노력은 대가가 없음을 많이 본다. 이 괘의 운은 아직 큰 성과를 올리지 못하고 어려운 문제에 부닥쳐 고심을 하고 있을 때이지만, 결국 자신이 여태까지 노력한 만큼의 결실을 보게 됨이다. 현재 진행하고 있는 일을 계속해서 추진해간다면 다소의 난관은 있으나, 종래에는 성과를 얻게 된다.

5효(爻), 마른 고기 속에 황금알이 있으니, 아직 위험은 있으나 분투 노력하면 큰 성과를 얻을 수 있다. 위험이 있다 함은 고기를 씹다가 황금알을 다칠 수가 있기 때문이다. 지금까지의 고생한 일을 잘 검토하여 그 결함을 찾아 제거하라.

6효(爻), 모든 것이 예견된 일이다. 자신의 고집으로 인한 것이라든지, 판단착오든지 아무튼 자신의 안목 부족으로 남의 의견을 무시하고 행동한 결과이다. 대단히 불운한 시기로 엎친데 겹친격으로 낭패스러운 일만 발생하게 된다. 신불에 기도하라.

화뢰서합(火雷噬嗑) 사항판단

- **소원** : 지금은 성취되기 어렵다. 중간에 장애나 방해자가 있기 때문이다. 그러나 포기하거나 중단하지 말고 끈기있게 밀고 나가면 가능성이 있다.

- **사업** : 목적이 분명하고 계획이 섰다면 큰 일을 추진하기에 좋은 때이다. 일을 진행함에 다소의 어려움과 난관이 따르지만, 무난히 극복하여 성과를 올릴 수 있을 것이다. 심한 경쟁이 있을 때이고 다소의 의견충돌도 생겨나지만, 굽히지 말고 자신의 생각대로 추진해나가야 한다. 만약 중도에 심약한 행동이나 태도를 취하면 오히려 일에 방해가 됨을 잊지 말고, 능동적(能動的)으로 대처해 나아가야 바라는 바 목적을 달성한다.

- **상담** : 목적이 분명하고 타당성이 있는 일이라면 강력하게 추진하면 큰 성과를 거둘 수 있다. 장애나 방해자가 있을 수 있으나, 정공법(正攻法)으로 나아가면 제거될 것이다. 이때는 목적을 향해 적극적인 행동을 하지 않으면 안된다.

- **매매** : 적극적으로 행동하여 성사시키면 큰 이익을 보게 된다. 단 잘 알지 못하는 사람은 경계를 하라.

- **계약** : 혼자의 힘으로도 충분하니 다른 사람을 앞세우지 마라. 오히려 방해만 되고 서로 뜻이 전달되지 않아 될 일도 그르치게 된다.

- **소송** : 정당한 이유라면 강력히 나가라. 반드시 승소한다. 그러나 작은 문제라면 괜한 의론만 분분하고 실속이 없다.

- **취직** : 방해자나 장애가 따를 때다. 그러나 남에게 부탁하지 말고 자기 스스로 노력하라. 그러면 이루어질 것이다.

- **승진** : 자신의 능력으로 좋은 직책이나 직위에 오를 수 있으니 굳이 남에게 부탁하지 마라.

- **입학** : 경쟁이 치열할 때다. 그러나 목표를 정하고 열심히 노력하라. 승산이 있다.

- **이사** : 가지 않는 편이 좋다. 극히 흉한 일이 발생할 염려가 있으니 시기를 기다려라.

- **여행** : 가벼운 여행, 단체여행 등 모두 길하다. 업무를 위한 상용인 경우에는 큰 성과를 올릴 수 있을 때다.
- **연애** : 복잡한 문제가 많을 때다. 예를 들면 삼각관계라든지, 상대편에게 숨겨온 이성이 있든지 아니면 양가의 의견차이로 인한 고민이 생길 수 있다. 비록 서로 마음이 통하고 있다고 해도 성격차이로 다툼이 자주 발생하나 금방 화해한다. 현재는 확실한 결정을 하기에 어려움이 따른다.
- **결혼** : 중매결혼이면 불가하다. 중간에 사람이 있어 방해를 한다든지 아니면 생활수준의 차이 등의 문제로 성사되기 어렵다.
- **출산** : 산모의 건강이 좋지 않든지 태아가 병약하겠다. 난산이 예상된다.
- **가출인** : 사람이 많이 모이는 곳, 즉 시장이나 도심, 유흥가 등에 있다. 즉시 못찾으면 시일이 걸리겠다.
- **기다리는 사람** : 오려고 하나 일이 잘못되어 늦어진다. 그러나 조만간 연락이 온다.
- **분실물** : 집안에서 분실하였으면, 부엌의 선반 사이를 찾아보라. 쉬 찾지 못하나 나중에 찾게 된다. 도둑맞은 것이라면 경찰에 신고하라.
- **건강** : 음식관계로 인한 병이 많다. 폭음이나 급체 등의 소화기이상, 이밖에 발열, 목병 등의 급병(急病)이라면 조기에 치유된다. 이밖에 위암, 유방암 등의 암계통이면 빨리 서둘러 수술하라.
- **날씨** : 뇌성(雷聲)과 번개를 동반하여 날씨가 흐려도 곧 개여 쾌청할 것이다.

22. ䷕ (七·三) 산화비(山火賁)

비, 형(賁, 亨)

• 상(象)의 해설

비(賁)는 장식한다, 아름답게 꾸민다, 치장 한다의 뜻이다.

이 비(賁)는 불이 산아래 있는 형상이다. 즉 태양이 산아래 초목을 비춘다. 가을날 서산마루의 석양이 산천초목을 붉게 물들여 아름다움의 극치를 나타낸다. 그러나 그 아름다운 형상은 태양이 서산으로 넘어가면서 그 빛을 잃기 시작한다.

한 시대의 문화와 문명이 고도로 발달해 그 절정에 이르면, 초기의 순수하고 순박함을 잃고 향락적이고 퇴폐적으로 흐르게 되어 그 사회는 몰락하게 된다.

한 개인에게 있어서도 외면에만 치중하여 내부의 충실을 잃게 되는 것과 같다. 그러므로 외면의 화려한 허례허식을 삼가고 내부를 충실하게 해야 한다.

• 운세

사람은 누구나 남에게 훌륭하고, 멋있고, 아름답게 보이려고 노력한다. 설사 자신이 갖추지 못한 것이 있더라도 밖으로는 그것을 드러내놓고 싶지 않기 때문에, 자신의 허점을 감추고 겉으로 화려하게 치장을 하거나 호화롭게 꾸민다. 이 비(賁)의 괘가 나왔을 때는 허장성세(虛張聲勢)를 부리는 경우가 많다.

자신의 분수에 합당하게 검소한 생활을 하면 아무런 부담을 느끼지 않고 지낼수 있을 것인데, 지나친 욕망으로 인하여 돌이킬 수 없는 처지로 자기 스스로 빠져들 수 있는 시기이니, 허세와 허영심을 버리고 분수에 맞는 마음가짐으로 나아간다면 아무런 문제가 없을 것이다.

또 이때는 들뜬 주위환경에 자신도 휩싸여 자신의 위치를 망각할 수 있으니, 냉정하고 침착한 사고와 행동으로 일에 임하라. 현재 하고 있는 일이 제대로 움직이지 않아 마음속에 고민이 많고 안정되지 못하여 불안에 차 있을 수 있다. 그러므로 모든 일을 외면에만 치중하지 말고 신중하게 내실을 다져나가면 무난하게 된다. 이 비(賁)는 문학, 예술, 음악, 교육 등 문화계통에 일하는 사람이라면 큰 성과를 이룰 수 있다.

산화비(山火賁) 지침

환경의 변화에 따라 자신의 운명도 변화한다. 현재의 상황이 언제나 유지된다는 생각에서 벗어나야 한다. 외견의 화려함이나 아름다움에 치중하더라도, 내실을 망각하는 우(愚)를 범해서는 안된다. 예의와 예절로 마음을 순수하게 가져 검소, 검약한 태도로 매사에 임하라.

1효(爻), 평상심(平常心)을 잊지 말아야 한다. 이때는 자칫 본래의 모습을 잊어버리고 분수에 넘치는 생활태도로 인하여 화를 자초하게 된다. 자신의 원래의 모습, 지금까지 해왔던 것을 소중하게 생각하고 지켜 나아가면 무사할 때이다. 항상 과거의 고마움을 잊지 말고 근본을 지켜 검소하게 지내라.

2효(爻), 자신의 몸차림을 단정히 하고 환경을 가꾸는데 너무 인색해서는 안된다. 때에 따라서는 치장이 필요한 것이다.

대인관계에 있어서도 너무 초라하게 있으면 상대가 이쪽의 실속을 모르고 소홀히 대접할수 있기 때문이다. 이때는 자신의 주장이나 의견이 통하지 않는 시기이니 웃사람과 함께 일을 도모하면 무난할 것이다.

3효(爻), 겉모양을 아름답고 윤택케 하는 사람이 안으로도 마음을 바르고 곧게 지니면 아무도 그 사람을 업신여기지 않을 것이다. 그러나 속이 텅비고 가식과 허식으로 차 있다면 필경 자신을 욕되게 함이다. 매사에 자신이 지니고 있는 그대로 진실하게 대하고 검소하고 검약한 사람은 좋은 결과를 얻을 수 있다. 그러나 사물을 파악할 때 주의해야 할 것은 겉만 보고 또는 상대편의 말만 믿고 단안(斷案)을 내리지 마라. 겉과 속이 상이(相異)해서 피해를 당할 수 있다.

4효(爻), 모든 일에 성급한 판단을 삼가하라. 진실을 진실이 아닌 줄 알고 거짓이 진실인 줄 착각하여 일을 그르칠 수 있는 때라고 본다. 또한 자신은 확신을 가지고 진행하지만 너무 과신한 나머지 뜻하지 않은 난관에 부닥치게 된다. 그러나 크게 나쁜 운은 아니니 신중한 마음자세가 중요하다.

5효(爻), 헛된 욕망을 버리고 자신의 분수를 알고 작은 일이라도 소홀함없이 열심히 노력하면 그 보람이 있게 된다. 만약 눈앞의 이익만 생각하고 덤벼들었다간 오히려 큰 이익을 놓치게 되는 것이다. 현재는 어렵고 힘이 들더라도 미래를 보고 허례허식을 금하고 근검, 절약하라. 반드시 바라는 바를 얻게 될 것이다.

6효(爻), 아무 꾸밈이 없으니 허물이 없다. 꾸밈이 없으니 웃사람에게 총애를 받는 것과 같은 의미이다. 자신이 지니고 있는 그대로, 만약 부족함이 있으면 그를 인정하고 재력이 없으면 없는대로, 현실에 맞게 운용(運用)해 나감으로써 오히려 자신의 뜻을 얻을 수 있게 된다. 이 효상에서 주의해야 할 것은 변화의 운이 따를 때라, 그 변화에 잘 대응해야 한다. 급격한 전환을 피하라. 그러나 업소의 축소, 인원의 감축 등은 좋다고 하겠다.

산화비(山火賁) 사항판단

• **소원** : 분수에 맞는 소원은 곧 이루어지나, 분외의 큰 일은 바라기 어렵다. 그러나 분외의 일이라도 속히 하려 말고 시일을 두고 추진하면 가능성이 있다.

• **사업** : 서산으로 넘어가는 저녁해와 같은 때이므로, 겉치레는 그만하고 내부를 충실하게 하는 것이 좋다. 즉 사업의 확장이나 지점의 개설 등은 현재로선 하지 않는 것이 좋다는 것이다. 운세 자체가 행동의 제한을 받을 때이니 겉모양에 현혹되어 불량품에 속임을 당하는 경우를 주의하라. 상대편의 좋은 듯한 말도 경계해서 너무 적극적으로 나아가지 말고 면밀히 검토해야 한다. 그러나 작은 일, 당장의 일이라면 상당한 이익을 보게 된다.

- **상담** : 내용이 큰 것은 성사되기 어렵고 자칫 잘못하면 손해를 보게 된다. 아니면 속임을 당하거나 판단착오로 인한 피해를 당할 수 있으니 실수가 없도록 주의하라. 그러나 일상의 작은 일이라면 이익이 있을 것이다.
- **매매** : 공동으로 하지 말고 단독으로, 성실하고 바르게 하면 큰 이익을 얻을 것이다.
- **계약** : 상대편의 재력으로 자본을 투자하는 것은 불리하겠으나, 그 외의 일이라면 자신에게 주도권이 주어질 것이니 길하다.
- **소송** : 사소한 것은 이길 수 있고 빨리 결판이 난다. 그러나 큰 사건이라면 불리하게 되니 화해함이 좋다.
- **취직** : 중소기업이나 개인사업체는 쉽게 들어갈 수 있다. 자신이 바라는 곳은 다소 시일이 걸리나 이루게 된다. 조급하게 굴지 마라.
- **승진** : 선배나 윗사람의 도움을 받으면 승진된다. 그러나 생각만큼의 좋은 직책이나 직위가 아니고 명예만 있고 실속이 없는 경우가 많다.
- **입학** : 문과나 예능계통은 좋다. 특히 음악, 미술, 무용 등 전문학교는 가능성이 많다.
- **이사** : 그대로 있는 편이 좋으나, 옮겨도 관계는 없다. 서북쪽이나 서북간 방위는 좋지 않으니 피하라.
- **여행** : 가벼운 여행은 좋다. 예를 들면 가족동반이나 휴가 등. 그러나 상용이나 먼 곳은 불길하다.
- **연애** : 겉으로는 서로 열렬하게 사랑하고 있고 상당한 관계까지 진행되었지만, 진실성이 부족하여 서로 실망하기 쉬운 때다. 남성은 일방적으로 여성을 끌기 위해 자신의 주머니 사정은 생각지 않고 무리를 하는 때다. 현재의 상태로는 오래가기 힘들다. 그러나 서로 솔직하게 마음을 털어놓고 진심으로 대하면 성사된다.
- **결혼** : 남의 말이나 겉으로 나타난 것만 보고 결정하지 말고, 실상을 정확히 파악한 연후에 결정하고 결혼후에 불화가 일어나 파탄이 있게 된다. 서로가 있는 그대로 보여주고 진실하게 하라.
- **출산** : 다소의 장애가 따르나 무사하게 출산한다. 만약 남자아이면

산모, 태아 모두 건강이 불길하니 신불에 기도하라. 여아이면 무난하다.

- **가출인** : 남쪽으로 멀지 않은 곳에 있다. 사방으로 찾으나 쉽게 찾지 못한다. 그러나 얼마 있지 못해 돌아온다.
- **기다리는 사람** : 멀리 있지 않아 소식은 들을 수 있으나 쉽게 오지 않으니 기다리지 마라.
- **분실물** : 집안에서 잃은 물건은 시간이 좀 지나면 찾는다. 도둑맞은 물건이라도 찾을 가능성이 있으니 신고하라.
- **건강** : 성생활의 문란으로 병이 생길 때다. 성병, 종기 등 시간이 너무 길어지면 고치기 어렵다. 또한 위장병, 눈병에 주의. 만약 병이 오래된 것이면 차차 회복되나 최근의 병이면 고치기 어렵다. 노인은 생명이 위독하게 된다.
- **날씨** : 구름이 잔뜩 끼었으나 바람이 불어 차차 개이게 된다.

23. ䷖ (七.八) 산지박(山地剝)

박, 불리유유왕(剝, 不利有攸往)

• 상(象)의 해설

박(剝)은 벗겨져 떨어진다(剝落), 벗겨서 떼어낸다(剝離), 벗겨서 빼앗는다(剝奪) 등의 뜻으로 이는 음기(陰氣)가 성하여 약한 양기(陽氣)를 박탈하는 모양이다. 높이 솟아 있는 산이 비와 바람의 침식작용(浸蝕作用)으로 서서히 무너져 내려 붕괴 직전의 위기에 있는 것을 의미한다.

사계로 보면 한 겨울을 의미하고, 하루중 저녁에 해당하는 쇠퇴의 시기를 말한다.

• 운세

모든 것이 떨어져 나가고 무너져 내리는 위험한 상황이다. 자신이 아무리 능력과 재능을 가지고 있다고 하더라도, 지금은 통하지 않는 절박하고 무력한 시기이다. 이때는 겨울에 해당하는 운이기 때문에 사계절의 변화처럼 천지대자연의 섭리를 인위적으로 변화시킬 수 없듯이, 현재에 닥친 운세를 거역할 수 없는 상황이다.

이 괘가 나왔을 경우에는 부모로부터 물려 받은 유산이나 가업이 무너지든지, 오래 살고 있던 집이 바뀌든지 여태까지 하여 왔던 업종이 바뀌든지, 아니면 다니고 있던 직장을 그만 두든지, 가까운 사람이 모두 떨어져 나가 고립무원(孤立無援)의 처지가 되는 시기이다.

매사에 서둘러 일을 하게 되면 실패하게 되니 한 걸음 물러나 현재의 것을 지키려고 노력함이 좋다.

또한 남의 부당한 강요로 인하여 자신이 해를 당할수 있고, 자신이 나아가고 있는 일에 대해서 방해를 받을 때라고 할 수 있다. 본인이나 상대가 하려고 하는 일은 모두 좋지 않으니 중단하는 것이 현재로선 최상책(最上策)이다.

그러나 용기를 잃지 마라. 자연의 이치는 항상 머무는 것이 아니다. 겨울이 있으면 반드시 봄이 오는 법이다. 조용히 현실을 직시하고 지금의 상태가 끝날 때까지 자기에게 주어진 운명을 감수하며 싹이트는 봄이 올 때까지 기다려라.

산지박(山地剝) 지침

모든 일이 자신의 능력이나 의욕으로도 통하지 않을 때이니 나아가면 안된다. 높은 산이 침식작용으로 붕괴직전에 있는 쇠운의 시기를 맞아 대인관계나 직장, 회사, 사업체 등 내부의 여러 가지 문제로 진통이 있을 경우가 많다.

그러나 현상황을 수용하여, 무모한 행동을 삼가고 조용히 때를 기다려라.

1효(爻), 자신의 바로 눈앞에 언제 무너져 내릴지 모르는 위험이 다가왔다. 대수롭지 않게 생각했던 것이 큰 사건이 될 수 있고, 아랫사람의 농간으로 재앙을 당하든지, 믿었던 사람에게 사기를 당하는 등의 일이 발생할 수 있다. 이 모든 것이 방심과 태만으로 생겨나는 것이니, 자신의 하는 일과 주위를 잘 살펴 변고(變故)가 일어 나지 않도록 미리 사전에 예방하자.

2효(爻), 초효와 비슷한 상으로 좀벌레가 상(狀)허리에서 갉아 먹는 형상이다. 아직 닥치지 않았으나 곧 위험이 찾아드는 때로, 지금까지 해오던 일에 위기가 닥친다는 뜻이다. 아직까지 시간적인 여유는 있으나, 현재의 절박한 시점에서 벗어 날 수 있는 대책을 강구(講究)하지 않으면 안된다. 그러나 대책을 세우려 해도 자신을 도와줄 사람이 없다. 오히려 피해를 당할 수 있으니 경계해야 한다.

3효(爻), 아주 어려운 상황에 처해 있다고 볼 수 있다. 그러나 아직 현실을 타개해 나갈 여유는 남아 있으니, 자신의 현재 처지를 한걸음 물러나 잘 관찰하라. 주위에 있는 사람의 말을 너무 믿지 마라. 득될 것이 없다. 의리와 인정은 본시 사람의 도리이나, 본의 아니게 잘못하여 예의를 잃어 버리게 된다. 이때는 평소에 존경하는 웃사람에게 진심을 털어놓고 도움을 청하면 길하게 된다.

4효(爻), 목전(目前)까지 위험이 닥쳐 있다. 현재의 난감한 문제를 해결할 아무런 방책을 세울 수 없는 지경에 까지 이른 것이다.
자신의 몸에 위험이 닥쳤으니, 더이상 어떻게 해볼 생각이 없다. 무조건 지금의 위험한 상태에서 벗어나고 볼 일이다. 때에 따라서는 도저히 빠져나올 수 없는 파경(破鏡), 파산(破産) 등에 처했다고 본다.

5효(爻), 물을 만난 고기와 같이 움직인다. 여러 사람이 모여 함께 일을 하나 생각은 서로 각각이다. 각자 자신의 목적이 다른 데 있으니, 이를 덮어 두고 잘 통솔해 나가야 매사가 순조롭게 된다.
만약 자신의 욕심만 앞세워 주위를 무시하고 독단으로 나아가면 서로가 화를 입게 된다.

6효(爻), 세상의 모든 일이 다 그러하듯이 화의 근본은 모두 욕망과 욕심에서 비롯된다. 이 욕심이 지나치면 가졌던 일체의 것이 파괴되어 잃게 되는 것이다. 지금이 그러한 시기로 현재의 위기를 잘 극복하면 무사할 수 있다.
과다한 욕망과 욕심을 버리고 남을 위한다는 생각으로 일에 임하면 스스로 길운이 찾아 온다.

산지박(山地剝) 사항판단

- **소원** : 지금은 때가 아니다. 여러 가지 장애가 많을 때이고 타인의 방해도 있다. 또한 자신이 바라는 희망이 너무 크다고 할 수 있다. 때가 올 때까지 기다려라.

- **사업** : 서둘러 나아가면 돌이킬 수 없는 사태에 직면하게 되는 때다. 새로운 일, 전업 모두가 현재의 운으로는 적당하지 않다. 만약 경솔한 행동으로 추진한다면 큰 손해를 당하게 된다. 의욕과 욕망이 일어나더라도 뜻과 같이 되지 않는다. 이때는 한 걸음 물러나 하던 일의 내부에 헛점이 없는지 다시 한번 점검을 할 때이고, 새로운 투자는 줄이고 현상태를 지켜 나가는데 마음을 쏟아야 한다.

- **상담** : 지금까지 진행하여 오던 것이라도 당장 중지함이 좋다. 상대편에서 적극적으로 나와도 같이 응해서는 안된다. 모든 것이 자신에게 불리하다.

- **매매** : 뒤로 미루고 중지함이 좋다. 지금은 시기가 적당치 않다. 자칫 큰 손해를 보게 된다.

- **계약** : 세상의 모든 일이 인(因)과 연(緣)이 있어야 하는 법이다. 겉으로는 좋은 듯하나 실상은 불온(不穩)한 마음을 가지고 있으니 약속을 하지 마라. 나중에 후회하는 일이 생긴다.

- **소송** : 재물로 인한 시비가 생겨날 때이다. 무조건 화해하라. 정당함이 통하지 않는 불운의 시기다. 잘못하면 구속까지 된다.

- **취직** : 당분간 어렵다. 아무리 여러 곳에 부탁을 해도 말만 있고 실상이 없으니 헛수고만 한다. 때가 올 때까지 더 기다려라.

- **승진** : 지금은 힘들 때이니, 다음 기회로 미루라. 오히려 지금은 현재의 위치에서 더욱 힘써야 할 때다. 좌천(左遷)이나 한직(閑職)으로 떨어질 우려가 있다.

- **입학** : 실력이 통하지 않을 때이니, 낮게 지원하라. 그러나 특기를 가진 사람은 가능성이 있다.

- **이사** : 좋지 않다. 집안의 화합에 힘쓰고 그대로 있으라.

- **여행** : 가벼운 여행, 가까운 여행 모두 가지 않음이 좋다. 도중에

위험을 당할 때다. 더욱이 장거리 여행이나 해외여행은 절대로 가지 말고 다음으로 미루라.

- **연애** : 서로가 진실성이 없다. 서로가 상처를 입게 되거나 허영에 들떠 자신들의 위치를 망각하여 주위의 비난을 받을 수 있고, 비정상적인 관계로 인하여 심한 갈등을 갖거나 한다. 결코 정당화할 수 없는 관계이니 서로를 위해 헤어지는 것이 좋다.

- **결혼** : 성사는 되나 결혼후에 말썽이 있을 수다. 중매를 선 자가 진실성이 없으니 상대의 말에 속지 말고 철저히 알아본 후에 결정해야 한다. 상대가 목적이 불순하든지, 결함이 있다고 볼 수 있다. 결혼후 신부가 박복(薄福)하든지 성정(性情)이 고르지 못해 파혼할 경우도 생긴다.

- **출산** : 태아가 허약하고 모체도 건강하지 않아 조산(早産)하게 되니 산모의 몸을 잘 보호해야 한다.

- **가출인** : 동북간방으로 갔으나 어디에 있는지 종적을 알 수 없으니 찾기 어렵다.

- **기다리는 사람** : 중도에 사건이 발생하여 지체되니 당장 오기 어렵다.

- **분신물** : 집안에서 잃어 버린 것은 다른 물건과 함께 있고, 밖에서 잃어 버렸으면 찾기 어렵다.

- **건강** : 양기(陽氣)가 부족하여 몸이 허약하다. 하반신이 냉(冷)하고 복통이 심하다. 두통, 수족통, 신경통, 위장병 등 병이 오래 가면 위태롭다.

- **날씨** : 고르지 못하다. 구름이 많고, 비가 내렸다, 개였다 하는 변덕스러운 날씨다.

24. ䷗ (八.四) 지뢰복(地雷復)

복, 형(復, 亨)

• 상(象)의 해설

복(復)은 다시 돌아온다, 다시 시작한다, 반복한다의 뜻이다. 정점에 달한 음(陰)의 기운이 점차로 양(陽)의 기운으로 변해가는 형상이다. 즉 동지(冬至)를 기점으로 음(陰)의 세력이 쇠퇴하고, 봄이 돌아오는 양(陽)의 기운이 자라나는 상태이다. 천지(天地) 대자연의 운행은 일주일을 한 주기로 해서 사계절의 변화에 따라 만물이 생성하고 발육하는 것인데, 복(復)은 바로 이른 봄에 해당한다.

• 운세

땅속 깊은 곳에서 봄의 기운이 발동하는 시기로 여태까지의 어려운 일이나 환경 등이 점차 풀려 나가는 때이고, 아니면 전에 실패한 것을 다시 시작한다든지, 옛것을 버리고 새로운 일을 시작하는 즉 다시 돌아온다, 다시 시작한다, 원래대로 돌려 놓는다, 원상태로 회복시킨다는 운세이다.

불운에 처해 있는 사람이라면 이제부터 차츰 원기가 회복되어 행운이 찾아오기 시작하는 시기라 볼 수 있다. 그러나 아직은 이른 봄에 해당하는 시기라 봄이 무르익어 싹을 틔우고 꽃이 피려면 준비 기간이 필요하다. 만약 어떤 일을 하려고 할 때는 사전에 충분한 검토와 빈틈없는 준비를 해야 한다. 왜냐하면 아직까지는 왕성한 운이 아니기 때문이다. 단지 여태까지 막혔던 것이 열리고 실패했던 것을 원상태로 회복시켜 나가는 출발점이기 때문에 그다지 큰 여력(餘力)이 없으니, 무리를 하게 되면 다시 또 실패하는 어리석음을 반복하게 된다. 그러므로 시작에 앞서 심사숙고(深思熟考)하여 봄, 여름, 가을, 겨울의 사계의 변화와 같이 순차적으로 진행해 나가야 한다. 이 복(復)괘는 여태까지 무엇을 해도 실패만 거듭했지만, 신불(神佛)의 은혜가 깃들면 같은 일을 해도 새로운 길이 열리고 활력이 생겨 모든 일이 뜻과 같이 움직여 나가게 되는 좋은 때이다.

지뢰복(地雷復) 지침

대자연에 밤과 낮, 춘하추동 사계의 변화가 있듯이 사람의 운명에도 변화의 리듬이 있다.

이 괘는 동지를 정점으로 해서 음기가 쇠퇴하고 양기가 점차로 강해져 가는 때이므로, 단 시일 내에 일을 이루려고 해서는 안된다. 아직 운세가 약할 때이니 목표를 조금 멀리 두고 점차로 추진해 나가야 한다.

1효(爻), 지금까지 해왔던 모든 일의 잘못된 근원을 찾아서 깨달아 그 잘못된 원인을 제거하면, 정상적으로 돌아 오게 된다. 또한 여태까지 제대로 되지 않아 고심하던 것이 서서히 풀려 나가는 시기다. 그러나 아직은 완전한 회복은 기대하기 어려울 때이니 서서히 체력을 보강해가면서 시작하라. 그러면 막혔던 운이 트여서 큰일을 성취한다.

2효(爻), 되돌아와서 쉰다. 그러면 길(吉)하다. 그러나 아직까지 적극적으로 나아가기에는 이르다고 본다. 매사에 자신의 몸을 낮추고 겸허한 태도로 임하면 좋은 결과를 가져온다. 만약 지금까지 고난속에서 지내온 사람이라면, 지금부터 운이 점차로 회복되어 가는 때이다. 그러나 섣불리 급격(急激)하게 진행하면 안된다. 자신의 마음을 낮추고 주위의 인자(仁者)의 협조를 얻으면 크게 득을 보는 때이다.

3효(爻), 행동으로 옮기기 전에 먼저 깊게 생각을 해야 한다. 이때는 시행착오(試行錯誤)가 많을 시기이니 매사에 많은 어려움과 고통이 따른다. 의지와 신념이 중요하다. 설사 같은 일을 반복해서 실패는 하나, 굽히지 아니하고 일의 잘못을 파악해서 과감하게 전환하면 위험은 따르지만 큰 손해는 없을 것이다.

4효(爻), 함께 걸어서 혼자서 돌아온다. 함께 일을 하는 지인(知人)이나 동료들로부터 떨어져 나와 단독으로 일을 진행한다는 뜻이다. 그러나 잘못되는 것은 아니다. 운세는 강하지 않으나 인내와 노력으로 현실을 타개해 나가면 좋은 성과를 기대할 수 있다. 비록 동료나 함께 일하는 사람들로부터 떨어져 나와 다소의 어려움과 불편이 있으나, 잘 타협해서 협조를 구하면 혼자서라도 무난히 헤쳐나가게 된다.

5효(爻), 자신의 역량과 능력을 잘 파악하여 어느 한쪽으로 치우침없이 스스로 판단해서 독자적으로 추진해 간다해도, 큰 문제 없이 잘 해나갈 수 있다고 본다. 때로는 역량에 비해 힘겨울수 있고 곤란이 따르지만, 주위의 도움이 없어도 자력으로 해결 한다는 확고한 마음이 있으면 능히 이루어질 것이다.

6효(爻), 운에는 길운(吉運)과 흉운(凶運)이 있고 사람에게는 현명함과 우둔함이 있다. 이때는 흉한 일이 많다.

자신의 어리석은 행동과 잘못된 생각으로 인해 대인관계에 큰 시비(是非)를 불러 일으켜 피해를 당하거나, 또는 하는 일이 자신의 뜻과는 전혀 반대방향으로 진행되어 고전을 면치 못하는 등의 일이 일어날 때다. 아무리 정당한 일이라도 통하지 않는 나쁜 시운(時運)이니, 절대로 자신의 고집대로 나아가면 안된다. 나중에 후회해도 소용 없으니, 무슨 일이든지 한 걸음 물러나 자중함이 상책이다.

지뢰복(地雷復) 사항판단

- **소원** : 전에 한번 중지한 일을 다시 하는 경우에 적극적으로 추진하면 성취하지만, 만약 새로운 일이라면 시간을 넉넉하게 잡고 주위 동료들의 협조를 얻어 이룰 수 있다.
- **사업** : 옛것을 버리고 새로운 사업을 한다든지, 한번 중지한 일을 다시 시작하는 등의 일이 있을 때다. 어떤 일을 착수할 때는 먼저 장래의 전망을 충분히 고려하여 계획을 세워야 한다. 자칫 잘못되면 처음부터 다시 시작하는 악순환을 겪게 된다. 본래 하던 일에 복귀하여 다시 시작하는 것은 좋다고 본다. 점차로 회복되어 활력을 띠고 큰 성과를 얻을 수 있을 것이다. 또한 오랫동안 고통을 당해 왔다면 지금부터는 서서히 풀려 가는 시기이다. 그러나 조급하게 서둘러 나아가면 원상태로 돌아가고 마니 침착한 마음으로

진행하라.

- **상담** : 여태까지 진행해 왔던 것이라든지, 아니면 전에 한번 중지한 것을 다시 시작하는 것은 성사된다. 그러나 새로운 거래나 일은 시간을 가지고 충분히 검토한 후에 결정해야 하고 이쪽에서 너무 서두르지 마라.

- **매매** : 성사는 되나 시비가 생겨날 수 있으니 주의하라. 급히 서두르면 손해를 볼 때니 시간의 여유를 가지고 결정하면 큰 이익을 얻는다.

- **계약** : 처음 계약할 때 심사숙고하여 명확하게 결정하지 않으면 다시 번복해야 하는 곤란을 당하게 된다. 몇번의 어려움이 있지만 순조롭게 된다.

- **소송** : 여러 사람이 관계된 일일 때가 많고 다소 시간이 걸리나 승소한다. 변호사를 선임하거나 아니면 잘 아는 사람에게 맡기는 것이 좋다.

- **취직** : 지금 당장은 어렵다. 그러나 전에 있던 곳이나 해오던 일이라면 곧 취업된다.

- **승진** : 실력은 있으나 아직 때가 이르다. 또한 혼자의 힘으로는 어렵고 웃사람의 도움이 있으면 가능하다.

- **입학** : 한번 정한 목표를 향해 계속해서 지원하라. 꼭 성취한다. 재수, 삼수를 각오하라.

- **이사** : 움직이지 않는 것이 좋다. 뜻하지 않은 불상사가 일어난다. 아니면 그곳에서 또 다시 옮겨야 하는 일이 생긴다.

- **여행** : 직장이나 동료들과의 작은 모임의 짧은 여행은 괜찮으나, 장거리 또는 해외여행을 단독으로 하는 것은 좋지 않다.

- **연애** : 젊은 사람인 경우에는 깊은 관계가 아닌 교우(交友)관계인 경우가 많고 남녀 공히 친구가 많을 때다. 데이트는 자주 하지만 결혼까지 심각하게 생각지 않는 경우이고 그럴 환경과 시기도 아니다.

- **결혼** : 재혼이나 부부가 헤어졌다 다시 만나는 재결합은 좋다고 볼 수 있다. 또는 부부싸움으로 임시 별거하던 사람이 이 괘를 만

나면 다시 결합하여 화합하게 된다. 그러나 초혼은 좋다고 할 수
없다. 결혼 후에도 말썽이 생길 수 있다.

• **출산** : 산모, 태아 모두 건강하여 아무런 장애가 없다. 태어나는
아기가 무병장수한다.

• **가출인** : 본인의 마음이 아직 움직이지 아니하나 얼마 있지 않아
돌아온다.

• **기다리는 사람** : 마음이 동(動)하여 중도에서 아직 오지 않고 있
으나 늦어도 돌아온다.

• **분실물** : 자신이 부주의하여 잃은 것이다. 항상 다니는 곳에서 잃
은 경우가 많으니 빨리 찾아보라. 만약 당일에 찾지 못하면 2, 3
일 지나야 찾게 된다.

• **건강** : 수족 통증이나 호흡기질환, 간장, 위장장애 등의 증상으로
쉽게 낫지 않고 재발하여 일시 위독하지만 점차 회복된다.

• **날씨** : 일기가 고르지 못하고 흐린후 비가 내리고 다시 맑아진다.

25. ䷘ (一.四) 천뢰무망(天雷无妄)

무망, 원형(无妄, 元亨)

• **상(象)의 해설**

무망(无妄)이란 가식(假飾)이나 작위(作爲), 작의(作意)가 아닌
자연 그대로의 작용(作用)을 뜻한다. 허언(虛言)이나 거짓이 없는
행위의 지성(至誠)길 즉, 천도(天道)이다. 이 하늘의 길이란 춘하추
동 사계가 변하지 않고 한서(寒暑)의 교차가 이루어지는 대자연의
이법(理法)이다.

이 무망(无妄)의 괘는 하늘이 인간을 돕기 위해서 비를 내리고 해
가 비치고 하는 것이 아니며, 또한 벌을 내리기 위해서 천둥, 벼락이
치는 것이 아닌 자연원래의 모습을 가리키는 것이다. 자연의 섭리에
순응해서 나아가야만 무사하다. 만약 그 뜻을 거역하고 인위적인 행

동을 한다면 반드시 재앙이 따른다는 것이다.

• 운세

하늘의 뜻과 대자연의 섭리에 따라 움직이는 것이기 때문에 자신의 일체의 욕망이나 의욕을 버리고 현재의 환경을 수용하여 형편이 되어 가는 대로 맡겨두어야 한다는 것이다. 또한 이때는 자신이 아무리 열심히 노력하고 있는 힘을 다해 무슨 일을 하려 해도 마음과 같이 되지 않을 뿐만 아니라, 오히려 그 결과는 더 나쁘게 되어간다. 모든 것이 하늘의 뜻이라는 마음으로 현실에 순종하면 아무런 문제가 없지만, 조그만 욕심이라도 가져 행동을 일으키면 그것은 스스로 화를 자초하는 것과 같다. 만약 뜻하지 않은 일이 일어났다 하더라도 거기에 동요되어 적극적인 행동을 취하거나 함부로 결정을 내리지 말고, 침착하게 있는 그대로 받아들여야 한다. 사람이 경박(輕薄)하여 즉흥적인 행동으로 인하여 낭패를 당하는 것을 무망(无妄)한 행동이라고 하는 것과 같이, 자신의 생각대로 나아가면 손해나 실패를 보게 되고 아무리 계획을 세워도 모두가 허사가 되는 때이다.

그러므로 모든 것을 자연의 흐름에 맡기는 수동적(受動的)인 태도와 성실한 마음으로 자신을 지켜 나가면, 뜻하지 않은 행운이 찾아 올 수도 있다. 한 겨울의 꽁꽁 얼어 붙은 땅속에서 초목의 싹이 추운 겨울이 지나가고 따뜻한 봄을 기다리는 것처럼, 지금은 비록 어려운 환경에 처해 있더라도 마음의 여유를 가지고 그 시기가 지나가기를 조용히 기다리면, 오히려 좋은 환경이 찾아 오게 된다는 것이다.

공적인 일에는 사욕(私慾)을 버리고 성실히 자신에게 주어진 책무를 다하면 큰 성과를 얻을 때다. 그러나 생각하는 것은 통하기 힘들고 소망이 많으면 더 많은 재화가 따르기 쉬우니, 신불에 기도하는 마음으로 있으면 무사할 것이다.

천뢰무망(天雷无妄) 지침

하늘 아래 우뢰 소리가 진동하여 땅속의 벌레와 초목의 싹이 트는 자연의 섭리를 가리키는 때다. 모든 일이 자연적으로 이루어지지 않으면 안되는 때이다.

운에는 강운(强運)과 쇠운(衰運)이 있고, 명운(明運)과 암운(暗運)이 있다. 이 괘는 좋은것과 나쁜것의 두가지면이 함께 하는 것이다. 천리(天理) 자연이 강하게 작용하는 때라 사람에 따라서는 운세가 백팔십도 전환하게 되니, 사사로운 마음을 버리고 곧고 바른 마음으로 자연의 흐름에 따르면 반드시 행운이 오게 된다.

1효(爻), 매사에 스스로 이루어지는 때이니, 굳이 자신의 의도대로 끌고 가려고 강요할 필요가 없다. 과정이야 어떻든 간에 목적을 이루면 되는 것이 아닌가. 이때는 앞으로 나아가려 하나 가로막는 적이 있을 때다. 불의나 부정이 표면에 나타나 재난이 일어나기 쉽다. 그러나 모든 것을 자연의 흐름에 따라 나아가면 좋은 결과를 얻을 수 있다는 것이다. 만약 타인의 충고가 있으면 받아들이고 자신의 의견을 고집하지 말라는 뜻이다. 또한 처음에 계획한 대로 되지 않더라도 걱정하지 말고, 상황의 변화에 따라 움직이면 아무런 장애가 없을 것이다.

2효(爻), 자신이 아무리 열심히 노력하고 성심을 다하나 노력의 대가나 고생한 보람에 대한 성과가 없을 때다. 그러나 이러한 일들이 모두 자기자신의 부족함에 연유하니 자신을 탓하라.

이때는 어떠한 일을 하더라도 기대를 하지 말고 또한 결과나 성패(成敗)에 대한 집착을 하지 말고, 개척해 나아가면 실망하는 일은 없을 것이다. 대인관계에 있어서도 상대에게 열심히 봉사하고 보수를 바래선 안된다. 이익을 보려고 노력하면 더 큰 손해를 당하게 됨을 잊지 마라.

3효(爻), 뜻하지 않았던 재난이 많을 때다. 예를 들면 교통사고라든가, 남에게 의심을 받아 도둑 누명을 쓴다든지, 특히 여자 문제를 주의해야 한다. 깊은 관계가 아닌데도 의심을 받아 가정불화가 일어날 수 있고 최악의 경우에는 간통죄도 뒤집어 쓸 수 있다.

이 때는 본의 아닌 재액(災厄)이 많이 일어나니, 자신의 운세를 어찌하겠는가? 오로지 신불에 기도하는 마음으로 지내라.

4효(爻), 자신에게 주어진 운명을 달게 받아들이고 세월에 맡겨라. 모든 것이 불운한 때다. 자신과 아무런 관련이 없는 사건에 휘말려 피해를 당하는 불길한 운수다. 몸과 마음을 삼가고 근신하여 곧고 바른 행동을 잃지 마라. 또한 자기가 해오던 일을 지켜 나가는 데 힘쓰라.

5효(爻), 어떠한 노력도 소용이 없고 온갖 수단과 방법을 다해도 오히려 더 악화되는 때이다. 모든 것을 운명에 맡기고 현재의 상태를 지켜 나가라. 성공이나 실패는 인위적으로 되는 때가 아니다. 아무리 적극적으로 심혈을 기울인다 해도 마음고생만 할 뿐, 성과는 얻을 수 없게 된다.

또한 예기치 않은 병에 걸려 이 약, 저 약을 쓰나 소용이 없다. 그대로 놔두면 저절로 낫게 된다. 그러므로 어떠한 일에 부닥치더라도 당황하여 덤벼들지 말고 차분하게 사태를 바라보고 진행하는 대로 지켜만 보라. 그러면 저절로 모두 해결될 것이다.

6효(爻), 인간사가 생각만으로는 되지 않는 것이다. 물론 노력도 하고 정성을 다하지만 뜻과 같이 되지를 않을 때가 많다. 현재의 운세로는 어떠한 일을 하더라도 막힘이 많고 뜻하지 않는 재난을 당할 때이므로, 한걸음 물러나 조용히 관망하여 더 큰 손해를 보지 않도록 마음을 비워라.

천뢰무망(天雷无妄) 사항판단

- **소원** : 지금은 때가 아니다. 과욕을 부리거나 적극성을 가지면 오히려 더욱 어렵게만 될 뿐이다. 자신의 분수에 맞는 일이라도 성실한 마음으로 조용하게 기다리면, 늦게라도 자연적으로 이루어진다.
- **사업** : 새로운 일이라든가 전업 등은 불가하다. 현재로선 해오던 일이라도 어려운 일에 봉착할 때다. 그러므로 적극적인 행동을 말아야 한다. 그렇다고 일을 기피하라는 것은 아니다. 다만 수동적인 자세로 상황이 진행되는 대로 맞추어서 따라가야 한다. 만약 욕심을 내어 의욕적으로 나아간다 해도 무위(無爲)로 끝나게 되고

오히려 더 큰 실패를 당할 위험이 있으니, 현실에 순응하여 나아
가면 무사하다.

- **상담** : 진행에 상당한 어려움이 있거나, 확실한 실적을 올릴 수가
  없다. 모든 것은 상대편의 의중에 따라가야 하는 상황이다. 자신
  이 아무리 노력을 해도 통하지 않을 때이고 오히려 일을 그르칠
  수가 있으니, 자연적으로 분위기가 조성될 때까지 기다려라.
- **매매** : 무리가 따르면 손해를 보게 된다. 앞으로의 전망을 잘 보고
  결정해야 한다.
- **계약** : 서로 의견차이가 있으면 그만두는 것이 좋다. 억지로 성사
  시키려 하게 되면 서로가 피해를 볼 수 있다. 시일을 두고 서로
  의견일치가 될 때까지 기다려라.
- **소송** : 자신이 정당하다해도 결과가 좋지 않다. 되도록이면 화해하
  는 것이 길하다. 그러나 2심, 3심까지 가면 승소는 할 수 있다.
- **취직** : 이곳 저곳을 뛰어다니나 헛수고만 할때다. 이때는 조용하게
  자신의 실력향상에 전력하라. 그러면 뜻하지 않았던 곳에서 좋은
  소식이 온다.
- **승진** : 여태까지의 노력이 모두 수포로 돌아간다. 자신이 믿었던
  상관이 다른 곳으로 간다든지, 경쟁자의 농간이 있을 수 있다. 그
  러므로 물러나 조용히 기다려라. 다음 기회가 또 있게 된다.
- **입학** : 지금까지 열심히 실력을 쌓아 왔던 사람은 가능하다. 단, 무
  리한 목표를 정하지 말고, 자신의 실력에 합당하면 무관할 것이다.
- **이사** : 불가하다. 지금 움직이면 재난이나 손해를 보게 되니 특별
  한 경우가 아니면 중단하는 것이 좋다.
- **여행** : 가벼운 여행이나 장기간의 여행 등 모두가 좋지 않다. 어떤
  불상사가 생겨날지 모르니 움직이지 않는 것이 좋다.
- **연애** : 서로가 적극적이지 못할 때다. 그저 동료나 친구 정도의 관
  계가 많다. 그러나 뜻하지 않은 정사(情事)로 인하여 갈등이 생겨
  심각하게 되지만, 모든 것이 자연스럽게 해결되기를 기다리는 수
  밖에 없다.
- **결혼** : 진행되어 가는 대로 맡겨두어야 한다. 적극적으로 나서지

않아도 자연적으로 성사되는 좋은 인연이라고 볼 수 있다. 중간에
다소의 장애가 있더라도 개의치 않아도 된다.

- **출산** : 다소 놀라는 일이 발생하지만 염려하지 않아도 된다. 순산
하게 되고 귀한 아들을 낳을 수다.
- **가출인** : 사방으로 찾으나 헛수고만 한다. 당분간 돌아오지 않는다.
- **기다리는 사람** : 아직 돌아올 마음이 없어, 소식은 있지만 돌아오
는 것은 늦다.
- **건강** : 갑자기 생겨난 병이 많다. 병원을 여기저기 다녀도 차도와
병명이 정확하지 않을 수가 있다. 자연발생한 병이니 병원이나 약
에 의존하지 말고 그대로 있으면 자연 치유된다. 뇌에 관한병, 신
경쇠약, 신경통 등이다.
- **날씨** : 여름, 가을이면 천둥, 번개가 있고 소나기가 있으나 개이
고, 뜻하지 않은 풍수(風水)의 재해가 있을 수도 있다.

26. ䷙ (七·一) 산천대축(山天大畜)

대축, 이정(大畜, 利貞)

• 상(象)의 해설

대축(大畜)은 크게 모은다, 크게 기른다, 크게 키운다의 뜻으로
소(小)를 가지고 대(大)를 만드는 것이다. 즉 작은 것을 길러서 힘
을 쌓아 크게 비축(備畜)해 두었다가 때가 오면 그 힘을 발휘해서
크게 이룰 수 있다는 것이다.

정신적으로는 지식, 학문, 인덕(人德), 교양(敎養) 등을 물질적으
로는 자금, 인재(人材) 등을 충분히 쌓고 길러서 풍부하게 한다는
것이다. 또한 이 괘는 크게 멈춘다는 의미가 있다.

'보석이 바위속에 있는 형상'으로 보석을 활용하기에는 당장은 어
렵다고 하겠다. 바위를 뚫어서 끄집어 내기에는 시간도 걸리고 노력
도 해야 하기 때문이다. 또한 자칫 방심하여 잘못되면 보석이 파괴

될 수가 있다. 그러므로 위험이나 장애를 극복하면 크게 성공하나, 방심하면 달성하기 힘들다는 의미도 있다.

• 운세

자신의 목적이나 목표를 높고 크게 가지고 추진해 나가면 큰 성과를 얻을 수 있는 시기이다. 자신의 노력여하에 따라서 모든 일이 결정되기 때문에, 어떠한 곤란이나 장애가 따르더라도 자신이 정한 목표를 향해서 지금까지 겪어온 경험과 실력을 충분히 발휘하면 그것에 통달(通達)할 수 있는 좋은 때이다.

그러므로 사소한 일보다는 큰 일을 도모하여 나아가라. 물론 때에 따라서는 위험과 장애를 수반할 수 있지만 고생을 하면 고생한 만큼의 보람을 얻을 수 있는 호기(好期)를 만났으니, 자신의 능력을 적극적으로 충분히 활용하여 일에 대처해 나아가면 큰 성과를 얻는다. 지금은 비교적 기반이 안정되어 있기 때문에 새로운 일을 경영해도 큰 발전을 기대할 수 있으며, 집안의 작은 일보다는 대외적인 사회활동이 더 큰 발전을 가져오게 된다.

그러나 주의해야 할 것은 이미 큰 재산을 가졌거나, 큰 장사를 하는 사람중에는 많은 부채로 파산지경에 이르렀을 수도 있다. 그러나 인내력을 가지고 때를 기다리면 뜻을 이룰 수 있다.

아무리 좋은 운이 찾아와도 본인의 노력부족과 끈기부족으로 성공을 못하는 경우도 많다. 이 괘도 인내력의 부족으로 일을 그르치게 된다는 의미도 함께 있음을 명심해야 된다.

산천대축(山天大畜) 지침

아무리 좋은 기회가 찾아와도 그 기회를 포착하지 못하고 놓쳐버리는 경우는 많다. 후회를 하나 이미 때는 두번 다시 오지않는 법이다. 또한 기회를 포착했다 하더라도 적극적인 노력이 없으면 모처럼의 기회가 무위로 끝나 버리게 되는 것이다. 이때는 차근차근하게 자신의 실력을 쌓아가면서 힘을 길러 나아가면, 그 풍부한 힘으로 능히 어떠한 일에 임하더라도 큰 성과를 올릴 수 있으니, 정신적인 면과 물질적인 면 양쪽 모두에서 힘을 기르도록 노력하라.

1효(爻), 모든 것을 중단하고 나아가지 않음이 좋다. 만약 자신의 실력과 능력을 믿고 나아가면 위험을 면하기 어렵다.

아직 운세가 무르익지 않았으니 때가 올 때까지 기다려야 앞으로 닥칠 재난에서 벗어날 수 있을 것이다. 모든 것이 시기상조(時機尙早)의 때로 진행하려 하면 뜻하지 않은 장애로 고전을 면치 못하게 된다. 한편으로는 힘이 부족하다든지 자본의부족으로 중도에 단절할 염려가 많은 때라고 본다.

2효(爻), 아직까지 시운(時運)이 도래하지 않았으니 조용히 관망하면서 대기하는 것이 상책이다.

수레를 타고 가던 사람이 얼마 가지 않아 바퀴가 떨어져나가 더 나아갈 수 없게 됨이다. 매사 출발에 앞서 준비를 철저히 해야 하고 또, 그 나아가는 시기가 맞아야 한다. 아직은 때가 아닌데 함부로 자신의 실력만 믿고 진행하게 되면, 큰 실패를 당하게 되니 지금은 동(動)하지 않는 것이 길하다.

3효(爻), 지금은 좋은 환경과 상당한 능력을 갖추고 있을 때다. 그러나 좋은 여건과 능력이 있다고 해서 자만하여 나태해지면 찾아온 호기를 놓치게 된다. 변함없이 꾸준히 노력을 다하면 크게 길이 열리게 되는 때다. 또한 윗사람의 신뢰를 받아 협조를 구할 수 있게 되어 순조롭게 나아갈 수 있다. 과중한 책임으로 다소의 어려움은 있으나 스스로 자립의 정신을 발휘하면 무난하게 나아간다.

4효(爻), 지나침을 삼가하면 아무런 구애를 받지 않는 좋은 때이다. 자신이 지니고 있는 자질을 발휘해서 성과를 거두게 되니 자신에게 합당한 지위도 얻고, 열심히 노력한 보람이 있게 된다. 단, 경거망동(輕擧妄動)한 행동으로 그르침이 없도록 주의해야 한다.

5효(爻), 자신의 분수이외의 일을 삼가하라. 자신의 역량이나 능력에 맞는 일을 주저하지 말고, 적극적으로 추진해 나가면 좋은 결과를 얻게 된다. 일을 진행함에 다소의 제약이 있게 되나 자신의 생각대로 밀고 나가면 성취한다. 또한 경사스러운 일도 함께 있다.

6효(爻), 무엇을 두려워 하겠는가? 아무런 걸림 없이 여태까지 억제되었던 운기가 풀리게 되니, 지니고 있는 모든 역량과 능력을 발휘할 때가 왔다고 본다. 어떠한 일이든지 주저하지 말고 진행해 나가라. 그동안 축적해 왔던 노력과 힘이 비로소 시기를 얻어 빛을 발하여 크게 이루어진다. 새로운 사업이나 새로운 직장 또는 직급(職給), 직책(職責), 직위(職位) 등이 오르는 호운의 시기를 만났으니 전력을 다하라.

산천대축(山天大畜) 사항판단

- **소원** : 당장은 어렵다. 서서히 성실하게 노력을 다하면 늦게라도 이루어지니, 다소의 난관이 있더라도 끝까지 노력하라.
- **사업** : 성급하게 실적을 올리려고 해서는 안된다. 자신의 힘을 충분히 길러 기반을 튼튼히 닦고 서서히 추진해 나아가야 한다. 무슨 일을 하든지 시작하기 전에 충분한 준비가 필요하다. 이때는 하려는 일이 지연되더라도 걱정할 필요가 없다. 오히려 그만큼 더 큰 성과를 얻을 수 있다. 또한 지금은 사업의 확장이나 새로운 분야의 진출 등 자신의 경험과 실력을 활용할 좋은 시기이다.
- **상담** : 조급하게 생각하지 말고 충분한 시간을 가지고 응하라. 중도에 약간의 문제가 발생하여도 굽히지 말고 끝까지 관철해 나가면 좋은 결과를 보게 된다. 큰 일이라 할지라도 성사가 가능할 때다. 웃사람의 도움을 받을 수 있는 때이니 적극적으로 행동하는 것이 중요하다.
- **매매** : 될 수 있으면 혼자서 해야 한다. 다른 사람과 공동으로 하면 자기의 이익을 나누어 주는 것이니, 피하고 조금 힘겹더라도 단독으로 하면 큰 이익을 얻는다.
- **계약** : 서로가 마음이 통하니 전혀 무리가 없다. 새로운 큰 일도 순조롭게 이루어진다. 또한 큰 이익을 보게 된다.
- **소송** : 부동산에 대한 시비가 많은 경우다. 쉽게 결말이 나지 않고 오래 가게 된다. 화해함이 좋다. 그러나 사건이 클 경우 끝까지 싸

우면 승산은 있다.

- **취직** : 좋은 시기를 만났다. 자신이 목표한 대기업이든 관공서든 모두 가능하다. 지금까지 열심히 노력해온 보람을 얻게 되는 때라 본다.
- **승진** : 좋은 직책이나 직위 등에 오르게 된다. 자신의 실력이나 능력을 인정받을 때이고, 또한 웃사람의 도움도 받게 된다.
- **입학** : 자신이 목표한 학교에 합격할 수 있다. 다소 높은 곳을 지망해도 가능할 때다.
- **이사** : 움직이지 않는 것이 좋다. 마땅한 장소도 쉽게 발견되지 않을 뿐만 아니라, 시기적으로도 좋지 않을 때다.
- **여행** : 단체나 그룹여행 등 모두 괜찮다. 이때는 상용의 장거리여행이나 해외출장 등에도 상당한 성과를 올릴 수 있다.
- **연애** : 남녀 모두 진실한 사귐이라 할 수 있고 인격이나 인품도 성실한 사람이다. 주위의 반대로 결심이 서지 않을 때이지만, 서로 마음을 합하여 인내심을 가지고 끈기있게 추진해 나가면 성사될 것이다.
- **결혼** : 주위의 믿을 만한 사람의 중매라면 좋은 상대라고 할 수 있다. 가정환경이나 품행도 성실한 사람이라고 하겠다. 적극적으로 나선다면 순조롭게 성사된다. 혹시 중간에 방해를 받을 수도 있지만 개의치 말고 추진해 나가라. 결혼 후에도 서로 화목하고 근면, 성실하여 잘 살게 되는 좋은 인연이다.
- **출산** : 다소 지연이 되나 걱정할 필요는 없다. 순산한다. 남자일 가능이 많다. 만약 여아이면 허약하여 잔병이 많게 된다.
- **가출인** : 동북간에 머물고 있으니 도중에 상봉(相逢)치 못하면 늦게라도 찾아온다.
- **기다리는 사람** : 소식도 없고 돌아오지도 아니한다. 중간에 사람이 있어 방해를 하니 기다리지 마라.
- **분실물** : 집안에서 잃어버리는 경우가 많다. 쉽게 찾기는 어려우나 때가 지나면 자연이 찾게 된다.
- **건강** : 거동이 불편하고 꿈 자리가 산란하다. 신경쇠약, 노이로제

등으로 쉽게 치료되지 않고 오래 간다. 이곳 저곳에서 약을 쓰나 효과가 없다. 두통, 정신병, 대·소변불통, 가슴병이 있다. 신불에 기도하라.

- 날씨 : 바람이 불고 구름이 있으나 비는 내리지 않는다. 당분간 맑은 날씨가 계속된다.

27. ䷚ (七.四) 산뢰이(山雷頤)

이, 정길(頤, 貞吉)

• 상(象)의 해설

이(頤)는 기른다, 키운다는 의미로 윗턱과 아래턱을 나타내는 현상으로, 턱으로 음식물을 씹어서 사람의 생명을 기르는 근원이 된다는 것이다. 또한 기른다는 것은 신체를 기르는 것뿐만 아니라 정신적인 것도 함께 포함되는 것이다. 즉 지식이나 사상을 넓히고 쌓는 것을 의미한다.

이(頤)는 사물을 기르고, 육체와 정신, 사람을 기르고 키운다는 것이다.

• 운세

이(頤)는 외실(外實), 내허(內虛)로 마치 입을 벌리고 있는 형상과 같다. 사람은 입으로 음식물을 섭취해서 그 에너지로 활동을 하게된다. 또 이 활동으로 자신이나 가족들의 생계를 꾸려나가게 되는 것이다.

그러므로 이 괘가 나왔을 때는 상업, 업무, 직업 등의 생활의 대책을 세워 나가는 데는 좋은 시기이다. 반면에 '입은 화(禍)의 근원'이라는 말처럼 말에 실수가 없도록 주의를 해야한다. 불필요한 말로 인해서 낭패를 당하거나 마땅히 해야 할 말을 못해 피해를 보는 수가 있기 쉬운 때이다.

또한 이때는 치아나 위장 등의 소화기계통의 병이 일어나기 쉬우니 건강에 유의해야 한다. 이 괘가 나왔을 때는 뜻이 통하는 사람과의 공동사업이든지, 형제와 협력해서 일을 하는 것은 좋은 때로 성과를 올릴 수 있다.

산뢰이(山雷頤) 지침

무슨 일을 하든지 그 정신이 건전해야 한다. 말만 앞세우고 실행력이 없다든지 올바른 생각을 갖지 아니하여 현재의 하고 있는 일에 잘못이 있을 경우가 많을 때다.

이때는 첫째,「입」즉 말을 조심해야 한다. 스스로 화를 자초하게 된다. 둘째는 마음과 행동이 건전하고 성실해야 한다는 것을 명심해야 한다.

1효(爻), 속담에「자기의 보리밭 보다 남의 보리밭이 탐스럽게 보인다」는 말과 같이, 자기가 가지고 있는 소질이나 재능을 개발하려 하지 않고 남의 것만 부러워하는 것과 같다.

이때는 자신의 일에 최선을 다하지 않아 손해를 볼 수 있고 남이 하는 일의 겉만 보고 따라하게 되어 실패를 당할 수 있는 때다.

2효(爻), 자신의 위치가 위협을 받는 때다. 동료들의 배신이나, 웃사람에게 무리한 부탁으로 외면을 받거나 무시를 당하는 불운한 때다. 이때는 대인 관계에 있어서 어느 누구도 자기에게 도움을 주거나 이익이 없으니 바라지 말고 구하지 않는 것이 상책이다. 비록 혼자서 해결하기 어렵고 손해를 보더라도 어쩔 수 없는 시기라 생각하고 나아가라.

3효(爻), 크게 얻으려다 도리어 자기가 가지고 있는 것을 더 많이 잃어버리게 된다. 자신은 확신을 가지고 했던 일이 수포(水泡)로 돌아가는 등의 난감(難堪)한 처지에 놓이게 되는 때다. 자신이 하고 있는 일이 무언가 잘못되어 있으니 다시한번 살펴 보라.

모든 것이 움직이면 손해를 보는 시기니 조용히 근신하고 때가 오기를 기다려야 한다.

4효(爻), 아직까지 때가 오지 않았다. 남에게 베풀면 언젠가는 자

신에게 돌아오게된다. 평상적인 작은 일은 이루어지고 이익도 있게
되지만, 아직까지 욕심을 내어서는 안된다. 기회가 올 때까지 힘을
기르며 주위사람이나 아랫사람에게 도움이 필요하면 도와주라. 모두
가 자신을 위함이다.

5효(爻), 현재의 상황과 위치를 지켜나가라. 호불호(好不好)는 스
스로 만드는 것이다. 자신의 본업을 지키고 현재의 위치를 지켜나가
면 아무런 장애가 없다. 새로운 일을 시작하든지, 본업이외에 다른
일에 손을 대든지 하면 위험이 있으니 하지 않음이 좋다.

6효(爻), 책임이 무겁고 힘든일이 많을 때다. 그러나 자기에게 그
만한 능력과 실력이 있기 때문에 능히 해쳐 나가게 된다. 원래 지니
고 있던 인덕(人德)이 나타나 주위의 신뢰와 도움을 받아 다소의 장
애가 따른다해도, 이를 극복하고 순조롭게 이루어진다. 단, 대인관계
에 무례(無禮)함이 없도록 주의하라.

산뢰이(散雷頤) 사항판단

- **소원** : 평상적인 사소한 것은 이루어진다. 큰 일은 사욕(私慾)을
  부리지 말고 정상적으로 나아가면 늦게라도 성사된다.
- **사업** : 조급히 서둘지 말고, 심사숙고(深思熟考)하여 계획에 만전
  을 기해 출발하면, 소기의 목적을 달성할 수 있다. 서로 마음이 통
  하는 사람과 함께 힘을 합하면 더 큰성과를 얻게 된다. 만약 일을
  추진하는데 너무 성급하게 서둘게 되면 사실을 잘못 판단하여 실
  패하게 되니 신중을 기하라.
- **상담** : 서로 의견이 상통하여 순조롭게 진행된다. 그러나 다소의
  장애가 생길 수 있으니, 내용을 충분히 검토 한 후에 결정하라.
- **매매** : 부동산 이외에는 큰 이익은 없다. 그만 중지 하는 것이 좋
  다. 부동산 일지라도 서둘게 되면 도리어 손해를 보게 되는 때니,
  신중하게 생각하라.
- **계약** : 급하게 하지말고 서서히 진행하라. 더 좋은 조건으로 타결
  될 것이다. 중간에 방해를 하는 자가 있겠으니 주의 해야한다.

- **소송** : 재산 문제는 불길하다. 서로 타협함이 길하다. 시작은 요란하나 끝은 명확히 보이지 않아 오래가게 되니 불리 하다.
- **취직** : 시일은 걸리나 자신이 원하는 곳에 취직이 된다. 남의 도움을 받지 않고 스스로의 실력으로 가능한 때이니, 정당한 방법으로 최선을 다해 노력하면 반드시 성취된다.
- **승진** : 열심히 노력 하나 공연한 수고만할 뿐이다. 다음을 기대하라.
- **입학** : 합격하므로, 자신이 목표한 곳에 지원하고 경쟁이 심하더라도 소신을 굽히지 마라.
- **이사** : 그대로 있으라. 움직이면 재난이 있게 된다. 꼭 가야 하는 경우라도 조금만 기다리면 마땅한 곳을 발견할 것이다.
- **여행** : 동북쪽이나 잘 아는 장소라면 괜찮으나 될 수 있으면 가지 않음이 좋다. 특히 모르는 곳이나 장거리, 해외 여행은 도중에 변고가 생기는 불길한 때다.
- **연애** : 서로의 애정도 깊고, 인품이나 성품도 괜찮고 마음에 부족함이 없으나, 경제적으로 독립할 여건이 마련되지 않을 때이다. 결혼 후의 생활을 미리 생각지 않을 수 없으니 잘 판단하여야 한다.
- **결혼** : 상당한 망설임이 있을 때다. 특히 경제적인 문제가 결부되어 쉽사리 결정하지 못하는 경우가 많다. 대개 성사되기 어렵지만 만약 성사된다 해도 결혼 후에 말썽이 있든지 다른 재난이 생기게 된다.
- **출산** : 다소의 지장이 생기니 음식물에 주의하라. 산후에 후유증을 막아라. 산모, 아이 모두 건강이 좋지 않다.
- **가출인** : 동북방, 산속의 절이나 부근 마을에 있으나 찾아도 알 수가 없다. 당분간 소식도 없으니 기다려라.
- **기다리는 사람** : 서로 의심되는 일이 많아 당분간 오기 힘드니 기다리지 마라.
- **분실물** : 가까운 사람이 관계된 일이니 빨리 찾아보라. 늦으면 멀리 가지고 가니 찾기 어렵다.
- **건강** : 위장이나 소화기계통의 병이 많다. 과음, 과식 등의 음식물

에 주의를 해야 한다. 치통, 식도, 위, 대장 등 대개 부주의해서 오는 때가 많고 약은 효험이 없어 장기간 고생하게 된다.

• 날씨 : 장기간 흐린 날씨가 계속되고, 조금의 비가 있을 수 있겠으나 맑게 개이는 좋은 날씨가 된다.

28. ䷛ (二.五) 택풍대과(澤風大過)

대과, 동요(大過, 棟橈)

• 상(象)의 해설

대과(大過)는 지나치다, 과중하다, 책임이 무겁다, 교만하다는 뜻이다. 지붕의 무게에 비해 대들보가 약해 그 하중(荷重)을 이기지 못하고 휘어지는 상태를 가리키는 것이다. 또한 연못에 나무가 잠기는 것이 이 대과(大過)의 상(象)이다. 모든 것이 균형을 이루지 못하고 한쪽으로 치우친 과부족(過不足)현상이라 언제 무너져 내릴지 모르는 위험한 상태인데, 그러나 이 위험한 상황에서 속수무책(束手無策)으로 있을수 만은 없는 것이다. 그래서 닥치는 위험에 어떻게 대처해서 벗어나느냐 하는 것이 중요하다.

• 운세

현재는 자신의 능력이나 실력에 비해 감당할 수 없는 역부족인 상황에 봉착하여 헤어나지 못하는 시기이다. 업무의 책임이 무겁다든지, 거주가 불안하든지, 불의의 사고로 생명이 위태로운 사람이 생긴다든지 또는 자연적인 재해가 발생한다든지 하는 위험한 난국에 직면한 때라고 할 수 있다. 그러나 책임이 과중하다고 해서 자신에게 주어진 일을 피하거나 중단할 수는 없는 것이 아닌가.

이때는 자신에게 닥친 현재의 상황을 냉정하게 잘 파악하여 일의 경중을 가리고, 강한 의지력으로 크게 분발하여 고난을 극복해 나가지 않으면 안된다. 그러나 사람의 능력에는 한계가 있는 법이다. 최선을 다해 노력을 하나 그 힘이 따르지 못하는 것은, 모두 자신의 운명이라고 받아들여라.

또한, 이때는 불합리한 애정 문제가 일어나기 쉬운 때다. 즉 중년의 유부남이 젊은 아가씨와 내연(內緣)의 관계에 빠져 헤어나지 못하든지, 유부녀가 젊은 남자와 불의(不義)의 애정관계에 빠져 주위의 시선도 아랑곳 않고 헤어나지 못하는 등 가정이 파탄지경에 이르는 추한 모습을 나타내는 경우이다.

이 괘가 나왔을 때는 모든 것을 운명으로 받아들이고 지금의 무거운 짐을 가볍게 해야 하고 과도한 욕심을 버려야 하며 과로를 피해야 한다. 그리고 자신에게 닥친 역경이 지나갈 때까지 참고 기다려야 한다.

택풍대과(澤風大過) 지침

아무리 과중한 일이라도 자신에게 주어진 일이다. 어떠한 위험한 일이라도 자신이 가야 하는 피할 수 없는 숙명이다.

우연히 찾아오는 운은 없다. 악운이든 호운이든, 모든 것은 자기와 인연이 있을 때라만 찾아 오기 때문이다. 그러나 강한 의지력과 노력으로 현재의 역경을 극복하면 낙(樂)이 있다는 것을 생각하고 인내하라.

1효(爻), 자기 분수 이외의 행동이나 생각은 하지 말아야 한다. 예를 들면 회사나 직장내에서 자신의 직분 이외의 일을 맡거나 간섭을 삼가해야 하고, 또한 자신의 일을 경영하는 데도 본업 이외 것은 아예 생각지도 말며, 현재 하고 있는 일에 대해서 적극적인 행동보다는 수동적이고 유연한 자세로 나아가야 한다.

2효(爻), 고목인 버드나무에 새 잎이 돋아나는 것이다. 쇠퇴기에 접어들어 회생(回生)이 어려웠던 일들이 회복되는 시기로, 잃어버린 운기가 되돌아 오는 희망적인 일들이 생겨나는 좋은 때이다. 여태까지 포기했던 것을 다시 시작하든지 진척이 없었던 일이 풀려가는 호기가 찾아왔다고 본다. 재혼에도 길하다.

3효(爻), 대들보가 휘어져 무너지기 직전이다. 지나친 욕심으로 인하여 자신을 망치는 때이다. 능력 이외의 일을 맡고 감당하지 못해 어려운 지경에 빠진다든지, 무리한 계획으로 중도에 좌절하는 등의 흉운이 닥칠 때이다. 또한 이러한 시기를 맞아 주위에 도움을 청하나 도와주는 사람도 없는 최악의 상태로까지 도달할 수 있다. 이 모든 것을 누구를 탓하겠는가? 자기에게 잘못이 많음이라 생각하고 매사에 무욕(無慾)으로 대처하라.

4효(爻), 대들보가 높이 버티고 있는 형상이다. 중요한 위치에서 모든 것을 책임지고 있을 때이고 또한 중대한 일을 처리해야 하는 시기일 때가 많다. 운이나 자신의 능력으로 충분히 감당해 나갈 수 있으니 자신의 소신대로 굽히지 말고 추진해 나가면 능히 해결될 것이다. 그러나 사욕이 있다든지, 눈앞의 욕심을 부린다면 주위의 비난과 질시(嫉視)를 받아 곤경에 처하게 되니 자만심을 가져서는 안된다.

5효(爻), 질서와 예의가 무너지니 어떻게 대처해 나가야 하는가? 자기가 아무리 바로 잡으려고 노력을 하나 무위(無爲)로 끝난다. 직장이나 대인 관계에서도 정상적인 것이 통하지 않고, 사사로운 인정(人情)이나 사감(私感)에 의해 좌우되는 때가 많다. 이때는 남에게 의존하지 말고 자기의 본분을 지키고 예의와 질서를 존중하면 자연이 원상회복(原狀回復) 되어 무사할 것이다.

6효(爻), 강물을 건너려다 머리가 물에 빠지는 형상이다. 과욕으로 화난(禍難)을 자초하게 되는 때이다. 매사에 욕심만 앞서 자기의 분수와 역량을 무시하고, 분외(分外)의 일을 맡는다든지, 분수 이외의 일을 하다 궁지에 몰려 빠져 나오지 못하는 어려움을 겪을 때다. 그러나 늦게라도 자기를 돌아보고 부족함을 깨달아 일에 대처해 나가면 해결책이 생길 것이다.

택풍대과(澤風大過) 사항판단

- 소원 : 분수에 맞는 일에 지극한 노력이 있으면 성취된다. 그러나 자신의 능력 이외의 일은 불가하다.
- 사업 : 기반이 약해 경영의 어려움이 많은 때이다. 특히 자금문제

라든지, 기술부족 등 자신의 능력이 따라가지 못하는 형편이 많다. 이는 뒷감당을 못하는 분수 이외의 일로, 자기에게는 너무 과중하여 큰 곤란을 겪게 되는 시기이다. 대개 파재(破財), 파산(破産), 부도(不渡) 직전의 흉(凶)한 경우다. 그러나 지금까지의 잘못된 원인을 파악해서 과감히 정리하고 현재의 위기를 넘기면 호전될 수 있을 것이다.

- **상담** : 자신의 힘이 미치지 못한다. 지나친 욕심으로 분수 이외의 일에 매달리는 무리한 상태이다. 그러나 자기의 능력에 맞는 일이라면 주위 사람의 도움으로 성사될 수 있다.
- **매매** : 지금은 때가 아니다. 사태를 관망하는 것이 유리하다. 과도한 이익을 바라면 도리어 큰 손해를 보게 되니, 정당한 방법으로 진행하여야 한다.
- **계약** : 상대가 성실하지 못하고 딴 마음을 가지고 있으니 중지하는 것이 좋다. 지금은 안되더라도 뒤에 믿을 만한 좋은 사람을 만나게 되어 성사된다.
- **소송** : 재판을 걸어봐야 손해만 보게 되니, 시비를 피하는 것이 좋다. 또 적은 일이 큰 일로 발전되어 나중에 수습하기 어렵게 되니 포기하라.
- **취직** : 실력부족이나, 경력부족 등 자격이 없어 목표하는 곳은 어렵다. 그러나 경험이 있는 일이면 가능하다.
- **승진** : 자신의 힘으로는 어렵다. 또한 시기적으로도 아직 맞지 않을 때다. 단, 강력한 후원자가 있으면 기대를 해 볼만하다.
- **입학** : 실력을 더 쌓아야 자신이 목표하는 곳에 갈 수 있다. 지금으로선 원하는 곳은 되지 않는다. 조금 낮추어서 지원하라.
- **이사** : 좋지 않으니 중단하라. 뜻하지 않은 사고가 발생하여 재산의 손실이라든가 병란(病難)으로 고생하게 된다.
- **여행** : 짧은 여행이라도 가지 않는 것이 좋다. 중도에 예기치 않은 일로 고생을 하든지, 돌아오든지 하는 일이 발생하기 쉬운 때다. 더욱이 장거리 여행은 피하라.
- **연애** : 정상적인 관계가 아닌 경우가 많다. 이런 때는 대체적으로

나이 많은 남성이 나이 어린 여성에게 깊이 빠져 헤어나기 어려운
때이고, 또한 나이 많은 여자가 젊은 남자에게 빠져 정신을 차리
지 못하는 경우가 많다. 자신의 처지와 현실을 무시하고 주위의
만류도 통하지 않는 비정상적인 관계이다. 그러나 결코 오래 계속
되는 인연이 아님을 알아 괴롭더라도 청산해야 한다.

- **결혼** : 불가하다. 좋은 인연이라고 할 수 없다. 성격이나 환경 차
이로 인하여 성사가 어렵다. 뿐만 아니라 정상적인 결혼이었더라
도 흉한 일이 일어나기 쉬운 괘다. 그러나 재혼에는 길하다.
- **출산** : 난산(難産)이 예상된다. 철저한 주의를 하라. 출산 후에도
산모나 태아 모두 건강이 불길하다. 특히 아이에게는 단명(短命)
할 운이 있으니, 신불에 기도하라.
- **가출인** : 남방에 있으나 당분간 거처를 알 수 없다. 그러나 늦게라
도 찾게 된다.
- **기다리는 사람** : 서로 근심을 하니 수일내에 소식이 오겠고, 늦게
라도 돌아온다.
- **분실물** : 집안 사람이 한 짓이면 당일에 찾을 수 있겠으나, 외부인
의 소행이면 찾기 어렵다.
- **건강** : 심장, 신장질환, 중풍, 암, 혈압 등으로 통증이 심하고 심신
(心身)이 극도로 허약하여, 약을 복용하나 쉽게 치유되기 어려운
상태라 볼 수 있다. 대개 주색(酒色)으로 인한 병이 많다. 장기간
앓아온 병이면 위험하다.
- **날씨** : 구름 많고 비가 내린다. 때로는 비바람을 동반하게 된다.

29. ䷜ (六.六) 감위수(坎爲水)

습감, 유부(習坎, 有孚)

• 상(象)의 해설

습감(習坎)은 고난, 고뇌, 고생, 험난 등의 뜻으로 난(難)이 겹치

는 상태이다. 홍수(洪水)가 나고 격류(激流)에 휘말려 물속으로 빨려들어 가는 형상이다. 위험이 겹쳐 벗어나기도 힘들고, 비켜가기도 어려운 진퇴양난(進退兩難)으로 고생하는 아주 불운한 시기로 볼 수 있다.

하늘이 험한 것은 한없이 높기 때문에 사람이 오를 수 없고, 땅이 험난하다는 것은 산천과 구름이 있음이다. 모든 것을 운명에 맡기고 마음의 중심을 잡고 흐트러짐 없이 성심(誠心), 성의(誠意)를 다해 자신을 지켜나가야 한다.

• 운세

습감(習坎)은 겹겹이 둘러 쌓인다, 어느것 하나 밝은 것이 없는 칠흑 같은 어두운 밤길을 걷는 형국이다. 도처에 위험이 도사리고 있는 때다. 또한 그 위험에 빠져 헤어나지 못하고 견딜 수 없는 환경에 처해, 돌이킬 수 없는 상황에 이른다는 것이다. 이때는 재난이 겹쳐 일어나고 모든 일이 자신의 의도와는 달리 전혀 엉뚱한 방향으로 치달아, 자신의 힘으로는 도저히 수습할 수 없는 파탄에 빠지는 위기를 맞게 된다는 것이다.

그러므로 안이한 마음자세로는 현재의 고비를 넘기기가 어렵다. 굳은 신념을 가지고 어떠한 일이 벌어지더라도 두려워 하지 말고 정면대결을 해야 한다. 만약 물러서거나 피하려고 하면 도리어 더 큰 손상을 입게 되고, 전화위복(轉禍爲福)의 기회를 잃게 된다. 물론 그 곤란을 극복한다는 것이 보통의 마음가짐으로서는 어려울 것이다. 하지만 인내심을 가지고 성의를 다하면 당장은 해결되기 힘들지만 그 기회는 오는 법이다.

또한 이 감(坎)괘는 어떤 일에 말려 들어 소송을 당해 경찰서 출입을 자주 한다든지, 애정 문제가 발생한다든지, 사기, 도난, 병난 등이 일어나기 쉽고, 과음으로 인하여 건강을 해친다든지, 과로로 인한 병이 생기는 등의 문제가 발생하는 시기다.

감위수(坎爲水) 지침

아무리 어려운 난관에 부딪히고 위험에 처하더라도 이 모두가 사람과의 일에서 일어난 일이니 사람이 풀어 가는 수밖에 없는 것이다. 또한 비슷한 환경에 처하더라도 마음의 강약(強弱)에 따라 다르게 바뀌는 법이다. 능히 극복하고 더 크게 발전하는 사람이 있는가 하면 좌절하여 영원한 패배자가 되는 사람도 있다.

이때는 힘과 용기를 길러 인내로 맞서 나아가라. 어려운 가운데 해결책이 나올 것이다.

1효(爻), 모든 일이 뜻대로 되지 않고 전혀 엉뚱한 방향으로 흘러 고전(苦戰)을 면치 못한다. 벗어나려고 하나 벗어날 길이 없는 때이다. 몸부림을 치면 칠수록 더 큰 파동이 일어나 한층 더 혼란을 일으키게 된다. 재산의 손실이나 직위, 직책의 변동 등 이 모든 것을 있는 그대로 받아들이고 자중하여 혼란의 시기가 지나갈 때까지 기다리는 수밖에 없다.

2효(爻), 사업이나 하는 일 모두가 헤어나오지 못하는 괴로운 지경에 빠져들었다. 쇠운(衰運) 중에 또다른 난감한 일이 닥쳐와 고전하나 당황하지 말고, 차분하게 빠져 나올 수 있는 길을 찾아 보라. 힘은 들지만 전혀 가능성이 없는 것은 아니니, 심사숙고(深思熟考)하라. 어려운 중에도 작은 일은 이룰 수 있다.

3효(爻), 모든 것을 중단하고 가만히 있는 것이 상책이다. 아무리 노력을 해도 모두가 허사가 되고 만다. 일을 착수했으나 돌이킬 수 없는 진퇴양난(進退兩難)의 어려운 시기를 만났을 때이다.

자신의 의사(意思)가 전혀 통하지 않는 심각한 상태에 놓였다고 볼 수 있다. 이때는 어떠한 수단과 방법을 동원하더라도 해결 되지 않는다. 최선의 방법은 허둥대지 말고 조용히 때를 기다리는 것뿐이다.

4효(爻), 아직까지 자신의 소신을 드러 내놓고 일을 행하기에는 때가 아니다. 왜냐하면 불운한 시기이기 때문이다. 이를 극복하려면 자기의 능력이 부족함을 깨달아 몸을 낮추고 겸손하게 처신해야 한다. 그러면 머지않아 현재의 어려움에서 벗어날 수 있는 길을 찾게 될 것이다.

5효(爻), 한 겨울의 추위가 아직 남아 있어, 고생이 끝나기에는 시기 상조(時機尙早)다. 그러나 점차로 풀려 나가는 시운이 왔다. 막혔던 장애물이 하나하나 제거되어 머지않아 원상회복의 기운이 보인다.

하지만 아직 불완전하니 방심하지 마라. 따뜻한 봄이 온 후에 씨앗을 뿌려야 하기 때문이다.

6효(爻), 최악의 상태에 도달한 때이다. 자신의 힘으로는 도저히 현재의 상황에서 탈출할 수 없는 환경에 처했다. 길을 찾으려고 하나 길이 보이지 않을 뿐만 아니라 길도 없을 때다.

그러면 어떻게 해야 하나? 오직 인고(忍苦)의 길뿐이다. 아무리 견디기 어려운 고통이 있더라도 참고 견뎌야 한다. 몸부림 치면 칠수록 사태만 더 악화될 뿐이다. 그러나 절망하지 마라. 세상사 모든 것이 끝이 있는 법이니 희망을 버리지 마라.

감위수(坎爲水) 사항판단

- **소원** : 모든 것을 운수(運數)에 맡기고 진행되어 가는 대로 순종하라. 섣불리 나아가면 성취는 고사하고 더욱 어렵게 된다. 한발 물러나 조용히 지켜보라.
- **사업** : 현재 하고 있는 일에 최선을 다하라. 혹시라도 잘못이 생겨나 뜻하지 않은 곤경에 빠질지도 모르는 때이다. 이미 닥쳤는지도 모른다. 사전에 잘못된 일이 발생하지 않도록 주의를 거듭해야 할 때다. 이때는 자기의 의욕이나 욕망을 자제하고, 시류(時流)와 형편에 따라 유순하게 나아가야 한다. 무리하게 나아가면 아무런 이익이 없을 뿐만 아니라 난감한 처지에 빠지게 된다.
- **상담** : 자신의 힘이 부족하여 성사되기 어렵다. 노력은 하나 모두 헛수고만 하게 된다. 서로 의견 충돌이 일어나 싸움으로 변할 수 있으니, 시초에 단념하는 것이 좋다. 그러나 뜻이 맞는 사람과 힘을 합해서 추진하면 가능성은 있다.
- **매매** : 성사되기 어려울 뿐아니라 손재(損財)를 보게 된다. 지금은

때가 아니니 마음을 동하지 말고 관망하는 것이 좋다.

- **계약** : 말만 요란하게 오갈 뿐 이루어지기 힘들다. 바라지도 말고 약속도 하지 마라. 이익은 없고 손해를 보기 쉽다. 또한 남의 말을 너무 믿어 속임을 당할 수도 있다.

- **소송** : 부동산과 관계된 일, 또는 사기를 당하여 시비가 생길 때가 많다. 어떠한 일이라도 소송은 피하는 것이 좋다. 서로 마음고생만 할 뿐 아무런 득이 없다.

- **취직** : 온갖 노력을 다하나 운수가 불길한 때이니 조용히 있으라. 잘못하면 사기꾼을 만나 손해를 보든지, 좋지 않은 곳으로가 피해를 당하게 된다.

- **승진** : 현 위치와 직책을 지키는데 더욱 성실하게 노력해야 한다. 강등(降等)이나 좌천(左遷)되지 않는 것만으로도 다행으로 생각하라.

- **입학** : 운과 실력 모두가 부족하다. 지금은 가망이 없으니 다음 기회를 보라.

- **이사** : 움직이면 반드시 곤경에 처하게 되는 흉한 때다. 이를테면 곧바로 다시 옮겨야 한다든지, 이사간 집에서 실물(失物)을 당하는 등의 좋지 않은 일이 발생하게 된다.

- **여행** : 집안에 그대로 있으면 편안하나 나가면 불길하다. 짧은 여행이라도 중도에 재난을 당하게 된다. 그러나 일로 인한 여행은 괜찮다.

- **연애** : 서로의 처지를 망각하고 비정상적인 애정관계에 깊이 빠져 있을 때다. 경제적으로도 여유가 없고 곤란을 받고 있을 때이다. 남성은 물장사를 하는 여성과 관계가 있을 때이고, 여성은 정신적으로 고통을 많이 당하는 때다. 즉, 남자의 여자관계가 복잡한 경우이다.

- **결혼** : 좋은 인연이 아니니 그만 두는 것이 서로를 위해 좋다. 성사되기도 어렵지만 성사된다 해도 결코 행복할 수 없다. 남자가 무능하여 여성이 생활전선에 나서야 한다든지, 아니면 숨겨둔 여자가 있든지 한다. 남녀 모두 고민이 많기 때문에 결혼에 어려움이 많다. 그러나 노인의 재혼에는 길하다.

- **출산** : 난산으로 개복수술(開腹手術)을 할 수 있다. 초산이면 남자이고, 그렇지 않으면 여자이다. 남녀 모두 단명하니 신불에 기도하라.
- **가출인** : 수소문하여 찾으나 벌써 다른 곳으로 옮겼으니 찾기 어렵다.
- **기다리는 사람** : 사정이 생겨서 빨리 돌아오지 않는다. 찾는 사람도 만나기 어렵다.
- **분실물** : 도난이 많을 때라 찾기 어렵다. 사소한 것은 가까운 곳에서 찾으나 귀중한 것은 벌써 먼 곳으로 갔다. 혹시 찾더라도 이미 파손되어 있다.
- **건강** : 신경쇠약, 노이로제, 신장염 등이 과음(過飮)과 과로(過勞)로 인하여 악화될 때다. 여성인 경우는 생리불순, 자궁병 등이 많고, 임신이면 유산(流産)의 우려가 있다. 만약 오랫동안 앓은 병이면 위험하다. 대개 지병(持病)이 재발하는 경우가 많다.
- **날씨** : 오랫동안 구름이 많고 비가 내린다. 여름이면 장마 또는 큰비가 계속된다. 홍수로 인한 피해가 있게 된다.

30. ䷝ (三.三) 이위화(離爲火)

이, 이정(離, 利貞)

- **상(象)의 해설**

이(離)는 태양, 불, 밝다, 아름답다, 모인다, 떠난다, 헤어진다, 붙는다 즉, 잡는다의 뜻이 있다.

태양은 밝은 햇살로 만물을 비추어 아름답게 보이게 한다. 그러므로 자신의 능력을 발휘할 때라고 본다. 그러나 이 괘는 불이 두 개 겹쳐 있다. 불은 민간 생활에 없어서는 안되는 귀중한 것이지만, 반면에 위험을 가지고 있는 것이다. 잘못 사용하면 엄청난 재난을 당하게 된다.

그래서 마음의 운용(運用)에 따라 빛을 발하기도 하고, 걷잡을 수 없고, 또 갈피를 못잡는다는 뜻이 함께 포함되어 있다. 또한 이(離) 는 붙는다, 즉 해와 달은 하늘에 붙어 있고, 온갖 곡식과 초목은 땅에 붙어 자리잡고 있는 것과 같다는 의미다. 불같은 마음을 가라앉히고, 유순한 암소처럼 매사에 중심을 잡고 조심성 있게 나아가야만 발전이 있다는 것이다.

• 운세

대체로 이 괘가 나왔을 때에는 외견(外見)이 화려하고 전도(前途) 가 창창하게 보이지만, 정작 내실(內實)은 비어서 궁핍하고 실속이 없을 수가 있다. 혈기 왕성한 청년의 불같은 정열과 화려한 기상으로 나아가나 거기에는 깊은 생각을 갖지 못해 불길의 변화처럼 금방 수그러드는, 마음의 중심을 잡지 못하는 불안이 감추어져 있다.

강한 운세이지만 변화가 또한 심한 때이므로 어떤 일을 하더라도 경솔하게 판단해서 결정하지 말고, 신중하고 조심성 있게 진행하지 않으면 위험이 따르게 된다. 이때는 대개 기초가 약하든지 일에 대한 지식이 부족한 경우가 많다. 자신의 얕은 생각으로 의욕만 앞서 무모한 행동으로 일을 저지르고 체신을 지키지 못할 때가 많다.

또한 마음에 생각하는 목적이 뚜렷하지 않아 갈피를 잡지 못해 안정되지 못하고 불안정한 상태에 빠질 수도 있다. 자신의 혈기를 누르고 주위의 웃사람이나 선배 등 유능한 사람에게 자기의 의견을 솔직하게 밝히고 조언(助言)을 받아 일을 진행하는 것이 좋다.

만약 자신의 능력을 과신하여 함부로 행동하면 필히 실패를 하게 된다. 업무나 주거의 변화, 구설, 논쟁, 송사 등을 주의하라.

이위화(離爲火) 지침

대단히 왕성한 기운이 솟구쳐 올라 매사에 의욕이 일어나지만, 무모한 행동을 삼가하고 일을 진행하는데 있어서도 불을 다루는 것같이 조심성을 잃지 말아야 한다.

침착하고 신중하게 처신해 나가면 좋은 시기이고 성과도 오를 때이지만, 자기를 너무 과신하면 필히 실패가 따른다는 것을 명심하라.

1효(爻), 지금은 모든 것이 불투명한 예측불허(豫測不許)의 때이다. 눈앞에 위험이 도사리고 있다는 것이다. 섣불리 나아가면 함정에 빠져 큰 고통을 당하게 된다. 아직 나아갈 때가 아니니 현재의 위치를 지키도록 노력해야 한다.

이때는 하고자 하는 일에 대해 면밀히 검토해서 실수가 없도록 해야 한다. 이를테면 다른 사람과의 상담이나 거래에 있어 진실성이 있는지 신중하게 검토를 해야 한다.

2효(爻), 운기가 왕성한 때다. 자기가 목표한 일에 의욕을 가지고 적극적으로 나아가라. 반드시 큰 성과가 있게 된다. 지금까지 어려웠던 문제라든지, 또한 고생을 한 사람은 문제가 해결되고 고생을 면하게 되는 좋은 시기를 맞이했다고 볼 수 있다. 이때 자신의 역량을 키우고 확고한 기틀을 마련하라.

3효(爻), 현재의 좋은 상태가 오래 가지 않게 되는 때다. 비록 지금은 아무런 근심 걱정이 없는 상황이지만 머지않아 쇠운을 맞게 되니 탄식한들 이미 때는 늦게 된다.

지금 벌써 찾아 왔는지도 모른다. 마음의 중심을 잡지 못하고 감정에 치우쳐 일을 그릇치게 되는 시기다. 또한 기분에 취해 즉흥적으로 대사(大事)를 결정하는 어리석은 행동으로 인해 큰 타격을 받게 되는 위험한 때이니, 매사에 현재 자신의 형편을 잘 파악하여 나아가기를 멈추고 신중하게 처신을 해야 한다.

4효(爻), 뜻하지 않은 재난이 겹칠 때다. 오직 자신의 불찰로 인한 것이니 누구를 탓하겠는가? 앞뒤를 생각지 않고 또한 자신의 분수와 능력을 생각지 않고, 그저 사욕(私慾)에 사로잡혀 무리하게 일을 진행해온 결과이다. 정상에 가까워올 때 뒤를 조심하라는 말이 있다. 물론 본의 아닌 일들이 닥치는 경우가 많은 것이 세상의 이치다. 하물며 자신의 운세가 나쁘니 그런 것이 아닌가?

자신의 덕(德)이 부족함을 깨달아 이제부터라도 다시 덕을 쌓는데 주력하라.

5효(爻), 비록 높은 직위에서 주위의 존경과 신망을 받더라도 겸손한 마음을 잊어서는 안된다. 항상 그 자리에 있는 것이 아니기 때문이다. 때로는 올라가기도 하고 때로는 내려오기도 하는 것이 인간사의 운행(運行)인 것이다.

이때는 자신의 재덕(才德)이 미치지 않는 일을 삼가해야 한다. 자기의 몸을 낮춰 함부로 나서지 말고 자중하면 길하게 된다.

6효(爻), 지금은 아무런 부족함이 없는 상태라 볼 수 있다. 그러나 재물이 풍부하고 높은 지위에 오르게 되면, 과거의 어려운 때를 망각하고 분수에 넘는 행동으로 패가망신(敗家亡身)하는 경우가 많다.

반면 현명한 사람은 과거의 고생을 생각하여 다시는 되풀이 하지 않도록 지위가 오를수록, 생활이 풍족할수록 절제된 생활과 행동으로 더욱 발전하게 된다.

이때는 교만과 방심하기 쉬운 마음을 경계하여 마음의 자세를 곧고 바르게 가지면 크게 발전할 것이다.

이위화(離爲火) 사항판단

- **소원** : 때에 따라 마음이 변하여 갈피를 잡지 못할 때이다. 목적이 뚜렷하지 못하고 불안정할 때다. 급하게 서두르면 일말의 희망도 사라져 버린다. 그러니 침착하고 자중하면 작은 일은 성사된다.

- **사업** : 외견은 화려하나 실속이 없고, 여러 가지 문제가 산재해 있을 경우가 많다. 의욕과 열정을 가지고 추진을 하나, 명확한 계획과 조심성이 부족하여 일을 그르칠까 우려된다. 대개 무엇을 어떻게 할것인지 마음의 중심을 잡지 못하고 망설임이 있을 때이다. 그러니 무모한 일은 생각지도 말아야 한다. 필히 실패가 따르니 지금은 중단하는 편이 좋다. 사소한 작은 일에는 실적도 오르고 이익도 있게 된다.

- **상담** : 공연히 마음만 들뜨고 기대만 컸지, 기대만큼의 실적이 없을 때이니 무리하게 진행하지 마라. 잘못되면 뒤에 말썽이 생기거

나 피해를 볼 수 있다. 상대가 성실한지 미리 잘 파악하지 않으면 소송, 문서분규, 금전상의 손실을 입게 되니 주의하라. 정신적인 것은 길하다.

- **매매** : 물건은 많고 돈이 적어 이익이 별로 없다. 애쓴 만큼 득이 적으니 조금 더 기다려라.
- **계약** : 서로 말만 요란하고 실상(實狀)이 없으니 성사되기 어렵다. 또한 상대가 진실성이 없으니 함부로 믿지 마라. 잘못된 계약으로 인해 손해를 본다든지 문서 부주위로 시비가 생길 수 있다.
- **소송** : 상대편에서 소송을 걸어오는 것은 괜찮으나, 자신이 먼저는 하지 마라. 설사 자신이 억울하다는 생각이 있어도 동요하지 말고 조용하게 있으라.
- **취직** : 이곳저곳 분주하게 다니나 헛수고만 하게 된다. 지금은 때가 아니니 기다려라. 과거부터 해왔던 일이라면 성취한다. 특히 여자의 도움이 있으면 된다.
- **승진** : 대세(大勢)에 따르라. 스스로 도와주는 웃사람이나 선배의 도움을 받게 되면 가능하다. 그러나 자신이 먼저 운동을 하고 다니면 도리어 일을 어렵게 만든다.
- **입학** : 합격한다. 그러나 지나친 욕심은 금물이다. 자신의 실력에 맞는 학교에 지원하라.
- **이사** : 움직이면 손해를 보게 된다. 화재, 도둑, 등의 재난이 있든지, 문서상의 잘못이 있게 된다.
- **여행** : 상담이나, 재물 등의 문제로 서쪽으로 가는 것은 불길하다. 그러나 가벼운 여행은 무방하고 동행하는 사람이 있으면 길하다.
- **연애** : 서로가 뜨겁게 열을 올리고 있지만 변덕이 심할 때라고 할 수 있다. 금방 좋아졌다가 금방 식어버리는 지속되지 못하는 관계일 때가 많다. 분위기에 약한 단점이 있다고 본다. 서로 비슷한 성격을 가지고 있고 자주 다툼이 있어 금방 싫증을 느끼고 마음의 중심을 잡지 못하는 때이므로, 결혼에 이르기는 어렵다고 본다. 즉, 마음을 확고하게 정하지 못하고 흔들림이 많다.
- **결혼** : 빨리 성사되기 어렵다. 여러 곳에서 혼담이 들어와 어느쪽을

결정해야 할지 갈피를 잡지 못하는 때가 많다. 이때는 시일을 두고 잘 생각해서 결정해야 한다. 외모나 겉으로 드러난 환경이 사실과 다른 경우가 많으니 잘 알아보고 해야 한다. 또한, 성급하게 결정하여 결혼하면 오래 가지 않아 말썽이 생겨 이별하게 된다.

- **출산** : 태아, 산모 모두 건강하여 아무 탈 없이 순산한다. 여자아이다. 아이가 영리하고 인물도 훌륭하다.
- **가출인** : 큰 잘못을 저지르고 간 사람이므로, 찾지 않는 것이 좋다. 시비가 분분하고 말썽이 더욱 커진다. 본인 또한 멀리 떠나 돌아올 마음이 없다.
- **기다리는 사람** : 당사자한테 좋지 않은 일이 발생하였고, 타인에게 해를 당한 때라 연락이 있더라도 돌아오기 어려운 때다.
- **분실물** : 속히 서둘러 찾으면 찾을 수 있다. 대개 도난을 당한 경우가 많다. 바깥에서 잃어 버린 것이면 찾기 힘들다.
- **건강** : 열병, 유행병, 장(腸)과 눈(目), 그리고 심장질환, 고혈압 등이 있다. 하반신은 냉하고 상반신은 열이 많다. 복통과 구토, 설사는 곧 회복되나, 오래 앓아온 병이면 위태롭다.
- **날씨** : 구름은 가끔 있으나 오랫동안 비가 내리지 않아 가뭄이 있는 때다. 비가 내려도 곧 개인다.

31. ䷟ (二.七) 택산함(澤山咸)

함, 형, 이정(咸, 亨, 利貞)

- **상(象)의 해설**

함(咸)은 느낀다, 화합한다, 통한다 등의 의미로, 즉 음과 양이 상응한다는 뜻이다. 유한 기운이 아래에서 올라가고, 강한 기운이 위에서 아래로 내려와 서로 감응하고 교감하여 서로 화합하는 형상이다.

천지(天地)가 서로 감응하여 만물을 생성하고, 성인(聖人)이 사람의 마음을 감화(感化)하여 천하가 화평(和平)하는 이치를 보면 천지만물의 뜻을 알 수 있음이다. 또한 남녀가 화합하여 자손을 낳아 가정을 꾸미는 것도 모두 자연의 이치이다.

서로가 상대를 의심하지 않고 진실된 마음으로 대하니 의기(意氣)가 통하고 화합하는 것이 함(咸)의 의미다.

• 운세

호운(好運)의 때를 만났다고 할 수 있다. 자신의 느낌이라든지 감정이 통하게 되어 어떤 일에도 성과가 있게 된다. 일을 추진하는데 있어서 세심한 주의와 이론은 중요하지만, 때로는 일에 방해가 되는 경우도 있다. 모든 것은 시기와 때가 있는 법이다.

예를 들어 쇠를 달구어 연장을 만들 때 쇠가 달아 올랐을 때 두드려야 원하는 도구를 만들 수 있지, 조금이라도 시간이 경과한 후에 두드려 봐야 원하는 모양의 도구를 만들 수 없다는 것이다.

이때는 직감 또는 감각으로 상황을 판단해서 결정해 나가면 큰 성과를 올릴 수 있을 것이다.

대인 관계에 있어서는 서로 화합함으로써 발전하고 번영한다는 뜻이 있다. 그러므로 상대를 의심하지 말고 진실한 마음으로 대하면 서로의 마음이 일치하여 원하는 것을 얻을 수 있게 된다.

반면에 감정에 좌우되어 마음이 쉽게 변하여 하는 일에 차질이 있게 되는 때이기도 하다. 때문에 무엇을 하더라도 진심으로 받아들이고 일심(一心)으로 굳게 밀고 나가면, 그 노력의 대가가 필히 있게 된다. 또한 이 괘가 나왔을 때에는 젊은 남녀의 연애관계가 많이 일어나는 시기이고, 임신이 될 때도 많다.

택산함(澤山咸) 지침

자신의 감정과 뜻이 통하는 좋은 때이다. 그러나 아무리 뜻과 감정을 지니고 있다고 하더라도, 표현과 행동이 따르지 않으면 소용이 없는 것이다. 이때는 자신의 마음을 솔직하게 털어 놓으면 상대편에서도 이해하고 받아들여 서로 통하게 된다. 매사에 선의(善意)와 호의(好意)를 가지고 대하면 순조롭게 진행되어 자신이 뜻하는 바를 이룰 것이다.

1효(爻), 뜻은 가지고 있으나, 마음에 딴 생각이 있어 행동을 일으키기에는 아직 멀었다. 왜냐하면 일자체도 확실한 것이 아니며 뭔가 미심쩍은 부분이 있을 경우도 있고, 설사 그 일이 틀림없는 것이라고 해도 자신의 마음이 적극적으로 움직일 수 없는 상태다.

이때는 자신의 민감한 감각으로 전체를 잘 파악해서 진퇴(進退)를 결정해야 한다. 호운이 발동되었으나 성급하게 서두르면 실패할 기운이 있으니, 충동심(衝動心)이 일어나더라도 자제하고 때가 되기를 기다려라.

2효(爻), 시운이 닿지 않았다. 현재의 상황을 지키도록 노력하라. 서둘러 나아가면 흉한 일이 발생한다. 제자리를 지키고 있으면 저절로 찾아오게 되는 것을 기다리지 못하고, 먼저 일어나 뛰어가다 넘어져 다치는 형상이다.

때가 무르익을 때까지 소리나지 않게, 조용히 내부를 건실하게 다지며 기다리면 아무런 해가 없고 길하게 된다. 때로는 여러가지 곤란한 문제에 봉착하여 어려움을 겪을 때도 있으나, 조급하여 무리하게 되면 더 큰일을 당하게 되니 조심하라.

3효(爻), 주관이 뚜렷하지 못해 매사에 분위기와 상황에 따라 변하기 쉬운 때이다. 이때는 그 변화가 좋은 방향으로 나아가는 것이 아니고, 나쁜 쪽으로 가게 된다는 것이다. 남의 말을 듣고 따라 가다 난감한 처지에 놓인다든지, 궁지에 빠져 헤어나지 못하는 경우가 생길 때다.

이 모두가 자신의 의지가 약하고 지혜롭지 못한 생각에서 비롯된 것이다.

4효(爻), 모든 일이 뚜렷하지 못하고 구체적으로 나타나지 않으므로 고심이 많을 때다. 그러나 특별한 방책(方策)을 세우지 못하는 상태다. 그러나 이제부터 서서히 자기에게 좋은 시기가 다가오는 때이니 흔들림이 없는 마음의 자세가 중요하다. 일의 승패는 확고한 신념에서 비롯된다. 또한 신념을 가졌으면 노력이 필요한 것이다.

아직 기본적인 것이 갖추어져 있지 않아서 마음만 있지 행동으로 실천하기에는 힘이 부족하다. 그리고 이때는 남의 마음에 상처를 주는 언행을 삼가해야 한다.

5효(爻), 주위에 어떠한 변화가 닥쳐와도 그것에 동요되지 말고, 현재의 상태를 지켜가도록 노력함이 좋을 때이다. 결코 감정에 사로잡혀 움직일 때가 아니다. 비록 답답하고 초조하고 견디기 어려운 상황일 수가 있으나, 머지않아 자신이 바라는 것을 시행에 옮길 수 있게 된다. 지금까지 겪어왔던 고난과 고통이 곧 해결되는 마지막 고비로 생각하라.

이때는 시작한 일의 승패는 일단 접어두고, 중도에 포기하지 말고 끝까지 밀고 나가는 인내심을 가지는 것이 중요하다.

6효(爻), 실상은 없고 허상만 가득할 뿐이다. 사람을 평가하는데 있어 겉모습이나 말에만 의존하면 자칫 잘못 판단할 수 있다. 인격은 겉으로 또는 말로써 표현을 다 할 수 없기 때문이다. 또한 남이 자신을 칭찬하면 괜히 우쭐대는 마음이 생겨 자신을 과대평가하기 쉽고 헛점이 생기게 된다.

이때는 말이 많거나 가식(假飾)이 없는지를 잘 살펴야 한다. 자칫 속임을 당하거나 피해를 볼 수 있고, 다툼도 일어나게 되니 주의해야 한다.

택산함(澤山咸) 사항판단

• **소원** : 시기가 중요하다. 너무 늦게 진행하면 마음이 변할 수 있으니, 그 시점을 잘 선택하여 적극적으로 행동하여야 한다. 다른 사람의 도움을 받으면 반드시 성취한다.

• **사업** : 서로가 마음이 통하여 합심하게 되니 모든 것이 순조롭게 되어가는 발전의 시기를 만났다고 하겠다. 새롭게 시작하는 일이라면 빨리 착수하는 것이 좋다. 기회는 자주 오는 것이 아니다. 지금이 그 기회라 볼 수 있으니 놓치지 말고 적극적인 자세로 활동하라. 대인 관계에 있어서도 마음이 서로 일치해 협력하여 나아갈

수 있는 때이다. 이론과 실제 보다는 자신의 직감이 때로는 중요할 때도 있다.

• **상담** : 좋은 기회가 왔다고 볼 수 있다. 지체하지 말고 빨리 서둘러 추진하라. 이것저것 따지게 되면 시간만 지체하고 일을 어렵게 만들 뿐이다. 상대편에서도 상당한 호감을 가지고 있으며, 자신에게도 유리하게 전개(展開)되는 때이면 큰 성과를 얻게 된다.

• **매매** : 작은 이익을 탐내지 말고, 다음의 큰 이익을 보고 적극적인 행동을 취하여야 한다. 진실한 마음으로 성심, 성의를 다해 노력하면 큰 이익을 얻게 된다.

• **계약** : 문서계약은 좋으나 그냥 말로만 하는 언약은 믿지 말아야한다. 단, 잘 아는 사람과의 관계는 좋으나 잘 모르는 사람의 경우에는 주의하라. 문제가 발생하여 시비가 있게 된다. 되도록이면 결정을 빨리 보아야 한다. 늦어지면 불가능하다.

• **소송** : 재판에까지 갈 필요없이 서로 타협하라. 서로 통할 것이다. 그러나 상대편에서 소송을 걸어오면 이쪽이 유리하게 되어 승소하게 된다.

• **취직** : 대개 자신이 원하는 곳에 들어가게 되나 늦어지면 빨리 손을 써야 한다. 특히 관·공직 계통은 좋은 때다.

• **승진** : 주위의 도움을 받든지, 자신의 노력으로 가능하니 적극적인 운동을 하라. 태만하게 있으면 어렵게 된다.

• **입학** : 자신의 실력에 맞는 학교에 지원하라. 경쟁이 심해도 들어가게 된다.

• **이사** : 생각하는 장소에 좋은 집을 구할 수 있는 좋은 시기이고, 또한 집을 고치거나 새로 짓는 데도 좋은 때이다.

• **여행** : 해외여행이나 국내여행 등 모두 즐거운 때이다. 특히 상담(商談) 등의 출장도 큰 수확을 거둘 수 있다.

• **연애** : 젊은 남녀의 연애에 더 이상 좋은 때가 없는 경우다. 남자가 적극적인 구애를 하니 여성 또한 마음이 통하여 호응하는 서로 아주 좋은 상대를 만났으니, 지체말고 결혼이 성사되도록 해야 한다. 너무 늦게 되면 기회를 놓치게 되는 수가 있으니 서둘러야 한다.

- **결혼** : 서로 깊은 관계를 맺었다고 할 수 있다. 좋은 인연의 상대를 만났으니 주저할 필요가 없다고 본다. 서로의 마음을 깊이 이해하고 뜨거운 사랑을 느끼는 때로 결혼에는 아무런 문제가 없으니 속히 성사되도록 진행하라. 또한 이 괘가 나왔을 때는 이미 임신을 한 경우도 많다. 단, 중매 결혼은 성사가 안될 때가 있다.
- **출산** : 아무런 장애없이 무사히 출산한다. 남자아이의 경우 신불에 기도하면 장수하고 훌륭하게 된다.
- **가출인** : 바닷가나 강가에 갔으나 종적을 알 수 없으니 당분간 보기 어렵다. 혹 동행한 사람이 있을 수 있으니 그 사람을 찾으면 알 수 있다.
- **기다리는 사람** : 빠른 시일안에 소식이 있든지 오게 된다. 아니면 중도에서 만나기 쉽다. 그러나 상대편에서 보낸 사람이 있으면 급히 돌아오지 않는다.
- **분실물** : 잃어버린 경우가 많다. 집안 어디에 있으니 찾아보라. 그러나 너무 늦게 되면 쉽사리 나타나지 않는다.
- **건강** : 유행성 전염병, 성병, 호흡기 질환, 임신에 의한 병이 있다. 때론 병명이 뚜렷하지 않고 한열(寒熱)이 오르내릴 때가 있다.
- **날씨** : 대체로 흐린 때가 많고 비도 내린다. 그러나 곧 개이게 된다.

32. ䷟ (四.五) 뇌풍항(雷風恒)

항, 형, 무구(恒, 亨, 无咎)

• 상(象)의 해설

항(恒)은 항상(恒常), 항구(恒久), 항심(恒心)을 뜻한다. 즉 변함이 없고, 언제나 한결같은 변하지 않는 마음을 말하는 것이다. 천지(天地)의 도는 언제나 쉬지 않고 한결같이 변함이 없다. 해와 달이 하늘의 운행에 따라 영원히 빛나고, 사계가 춘하추동으로 바뀌어 가면서 한결같이 돌고 도는 것과 같이 일상생활도 이와 같아야 평온하게 유지 된다. 즉 이상은 자신의 본분을 지키고 변함 없이 자신에게 주어진 길을 간다는 의미다.

• 운세

변하지 않는 생활태도, 한결같은 마음가짐이 중요한 시기다. 이 괘는 항상(恒常), 항구(恒久), 항심(恒心)의 늘 있는 그대로의 모습, 한결같이 변함이 없는 마음이니 현재의 상태를 유지하는데 신경을 써야 하는 때다. 왜냐하면 이런 때일수록 심경의 변화가 일어나기 쉽고, 새로운 것에 대한 유혹과 욕구가 일어나기 때문이다. 또한 일을 하는데도 지금까지 해온 방침대로 계속해서 밀고 나가야만 무사할 수 있다.

만약 마음이 동하여 새로운 일이나 일상을 이탈하는 행동을 하게 되면 결코 좋은 결과를 얻을 수 없을 뿐만 아니라, 현재의 안정된 생활이 파괴되는 위험한 상태로 변하게 된다. 물론 일상적인 반복된 생활에 지루하고 답답한 마음이 생겨날 때이다.

하지만 지금은 때가 아니다. 겨울이 지나면 봄이 오는 것처럼 이 세상의 모든 이치가 그러하듯이, 나아갈 때와 머무를 때를 잘 알아 지켜야만 모든 것이 순조롭게 된다. 어느 때보다 지금은 여태까지 해오던 것을 더욱 확고하게 지켜 나가도록 인내심을 가져야 한다.

헌 것, 낡은 것을 버리고, 새 것, 새로운 것을 좋아하는 것은 인지상정(人之常情)이다. 그러나 지금은 선조가 물려준 가업을 바꿔 이를 지키지 못하든가, 또는 바람둥이로 여자를 자주 바꾸거나, 부부싸움 부모형제간의 불화, 거주에 대한 어려움이 따르기 쉬운 때니 유의하여야 한다.

뇌풍항(雷風恒) 지침

옛것을 존중하고 지켜나가면 아무런 변고가 생기지 않고 모든 것이 편안하게 된다. 사람에게는 누구나 새로운 것 또는 변화를 바라는 욕망이 있다. 그러나 그것이 발전으로 이어지는 시기가 있는 법이나, 지금은 그때가 아니다. 오히려 지금까지 해오던 일을 더욱 견고하게 다져 지켜 나가도록 노력해야 한다. 결코 마음이 동하여 유혹에 빠지는 위험한 행동을 삼가하라.

1효(爻), 모든 일에 처음부터 과도한 욕심을 부려 단기간에 목표를 달성하려고하면 실패를 하게 된다. 물론 본인은 자신이 있어서 틀림이 없을 것이라 믿고 하지만, 자기가 모르는 헛점이 있게 마련이고 생각처럼 되지 않게 된다. 이는 자만심이나 지나친 욕심이 원인이라고 할 수 있다.

이때는 자기 성찰(省察)을 통해 분에 넘는 일과 조급한 행동을 삼가하고, 한 걸음 한 걸음씩 점차로 노력해 이룩한다는 마음을 가져야 한다.

2효(爻), 현재 하고 있는 일이나, 위치가 적당치 않은 상태다. 너무 오래도록 한 곳에 머물러 있어 싫증이 났다든가, 장래성이 없다든가 하는 생각이 일어날 때이다.

만약 지금껏 해왔던 일을 바꾸면 그나마 평온을 유지해온 현재의 생활조차도 파괴되는 위험한 시기다. 비록 지루하고 답답하고 희망이 없는 것이라 생각되더라도 꾹 참고 한 가지 일에 인내를 가지고 나아가면 마침내 자신의 뜻이 열매맺는 좋은 결과를 얻게 된다.

3효(爻), 정당치 못한 행동으로 말미암아 화를 불러 일으켜 난감한 처지에 빠지는 때다. 주위의 여건이나 의견을 무시하고 사욕에 사로잡혀 자기 멋대로 행동하다 실패를 당하기 쉽고, 또한 남에게 신용까지 잃게 되어 몸둘 곳을 찾지 못하는 나쁜 시기를 만났다고 볼 수 있다.

이때는 직장을 옮기거나 전혀 경험이 없는 일에 나서면 십중팔구 헤어날 수 없는 궁지에 빠지게 되니, 매사에 처신을 신중히 해야 한다.

4효(爻), 현재하고 있는 일이나 종사하고 있는 곳이 자신에게 맞지 않는다고 본다. 열심히 노력하나 노력한 만큼의 대가나 성과가 없을 뿐 아니라 장래성 또한 없다. 이것은 자신의 능력이 부족해서라기보다 일 자체와 있는 곳이 적합하지 않다는 것이다.

이때는 하던 일이나 현재 있는 곳에 너무 집착하지 말고 방향전환을 시도해 보는 것이 바람직하다.

5효(爻), 현재의 생활이나 일에 만족을 가지고 계속해서 나아가면 지금으로선 별탈은 없으나, 점차 쇠퇴의 기운에 접어 들게 된다. 너무 오랫동안 안일한 상태에 젖어 있어 매사에 수동적으로 나아가면 결코, 좋지 않은 결과를 초래하게 된다는 것이다.

이때는 평온 무사한 현상태에서 탈피하여, 적극적이고 능동적인 사고를 가지고 일의 증설(增設)이나 확장(擴張)등을 시도해야 한다. 만약 때를 놓치고 다음으로 미루면 이미 늦어 버리니 후회를 해도 소용이 없다. 조금의 불안감이 있더라도 과감하게 밀고 나가는 용기를 가진다면 크게 길할 것이다.

6효(爻), 한결같이 변함없는 마음으로 지켜나가야 한다. 비록 곤경에 처해 있더라도 여태까지 해왔던 일을 추진해 나가야 한다. 만약 중도에서 포기하거나 전환하면 실패하게 된다. 지금은 자신의 판단이나 의견이 옳다고 하더라도 그것이 적중하지 않을 때이니 섣불리 방침을 바꾸거나 방향을 전환해서는 안되고, 현재의 상태를 유지하는데 노력해야 한다. 그래야 무사하게 되고 좋다는 것이다.

뇌풍항(雷風恒) 사항판단

• **소원** : 작은 일은 성취된다. 큰 일도 장애가 있으나, 욕심을 부리지 말고 꾸준히 노력해 나가면 이루어진다. 그러나 지나친 욕심을 가진다거나 조급하게 서둘면 성사가 어렵다.

• **사업** : 좋고 나쁘고 간에 현재 하고 있는 일을 지켜나가는데 최선을 다해야 한다. 이것 저것 바꾸면 모든 것이 실패로 돌아간다. 항심 즉, 변하지 않는 마음이 중요한 때다. 하고 있는 일에 대해 싫증이 나거나, 희망이 없다거나 하는 등의 생각이 들어도 지금은 때가 아니니, 해오던 일을 그대로 밀고 나아가면 반드시 좋게 된다. 주위의 유혹이나 자신의 의욕이 앞선 새로운 일이나, 새로운 계획의 성취는 절대로 불가(不可)하다는 것을 명심해야 한다.

• **상담** : 새로운 계획이나 일은 당장은 진척이 어렵다. 장기간 추진해

나가면 승산이 있겠으나, 눈앞의 것은 성사가 어렵다. 그러나 지금까지 해왔던 것은 계속해서 상담하면 좋은 결과를 얻을 수 있다.

- **매매** : 가격이 불안정할 때다. 작은 것은 상관 없으나 큰 물건은 관망하는 것이 좋다. 단, 좋은 임자를 만나면 순조롭게 성사되어 큰 이익을 볼 수 있다.

- **계약** : 모든 것이 시운에 달려 있다. 경험이 풍부한 사람의 도움이 있어야 성사되고 좋게 된다.

- **소송** : 빨리 끝나지 않고 오래 가게 되니 크게 얻을 것이 없다. 서로 화해하는 것이 좋다.

- **취직** : 당분간 어려우니 몇 차례 힘을 써야 한다. 웃사람이나 선배의 도움으로 가능하나 오래 기다려야 하는 때다.

- **승진** : 지금까지 후원해주던 웃사람이나 선배의 도움을 구하면 가능하다. 또한 몇 번의 기회를 놓친 경우라면 되고, 처음인 경우에는 다음 기회를 기다려라.

- **입학** : 꾸준히 노력하여 왔다면 자신이 원하는 곳, 실력에 맞는 곳에 들어갈 수 있다. 실력 이상의 곳 또는 요행(僥倖)은 바라지 마라.

- **이사** : 그대로 있는 것이 좋다. 조금 불편하더라도 지금은 때가 아니다. 그러나 꼭 해야 하는 경우라면 남, 북이 괜찮다.

- **여행** : 도중에 불상사가 생기기 쉬우니 가벼운 여행이라도 삼가하는 것이 좋다. 특히 해외여행, 장거리여행은 가지 마라. 이때는 대개 남녀의 유혹으로 인한 여행이 많다.

- **연애** : 상당 기간 지속되어온 관계가 많다. 성격차이라든가 주위의 여건이 크게 문제될것 없이 무난하게 사귀어온 상태라 할 수 있다. 결혼은 그리 큰 장애는 없지만, 여건이 성숙되지 않아 다소 시일이 걸리게 된다.

- **결혼** : 성사되기까지 상당한 장애가 따르고 주위의 반대에 부닥치게 된다. 그러나 성사가 되면 좋은 연분으로 별 문제없이 잘 살게 된다. 만약 연애 결혼이면 머지않아 파탄이 온다. 이 괘의 경우 정부인이 아닌 내연관계(內緣關係)에 있는 때가 많다. 재혼에 길하다.

- **출산** : 초산이면 생남하나, 산모에게 병이 있거나, 시간을 오래 끌

어 고생하게 된다. 두 번째면 여자아이다.

- **가출인** : 동남 간방에 있으나 속히 찾기 어렵다. 만약 동행한 사람이 있으면 조만간에 소식이 있다.
- **기다리는 사람** : 중간에 방해가 있어 연락은 있으나 돌아오기 어렵다.
- **분실물** : 도난 당한 것은 아니다. 집안에서 잃었어도 빨리 찾지 못한다. 밖에서 잃은 것이면 더더욱 찾지 못한다.
- **건강** : 위, 장 등의 질환으로 암인 경우가 많고 장기간 치료를 요하는 만성적인 질환으로 치유가 어렵고 고생을 많이 하게 된다. 때로는 병명이 불투명하고, 백약(百藥)이 무효인 경우가 있다. 이때는 신불에 기도하면 쾌차하게 된다.
- **날씨** : 바람이 불고 구름이 조금 있으나 곧 갠다. 여름, 가을에 뇌우(雷雨), 폭우(暴雨)가 있다.

33. ䷠ (一.七) 천산돈(天山遯)

돈, 형, 소이정(遯, 亨, 小利貞)

- **상(象)의 해설**

돈(遯)은 도망친다, 피해서 물러난다는 뜻으로 양기(陽氣)가 점차 쇠퇴하여 사라지고, 음기(陰氣)의 세력이 점점 회복하여 일어나는 형상이다. 이는 「귀인(貴人)이 산에 숨는다」는 상으로 세상을 피해 숨어 살아야 길하게 된다는 것이다. 또 「우물을 파도 물이 나오지 않는다」하며 아무리 힘써 노력을 해도 공이 없고 헛수고만 한다는 것이다. 조용히 물러나 다음 기회를 기다려야 할 것이다.

- **운세**

모든 일에 시운이 닿지 않는 때이다. 아무리 열심히 해도 고생만 할 뿐 아무런 성과없이 오히려 손해만 있게 되는 시기로, 지금까지 해오던 일이라도 축소 지향으로 나아가야 한다든가 아니면, 모든 것을 중단하고 일시적으로 물러나는 것이 상책이다. 아무리 그 뜻이 정당하고 확실한 것이라도 지금의 운세로는 통하지 않고 자신으로부터 떠나는 때이다.

이때는 사회적으로나 가정적으로 쇠운이 찾아와 자신의 힘으로는 감당하기 어려운 일이 발생하여 큰 손해를 보는 시기이다. 어떠한 일이라도 미련을 두지 말고 과감하게 정리하는 것이 최선의 방법이다. 또한 주위의 부추김으로 허영심을 가져서는 안된다. 일의 상황이 불리할 때는 빨리 결단하여 물러나는 것이 좋다. 호전되기를 바라고 버티는 것은 결코 좋지 않다.

이때는 관·공직의 사퇴, 부자간의 불화, 가업의 쇠퇴, 여자로 인한 금전의 낭비, 도난, 분실 등의 일이 발생하기 쉽다.

천산돈(天山遯) 지침

좋은일, 나쁜일을 막론하고 현재의 자신에게는 결코 도움이 되지를 않는 불길한 기운이 작용할 때다. 무슨 일이라도 관여하지 말고 한 걸음 물러나야 한다. 괜찮아지겠지, 좋아지겠지하는 막연한 기대는 더욱 사태를 악화시킬 뿐이다. 주위의 여건이나 눈치를 보지 말고 냉정한 마음을 가지고 무조건 물러나 다음 기회를 기다려야 한다.

1효(爻), 눈앞에 어떠한 이익이 있다고 하더라도 취하려고 해서는 안된다. 나중에 더 큰 손해가 따르게 된다. 지금은 현상태에서 움직이지 말고 조용하게 있어야 무사할 수 있다.

대인 관계에 있어서도 남의 의견이나 행동에 일체 관여를 해서는 안된다. 자신에게 화만 미치게 된다.

이때는 매사가 자신에게 불리하게 작용하는 시기로 실패하기 쉽고, 재난을 당하든가 건강이 악화되기도 한다. 함부로 나서지 말고 조용히 때가 오기를 기다려야 한다.

2효(爻), 매사에 자신의 뜻을 굳게 가지고 확고한 태도로 나가야 한다. 또한 욕심을 부리지 말고 현재 있는 그대로 지켜 나가도록 노력해야 한다. 아무리 애를 써서 구하려 해도 아무런 도움을 얻을 수 없고, 분명히 성공할 수 있는 것도 실패로 돌아가는 때이다.

생각의 전환은 좋고, 나쁜 것을 막론하고 모두 그만 두어야 하는 시기다. 모두가 자신에게 불리하게 작용하니, 지금까지 해오던 일 또는 방식 그대로 지켜 나가야 무사하게 된다.

3효(爻), 큰 일을 하기에는 아직 때가 이를 뿐 아니라, 장애물이 많아 곤란에 부닥칠 위험이 있다. 이를테면 건강이 좋지 않아 직장을 그만두고 싶으나 부양해야 할 가족 때문에 어쩔 수 없이 견뎌 나가야 하는 경우와 같다.

운기가 쇠퇴하는 시기이니, 전업이나 전직 등의 새로운 변화를 일으켜서는 안된다. 만약 미련이 남아 욕심을 부리면 크게 고생하게 되니 자신의 몸과 마음을 닦고 음덕(陰德)을 쌓으면 길하게 된다.

4효(爻), 근심, 걱정이 많을 시기라 본다. 하는 일마다, 하고자하는 일마다 장애와 고난이 따른다. 그러나 이 모두가 자업자득(自業自得)이니 누구를 원망하겠는가?

작은 일이라도 소홀히 하지 말고 소중하게 생각하여 나아가면 좋은 결과를 얻을 수 있다. 그러나 지금은 아무리 친한 사람이라도 멀리 해야 한다. 자신에게 손해를 주기 쉽다.

5효(爻), 머지않아 자신에게 닥칠 위험을 피해 스스로 물러나게 되니 아무런 변고가 일어나지 않는다.

좋은 것이 두 가지가 있는데, 첫째는 자신의 일이 크게 발전하여 뜻과 같이 이루어지는 것이고, 둘째는 사건, 사고가 일어나지 않는 것이다. 이 효(爻)는 후자에 속하는 것으로 현재 하고 있는 일에 미련이 남았지만, 눈앞에 닥칠 위험을 스스로 피해 물러나 다음 기회를 위한 준비를 한다는 뜻이다. 사람이 그 뜻이 바르고 곧으면 위험에서 벗어나게 된다.

6효(爻), 자신의 능력과 역량이 부족함을 스스로 알고 또한, 시운이 아직 오지 않았다는 것을 미리 알아 함부로 일을 일으키지 않으니, 화를 당하지 않는다. 물러나 있으면 언젠가는 반드시 기회가 찾아오게 되니, 느긋한 마음으로 자연의 흐름에 따르면 그 기회가 왔을 때, 충분한 힘을 발휘하여 크게 발전할 수 있게 된다.

천산돈(天山遯) 사항판단

- **소원** : 성취하지 못한다. 서둘러 진행하면 도리어 큰 손해나 곤란을 당하게 되니 조용히 물러나 안전을 지키는 것이 길하다.
- **사업** : 시운이 쇠퇴의 길로 접어 들었으니 과욕을 부리거나, 무리하게 나아가려 해서는 안된다. 현재하고 있는 일도 이미 곤란에 직면해 있거나, 장애가 있거나, 경영에 애로점이 있다고 할 수 있다. 만약 조금이라도 그런 조짐이 보이면 일시중단하고 한 걸음 물러나든지, 과감하게 중도 포기하는 것이 다음을 위해서 좋을 것이다. 막연한 기대(期待)는 아예 갖지 마라.
  이때는 규모를 축소하거나 정리하는 것이 좋다. 계속 버티어 나가면 결국 파멸을 자초하게 된다. 단 여관, 호텔, 요정 등의 유흥업종은 크게 발전한다.
- **상담** : 성사가 안된다. 중간에 방해하는 사람이 있든지, 자신의 능력이 부족하든지, 아니면 다른 장애로 인하여 진척이 제대로 되지를 않는 때이다. 후일로 미루고 단념하라.
- **매매** : 성사도 못하고 오히려 말썽이 생겨, 시비로 관재(冠災)가 발생할 수 있으니 중단하는 것이 좋다.
- **계약** : 시운도 자신에게 불리할 때이고, 상대편이 신의가 없어 딴마음을 가질 수 있다. 서로 원만하게 되지 않으니 포기 하는 것이 좋다.
- **소송** : 무조건 양보하고 물러서라. 상대가 너무 강해 패소한다. 자칫 관재(官災)를 당하게 되는 때니, 화해되면 다행으로 여겨라.
- **취직** : 다니던 직장도 잃게 되는 때다. 남의 말을 믿지 마라. 괜히 마음만 들떠 실망 또한 크게 되니 조금더 기다려 보라. 단 레저, 관광업, 유흥업, 종교관계 등의 일은 길하다.
- **승진** : 현재의 직위나 직책을 지켜나가는데 노력을 다해야 한다. 쇠퇴의 운으로 한직(閑職)이나 좌천(左遷) 등의 위험이 있으니 언행에 실수가 없도록 주의하라.
- **입학** : 부당한 욕심을 버리고, 하향 지원하라. 예체능이나, 관광계

통의 학교가 좋다.

- **이사** : 새로운 곳의 이사는 좋다. 그렇지 않으면 집을 고쳐라. 단 서쪽, 서북간은 피하라.
- **여행** : 가벼운 여행, 근교 등의 단거리 여행은 괜찮으나, 해외여행, 장기간의 여행은 중지하는 것이 좋다. 도중에 사고가 일어나기 쉽다.
- **연애** : 서로 성격이나 환경의 차이가 많아 오래 지속하기 어려울 뿐만 아니라, 마음속 깊이 사랑하지 않는 경우이다. 그저 부담 없는 데이트관계로는 상관없으나, 그 이상의 관계는 지속하기 어렵다. 남자라면 여자 때문에 금전의 낭비가 심할 때이다.
- **결혼** : 혼담중에 말썽이 생기거나, 상대편의 마음이 오락가락하여 믿을 수가 없고, 여자의 성격이 너무 강하다. 또한 남자도 줏대가 없어 성사되지 않는다. 강행(強行)하는 경우 파혼의 위험이 있다.
- **출산** : 산모에게 후환(後患)이 있겠으나 순산한다. 대개 남아이다. 아이가 건강치 못하고 질병이 잦아 위험할 수 있으니 신불에 기도하라.
- **가출인** : 서북쪽 먼 곳으로 갔다. 찾으려 하나 한곳에 머물러 있지 아니하고 거처를 옮겨 알기 어렵다. 괜히 고생만 하게 되니 찾지 마라.
- **기다리는 사람** : 중도에 장애가 생겨 쉽게 돌아오지 않으니 기다리지 마라.
- **분실물** : 벌써 타인의 손에 넘어가 멀리 있다. 이때는 집안에서 분실한 것도 찾기 힘들다.
- **건강** : 큰 상처, 절상(絶傷), 성병 등 대개 원기(元氣)가 부족하고, 기력이 쇠약해지는 만성질환이 많다. 또한 정확한 병명도 없이 가슴이 답답하고, 갈증이나고, 손발을 제대로 움직일 수 없거나 통증이 심하고, 약효가 없는 경우는 놀래서 얻은 병이니 신불에 기도하라.
- **날씨** : 구름이 많고 하늘이 잔뜩 흐려 당분간 비가 계속 되겠고, 때에 따라 바람도 분다.

34. ䷡ (四.一) 뇌천대장(雷天大壯)

대장, 이정(大壯, 利貞)

• 상(象)의 해설

대장(大壯)은 장성(壯盛)하다, 왕성(旺盛)하다, 강건(剛健)하다의 뜻으로, 양기가 왕성하게 성장하고 음기가 쇠퇴하는 때다. 또한 기력이 충천하여 어둠을 몰아내고, 힘차게 달려 나가는 맹호(猛虎)의 형상이다. 단, 그 기세가 너무 지나쳐 정도(正道)를 이탈할 가능성이 있으니, 매순간 제동을 걸어 자신이 나아가고 있는 길을 다시 한 번 살펴보아야 허물이 없을 것이다. 우뢰 소리만 요란하고, 비가 내리지 않는 형상을 의미한다.

• 운세

대장(大壯)은 운이 왕성하여, 크게 번성한다는 것이다. 모든 일을 의욕적으로 추진해 나가 크게 이룰 수 있는 시기를 만났다고 할 수 있다. 그러나 너무 강한 세력때문에 본인이 감당할 수 없는 위험에 빠질 수 있으니, 시야를 넓게 가지고 위험이 따르지 않도록 안정되게 나아가는 것이 중요하다. 모처럼의 호운이 물거품이 되지 않도록 앞을 잘살펴 진행해야 한다.

대개 이러한 때를 만나면 자제하기가 어렵다고 본다. 지나친 욕심과 넘치는 혈기로 추진해 나가니 실로 제동이 어렵다. 그러니 충돌하고 넘어지는 불상사가 생겨나게 되는 것이다.

이 괘는 그 기세가 너무 맹렬하여 마치 맹호가 양떼를 쫓는 모습과 같다. 때문에 재력과 권력을 가진 사람이 남의 원한을 사게 되어 불의의 피해를 보든가, 공들여 진행해 오던 일을 순간의 화로 인하여 깨져 버리든가, 거만하고 광폭하여 일을 그르치는 등의 일이 발생할 수도 있다. 그러므로 매사에 주의를 게을리 하면 안된다.

때에 따라서는 남의 의견도 들을 줄 알고 존중하는 아량을 가져야 한다. 또한 너무 자만하지 말고, 겸손한 마음으로 나아가면 크게 길하게 된다.

뇌천대장(雷天大壯) 지침

정상에 오를 수 있는 성운이 찾아 왔다. 그러나 아직 정상까지는 길이 남아 있다. 중도에 과욕을 부리든가 혈기가 넘쳐 폭주하게 되면 정상에 오르는 것은 고사하고 도로 아래로 떨어져 버리는 비운을 맞게 된다. 자제심을 가져 지나친 욕심을 삼가고 매사에 겸손한 마음으로 예의를 다하라.

1효(爻), 아직 주위의 여건이나 자신의 능력이 부족할 때다. 다소의 역량은 있다고 하나 아직 역부족하니, 비록 하고자 하는 의욕과 기회가 보일지라도 섣불리 나서지 말고 좀더 힘을 기른 후에 나아가야 한다. 사업의 확장이나 일의 시작 등은 시기적으로 적절하지 않으니 모든 계획을 중단해야 한다.

만약, 자신의 뜻대로 밀고 나가면 실패하는 때이니 심사숙고 하라.

2효(爻), 현재의 위치와 상태를 지켜나가도록 노력해야 하고, 비록 불평불만이 있더라도 지금의 일과 생활에 만족을 가져야 한다. 주위의 유혹이있거나 욕심이 생기더라도, 결코 동요하면 안된다. 해오던 일을 꾸준히 해나가면 길하게 되니, 뜻을 굽히지 말고 있는 그대로 나아가라. 만약 동하여 무리하게 되면 좋지 않은 결과를 초래하게 된다.

3효(爻), 자신의 재능과 능력을 과신하여, 무모한 행동을 일으켜 스스로 위험에 빠져들어 고통을 당할 수 있는 때다.

지금은 비록 왕성한 운세를 맞아 그 힘이 넘친다 하더라도, 그 세력을 믿고 함부로 나서지 않는 것이 길하다. 사려 깊은 사람일수록 자신의 강한 힘을 바깥으로 경망스럽게 드러내지 않는 법이다. 지금은 조용하게 머무르면서 관망하라.

4효(爻), 지금까지 어려웠던 여러가지 난제가 해결되는 시운이 찾아오는 시기이다. 자신이 계획하고 구상하던 일을 구체적으로 실천해 나가야 할 때다. 지나친 우려는 일에 방해만 되고 도움이 안되니, 지체하지 말고 추진해 나가면 자신의 뜻이 통하여 바라는 바를 이룰 수 있게 된다.

무엇보다 미온적인 태도를 버리고 확고한 뜻을 가지고 적극적으로 밀고 나가는 것이 중요하다.

5효(爻), 순리에 따라야 한다. 부족하면 부족한대로, 크게 잃었으면 잃은대로, 손해를 보았으면 손해를 본대로 따라가야 하는 때다. 이를 억지로 회복하려고 노력하면 더한 고충을 받게 되고 아무런 소득도 없다. 오히려 더 큰 손해를 보게 될 위험이 있으니, 괴롭고 억울하지만 현상태에서 수습하는 것이 좋다. 그렇다고 실망할 필요는 없다. 다음에 더 큰 것을 얻을 수 있기 때문이다. 이때는 대인 관계에서도 속지 않도록 주의해야 하고 일에 대한 지나친 확신도 가져서는 안된다.

6효(爻), 진퇴양난에 빠져 고생이 많을 때다. 아직 운이 오지 않아 모든 일이 뜻과 같이 되지 않으니, 주어진 환경에 순응해 나가는 것이 최선의 길이다. 새로운 일은 물론, 하던 일도 다시 한번 점검하여 실패가 없도록 해야 한다. 그러나 현재의 어려운 고비를 넘기면 호전될 수 있는 기운이 있을 수 있으니, 아무리 어려운 고난에 처했더라도 용기를 잃지 말고 참고 견디어 나가면 현재의 고통은 결코 오래 가지 않을 것이다.

뇌천대장(雷天大壯) 사항판단

- **소원** : 너무 지나치든지 너무 조급하게 성사하려고 하면 오히려 결과가 나쁘게 되니, 지나친 욕심을 버리고 넉넉한 마음으로 차분하게 진행하면 이루어진다.
- **사업** : 지점(支店)을 낸다든지 하는 왕성한 의욕으로 일을 벌릴 강한 운을 만났을 때다. 또한 성과도 올릴 수 있는 시기이다. 그러나 대개 겉만 요란하고 실속이 없는 경우가 많다. 즉 허세를 부리는 경우이다. 자신의 능력 이상의 일을 추진하여 큰 실패를 당할 위험이 있다는 것이다. 과도한 투자나 무리한 확장은 하지 않는 것이 좋다.
- **상담** : 의견 충돌로 깨질 수 있고, 성급하게 추진하면 성사가 어렵게 된다. 또한 서로를 의심할 수도 있게되니 충분한 시간을 가지

고 유연하고 침착하게 진행하라.

- **매매** : 남의 힘을 빌려 일을 성사 시키려 하나 어렵게 된다. 앞으로 가격이 오르므로 당분간 보류하는게 좋겠다.

- **계약** : 남의 말을 믿지 마라. 겉으로는 좋은 것 같으나 속마음은 딴 뜻이 있으니, 유의함이 좋다. 지금은 아니더라도 자신이 좋은 조건을 가지고 있으니 언제든지 본인이 원하는 대로 성사될 수 있다.

- **소송** : 강하게 밀고 나가면 패소하거나, 차차 분규가 심화되어 큰 해를 입게 되니, 중단하고 합의를 보는 것이 좋다.

- **취직** : 조급하게 구하지 말고 천천히 구하라. 외무직이나 토목, 건축이 좋은 때이다.

- **승진** : 승진운이므로 강력하게 추진하라. 다만 명예만 있고 실권이 없을 경우도 있다.

- **입학** : 합격될 확률은 높으나 자신이 원하는 곳에는 어렵다. 실력 부족으로 후기가 가능하다.

- **이사** : 현재 있는 곳에 그대로 있는 것이 좋다. 좋지 않은 일이 발생하게 되는 흉한 때이다. 단, 서쪽은 괜찮다.

- **여행** : 가벼운 여행은 괜찮으나, 그 외에는 가지 않는 것이 길하다. 여행 중에 놀랄 일이 발생하거나 위험한 일을 당하게 되므로, 다음 기회로 미루라.

- **연애** : 서로가 열렬히 사랑은 하나 진실성이 부족하든가, 오래 지속하지 못하는 경우가 많다. 서로 이성적으로 냉정하게 생각해 볼 필요가 있는 시기다. 겉 모양에만 지나치게 관심을 갖다 보면 내면을 소홀히 하게 되어 판단을 그르칠 위험이 있다.

- **결혼** : 이쪽에서 너무 강하게 서두르면 성사되기 어렵다. 괜한 의심을 받게 되기 때문이다. 진실성을 가지고 서서히 추진하면 성사된다. 한편 이때는 여자가 인물은 아름다우나 불구(不具)일 수 있다.

- **출산** : 다소의 장애는 있으나 순산한다. 남자아이일 가능성이 많고, 산모가 후유증이 있겠다.

- **가출인** : 먼곳에 가 있으니 찾기 어렵다. 아직 돌아올 마음이 없으니 기다리지 마라.

- **기다리는 사람** : 동행한 사람이 있어 돌아오려고 하나, 불상사가 발생하여 돌아오기 어렵다.
- **분실물** : 아주 친밀하고 가까운 사람이 가져 갔으니 찾지 마라. 괜히 마음고생만 한다.
- **건강** : 고혈압, 신경쇠약, 위장병, 복통 등이 있거나, 몸에 열이 심하고 팔, 다리가 자유롭지 못한 경우가 많다. 오래된 병이면 생명이 위태롭다. 그러나 오래되지 않은 사람은 곧 차도가 있게 된다.
- **날씨** : 봄, 겨울이면 맑은 날씨이나 여름, 가을이면 천둥, 번개를 동반한 비가 있겠다. 그러나 곧 개이게 된다.

35. ䷢ (三.八) 화지진(火地晋)

진, 강후용석마번서, 주일삼접
(晋, 康侯用錫馬蕃庶, 畫日三接)

• 상(象)의 해설

진(晋)은 앞으로 나아간다는 뜻으로, 대지위에 밝은 태양이 솟아 오르는 생기찬 아침을 나타내는 상이다. 또한 「제후가 하루에 세번씩 왕의 앞에 나아가 충성을 맹세하고 명령을 받아 임무를 수행하여 상을 받는다」는 것이다. 희망찬 밝은 아침이다. 아침은 하루가 시작되는 출발이다. 모든 사물이 활동을 시작하는 활기찬 모습이다. 유순한 태도로 목적을 향해 나아가는 때이다.

• 운세

희망적인 운기의 때를 만났다. 지금까지 곤란을 겪었던 사람도 이제부터는 점차로 발전되는 시기이다. 주위에서 인정 받지 못하던 사람도 그 능력을 인정 받아 크게 일어설 기회가 온 것이다.

아침의 밝은 태양이 대지위로 솟아 올라 만물을 비추는 것 같이 모든 것이 지금부터 시작이다. 아직은 그 힘이 미약하지만 태양의 밝은 빛이 점차로 땅위로 솟아 올라 크게 밝아지니, 머지않아 그 힘

이 미약하지만 태양의 밝은 빛이 점차로 땅위로 솟아 올라 크게 밝아지니, 머지않아 그 힘도 증대되어 크게 발전할 것이다.

또한 직장인이라면 지금까지 자신의 재능이 빛을 보지 못한 사람, 능력을 인정받지 못했던 사람이 자신의 능력과 재능을 충분히 발휘하여, 윗사람의 인정을 받아 발탁(拔擢), 기용(起用)되는 때이다.

이 괘가 나왔을 때 유의해야 할 것은 유순한 마음으로, 잘 아는 사람의 의견을 물어 그 의견을 존중해 따르면 크게 성공할 수 있지만, 만약 자신의 고집대로 나아가면 곤란과 고생이 따른다는 사실이다.

또한 이때는 급하게 서두를 필요가 없다. 설사 과중한 일이나 업무를 맡아도 자신감을 가지고 자신의 계획대로 나아가면 능히 해결하여 달성할 수 있는 때이다.

화지진(火地晋) 지침

자신이 계획하는 일, 하고자 하는 일 모두를 원만하게 이끌어 갈 수 있는 능력이 있을 때이고, 또한 크게 발전해 나갈 수 있는 때를 만났다. 그러나 아무리 좋은 시기를 만났다 하더라도, 본인의 마음가짐이 성실치 못하면 실패가 있게 된다. 자신의 정력을 충분히 간직하고 필요없는 낭비를 삼가하고 항상 여력을 비축해두라.

1효(爻), 자신의 역량을 발휘하려고 하나 아직 시기가 무르익지 않았다. 다소의 방해나 장애가 있더라도 뜻을 굽히지 말고 태연한 마음으로 진행하라.

자신은 충분하다고 생각하나, 아직은 힘이 부족하고 주위의 여건이 성숙되지 않았다. 그러나 그 시기는 결코 막연한 것은 아니다. 자신의 뜻이 통하지 않더라도 초조해하지 말고 침착하게 기다리면, 머지않아 막혔던 것이 트이게 되는 때다.

2효(爻), 매사에 뜻과 계획은 세웠으나 여러 가지 장애로 인하여 진척이 어려운 상황이다. 계획이나 하려는 일의 내용은 좋은 것이라 할 수 있지만, 지금으로선 적절한 시기는 아니나 포기하거나 좌절하지 말고 뜻을 굳게 지켜 나가면 성취될 수 있다.

현재는 모든 것이 불투명하고 불안한 심경이지만 웃사람이나 주위의 도움이 있든지 하여 좋은 방향으로 나아가게 된다.

3효(爻), 자신의 계획이나 해오던 일을 구체적으로 행동에 옮길 수 있는 시기가 왔다. 또한 그것이 크게 발전할 운기를 맞았다고 할 수 있다. 지금까지 자신의 뜻이 통하지 않아 고심했던 사람도 주위의 여러 사람들에게 그 진실이 통하게 되어 자신의 의견이 수용 되는 때이다.

그러나 아직은 부족함이 있으니 독단적인 행동을 삼가고, 주위의 의견이나 협력을 받아 나아가도록 하라.

4효(爻), 현재 하고 있는 일이나 자신의 위치 또는 장소, 시기 등이 모두 맞지 않는 때이다. 무모한 생각과 행동으로 큰 피해를 당하거나, 비록 당신 자신은 정당하다고 하나 사람들은 그것을 믿지 않고 당신에게 해를 입히는 등의 일이 일어나는 때다. 이때는 진실과 상식이 통하지 않는 고난의 시기이니, 하고 있는 모든 일을 중단하고 새로운 길을 찾아야 한다.

5효(爻), 성운이 찾아 왔다. 현재 고전을 면치 못하고 있는 일이라도 계속해서 밀고 나가면 반드시 달성된다. 또한 지금까지 포기해 왔던 것이라도 다시 시작하라. 아무리 실패가 거듭되었다 하더라도 이제부터는 달라지게 되는 때이다.

물론 좋은 일만 있는 것은 아니다. 그러나 다소의 곤란이 따르고 방해를 받더라도 중단하지 말고 꾸준히 나아가면 자신이 목적한 바를 이룰 수 있게 된다.

6효(爻), 이미 상당한 곤란에 처해 있을 때다. 장래를 예측할 수도 없고 묘책도 찾을 수 없는 어려운 지경에 빠졌을 경우가 많다. 다행히 수습된다 하더라도 상처가 남는 때이다. 이때 최선의 방법은 시초(始初)에 충분한 검토를 하여 위험한 사태가 발생하지 않도록 대처하는 것이고, 이미 발생한 일이면 나아감을 멈추고 잘못이 어디에 있는지를 세밀히 살펴서 사건, 사고가 최소화 되도록 내실을 다져야 한다. 또한 이때는 분규나 다툼이 일어나지 않도록 주의해야 한다.

화지진(火地晉) 사항판단

• **소원** : 희망을 성취한다. 그러므로 방해와 장애가 있더라도 굽히지 말고 꾸준히 노력하라. 웃사람이나 주위 사람들에게 도움을 받으면 좋다.

• **사업** : 지금까지 부진했던 일도 실적이 오를 때이므로 새로운 계획이나 일을 시작하는데 좋은 시기이다. 목표를 향해 적극적으로 활동할 때이므로 바쁘게 된다. 때로는 경쟁이 심하거나 장애도 생기지만 구애받지 말고 소신껏 나아가라. 반드시 좋은 결과를 얻게 된다. 그리고 이 때는 자신과 가까운 사람, 믿을 수 있는 사람의 의견을 따르면 크게 득이 될 것이다.

• **상담** : 적극적으로 추진하라. 상대편에서 주저하는 기색이 보이더라도 개의치 말고, 자신의 생각과 의견대로 밀고 나가면 좋은 성과를 거둘 수 있다.

• **매매** : 주위의 방해가 있게 되고, 경솔하게 처신하면 손재를 당하니 보류하는 것이 좋다. 사는 것은 길하다.

• **계약** : 상대방이 망설이더라도 본인의 뜻을 확실하게 전달하여 적극 추진하라. 어려움이 있을 경우 주위의 협조를 구하면 쉽게 이루어진다.

• **소송** : 분쟁이 격렬하게 되면 빨리 화해하라. 그러나 공정하면 승소한다.

• **취직** : 대단히 좋은 시기로, 장래성이 있는 유망한 기업에 지원하라. 능력이 있는 지인에게 부탁하면 속히 이루어진다.

• **승진** : 자신의 재능이나 능력을 인정받아 크게 발탁되어, 좋은 자리로 승진된다.

• **입학** : 자신이 원하는 학교에 들어간다. 단, 끝까지 노력을 게을리 해서는 안된다.

• **이사** : 가능하면 하지 않는 것이 좋다. 그러나 꼭 해야 하는 경우 다소 어려움이 따르더라도 가까운 사람에게 도움을 받으면 좋은 곳을 구하게 된다.

- **여행** : 여러 사람과 동행하면 유익한 여행이 된다. 그러나 장기간의 해외 여행은 피하라.
- **연애** : 서로가 원만한 사이로 좋은 상대를 만났다. 일시적으로 떨어져 있을 수도 있지만 염려할 필요는 없다. 한결같은 마음으로 나아가면 결국 성사 될 수 있는 사람이다. 중간에 방해자나 장애가 있더라도 동요되지 말고 마음을 굳게 가지고 변하지 마라.
- **결혼** : 중매나 연애결혼 모두다 좋은 인연을 만났으니, 적극적으로 추진하라. 성사되어 훌륭한 결혼생활을 할 것이다. 새살림, 새출발에 아주 좋은 때이다.
- **출산** : 순조롭게 출산을 하나, 산후에 산모나 아이의 질병이 계속되어 고생한다. 혹 심하게 되면 아이가 위험할 수 있다. 신불에 기도하라.
- **가출인** : 가까운 곳에 있으니 빨리 찾아보라. 늦게 되면 있는 곳을 알기 어렵고, 가까운 시일안에 돌아오지 않는다.
- **기다리는 사람** : 서남방에 있으니 곧 연락이 있을 것이고 돌아올 것이다.
- **분실물** : 집안 서남쪽 선반이나 그릇속에 있다. 빨리 찾지 못하더라도 언젠가는 발견된다.
- **건강** : 열병, 두통, 유행성 전염병 등 고열로 통증이 심하고 증세가 심각하다. 특히 여자인 경우에는 생명이 위독하다.
- **날씨** : 맑은 날씨이나 흐리고 비가 오겠다.

36. ䷣ (八.三) 지화명이(地火明夷)

명이, 이간정(明夷, 利艱貞)

• 상(象)의 해설

명이(明夷)는 밝음이 깨진다, 혼미해진다는 뜻으로, 즉 태양이 땅속으로 들어간 때를 말한다. 밝은 빛이 숨어 버려 지척을 분간할 수 없는 암흑의 세계로, 고난과 고통이 따르는 위험한 시기다. 안으로 밝은 지혜와 뛰어난 재능을 지녔다 해도 나타낼 수 없을 뿐만 아니라, 그로 인하여 더 큰 상처와 고통을 당할 때이니 어둠이 물러갈때까지 모든 것을 감추고 조용히 기다려야 한다는 것이다.

• 운세

명이(明夷)는 밝음이 깨지고 혼미해지는, 즉, 밝은 빛이 지하로 숨어 들어간 상태를 말함이다. 모든 것이 불투명하여 종잡을 수 없는 상태에 빠져 헤어나지 못하는 시기다. 불의의 사고나 피해를 당하는 운기로 매사에 조심을 거듭해야 한다. 설사 자신이 뛰어난 재능과 실력을 가졌다 해도, 결코 통하지 않는 때이니 함부로 나타내려고 해서는 안된다.

모든 것을 안으로 감추고 밝음이 올 때까지 은인자중(隱忍自重)해야만 현재의 위기를 무사히 넘길 수 있다. 만약 이미 이러한 사태에 직면했다면 손해를 감수하고, 한시바삐 물러서야 더 큰 손해를 면할 수 있다. 또한 직장내에서도 자신의 재능을 시기한 모함을 받는다든지, 대인관계에 있어서도 사기나 유혹으로 인한 피해를 당할 때이니 주의를 해야 한다.

그러나 어둠은 결코 영원한 것이 아니다. 때가 되면 밝은 태양이 암흑을 몰아내게 되는 것이 이 명이(明夷)의 괘다. 어둠이 걷힐 때까지 조용하게 자신의 내부를 충실하게 다듬고 힘을 길러 두어라. 반드시 회복될 수 있다.

이때는 사기를 당하거나, 가산을 탕진, 뜻하지 않은 재난, 화재, 도난, 가정불화 등으로 인한 고통이 발생하기 쉬운 때다.

지화명이(地火明夷) 지침

인생의 어떠한 고통과 고난도 한계가 있는 법이다. 또 그 원인은 본인에게 있다. 캄캄한 밤길을 함부로 나서지 말라는 것이다. 매사에 의욕과 재능이 있더라도 지금은 통하지도 발휘하지도 못할 시기이니, 모든 것을 안으로 감추고 때가 오기를 기다려라. 고통과 고난 속에 빠져있다 하더라도 절망하지 마라. 반드시 어두운 밤이 가고 아침이 오게 되는 것이다.

1효(爻), 눈앞에 암운(暗雲)이 닥쳤다. 섣불리 나아가면 큰 해를 당하기 쉬운 때다. 매사에 조심하지 않으면 고통이 따르게 되니 현재의 위기를 슬기롭게 피해가도록 해야 한다. 설사 호기가 왔다고 하더라도 그것은 호기가 아니라, 오히려 악재(惡災)가 될 가능성이 많으니 대인관계, 거래, 계약 등 모두 주의해야 한다. 이때는 무책(無策)이 상책(上策)이다.

2효(爻), 이미 위험의 소용돌이 속에 접어 들었을 때다. 하고 있는 일이 곤란을 겪고 있든가, 회사 내부나 가정에 어려운 문제가 발생하여 해결하지 않으면 안되는 시점으로, 무언가 조치를 취해야 하는 때다. 이미 모든 것은 드러난 것이니 단호하게 대처해 나가라. 조금의 상처는 있겠지만 무난히 해결할수 있는 길이 열리게 될 것이다. 이때는 남의 도움을 받을 수 있으니, 적극적으로 협력을 구하라.

3효(爻), 우유부단(優柔不斷)한 태도를 버리고 확고한 마음으로 정면돌파를 시도해야 하는 때다.

막연하게 망설이고 있어서는 어려움에 처한 현실을 타계할 방법이 없는 때이다. 자신의 주관대로 추진해 나가면 의외의 능력을 발휘하여, 어려운 상황에서 벗어나 새로운 길이 열리게 된다. 그러나 너무 조급하게 자신의 뜻을 관철하려는 무리한 행동은 삼가하라.

4효(爻), 자신의 잘못과 헛점이 어디에 있는가를 잘 파악하여야 한다. 대개 무리한 욕심과 허욕에 사로잡혀 스스로 감옥을 만들었으니, 스스로 방법을 찾아내어 탈출해야 한다. 남에게 속았거나, 본인의 잘못이든간에 지금은 우선 벗어나는 것이 다음을 위해 현명한 것이다.

만약 그대로 있게 되면 위험과 혼란속에 빠져 헤어 나기 어렵다.

5효(爻), 비록 지혜와 재능이 있다고 하더라도 그것을 발휘할 환경과 시기가 맞아야 그 빛을 발할 수 있다. 지금은 진실과 거짓을 분간하는 현명한 태도가 필요한 때다. 또한 진퇴(進退)를 분별하기 어려운 일을 당하기 쉬운 때이니, 조용하게 현실을 직시하고 자신의 능력을 발휘할 시기가 올 때까지 현재의 위치와 지금까지 해오던 일을 지켜 나가는데 노력을 다해야만 크게 발전할 수 있다.

6효(爻), 사람은 누구나 정상에 있을 때는 눈앞에 닥칠 위험을 모르고 생각지도 않는다. 그러나 정상의 자리가 항상 유지되는 것은 아니다. 지금은 바로 그와 같은 때다. 머지않은 장래에 현재의 위치가 무너져 내리고, 하는 일이 깨지는 비운이 닥치게 되는 위험한 때이다. 당장 대책을 강구하지 않으면 돌이킬 수 없는 비탄에 빠져 헤어나기 어려운 조짐에 있으니, 비록 큰 문제가 없는 듯이 보여도 다시 한번 모든 것을 점검해야 한다.

지화명이(地火明夷) 사항판단

• 소원 : 달성할 가능성이 전혀 없으니 단념해야 한다. 주위의 방해를 받거나 장애가 있으니, 공연한 고생을 하지 말고 다음 기회로 미루어라.

• 사업 : 아무리 유망한 사업이라 할지라도, 지금으로선 전혀 가능성이 없으니 아예 생각조차 말아야 한다. 비록 일에 대한 안목과 능력이 있다고 하더라도 실패를 하게 된다. 현재 하고 있는 일에 이미 타격을 받고 있는 때라고 볼 수 있다. 만약 그렇다면 다소의 손해를 각오하고 일에서 빨리 손을 떼어 더 큰 피해를 보지 않도록 조치를 강구하지 않으면 안된다.

• 상담 : 모든 것을 중단하는 것이 좋다. 성사되기 어려울 뿐만 아니라, 중간에 방해자로 인하여 오해를 받아 난처한 입장에 처하게 된다. 또한 상대가 성실하지 못하고 다른 마음을 가지고 있으니 경계해야 한다.

• 매매 : 지금은 때가 아니다. 모든 것이 불확실하니 동요하지 말고, 그대로 지키고 있어야만 손재를 면할 수 있다.

• 계약 : 상대편의 말이 분명치 못하고 믿기 어려운 사람이다. 사사로운 감정에 이끌려 추진하면 시비가 있게 되고, 큰 피해를 입게 된다.

• 소송 : 자신의 어리석음으로 인해 발생된 것이니, 누구를 탓한들

무슨 소용이 있겠는가? 헤어날 방도가 없다. 설사 본인이 정당하더라도 상대편의 처분에만 따를 뿐이다. 합의가 되면 다행이다.

- **취직** : 지금은 가능성이 전혀 없으니, 괜한 고생 하지 말고 조용하게 기다리면서 실력을 쌓아라. 남에게 부탁하나 말뿐이고 실행이 없다. 혹시라도 남의 말을 믿고 속임을 당할 수도 있으니 주의하라.
- **승진** : 어려울 뿐만 아니라 이때는 오히려 현 위치나 직위를 지켜나가는데 노력해야 한다. 비록 자신이 재능과 실력을 가졌다하더라도 그것을 겉으로 나타내지 마라. 주위의 시기를 받게 되어 미움을 사거나 모함이 생기기 쉬운 때이니, 조용하게 내면을 충실히 하며 지내는 것이 좋다.
- **입학** : 합격하기 어려우니 재수할 각오를 하라. 인생은 항상 어두운 시기만 있는 것이 아니고, 반드시 밝은 날이 오게 되니 희망을 가지고 목적을 향해 노력을 다하라.
- **이사** : 마땅한 곳을 발견하기도 어렵고, 재난이 발생하여 가운(家運)이 편안치 못하게 된다. 동하지 말고 그대로 있어라.
- **여행** : 건강상태도 좋지 않아 어떠한 여행도 가지 않는 것이 좋다. 도중에 장애가 생기거나 변고, 재난이 있다.
- **연애** : 건전한 사귐이 아닌 은밀한 관계일 때가 많다. 결코 오래 지속할 사이가 못된다. 또한 알지 못하는 비밀을 감추고서 상대를 현혹하거나, 속임을 당하고 있는 때가 많다. 뜻하지 않은 여난(女難)을 당할 수 있으니 주의하라.
- **결혼** : 인연이 아니니 그만 두는 것이 좋다. 또한 성사 되기도 어렵다고 본다. 결혼직전에 과거의 불미스러웠던 일이 알려져 파혼을 하는 등의 일이 발생할 때이다. 그러나 내연의 관계는 다소 오래 가는 때이다.
- **출산** : 난산의 위험이 있으니 유의하라. 산모, 아이 모두 운수가 불길하고, 아이가 허약해 키우기 힘들다. 신불에 기도하라. 여아일 가능성이 많다.
- **가출인** : 찾으려고 애를 쓰나 고생만 하게 된다. 행방이 불투명하고 때가 지나야 소식을 알게 된다.

- 기다리는 사람 : 장애가 생겨서 돌아오지 않는다. 그러나 꼭 만나야 할 일이 있어 이쪽에서 찾아 나서면 조만간 만나게 될 것이다.
- 분실물 : 대개 도난을 당한 경우가 많고 찾기 어렵다. 그러나 집안에서 잃은 물건이면, 장롱속에 감추어져 있을 것이다.
- 건강 : 위, 심장, 눈 등의 질환이 있다. 위암, 폐암 등의 오래된 병이면 생명이 위태하다. 신불에 열심히 기도하라.
- 날씨 : 구름이 많은 잔뜩 흐린 날씨가 계속되는 때이다. 때에 따라서 비가 내린다.

37. ䷤ (五.三) 풍화가인(風火家人)

가인, 이여정(家人, 利女貞)

• 상(象)의 해설

가인(家人)은 친한 사람, 가족 등을 뜻한다. 가정이란 부부를 중심으로 부모, 형제, 자매를 구성원으로 이루어진 것이다. 이들 구성원 중에 그 중심은 부부인데, 특히 주부의 역할이 중요하다. 즉 개인은 남편의 사회활동을 돕는 내조, 가정의 화목, 자녀들의 교육 등, 그 모든 것을 현명하고 따뜻한 밝은 마음으로 지켜나가는 현모양처(賢母良妻)를 나타내는 상(像)이다.

또한 남자는 바깥에서 열심히 가정을 위해 노력한다. 남녀가 각자의 위치를 바로 지켜 나가게 되니, 가정의 안녕과 행복을 가져 오게 되는 것이다.

• 운세

사회의 모든 것은 그 기초 단위인 가정에서 시작된다. 그 기초가 안정되지 못하고 흔들리게 되면 사회 전체에 피해를 주게 된다. 일 또는 개인의 입장에서도 가정이 불화하면 사회활동에 큰 지장을 받게 되는 것이다. 가정이 안정되려면 각자가 자신에게 주어진 역할을 분명히 해야되는 책무를 지녀야 한다. 그러나 각자의 마음은 서로 달라 세심한 주의를 하지 않으면 가정의 안정이 깨지고 불행을 가져오게 된다.

이 괘는 내부에 신경을 써야 하는 시기다. 가정내에서는 형제간의 분쟁, 부부간의 애정(愛情)문제로 인한 갈등, 가족 건강문제 등으로 괴로움을 겪기 쉽고, 회사 내에서도 여러 가지 문제가 발생하기 쉬운 때이다. 이때는 외부의 일에 적극적으로 나서기보다는, 내부를 잘 살펴 사고가 일어나지 않도록 신경을 써야 한다. 또한 매사에 온화한 마음가짐과 태도로 웃사람이나 아랫사람을 대해야 한다.

일을 추진함에 있어서도 혼자만의 고집과 독단을 피하고, 선배나 웃사람 또는 전문가의 의견을 수렴하여 나가도록 하는 것이 좋다. 대체적으로 주위에서 끌어주는 사람이 있든지, 신용을 얻게 되어 발전하는 좋은 운세라 본다. 그러나 뜻하지 않은 재난이나 우환, 논쟁, 가족간 또는 친한 사람과의 불화 등이 발생할 수 있으니 주의해야 한다.

풍화가인(風火家人) 지침

사회적으로 크게 성공하여 명성과 부를 얻었다 하더라도, 가정에 파탄이 일어나면 아무런 소용이 없게 된다. 각자의 위치와 본분을 분명히 지켜야 한다. 남편은 남편의 본분, 아내는 아내, 아버지는 아버지, 자식은 자식된 도리를 다해 가도(家道)를 지켜 나가면 만사가 원만하고 번영하게 된다.

사회생활의 근본이 되는 가정의 중요함을 결코 잊어서는 안될 것이다.

1효(爻), 무언가를 하고자 하는 욕망이 일어날 때이다. 그러나 지금은 섣불리 나아가서는 안되는 시기로, 아무리 좋은 일이라도 시작이나 확장 등에 신경을 두어서는 안되고, 가정이나 회사 내부에 문제가 발생하지 않도록 신경을 써야만 후회하는 일이 일어나지 않는다.

서로 마음을 합해 맡은 바 책임을 다하면 풍족한 생활을 할 수 있다.

2효(爻), 현재 자신이 종사하고 있는 일 외에 눈을 돌려서는 안된다. 또한 자기의 계획이나 생각이 아무리 옳다고 하더라도 고집을 부려 마음대로 결정하거나 행동하지 마라. 그렇지 않으면 반드시 곤경에 빠지게 된다. 될 수 있는한 현재의 일에 전념하는 것이 좋다. 또한 주위 사람들의 의견을 청취하여 보조를 맞추어 나가면 길하게 된다.

3효(爻), 주위에서 충고나 자신의 단점을 지적해 주는 사람이 없고, 설사 좋은 의견이나 불평, 불만이 있더라도 말을 않게 되니, 모든 일에 발전이 있을 수 없게 되어 버린다. 서로 뜻이 통하지 않으니 각자의 일에 태만하게 되고 열성이 없게 된다. 그러나 가까운 사람이나, 함께 일하는 사람과 관용(寬容)의 태도를 가져 행한다면 일이 순조롭게되 갈 것이다. 그러나 절조를 잃게 되면 파국을 맞을 위험이 있으니 주의해야 한다.

4효(爻), 성운(盛運)이 찾아와 크게 이익을 얻게 된다. 대인관계가 원만하여 주위의 도움을 얻게 되는 때로, 매사에 남의 의견을 존중하고 따르면 자연스럽게 자신이 바라는 목적을 무리없이 이루는 좋은 운기를 맞았으니 온화한 태도로 일을 진행하라.

5효(爻), 대단히 좋은 운기를 맞았다. 가정이나 사회적 활동 모두가 크게 발전한다. 설사 다소의 곤란한 문제가 있더라도 조금도 개의치 마라. 모든 것이 뜻대로 마음 먹은대로 풀려가게 되니 필요없는 걱정이다. 이때는 주위의 환경이나 여건이 자기를 향해 유리한 방향으로 되어가는 시기다. 단 아랫사람과의 유대를 더욱 견고하게 해야 한다.

6효(爻), 자신이 열심히 노력한 대가를 받게 되는 때이다. 모든 일에 성실함과 성의를 다하여 나아가라. 과거의 실패를 거울삼아 자기의 장·단점을 잘 파악하여 실행해 나가면 아무런 장애가 없을 것이다. 자신이 계획한 목표를 향해 주저하지 말고 재능과 능력을 발휘하면, 자연히 길이 열리고 크게 성공할 수 있다.

풍화가인(風火家人) 사항판단

• 소원 : 윗사람이나 가까운 사람의 도움으로 성취한다. 그러나 큰

일에는 뜻하지 않은 장애가 있게 된다.

- **사업** : 대외적인 일이나 새로운 사업은 시작해서는 안된다. 확장도 불가하다. 이때는 내부적으로 해결하지 않으면 안되는 문제를 안고 있을 때라 볼 수 있다. 어떤 일이든지 침착한 태도를 가지고 너그럽게 포용하여, 설사 자신과 의견이 다르더라도 상대의 의견을 존중하여 부드럽게 처리해 나가도록 해야 한다.

  또한 이때는 사업의 발전을 기대하지 마라. 바깥일보다 오히려 내부의 일에 신경을 써야 하는 때다.

- **상담** : 작은 일은 순조롭게 진행되어 원만하게 이루어진다. 그러나 큰 것이라면 장애나 어려움이 따른다. 단 웃사람이나, 가까운 사람, 또는 여자의 도움을 받는다면 가능성이 있다.

- **매매** : 급하게 서두르면 손해를 본다. 주위 사람들의 의견을 청취하여 따르면 크게 이익을 얻게 된다.

- **계약** : 자기 혼자서 결정하지 마라. 의혹이 발생하여 모든 것이 불리하게 되는 때이다. 조급히 굴지 말고 차분한 마음으로 주위의 가까운 사람이나 웃사람 또는 전문가의 조언을 받아 결정하면 큰 성과를 기대할 수 있다.

- **소송** : 큰 문제는 발생하지 않는다. 서로 말만 오갈 뿐, 재판까지는 가지 않게 되고 의심될 일이 있어도 무사하게 된다. 만약 소송이 제기되면 필히 승소하게 된다.

- **취직** : 성사될 듯하나 분주하기만 하고 아무런 소득이 없다. 바라지 말고 다른 일을 찾아 보라. 아니면 집안에 일이 있다면 그 일에 전념하라.

- **승진** : 자신에게 특수한 재능이 있든지, 웃사람이나 선배의 도움으로 승진된다.

- **입학** : 지금까지 충분한 노력을 다한 사람은 가능하나, 인내력과 투지가 부족하여 끝까지 자신의 본분을 지키지 않았다면 힘들다. 더욱 분발하라.

- **이사** : 관계는 없으나 굳이 움직일 필요는 없다. 조용히 있으면 아무 탈이 없을 때인데, 괜히 움직여 근심을 만들게 된다.

- **여행** : 가벼운 여행은 상관이 없으나, 먼곳이나 장기간의 여행은 피하고 집안에서 조용하게 쉬는 것이 좋다.
- **연애** : 서로 장래를 약속할 수 있는 좋은 관계를 유지하는 때이다. 남성의 경우 여성을 위해 친절과 봉사를 아끼지 않는 섬세한 마음의 소유자이고, 여성 또한 따뜻한 마음으로 남성을 감쌀 수 있는 아량과 정감을 지니고 있는 사람으로 서로 마음이 통하는 때다.
- **결혼** : 좋은 인연이다. 중매 결혼이면 곧 성사 될 것이다. 여자는 가정을 충실하게 지키는 현모양처의 상이다. 결혼 후에도 남편을 잘 내조하여 가정이 화평하게 된다.
- **출산** : 건강하게 아무 탈없이 출산하나 출산 후 무리하지 않도록 주의하라. 여아일 가능성이 많다.
- **가출인** : 멀리 가 있어 당분간 돌아오기 어렵다. 그러나 때가 지나면 돌아오게 된다.
- **기다리는 사람** : 동행인이 있어 가까운 시일안에 돌아온다.
- **분실물** : 집안에서 잃어버린 경우가 많다. 빨리 찾으면 나오게 된다. 밖에서 잃어버린 경우에도 늦게라도 찾을 수 있다.
- **건강** : 과로로 인한 발병이 많다. 감기, 열병, 간의 이상 등 대수롭지 않게 여기고 그대로 두면 중병이 되니, 의사의 진찰을 받으라.
- **날씨** : 바람이 조금 있겠고, 구름이 있으나 맑게 개인다. 대체로 포근한 날씨다.

38. 　(三.二) **화택규**(火澤睽)

규, 소사길(睽, 小事吉)

- **상**(象)**의 해설**

규(睽)는 배반(背反)한다, 상반(相反)한다, 반목(反目)한다의 뜻으로, 불은 위로 타오르고, 못(澤)의 물은 아래로 흘러내리는 형상이다. 즉 천(天)과 지(地)가 상반되며 밤과 낮이 상반되고 남녀가 상반하는 것을 나타내는 것이다.

그러나 상반되는 둘은 그 뜻이 통하여 일체가 된다. 남자와 여자
는 서로 성별이 다르지만 정(情)이 통하여 사랑하게 되고 자식을 낳
아 한가정을 꾸며 나간다. 이와 같이 서로 정반대의 성질과 모순을
가지고 있으면서도 서로 조화를 이루어 일체가 되고 진보와 발전을
하는 오묘한 작용이 바로 규(睽)의 의미다.

• 운세

서로 뜻이 다르고 생각이 틀리는 상태를 말한다. 이를테면 한가정에
서, 회사에서 목적은 같으나 그 뜻이 제각각 틀려 의견 대립이 있든지,
갈등이 많이 생기는 때이다. 궁극적인 뜻은 통하지만 의견과 방법이 상
반되어 일시적인 어려움과 고통이 따르는 시기라 볼 수 있다.

예를 들면 한 가정내에서 시어머니와 며느리, 시누이 등의 갈등으
로 서로 화목하지 못하고 대립하고 있는 상황과 같다.

이때는 자신의 내부에서도 갈등이 심할 때이다. 자기의 의견이나 뜻
이 상대방과 달라 일을 추진하는데 상당한 고심을 하게 되고 차질을 빚
게 되어 우울한 심정이다. 한마디로 자신의 계획이나 생각이 순조롭게
진행되지 못하는 답답한 때를 만났으니, 굳이 강행을 한다 해도 성사가
힘들다. 그러므로 무엇보다 내부를 잘 정리하는데 힘을 기울이고 차근
차근하게 순서를 밟아 타협해 나가는 것이 좋을 것이다.

이 괘는 적은 일 또는 일상의 일에는 길한 때이다. 큰 일을 경영
하는 데는 무리가 따르고 장애가 많다. 배반을 당하든지, 다툼이 있
든지, 의심을 받는 등의 문제가 발생하기 쉬운 때이다.

화택규(火澤睽) 지침

지금은 큰 일을 경영하거나 큰 기대나 욕심을 가져서는 안된다.
모두 이루어지지 않는다. 다툼이 일어나거나, 하찮은 문제로 큰 일을
망쳐 버리기 쉬운 때이다. 또한 자신의 발상이 아무리 훌륭하더라도
그것이 받아들여지는 때가 아니니, 혼란해지기 쉬운 자신의 마음을
가다듬어 실수가 없도록 해야 한다.

1효(爻), 내외적으로 상서롭지 못한 일들이 발생할 때다. 경쟁자와 시비가 생기든가, 아니면 회사 내부에 언쟁사(言爭事)가 생겨 수습하기 어렵게 되는 등의 일이 있게 된다. 그러나 관여하지 말고 그대로 내버려 두면 스스로 해결될 것이다. 인위적으로 억지로 해결하려고 하면 도리어 큰 상처를 받게 된다. 설사 하는일에 타격을 받게 되어도 당황할 필요는 없다. 만약 피하거나 적극적으로 나아가게 되면 더욱 어려운 곤경에 처하게 되니 조용하게 관망하라.

2효(爻), 지금은 어려운 처지와 환경에 있더라도 때가 되면 벗어날 수 있으니, 조급하게 수단과 방법을 동원할 필요가 없다. 뜻하지 않은 협력자를 만나 구제를 받을 것이다.

그러나 성급한 마음으로 현재의 처지에서 벗어나려고 이곳 저곳에 의뢰를 하면 헛수고만 될 뿐만 아니라, 남은 희망도 사라지게 된다. 자기가 신뢰하며 믿고 있는 웃사람, 선배와 의논하면 도움이 될 것이다.

3효(爻), 현재 자신의 위치나 직분(職分) 또는, 하는 일에 예기치 않은 불상사가 생겨 재난이나 화를 당하기 쉬운 시기이다. 주위의 의혹을 받는다든지, 하는 일에 방해가 있든지, 공연한 시비로 크게 곤경에 빠지는 등의 일이 있게 된다. 또는 본의 아닌 죄인이 되어 낭패를 당하는 불길한 운(運)이다.

이때 격한 감정을 억제하고 적극적인 행동으로 사건을 해결하려고 하지 마라. 처음에는 헤어나기가 힘들지만 자연적으로 수습된다.

4효(爻), 매사에 자신의 뜻이 통달(通達)되지 않는 고달픈 시기다. 주위의 모두가 서로 경원(敬遠)하게 되어, 자기를 이해해주는 사람이 아무도 없는 고립무원의 상태다.

그러나 변함없이 성심, 성의를 다하는 마음 자세로 일관해 나가면 차츰 자신의 진실한 뜻이 통하게 되어, 모든 일이 순조롭게 회복될 것이다.

단, 본인의 지나친 욕심을 버리고 정당한 행동과 성실한 마음을 가져야 한다.

5효(爻), 대사는 불가하나 소사는 통달된다. 아랫사람을 잘 포용하고 서로 힘을 합하여 여러 가지 문제를 원만하게 처리해 가는 때이다.

대인관계를 돈독히 해야 자신이 원하는 바를 무사히 이룩할 수 있다. 독주(獨走)는 통하지 않을 뿐만 아니라, 위험이 따르게 되니 매사에 화합과 협동으로 나아가야 한다. 아랫사람의 협조를 받아 처리하라.

6효(爻), 지금까지의 어려운 난관과 고생이 모두 물러가고 좋은 환경을 만나게 되는 때다. 비록 모든 일이 불투명하고 믿지 못할 일만 있었더라도 인내심으로 견디어 나가라. 조만간에 모두가 해결되는 좋은 운이 왔다. 인간관계의 반목도 없어지고 상반된 의견도 일치를 봐 서로 통하게 된다. 또한 자기의 뜻을 거역하고 항상 방해만 하던 자가 크게 뉘우치고 자신의 곁으로 돌아와, 크게 공을 세우는 시기이다. 그러나 아직은 섣불리 판단해서는 안된다. 사람을 대하는 데 경솔하거나 속단하는 것은 다시 화를 자초하는 것이니 유의하라.

화택규(火澤暌) 사항판단

• 소원 : 자신의 계획이나 목표가 너무 크거나 주위의 여건이 성숙되지 않아 이루기 어렵다. 그러나 작은 일은 성취된다.

• 사업 : 자신의 생각만 믿고 일을 하게 되면 크게 실패를 보는 때다. 이 괘의 중요한 것은 경솔한 판단과 행동을 해서는 안된다는 것이다. 현재 하는 일에도 벌써 차질이 생겨 곤란을 받고 있는 경우가 많다. 내부의 시비(是非), 쟁론(爭論)으로 일이 제대로 진척되지 않고, 중심을 잡지 못하는 상황이다. 새로운 사업은 물론 안되고, 하고 있는 일도 내부 정비(整備)에 신경을 써야 한다. 이때는 화해와 화합이 최선의 길이다.

• 상담 : 서로 다른 뜻을 가지고 진행하니 의견의 일치가 어렵고, 또한 내부사정으로 인하여 성사되기가 힘들다. 이쪽에서 성사할 욕심으로 조급하게 추진하면 손해를 입을 염려가 있으니, 심사숙고하여야 한다.

- **매매** : 말을 자꾸 번복하니 믿을 수가 없는 사람이고 성사되기도 어렵다. 만약 성사되어도 큰 손재를 당할 수니 그만 중단하는 것이 좋다.
- **계약** : 두 사람의 생각이 서로 어긋나니 큰일을 함께 하지 못하게 된다. 상대가 배반을 하든지, 아니면 구설이나 언쟁이 일어나거나 손해를 입게 될 가능성이 많으니, 경솔하게 결정하지 마라.
- **소송** : 조만간에 화해가 되겠다. 그러나 만약 상대편에서 소송을 제기하여 오면 강력하게 대처하고 변호사를 선임하여 진행하면 승소한다.
- **취직** : 자신이 원하는 곳은 힘들다. 대기업이나 관공서 등도 기대하지 마라. 그러나 중소기업이나 작은 개인회사 등에는 주위 사람의 도움이 있으면 가능하다.
- **승진** : 경쟁이 심할 때다. 또한 말만 요란하고 실상이 없고, 노력은 하나 헛수고만 하게 되니, 조용히 다음 기회를 기다려라.
- **입학** : 목표한 학교는 경쟁이 심하여 어렵다. 차분한 마음으로 실력을 더 쌓아서 도전하라.
- **이사** : 움직이지 마라. 재난, 도난 등 집안에 우환이 발생하게 된다. 단, 북쪽은 괜찮다.
- **여행** : 가벼운 여행이나, 가까운 곳의 단체 여행은 괜찮다. 그러나 해외 등 장거리와 장기간 여행은 화를 당할 수 있으니, 움직이지 않는 것이 좋다.
- **연애** : 성격 차이가 많아 오래가기 어렵다. 서로 자기 주장만 앞세우고 양보심이 없어 반목이 심하다. 변덕이 많아 배반을 당하는 경우가 많다.
- **결혼** : 장애가 많아 성사되기 어렵다. 또한 좋은 인연이 될 수 없다. 만약 성사된다 해도 서로 화합하지 못하고, 성격 차이로 다툼이 많고, 이별하는 등의 좋지 않은 일이 생겨나게 되니 그만두는 것이 좋다.
- **출산** : 조금 걱정되는 일이 발생하나 염려할 필요는 없다. 산모, 태아 모두 무사하다. 초산이면 여아일 가능성이 많고, 두번째면

생남(生男)한다.

- **가출인** : 행방을 알 수 없고, 기다려도 소식이 없다. 여자를 통하여 찾아 보라. 혹시 소식을 들을 수 있을지 모른다.
- **기다리는 사람** : 소식은 있겠으나 돌아올 생각이 없으니 기다리지 마라.
- **분실물** : 찾을 생각을 하지 마라. 온갖 노력을 다해도 헛수고만 하게 되고 찾지 못하게 된다. 귀중품이 아닌 것은 집안이나 집근처에서 찾아보라.
- **건강** : 심장병, 고혈압, 신경과민, 호흡기 질환 등이 있다. 이 때는 약을 잘못 사용한다든가, 오진(誤診)으로 인하여 병이 더 악화되기 쉬울 때다. 정확한 진찰을 받고, 이 약 저 약 함부로 사용하지 마라.
- **날씨** : 흐렸다 갰다 변화가 많다. 비도 한두 차례 내리겠다.

39. (六.七) 수산건(水山蹇)

건, 이서남(蹇, 利西南)

• 상(象)의 해설

건(蹇)은 다리를 못쓰는 앉은 뱅이의 괴로움을 말한다. 험난한 산 위에 물이 고여있는 상태다. 앞으로 나아가나 길이 없는 산꼴짜기이고, 언제 물이 쏟아져 내릴지 모르는 위험한 상황이다. 서남(西南) 쪽 평지(平地)로 가면 안전하고, 동북(東北)쪽 험난(險難)한 산으로 가면 사방이 위험으로 가득차 빠져나오지 못해 안전하지 않다. 문앞에 함정(陷穽)이 있으니, 가지도 물러서지도 못하는 난감(難堪)한 처지에 놓인 때이다. 이때는 함부로 움직이지 말고, 지혜로운 사람의 인도를 받아나아가면 안전할 것이다.

• 운세

사방이 막혀 길을 찾지 못하고, 방황하게 되는 어려운 때를 만났다. 무턱대고 나아가면 위험에 빠지는 나쁜 시기로 어떤 일이라도 성취하기 어려울 뿐 아니라, 도중에 위험하고 험난한 사태에 직면하여 어찌할 방도를 모르는 괴로운 환경에 처한 때다. 앉은 뱅이의 괴로움으로, 나아가려 하나 뜻과 같이 나가지 못하는 부자유한 상황으로 곤란을 당할 때다. 조용히 자신의 부족함을 보완하고, 힘을 길러 현재의 위태로운 시기가 지나가고 호기가 올때를 대비(對備)함이 현명하다. 이때는 대개 많은 고난이 따른다. 하나의 난제를 해결하고 나면 또 어려운 일이 닥치는 불운이 연속 된다. 재난(財難), 도난(盜難), 수난(水難)등이 발생하기 쉬운 때이다. 이 모든 것이 자신의 운기가 나쁘다는 것을 알고 자중하여, 현재의 상황을 잘 판단해서 화가 일어나지 않도록 미연(未然)에 조심을 다해야 한다. 또한 매사에 행하는데 주위의 식견(識見)이 높은 웃사람이나 선배의 의견이나, 조력(助力)을 받는 것이 좋다.

수산건(水山蹇)지침

고난의 시기가 왔다. 사방이 막혀 나아갈 길을 찾지못하는 어려운 때이다. 이러한 때는 무슨 일에든 마음이 동하더라도 함부로 나아가서는 안된다. 어느곳에 함정(陷穽)이 있는지 몰라 빠질 위험이 있고, 또한 예기치 않은 재난도 있게 된다. 어떤 일에도 무리하지 말고 차분하게 자신의 처지를 살펴 근신(謹愼)하여야 하고, 주위의 현명한 사람의 의견을 듣고 따르라.

1효(爻), 모든 일을 중단하고 한걸음 물러서야 한다. 재난과 화난이 겹쳐오는 불운의 시기를 맞았다. 애써 나가고자 하나, 모두 허사가 되고 더한 고충(孤忠)을 받게된다. 아무리 좋은 일이나, 기회가 있다고 하더라도 모두 화가 되어 돌아오니 결코 거기에 동조되어 움직이면 안된다. 이때는 움직이지만 않으면 큰 불행을 당하지 않으니, 자중하여 때가 오기를 기다려야 한다.

2효(爻), 고통이 많이 따를 때다. 아무리 노력을 다하나 중과부적(衆寡不敵)으로 피할수 없는 상황에 부디쳐 고심할 시기이지만, 이 모든 것이 자신의 책임이 그러하니 누구를 탓하겠는가? 그러나, 힘과 용기를 내서 이겨 나가야 한다. 세상의 모든 일은 한계가 있는 법이다. 현재의 어려운 여건을 참고 견디어 나가면 머지않은 장래에 해결 될 것이다. 물론 장애나 방해가 많겠지만 결코, 뜻이 변하여 포기하거나, 물러나서는 않된다.

3효(爻), 현재 구상중이거나 계획하고 있는 일을 진척(進陟)시켜서는 안된다. 중도에 크게 패하게 되는 시기로, 아무리 좋은 일이라도 시작해서는 안되고 한걸음 물러나 다음의 기회를 보아야 한다. 지금 조용하게 내부의 힘을 충실히 기르고 있으면 아무런 재난이 없을 것이다.

4효(爻), 모든 일에는 시기와 때가 중요하다. 한걸음 나아가 열걸음 물러서게 된다. 눈 앞에 재난이 있으니 함부로 나서지 마라. 그러므로 현재 닥쳐있는 일이라면 적극적인 행동은 피하고, 주위의 능력이나 재능이 있는 사람의 협력을 받으면, 지금의 어려운 상황을 헤쳐 나갈 수 있다. 이때는 자신의 아집(我執)이나 고집을 버리고 주위 사람들의 충고나 의견을 받아들여 협심(協心)해서 나아가는 것이 중요하다.

5효(爻), 아무리 큰 위험에 빠졌더라도 결코 당황하거나 놀라지 말고 인내심을 가지고 최선을 다하라. 뜻하지 않은 협력자의 도움을 받아 위험에서 벗어나게 되는 때다. 중도에서 좌절하여 포기하거나 물러서면 여태까지 쌓아왔던 모든 것이 수포로 돌아가고 고생했던 보람이 흩어지게 된다. 물론 인내하기란 쉬운 것이 아니지만 전망(展望)이 밝은 운기(運氣)가 찾아왔으니 조금만 기다려라.

6효(爻), 매사에 앞으로 나아가는 것만이 능사(能事)가 아니다. 때로는 물러나 일의 상태를 지켜보는 것이 더른 발전을 가져올 수 있는 것이다. 망진(妄進)하게 되면 반듯이 고난을 자초하는 결과를 가져오게 된다. 지금은 나아감을 잠깐 중단하고 재능이나 능력이 있는 웃사람이나 선배의 의견을 듣고 그에 따르면 좋은 결과를 얻을 수 있다. 결코 자기의 생각만 옳다고 믿고 진행하면 크게 후회하게 된다.

수산건(水山蹇) 사항판단

- **소원** : 성취하기 어렵다. 진퇴양난(進退兩難)에 빠져 어려움에 처해 있을 때다. 능력이 있는 사람의 도움을 받으라. 되도록이면 시일을 늦게 잡는 것이 좋다.

- **사업** : 좋은 계획이나 전망이 밝은 일이라도 지금은 시기가 아니다. 모든 일이 중도에서 좌절되거나 곤란을 겪게 되고, 예기치 않은 재난을 당하게 되는 불운한 때니, 급히 서둘면 실패하기 쉬우므로 사전에 충분한 시간을 가지고 준비에 만전(萬全)을 다해야 한다. 또한 주위의 경험자의 의견과 도움을 받으면 좋다. 절대로 자기의 생각과 판단으로 섣불리 결정해서는 안된다. 지금은 이루기 어렵더라도 시간이 경과하면 기회가 오게되니 초조하게 생각지 말고 차분한 마음으로 힘을 길러라.

- **상담** : 진행되기도 어렵지만 진행중인 것일지라도 지금은 중단하는 것이 좋다. 잘못되면 손해를 크게 입게 되는 때이니 조심하지 않으면 안된다. 만약 무리하게 성사시키면 어떤 재난을 당할지 모르니 조용히 몸을 지키고 근신하라.

- **매매** : 성사되기 어려울 뿐만 아니라 된다하여도 손재를 당하기 쉬우니 주의하라. 더 기다렸다 추진하는 것이 좋다.

- **계약** : 내용은 괜찮으나 이익이 없고, 자신의 뜻과 같이 진행 되지 않는 시기로 이루어지기 어려우니 서둘지 마라.

- **소송** : 상대편에서 강하게 나와 빠른 시일에 해결이 안되는 때다. 특히 거주(居住) 문제에 대한 소송은 이쪽이 불리하게 된다. 될 수 있으면 재판까지 가지말고 서로 타협(妥協)하여 피하는 것이 좋다.

- **취직** : 지금으로선 자신이 바라는 곳에는 되지 않는다. 다음 기회가 올때까지 실력을 쌓으면서 대기하라. 그러나 좀 낮은 곳은 가능하다. 또한 집안에 가까운 사람의 추천이 있으면 좋은 자리에 된다.

- **승진** : 아직 자신의 능력이 부족하든지 주위의 여건이 성숙되지

않았으니, 괜히 마음 고생만 하지말고 다음을 위해 현재의 직분에 충실하고 더욱 실력을 길러라.

- **입학** : 원하는 학교는 어렵다. 아직 실력도 부족하고 운세도 막혔다. 후기를 택하든지 아니면 좀더 노력하여 다음 기회를 대비하라.
- **이사** : 움직이려고 하지만 내부에 사정이 많아 부자유할 때이다. 시기적으로도 좋지 않으니 좀 기다렸다 움직이는 것이 좋다.
- **여행** : 가벼운 여행이라도 가지 않는 것이 좋다. 여행중에 재난이 있든지 장애로 인하여 고생을 겪게 되니 다음으로 미루라.
- **연애** : 애정 문제가 복잡하게 얽혀 있을 경우가 많다. 오래 지속할 수도 없고, 그렇다고 지금 정리를 하려해도 내부 사정으로 쉽게 해결할 수 없는 입장에 있을 때다. 때로는 치정(痴情)에 의한 재난을 당할 수도 있고, 서로 감정대립으로 싸움이 자주 발생하는 등의 일이 많게 되어 괴로움을 겪게 되는 불운의 시기다. 이때는 서로의 입장을 이해하고 한 걸음 물러나 차분하게 서로의 관계를 재검토(再檢討)할 필요가 있다.
- **결혼** : 성사되기 힘들다. 중간에 방해자가 있거나, 가정사정으로 진행하기가 어려운 상태다. 다된 혼담이라도 파혼되는 등 불상사가 있기 쉬운 때이고, 아니면 혼담이 여러 곳에서 들어와 어느 곳을 선택할지 갈등이 많게 되는 등의 일이 있다. 지금은 조금더 시일을 두고 기다리는 것이 좋다.
- **출산** : 난산(難產)으로 고생을 한다. 초산이면 며칠간 진통이 예상되나 변고(變故)는 없으니 아무 걱정할 필요가 없다.
- **가출인** : 먼곳에 가지 않았으니 동북쪽 가까운 곳에서 찾아보라. 만약 삼일이 지나면 찾기 어렵게 된다.
- **기다리는 사람** : 아직 움직이지 않았으나 가까운 시일에 소식이 없으면 돌아오지 않는다.
- **분실물** : 도난을 당한 경우가 많고 찾기 어렵다. 이미 멀리 갔으니 애써 찾으려고 하면 고생만 하게 되니 단념하는 것이 좋다. 귀중품이 아닌 것은 늦게 발견될 것이다.
- **건강** : 관절염, 손발, 신경통, 소화기 계통 등의 병이고, 특히 고혈

압 환자는 위험하다. 대개 만성이고 중증이 많다. 허리나 팔, 다리
를 못 쓰는 불치가 되기 쉽다.

• 날씨 : 며칠간 흐리고 비가 내린다. 대개 3~5일이 지나야 개이게
된다.

40. ䷧ (四.六) 뇌수해(雷水解)

해, 이서남(解, 利西南)

• 상(象)의 해설

해(解)는 풀린다, 해결된다, 벗어난다의 뜻이다. 엄동(嚴冬)에 굳
게 얼어 붙었던 얼음이 풀리고 봄기운이 돌아와 한 겨울에 움츠렸던
새싹이 돋아나는 희망의 시기가 왔다는 것이다. 천지의 기운이 풀려
봄의 천둥 소리와 비가 내리니 천지 만물이 활기찬 모습으로 생장하
기 시작하는 때이다. 또한 해(解)는 험난속에서 적극적으로 움직여
서 그 위험으로부터 벗어나는 시기를 의미한다.

• 운세

지금까지의 불운했던 시기가 물러가고 해왔던 일이나 새로운 목적
을 향해서 적극적으로 활동할 때이다. 모든 일이 자신의 뜻대로 순
조롭게 진행되어 큰 성과를 얻게 된다. 또한 여태까지 고통과 괴로
운 환경 속에 지내던 사람, 어떠한 난관에 부닥쳐 해결할 길을 찾지
못하고 고전하던 사람도 괴로운 환경에서 벗어나게 되고 새로운 길
을 발견하게 된다. 이때는 둔감(鈍感)하게 움직이거나 소극적인 자
세로 행동하면 모처럼의 기회를 잃게 된다. 봄기운이 왔을 적기(適
期)에 심어야 훌륭한 수확을 거둘 수 있지만, 때가 늦게 되면 수확
을 기대할 수 없는 것과 같다. 이 해(解)괘를 얻었을 경우에는 매사
에 적극적이고 속전즉결(速戰卽決)의 태도로 기회를 놓치지 말아야
한다. 만약 혹시나 하는 불안감을 가진다거나 일 자체를 의심하여
결단을 늦추게 되면 찾아온 행운을 놓치게 된다. 주의해야 할 것은

주색(酒色)에 빠지든가, 노름으로 가산(家産)을 탕진하든가, 여성은
바람을 피우는 등의 일이 일어나기 쉽다.

뇌수해(雷水解) 지침

지금까지의 재난이나 고생이 물러나고 어려웠던 문제들도 해결되
는 호운의 시기가 찾아왔다. 그러나 막연하게 시운에 맡겨서는 안된
다. 모든 것이 활동하기 시작하는 때이니 자신도 목적과 희망을 향
해서 자신감을 가지고 적극적으로 나아가야 한다. 그러면 바라는 것
을 이룰 수 있는 좋은 때이다. 그러나 나태(懶怠)하거나 소극적인
행동을 하게 되면 모처럼 찾아온 행운을 놓치게 된다.

1효(爻), 지금까지의 고난의 시기가 지나가고 고통에서 해방되는
때이다. 그러나 아직은 희망은 있지만 완전히 풀리지 않아 자신의
뜻대로 움직이지 않는 어려움이 남아 있다. 너무 성급하게 모든 것
을 달성시키려고 하지말고 하나하나 차분하게 진행해 나가면 목적한
대로 이루어지게 된다. 이때는 웃사람이나 선배등의 조언과 도움을
받는 것이 좋다.

2효(爻), 모든 일을 능동적으로 대처해 나가야 하는 때다. 상대가
어떤 사람인가 미리 파악해서 거짓인가, 진실인가를 밝혀 속임을 당
하는 일이 없도록 해야 한다. 이때는 사건(事件)이 일어나기 전에,
무슨 일이 닥치기 전에 이쪽에서 먼저 적극적으로 나아가야 한다는
것이다. 또한 좋은 기회가 오기를 기다리는 것 보다 그 기회를 스스
로 찾아 나아가면 큰 성과를 얻을 수 있는 때다.

3효(爻), 자신의 능력과 분수를 알아서 행동해야 된다. 과욕을 부
려 자신의 능력 이상의 일을 하게 되면 필히 위험에 빠지게 되는 암
운(惡運)의 시기를 맞았다. 설사 그것이 자신이 판단하기에 정당하
고 올바른 것이라 할지라도 그것이 통하지 않고 곤란과 고통이 따르
게 되는 때다. 이때는 분외의 일이나 능력이 닿지 않는 일은 절대로
해서는 안된다. 모든 재난은 본인 스스로 일으킨 결과가 되는 것이
니 자만하지 말고 함부로 나서지도 마라.

4효(爻), 비록 자신의 힘이 미약하여 남의 도움으로 일을 해나가는 데, 일에 방해를 받아 모든 것에 어려움이 생기는 때다. 아무리 가까운 사람이라고 할지라도 정리(整理)하지 않으면 안되는 상황이다. 조금의 무리가 있더라도 혼자서 타개(打開)해 나가려는 의지와 용기를 갖고 나아가면 진정으로 도움을 줄 수 있는 사람이 있게 된다. 지금까지 해오던 태도를 버리고 새로운 방침을 세워 나가야 하는 때다.

5효(爻), 하는 일이 난관에 부닥쳐 고심이 심할 경우가 많다. 어지간한 실력이 없으면 지금의 문제를 해결하기 어려운 상태이다. 이를테면 주위사람들로부터 화를 입는 등의 불상사가 있든지 손해를 보게 되는 때이다. 그러나 인내로 노력을 다하면 현재의 곤란한 처지에서 벗어날 것이다.

6효(爻), 성운이 찾아온다. 지금까지의 모든 역경이 물러가고 희망의 빛이 보이는 시기이다. 현재 난관에 부닥쳐 있던 일도 조만간 해결되고 재난에 빠졌던 사람도 위험에서 벗어나 크게 발전하여, 자신의 목적과 목표를 달성하는 좋은 때이니 방심하지 말고 주위를 잘 살펴 적극적으로 최선의 노력을 다하면 크게 성공하게 된다.

뇌수해(雷水解) 사항판단

- **소원** : 기회는 찾아 왔으나 시기를 늦추면 안된다. 지금의 호기(好期)를 놓치지 말고, 적극적인 행동으로 밀고 나가면 성취된다.
- **사업** : 목전의 일이라면 지금이 적기이니 시작하는 것이 좋다. 오랫동안 계획해 오던 것도 모든 것이 해결되어 출발하게 되는 시기다. 또한 지금까지 고전을 면치 못하는 사업이라도 이제부터 호전되어 갈것이니, 포기하지 말고 계속해서 밀고 나가야 한다. 그러면 반듯이 크게 발전되어 자신이 바라던 목표를 달성하게 되니 적극적으로 노력을 다하라.
- **상담** : 시일을 늦추지 말고 서둘러 추진하는 것이 좋다. 이것 저것 너무 소상(昭詳)하게 따지다 기회를 놓치게 된다. 또한 상대를 너무 의심하거나 현재의 이익에만 신경을 쓰게되면 성사가 어려울

뿐만 아니라 다음에 후회할 일이 생긴다.

• **매매** : 손해를 보게 될 때다. 중단하는 것이 좋다. 자신이 남을 도우는 형상이 되고 만다.

• **계약** : 당장은 큰 이익이 없으나, 후에는 큰 이익을 얻게 되니 계약을 성사시키는 것이 좋다. 그러나 너무 망설이게 되면 성사가 어렵다.

• **소송** : 대개 처음에는 다투다 뒤에는 화해가 되는 경우가 많다. 그러나 사건이 커져 소송이 있게 되면 자신의 사욕을 버리고 정당하게 대처하면 승소한다.

• **취직** : 몇차례 시도(試圖)해도 안되었던 것이 이루어질 때다. 오래 전에 부탁해 놓은 곳에서 소식이 있든지 아니면 가까운 웃사람이나 선배의 도움으로 취업된다.

• **승진** : 한두 차례 기회를 놓친 사람도 가능한 시기가 되었으니 노력을 다하라. 또한 주위의 유력(有力)한 사람의 협조를 받으면 원하는 직책, 직위에 오를 수 있는 때다.

• **입학** : 지금까지 노력해온 결과가 있을 때다. 몇차례 실패를 한 경우에는 기회가 왔으니 최선을 다하라. 그러면 본인이 원하는 학교에 합격된다.

• **이사** : 장소를 구하는데 다소의 어려움이 따르게 된다. 굳이 움직일 필요가 없으면 그대로 있는 것이 좋다. 그러나 꼭 가야 하는 경우는 서·남쪽이 좋다.

• **여행** : 짧은 여행이나 단거리는 괜찮으나, 장기간의 먼 곳은 가지 마라. 장애가 있거나 근심되는 일이 발생하는 불길한 때다.

• **연애** : 서로 책임감을 느끼지 않는 관계라 볼 수 있다. 부담감(負擔感) 없이 만났다가 헤어질 상대로 너무 깊이 사귀어서는 안된다. 나중에 서로 큰 상처를 입게 된다. 장래를 약속한다 해도 실현이 불가능하다.

• **결혼** : 오랫동안 진전(進展)이 되지 않았던 여러가지 문제들이 해결되어 성사가 되는 새 출발을 맞을 좋은 시기이다.

• **출산** : 산모, 아이 모두 건강하다. 다소의 근심되는 일이 잇겠으나

무사하다. 남아일 가능성이 많다.
- 가출인 : 북쪽으로 갔으나 여자와 관계가 있어서 간 곳을 알기 어렵다.
- 기다리는 사람 : 동행이 있고 소식은 있으나 당분간 오기 어려우니 가만히 기다려라.
- 분실물 : 도난당한 것이면 빨리 신고하라. 밖에서 잃은 것이라도 서두르면 찾을 수 있으나 늦으면 찾지 못한다.
- 건강 : 소화기, 호흡기 계통의 병. 기침이나, 음식물이 체하거나, 구토의 증세로 빨리 치료를 하라. 오래가면 중증이 된다.
- 날씨 : 천둥과 비를 동반하고 바람도 분다. 4~5일 안에 개인다.

41. ䷨ (七.二) 산택손(山澤損)

손, 유부, 원길(損, 有孚, 元吉)

• 상(象)의 해설
손(損)은 손실(損失), 손상(損傷), 줄인다의 뜻이지만, 그저 단순한 손실이나 손해가 아니고 남에게 봉사(奉仕), 희사(喜捨), 보시(布施)등의 뜻에 가깝다. 즉 남을 위해 베품으로써 상대에게 기쁨과 고마움을 주게 되고 자신 또한 만족을 얻게 되는 것을 말한다. 아무런 대가 없이 이익을 바라지 않고 자신의 것을 남에게 주는 것이다. 그러나 그것은 결국 자기에게 이익이 돌아온다는 것이다. 그것이 꼭 물질적인 것이 아니고 정신적인 것도 포함된 뜻이다.

• 운세
현재로선 나간다, 줄어든다, 잃는다 등의 물질적인 손해가 많을 때다. 그러나 단순하게 잃는 것이 아닌 잃음으로써 얻는다는 것이다. 지금은 여러가지 경비나 지출이 많으나 결국은 자신에게 되돌아오는 것이다. 또한 자선사업(自善事業)이나 공익사업(公益事業) 등으로 자신의 사재(私財)를 손해 보게 되지만 후일에 이익을 얻는 것을 말한다. 또한 큰 일을 위해서 자신의 작은 욕심이나, 눈앞의 이익을 버리고 남에게 덕을 베풀어 미래에 큰 덕망을 얻는 것이다. 한편으로는 너무 호인이 되어 부모, 형제, 자손, 친척에게 재산이 나가거나 공동사업(共同事業)으로 손실을 초래해 재물이 줄어드는 때이나 모두가 일시적인 손해로 나중에는 이익이나 명예(名譽)를 찾는 것이다. 감퇴(減退), 쇠퇴(衰退)의 기운(氣運)도 있으니 자기를 낮추고 남을 높이는 겸양, 겸손한 태도를 가져야 한다.

산택손(山澤損) 지침

작은 이익과 욕심을 버리고 대아(大我)를 위해서 현실적인 손해가 있더라도 남을 위해 희생, 봉사하는 마음 자세로 나아가야 한다. 지금은 비록 고생과 고충(苦衷)이 있더라도 후일(後日)에 자신에게 모두 이익이 되어 돌아 올 것이다. 이때는 스스로 자기를 낮추고 항상 남을 공경하는 태도를 잃지 말아야하고 겸손한 마음으로 매사에 성취를 다해 나아가면 좋은 결과를 얻게 된다.

1효(爻), 자신에게 손해나 피해가 있더라도, 남의 일을 해결하지 않으면 안되는 때이다. 가까운 사람의 재난으로 인하여 어쩔수 없는 피해를 당할 수 있다. 그러나 적극적으로 도와주면 보람있는 일이 된다. 지금은 자기의 본업에 전념할 수 없는 일이 발생하여 피할 수 없는 입장일 경우가 많다. 자신의 역량껏 노력을 다하라.

2효(爻), 지금은 주위에 어떤 일이 벌어지더라도 결코 본인이 나서면 안된다. 도리어 서로 상처(喪妻)만 입게 된다. 주위의 권유가 있든지, 스스로 마음이 동하든지 또한 남의 부탁이 있든지, 이 모든 것을 막론하고 움직여서는 안되는 시기로, 그로인한 실패나 곤경에 빠지기 쉽다. 이때는 가만히 있는 것이 화를 면할 수 있는 유일한 길이다. 남을 도우려다 오히려 피해를 더해 주는 결과가 된다.

3효(爻), 무슨 일이든지 혼자서 처리하여야 한다. 절대로 제삼자를 개입시키지 마라. 일의 진행이 지연되든가, 장애가 되어 성사가 어렵게 된다. 그러나 처음에는 곤란을 느끼게 되나 나중에는 좋은

결과를 얻게 되는 때이다. 공동경영은 하지 않는 것이 좋다. 도중에 서로 뜻이 맞지 않아 갈라서는 경우가 생기니 조금 힘이 부족하더라도 혼자서 추진해 나가면 주위의 도움을 얻게되어 큰 성과를 거두게 된다.

4효(爻), 곤경에 처하여 헤어나지 못하는 상황에서 구원의 손길이 뻗친다는 것이다. 이때는 자기 혼자의 능력으로는 현재의 어려운 상태를 해결할 수 없으니 다른 사람의 협력을 받아야 한다. 또한 협조를 얻을 수 있을 때니 적극적인 행동으로 현재의 입장을 타개(打開)해 나가야 한다. 지금은 진행하는 것보다 내부의 화난(禍難)을 극복하는데 노력을 다해야 한다. 그러면 모든 일을 뜻과 같이 이루게되는 전환기(轉換期)가 될 것이다.

5효(爻), 천운이 내려와 크게 도와주는 좋은 시기가 돌아온 때이다. 여태까지 고난속에서 지내던 사람도 생각지 않던 사람의 도움으로 크게 일어나게 된다든가, 하는 일에 많은 이익이 있거나 하는 등의 길운이 있을 때이다. 그러나 이때는 스스로 찾아나서거나 구하려고 하면 도리어 재난이 일어날 염려가 있으니, 현재의 상태로 지키고 있어야 한다. 그러면 자연 행운이 찾아오게 된다.

6효(爻), 운세가 왕성할 때다. 작은 이익에 집착하지 말고 뜻을 크게 가지고 추진해 나가면 큰 성과를 얻을 수 있게 된다. 현재는 손해를 보는 것 같지만 그것이 나중에는 큰 이익이 되어 돌아오게 된다. 사리, 사욕을 버리고 공적인 일에 스스로 앞장서 노력을 다하면 노력 이상의 대가를 얻게된다. 이때는 새로운 계획이나 새로운 사업의 시작등 모두가 좋은 시기이다. 그러나 지나친 욕심이나 투기심(妬忌心)은 금물(禁物)이다.

산택손(山澤損) 사항판단

• **소원** : 당장은 어렵다. 자신의 입장과 의지(意志)를 확고히 하여 한 두번에 안되도 뜻을 굽히지 말고 계속 노력을 다하면 성취된다.
• **사업** : 급히 서둘지 말고 서서히 추진해 나가면 성공한다. 새로운

사업은 당장은 성과를 기대할 수 없으나 시일이 경과하면 전망이 밝은 업종이다. 진행중에 다소의 어려움이 있어도 굽히지 말고 계속해서 밀고 나가라. 일시적인 손해가 있어도 나중에는 큰 이익을 올릴 수 있게 된다. 그러나 단번에 큰 실적(實績)을 바라거나 과욕을 부리면 실패를 하게 된다. 또한 투기적(投機的)인 일도 해서는 안된다.

• **상담** : 급히 서둘면 성사가 불가능하므로 서서히 진행해야 된다. 상담 내용도 당장의 성과를 기대하지 말고 나중을 생각하고 추진해나가면 잘 이뤄질 수 있고 이익도 얻게 된다.

• **매매** : 지금은 때가 아니다. 급히 서둘면 큰 손해를 입든지 후회되는 일이 있다. 천천히 시일을 두고 진행하라. 그러면 이익을 보게 된다.

• **계약** : 상대에게 피해를 줄수 있으니 당분간 보류하는 것이 좋다. 그러나 차후에 다시 잘 검토한 연후에 결정하는 것은 괜찮다. 또한 눈 앞의 이익을 바라보고 하는것 보다는 멀리 바라보고 하는 것이 좋다.

• **소송** : 이쪽에서 먼저 소송을 하지 마라. 패소(敗訴)하게 되고 재물의 손해를 입는다. 화해하는 것이 좋다.

• **취직** : 임시직은 가능하나 자신이 원하는 곳은 당장은 곤란하고 이삼차 노력한 후에야 된다.

• **승진** : 지금은 어렵다. 최선을 다해 노력하면 다음에는 반듯이 될 것이다. 그러나 재물을 쓰면 가능하다.

• **입학** : 일차는 힘들다. 후기에 지원하라. 그러나 불교학교나 신학교 등 사회 봉사(奉仕)나 복지(福祉)계통은 좋다.

• **이사** : 움직이면 불길한 일이 발생하니, 움직이지 않는 것이 좋다. 당분간 더 있다가 다음기회를 보라.

• **여행** : 가능한한 가지 않는 것이 좋다. 무리하게 행(行)하면 병(病)을 얻게되는 흉한 때다. 더욱이 먼곳은 가지 마라.

• **연애** : 서로 깊이 사랑하는 사이일 때가 많다. 장래를 약속하고 지내는 경우가 많고, 또한 그렇게 진행되게 된다. 상대에게 희생과

봉사의 마음으로 대하니 본인 또한 기쁨을 얻는 좋은 관계이다.

- **결혼** : 아주 좋은 인연이고, 순조롭게 성사된다. 또한 결혼 후에도 서로를 위해 헌신적으로 화목한 가정을 만들려고 노력을 다할 것이다. 그러나 재혼은 좋지 않다.
- **출산** : 예정일보다 다소 늦을 수 있으나 걱정할 필요가 없다. 순산 (順產)한다. 여아일 가능성이 많다.
- **가출인** : 멀리가지 않았다. 집근처에 찾아보라. 빨리 찾지 못하면 여자로부터 있는 곳을 알게된다.
- **기다리는 사람** : 여자이면 연락도 없고 오지 않으니 기다리지 마라. 남자라면 혹 연락이 있든지 올 가능성이 있다.
- **분실물** : 작은 물건이라도 잃어버리기 쉬운 때다. 항상 주의를 다해야 한다. 대개 찾게되나 또 다시 다른 물건을 잃어버리게 되는 경우가 많다. 가까운 사람에게 물어보라. 엉뚱한 장소에 두고 찾을 때가 있다.
- **건강** : 원기가 부족하여 몸이 쇠약하다. 나이든 사람이면 반신불수 (半身不隨)되기 쉬운 병이다. 고치기 어려울 뿐만 아니라 어떠한 약도 효력이 없다. 병이 오래가게 되고 근심이 떠날 날이 없으니 신불에 기도하라.
- **날씨** : 안개가 끼고 흐린 날씨다. 구름이 많고 비가 온다. 당분간 흐렸다 개였다 하겠다.

42. ▦ (五.四) 풍뢰익(風雷益)

익, 이유유왕(益, 利有攸往)

· 상(象)의 해설

익(益)은 이익(利益), 증가(增加)한다, 더한다의 뜻이다. 그러나, 익은 위를 들어 아래를 더한다. 즉, 윗사람의 것을 덜어 아랫사람에게 더해주는 것을 말한다. 또한 익괘는 바람과 우뢰로 된것이다. 즉,

상하가 모두 움직이나, 그 움직임이 유순하니 날마다 무한한 진전이 있다는 뜻이다. 하늘이 움직여 비와 이슬을 내리고 땅은 그것을 받아 만물을 생장육성 시키니, 그 이익이 일정한 방향과 장소 없이 무한정 하다는 것이다. 그러므로 호기가 왔을때는 적극적으로 나아가는 것이 익(益)의 의미다.

· 운세

진취적인 마음가짐과 적극적인 행동으로 매사에 임해야 하는 때다. 익(益)이란, 단순히 이익이 더한다, 증가한다의 뜻이 아니고 상하(上下)가 함께 움직여서 서로 도움이 된다는 것이다. 그러므로 너 자신의 이익에만 집착(執着)하면 도리어, 재난과 고생만 따르게 되고 생각지 않은 장애로 손실을 초래하게 된다.

그러나, 운기가 원활할 때이므로 설사 장애와 곤란이 있더라도 능동적으로 이를 극복해 나가면 큰 성과를 올릴수 있을 시기다. 단, 어떤 일이든지 조급하게 단번에 큰 성적을 올리려하면 반드시 손재나 화를 당하게 된다. 의욕이 넘치고 활력이 왕성하더라도 차분하게 계획을 세워 경솔하게 처신(處身)하지 말고, 침착한 마음으로 추진해 나가면 자신이 바라는 목표를 달성할 수 있다. 또한 이때는 주위에 지인의 도움으로 생각 이상의 능률을 올릴 좋은 기회를 만날 수 있다.

그러나, 이 괘는 상하(上下)가 모두 격렬(激烈)하게 움직이기 때문에 침착하지 못하고 허둥된다거나, 주거가 안정되지 않는다거나, 자리나 위치의 변동으로 심신이 불안정할 경우가 일어날 수 있고, 호음(好淫), 호색(好色)으로 인한 망신 또는 언쟁(言爭), 송사(訟事), 도난(盜難) 등의 일이 발생할 수 있으니 주위하여야 한다.

풍뢰익(風雷益)지침

사리, 사욕에 너무 집착하게 되면 찾아온 성운(盛運)을 패운(敗運)으로 만들게 된다. 너무 자신의 이익에만 몰두하지 말고 남과 더불어 함께 이익을 갖는다는 생각을 갖는다면 큰 성과를 올릴 수 있다. 또한 목표를 달성하기 위해 나아가다 다소의 장애나 곤란이 있더라도 이를 극복하고 적극적으로 밀고 나아가는 마음 자세와 행동이 중요하다.

1효(爻), 모든 일에 걸쳐 크게 일으키고, 크게 이익을 얻는 호운의 때가 왔으니, 망설이지 말고 최대한의 능력을 발휘하여 추진해 나가면 큰 성공을 거두게 된다.

그러나, 명심해야 할 것은 아랫 사람에게 미루거나 의뢰하지 말고, 본인이 직접 자신의 소신과 실력으로 해나가야 한다. 남의 의견이나 실력을 믿어 그에 의존(依存)하게 되면 큰 실패를 당하게 된다. 왜냐하면 웃사람이 맡긴일을 감당할 능력이 없다는 것이다.

2효(爻), 만약 시운이 닿지 않아 고생만 거듭하던 사람도, 이효(爻)를 얻게 되면 뜻하지 않는 행운이 있게되는 좋은 시기이다. 이 모두가 신불의 덕이라 생각하고 감사하라. 곤란에 처했을때 웃사람이나 선배의 도움으로 곤란에서 벗어나게 된다든지, 지금까지 해결을 보지못한 문제가 해결되는 좋은 소식을 듣게되는 등의 좋은 일이 생겨나는 때이다.

3효(爻), 예기치 않았던 불상사로 인하여 재난이나 화가 미치게 되어, 신고(辛苦)를 겪게되는 불운의 시기이다.

이때는 사전(事前)에 앞으로 닥칠 재난에 대한 마음가짐이 중요하다. 만약, 자신에게 어떠한 난관이 찾아와도 능(能)히 견뎌낼수 있는 인내심과 굳센 의지(意志)를 가짐으로써 무난하게 돌파(突破)해 나갈 수 있게 된다.

그러므로 지나친 욕심이나, 새로운 일을 시작하는 것은 스스로 재난과 화를 불러들이는 결과가 된다.

4효(爻), 직위나 직책등이 바뀌거나, 직장(職場), 거주(居住)의 이동등의 변화가 있게 되든지, 지금까지 하던 일, 또는 계획하고 있는 일이 변경(變更)되는 경우가 많다. 그러나, 본인의 의사(意思)만으로는 힘드는 것이다. 그러한 능력이 부족하기 때문에 다른 사람의 힘에 의지(依支)하여 움직이게 된다는 것이다. 그러므로 그 변화에 따라 유연(柔軟)하게 대처함이 좋다.

5효(爻), 심성(心性)의 본바탕이 성심(誠心)과 자심(慈心)을 갖추고 있으니, 모두가 그의 덕에 감사함을 느끼는 것이다. 세상이 혼자만이 아닌 더불어 도우며 살아간다는 것을 명심하고 매사에 임하면 현재하고 있는 일이나, 하고자 하는 일이 틀림없이 성공을 거둘 수 있게 된다. 자신의 능력이 닿는데까지 최선을 다해, 주위사람을 대하면 기대 이상의 대가와 성과를 얻게되는 좋은 시기이다.

6효(爻), 모든 것이 자신에게 불리하게 작용하는 불운의 때를 만났다. 하찮은 일이 크게 확대되어 고통을 당한다든지, 대수롭지 않은 말로 인하여 남의 원한(怨恨)을 사게 되어 화난을 입기 쉬운 때다. 특히 이효(爻)에 주의해야 할것은 좋은 일이나, 나쁜일이나 절대 욕심을 내지 말아야 한다. 둘 모두가 자신에게는 나쁜 결과만 가져오게 된다.

지금은 어떤 일이라도 자신에게 화가 미칠 가능성이 많으니, 한걸음 물러나 조용히 삼가 근신(謹愼)하는 것이 좋다.

풍뢰익(風雷益)사항판단

• **소원** : 남에게 의뢰(依賴)하거나 협력으로써 이룰 수 있다. 이때는 물러서지 말고 적극적인 행동으로 나아가야 남의 도움을 받거나, 일을 성취할 수 있다.

• **사업** : 크게 성적을 올릴수 있는 때가 왔다. 단, 충분한 계획과 침착성(沈着性)있게 추진해 나아가야 한다. 또한, 주위의 경험자나 지인의 의견을 참고하면 크게 도움이 될것이다. 모든 것이 활동적이고 적극적인 자세로 나아가야 하는 운기(運氣)이므로, 사소한 장애가 있더라도 과감하게 밀고 나아가라. 그러나 단기간에 성패(成敗)를 생각하면 반드시 패(敗)하게 되니 유의해야 한다.

　대체적으로 이괘를 얻은때는 전망(展望)이 밝고, 순조롭게 나아가는 때다.

• **상담** : 생각 이상으로 좋은 성과를 얻게 된다. 이때는 너무 자신의 이익에만 집착하지 말고 상대편의 이익도 생각해 줌으로서 자신에

게 유리하게 된다. 또한 이때는 소극적(消極的)인 자세를 버리고
이쪽에서 적극적인 행동으로 나아가야 한다.

- 매매 : 급하게 서둘면 손해를 입는다. 현 상황을 잘판단해서 조금
  시일을 두고 결정하는 것이 좋다. 단, 다른사람에게 의뢰(依賴)하
  면 더큰 이익을 얻는다.
- 계약 : 먼곳에 있는 사람과 함부로 약정(約定)하지 마라. 사람을
  너무 믿게 되면 손재를 당한다. 매사에 내용을 차분히 검토한 후
  에 결정해야 한다.
- 소송 : 승소할 수 있으나 크게 이로울것이 없으니 화해하는 것이
  좋다.
- 취직 : 당장은 어렵다. 그러나, 열심히 노력을 다해 구하면 될 수
  있다. 공익단체나 관공서등에는 좋다.
- 승진 : 웃사람이나, 선배의 도움을 받으면 승진하게 된다. 직위나
  직책 모두가 좋은 곳으로 영전(榮轉)되는 시기다. 적극적으로 노
  력을 다하라.
- 입학 : 자신이 원하는 학교에 합격된다. 모든 것이 자신이 열심히
  노력한 결과이다. 또한 운(運)도 따르는 때다.
- 이사 : 주거(住居)변동이 있을때다. 아무런 관계가 없다. 북·남쪽
  이 길하나, 그 밖에도 괜찮다.
- 여행 : 상용등의 출장이 많을 때다. 상당한 성과를 올릴 수 있게
  된다. 그러나, 막연한 여행은 삼가하라.
- 연애 : 대개 건전한 관계라 볼 수 있다. 서로가 적극적으로 상대를
  원하는 상황이다. 장래를 약속해도 좋은 연분이나, 주위 사람이나
  웃사람의 협조를 얻어 성사되도록 노력하라. 단, 호음(好淫), 호색
  (好色)으로 인한 망신(亡身)을 당할 수 있으니 주의하라.
- 결혼 : 좋은 인연을 만날때다. 가까운 사람의 중매면, 빨리 성사시
  키면 좋다. 그러나, 너무 늦어지면 주위의 쓸데없는 말로 인하여
  파혼될 수도 있다.
- 출산 : 다소 지장(支障)은 있으나 걱정할 필요가 없다. 안산(安産)
  하게 되고 인물이 훌륭하고 장수(長壽), 다복(多福)하여 부모에

효성(孝誠)이 지극한 아이다. 여자일 가능성이 많다.

- **가출인** : 멀리가 있어 찾기 어렵다. 백방으로 노력을 다하나 거처(居處)를 알길이 없다.
- **기다리는 사람** : 동행한 사람이 있어 도중에 일이 생겨 다소 늦어지겠으나 돌아온다.
- **분실물** : 서둘러 찾지않으면, 파괴되거나 그렇지 않으면 멀리 가지고가 찾지 못한다. 그러나 집안에서 잃은 것이면 찾게 된다.
- **건강** : 간장, 신장, 늑막등의 병, 중병이 반복되어 오래가나 뒤에 치유된다. 약을 잘못 먹어 병이 중(重)할 수 있으니 주의해야 한다.
- **날씨** : 구름이 조금 있으나, 바람이 불고 개이게 된다. 여름은 천둥 번개가 치고, 봄은 바람이 있다.

43. ䷪ (二.一) 택천쾌(澤天夬)

쾌양우왕정(夬揚于王庭)

• 상(象)의 해설

쾌(夬)는 결열(決裂), 결의(決議), 결정(決定), 결행(決行) 등의 뜻으로 중대한 일을 결정하는 것을 말한다. 이 쾌(夬)괘는 강한 기운이 유한 기운을 제거하려는 상태이다. 즉, 독재자가 권력을 휘둘러 민의(民意)를 무시하고 선량한 국민을 탄압(彈壓)하니, 마침내 민중(民衆)이 부정한 독재자를 제거하기 직전의 상황을 나타낸 것이다. 그러나 이 독재자를 제거함에 있어서 결코 무력으로 해서는 안되고 정의롭고 유순한 태도로 국민을 설득하여 평화롭게 결행(決行)해야 한다는 의미다.

• 운세

독재자의 강렬하고 넘치는 힘과 같은 것이다. 그 기세가 너무 격렬해 위험을 내포하고 있는 때이다. 그 세력이 대단하여, 무슨 일에나 자기의 판단이나 생각대로 밀어부치는 독선적이고, 강직하여 언제 무슨 일이 일어날지 모르는 조금도 방심(放心)할 수 없는 상태이다. 또, 주위의 상황이나 자신의 능력을 생각지 않고 과대평가하여 무작정 밀고 나아가게 되고, 남의 의견이나 충고도 아예 무시하고 자신의 뜻만이 옳다고 믿는 일방적인 사고로 인하여, 큰 실패를 당하는 시기이다.

그러므로 이 괘가 나왔을 때는 모든 일에 너무 지나치게 강행한 나머지 일을 크게 그르쳐 낭패를 당하지 않도록 주의해야 한다.

이때는 여러가지 일에 크게 손을 대어 왕성한 기세로 나아가나, 자칫 중심을 잃게되어 수습(修習)할 수 없는 지경에 빠지게 된다든지, 자신의 처지와 능력이상의 일을 맡아 고전을 면치 못하는 등의 일이 발생하기 쉽다. 또한 무슨 일이나 성급하고 무리하게 처리하려는 마음을 가질 수 있을 때다. 또, 남의 일에 뛰어들어 해를 입든지, 남과 다투게 되어 서로 상해(傷害), 소송 등의 일이 있기 쉬우니 무력이나 폭력은 하지 말아야 한다.

택천쾌(澤天夬)지침

모든 일의 진행에 있어서 지나치게 강행하면 풀수 없는 어려운 지경에 빠지게 된다. 도처(到處)에 위기의 기운이 도사리고 있으니 독선적이고, 강직하고, 성급한 태도와 행동을 삼가고, 유순한 마음가짐으로 매사에 임하라. 또한 현재의 자신을 직시(直視)하여 분수와 능력 이외의 일을 감행(敢行)해서는 안된다.

1효(爻), 일을 행함에 두둑한 배짱과 넘치는 활력과 자신감도 중요하지만 결과가 좋아야 하는 것이다. 이때는 대단한 의욕을 가지고 출발하나, 너무 과신한 나머지 중도 실패가 따를 위험이 많다. 만약 성과가 오르지 않는다면 무리하게 강행하지 말고 중단을 하든지, 다시 한번 처음의 상태로 되돌아 가야한다. 아니면 목표를 수정(修正)해야 한다.

2효(爻), 모든 일에 조심성을 가져야 한다. 불의의 사건이 일어나더라도 마음의 준비가 되어 있는 사람은 설사 일을 당하더라도 능히 대처해 나갈수 있게된다. 모든 길흉(吉凶)은 자기 스스로 만드는 것이다. 사전에 충분한 준비와 대비책을 세워야 한다. 대개 여러가지 어려운 문제에 봉착(逢着)될 때가 많을 시기다. 그러나 너무 염려할 필요는 없다. 성의를 다하면 해결된다.

3효(爻), 마음속에 간직한 의욕과 결의(決意)가 밖으로 드러나게 되어, 모든 일이 수포로 돌아가 낭패를 당하는 때다. 그러나 이미 결정한 대로 밀고 나아가라. 다소의 상처(傷處)를 입게 되지만 뜻을 관철(貫徹)시킬 수 있을 것이다. 이때는 자신이 계획하고 있는 일이 밖으로 들어나지 않게, 마음속으로 은밀히 간직하여 시기가 오면 전격적(電擊的)으로 추진해야 한다.

4효(爻), 매사에 우유부단(優柔不斷)하고 능력도 부족하여 자력(自力)으로 나아가기에는 어려울 때다. 또한 쉽사리 남의 충고를 믿지 못하는 불안정한 상태일 때가 많다. 아직까지 적당한 자리를 잡지 못하는 시기로, 아무리 진실된 말이라도 진실로 듣지 못하는 답답한 상황이니, 이때는 주위의 여러사람의 의견을 쫓아서 따라가면 아무런 탈이 없을 것이다.

5효(爻), 주위의 환경이나 하는 일에 장애가 많이 따를 때이다. 가까운 사람의 일에 말려들어 본의 아닌 피해를 당하든지 재난이 있기 쉽고, 또한 상대를 너무 믿어 사기를 당하는 시기이니 쓸데없이 동요되지 말고 현재의 위치를 잘 지켜 나가면 무사하게 된다.

6효(爻), 대단히 흉(凶)한 시기를 만났다. 어떤 일을 하더라도 결코 이롭지 못하고, 아무리 어려운 궁지에 몰렸다해도 도움을 구할 수 없는 상태이다. 현재하고 있는 것이라면 일찍 포기하는 것이 더 큰 피해를 막는 길이다. 모든 것이 자신에게 찾아온 운명이니 누구를 탓할 필요도 없다. 그저 일체(一切)를 신불의 뜻에 맡기고 기도나 열심히 하라.

택천쾌(澤天夬)사항판단

• 소원 : 장애가 많다. 무리하게 욕심을 부리면 재난이 있게 되니,

지금은 포기하는 것이 좋다.

- **사업** : 목전에 대단한 위험이 닥칠 운세일 때이므로 자신의 기분에 맡겨 나아가면 실패가 있게 되니, 아무리 좋은 내용이라도 일단 계획이나 목표를 세워두고 물러나는 것이 좋다. 이때는 여러가지 사업에 손을 대어 지출이 많아 고전을 하든지, 자신의 능력 이상으로 무리하게 확장하여 감당하기 어려운 상황에 빠질 위험이 있다. 아니면 벌써 위험에 처하여 어떻게 해야 할지 대책을 세울 수 없는 경우도 있다. 그러나 당황하지 말고 모든 것을 운명에 맡기고 현재의 환경에 순응하여 유순하게 행동해 나가는 것이 상책이다.
- **상담** : 이쪽에서 너무 강하게 밀고 나가면 성사가 어렵게 된다. 한 걸음 물러나 조용히 기다리면 상대편에서 응해 오게 되나, 조급해 하지 말고 인내심을 가지고 기다리면 좋은 결과를 얻을 수 있다.
- **매매** : 변동(變動)이 심하여 예측이 불가능하며 손해를 볼 수 있으니, 지금은 동하지 않는 것이 이익을 얻을 때다.
- **계약** : 말썽이 날 소지(素地)가 많다. 잘못된 계약으로 손해를 보든지, 정밀(精密)치 못한 내용으로 구설이 있게되어 소송이 있기 쉬운 때니 매사에 주의해야 한다. 또한 소리만 요란하고 실속이 없는 경우가 있다.
- **소송** : 분쟁이 생기면 반드시 법정에 가야 해결되는 때이다. 만약 본인의 일이 정당하다면 비록 위험이 있더라도 끝까지 밀고 나가면 승소하게 된다. 변호사를 선임(選任)하면 유리하다.
- **취직** : 경쟁이 심하고, 타인의 방해가 있어 어려운 때다. 그러나 희망을 잃지 말고 적극적으로 자신의 실력을 발휘하면 의외의 성과를 얻을 수 있다.
- **승진** : 지금까지 쌓아온 실력과 능력을 인정받아 자신이 원하는 직위와 직책에 오르게 된다. 설사 경쟁이 심하더라도 적극적으로 노력을 다하라.
- **입학** : 자신이 희망하는 학교에 합격할 수 있으니 방심하지 말고 힘껏 노력을 다하라.

- **이사** : 불편한 것이 있더라도 지금은 때가 아니니 그대로 있는 것이 좋다. 만약 움직이게 되면 뜻하지 않는 재난을 당하게 된다.
- **여행** : 가벼운 여행이라도 중지하는 것이 좋다. 여행중에 불의의 화를 당하게 되는 흉한 때이다.
- **연애** : 상대가 어떤 사람인가를 염두(念頭)에 두지 않고 또, 어떤 생각을 가지고 있는지를 생각지 않고, 자기 혼자만의 생각으로 일방적으로 열을 올리고 있을 때이다. 자칫 잘못하면 스스로 비관(悲觀)하여 몸을 망칠수 있으니, 현실과 자신의 위치와 상대편의 입장을 잘 파악하여 냉정을 되찾아 현명하게 처신해야 한다.
- **결혼** : 좋은 인연이 아니다. 본인이 아무리 원해도 장애가 있어 성사되기 힘들다. 만약 억지로 이루어진다 해도 서로 뜻이 맞지 않아 이혼(離婚)하게 되는 흉한 때이고, 약혼(約婚)한 상태라면 파혼되는 괘이다.
- **출산** : 다소의 산고는 있으나, 무사히 출산하게 되니 염려할 필요가 없다. 태어나는 아이가 복록이 많고, 장수(長壽)하는 귀(貴)한 상이다.
- **가출인** : 간곳을 짐작할 수 없으니 찾으려 하나 찾을 길이 없다. 노력을 다하나 고생만 하게 되니, 조용히 기다려라. 때가 되면 돌아오든지 있는 곳을 알게 된다.
- **기다리는 사람** : 도중에 문제가 생겨 다소 늦게 되나 돌아오니 근심하지 마라.
- **분실물** : 빨리 서두르면 찾을수 있으나, 이미 파손 되어 버렸을 경우가 많고, 늦으면 다른 사람의 손에 넘어가 찾기 어렵다.
- **건강** : 신경쇠약, 호흡기, 위장계통의 병이다. 빨리 치료하지 않으면 중병이 된다. 만약 오래된 병이면 위험하다. 대개 주색(酒色)으로 인한 병이 많다.
- **날씨** : 흐린날이 오래가면 큰 비바람이 예상되니 주의가 요망(要望)된다. 대개 가뭄끝에 비가 많게 되나 오래가지 않아 개인다.

44. ䷫ (一.五) 천풍구(天風姤)

구, 여장(姤, 女壯)

• 상(象)의 해설

구(姤)는 만남을 뜻하는데 이는 계획된 만남이 아니고 전혀 뜻하지 않았던 우연의 만남을 말하는 것이다. 일상적인 생활에서 뜻하지 않는 장소에서 생각지도 않은 일이 발생하여 그 일에 빠지게 되는 것을 말한다. 또한 유(柔)한 것이 강(強)한 것을 만난다는 것이다. 즉 강한 한 여성이 다섯 남성을 상대하는 형상(形象)이니, 그 여성의 세력이 대단히 강력하여 가정적일 수 없으니 결혼 상대로는 적당치 않으나, 상당한 활동력을 발휘하여 재산을 모을수 있는 여성의 상(象)이다.

• 운세

구(姤)는 해후(邂逅) 즉, 우연히 만난다는 뜻으로 그 만남이 좋은 만남과 나쁜 만남이 있는데, 이 괘의 경우는 아무런 문제 없이 조용하게 지내는 일상 생활에 예기치 않은 일이 발생하여 평화로움을 깨뜨리는 좋지 않은 운기를 만났다고 볼수 있다.

이를테면 우연한 재난을 만나든지, 사기나 도난 등을 당하여 손해가 따르기 쉬운 때이다. 외견(外見)은 강(強)해 보이나, 내면(內面)은 유약(柔弱)하여 뚜렷한 목적을 세우지 못하고 이곳 저곳을 기웃거리기만 할뿐 산란(散亂)한 마음을 잡지 못하고 허송세월 보내는 경우가 많을 때이다.

또한 자신의 능력과 재능을 발휘하여 탄탄한 기반을 닦아온 사람일지라도 뜻하지 않은 일로 하루 아침에 지금까지 쌓아온 모든 것이 무너져 내릴 위험을 만날수 있으니, 매사에 경계심을 갖고 대처해 나가야 한다. 왜냐하면 장애물이 어떤 곳에서 발생할지 모르기 때문이다.

특히, 가까운 사람 즉 애인이나, 아니면 다른 여자에게 속임을 당해 낭패(狼狽)를 볼 염려가 있다. 이 괘 자체가 한 여성이 다섯남성을 상대하고 있으니, 여성의 세력이 대단히 강해 여자로 인한 피해가 많을 때다. 그러나 사람에 따라서는 귀인(貴人)의 도움을 받아 일이 성사 되고, 재운(財運)도 있다. 만약 여성이면 유흥업소(遊興業所)경영에는 좋은 괘이다.

천풍구(天風姤)지침

인생 행로에 때로는 선운(善運)을 만나고 때로는 악운(惡運)을 만난다. 이 모두가 자기 스스로가 어떤 마음으로 살아 가느냐에 따라서 결정 되는 것이다. 아무리 악운이 찾아와도 선(善)한 마음으로 행동 한다면 선운으로 변할 것이요. 또한 아무리 선운이 찾아와도 악(惡)한 마음으로 행동 한다면 필히 악운으로 변하는 것이 대자연의 법칙(法則)임을 명심하고 어떠한 상황에 부닥치더라도 바른 마음과 행동을 잃어서는 안된다.

1효(爻), 자신의 마음속에 아무리 강렬한 욕구(欲求)가 일어 나더라도 현재의 상태에 꽉 붙들어 두어야 한다. 만약 마음이 동하여 어떠한 일에라도 행동을 일으키면 반드시 흉사(凶事)가 있게 된다. 대개 이때는 가만히 있지 못하고 마음이 발동(發動)하여 정당치 못한 일이든지, 승산이 없는 일에 뛰어들어 고전을 면치 못하고 일시에 큰 실패를 당하게 되는 나쁜 시기이다.

현 상태를 유지하는데 힘을 쓰고 절대로 앞으로 나아가면 안된다. 본인이 판단해서 아무리 좋은 일이라도 결과는 나쁘게 되니 조그만 일이라도 손을 대서는 안된다.

2효(爻), 이는 대인 관계에 있어서 일단 경계하는 것이 중요하다. 자신의 뜻을 경솔하게 외부에 들어 내서는 안되는 때다. 또한 상대가 누구가 되었든간에 섣불리 그의견을 받아 드려서는 안된다. 혹시 본인의 뜻과는 관계 없이 의혹(疑惑)을 불러 일으켜 좋지 않은 결과를 얻을 수 있을 때다. 자신의 생각과 뜻이 아무리 정당하고 훌륭한 것이라 할지라도 바깥으로 들어내거나 행하려 하지말고 당분간 보류하는 것이 좋다.

3효(爻), 나아가지도 못하고 그렇다고 물러설 수도 없는 불안정한 상태에 처해있다. 행동을 하기에 판단이 서지 않는 위험은 있으나 위험에 빠지지는 않으니, 걱정할 필요가 없다. 오히려 일이 성사되지 않는 것이 자신을 위해 다행스러운 것이다.

만약, 원만하게 갖추어져 추진 되었다면 더큰 화를 당하는 때이다. 이때는 대개 마음에 침착성을 갖지 못하고 일이 뜻대로 진행되지 않는 때가 많다.

4효(爻), 계획했던 모든 일이 수포로 돌아가게 되는 때다. 자신의 목표를 너무 높게 정하여 작은 이익도 놓쳐 버리게 되든지, 아니면 다른 사람이 선수(先手)를 쳐 먼저 착수를 했든지 등의 일이 있을 때다.

또한 자기에게 협력해 주는 원조자(援助者)를 잃게 되는 일이 생긴다. 이 모두가 자신의 운세가 어느것에도 통하지 않는 흉한 때이니, 억지로 구(求)하려 하면 더큰 재난을 초래할 수 있으니 아예 단념하는 것이 좋다.

5효(爻), 이때는 내부에 자기만이 알고 있는 은밀(隱密)한 비밀이 있을 때다. 이를 밖으로 드러내지 않고 그대로 간직하고 있으면 뜻하지 않은 행운을 얻을 수 있다. 어떤 일을 추진해 나가더라도 타인에게 속마음을 드러내 보이면 안된다는 것이다.

이 괘에서 주의 할 것은 생각지 않은 일에 말려들어 손해를 당할 염려도 있다. 문서나 계약서 등의 내용을 잘못 기록 하든가, 또는 증권을 취급하는데 각별히 유의해야 한다.

6효(爻), 매사에 언행을 주의해야 한다. 하찮은 일로 다툼이 일어날 때다. 또한 괜한일에 고집을 부리거나 교만(驕慢)하게 되면 곤란한 처지에 빠지거나 피해를 보게되니, 대인 관계에 관대(寬大)하라. 하고 있는 일은 상관이 없으나 새로운 일은 피하는 것이 좋다. 무리하게 진행하면 이루어질수 없을 뿐만 아니라 위험이 따르게 된다.

천풍구(天風姤)사항판단

• 소원 : 작은일은 성사되나, 큰일은 성사되기 어렵다. 그러나 뜻하

지 않았던 사람의 도움으로 성취되는 수가 있다.

- **사업** : 새로운 일의 시작이나 현재하고 있는 사업의 확장 등 모두 하지 말아야 한다. 아무리 전망(展望)이 밝은 일이라도 중도에 예기치 않는 불상사로 인하여 재난이나, 실패 또는 손해를 입게 되는 나쁜 운이다. 오히려 지금하고 있는 일에 문제가 생기지 않도록 신경을 써야 하는 때이다. 또한 가까운 사람이나 주위사람들의 말에 너무 귀를 기울이지 마라. 남의 말을 믿고 행동을 일으키면 현재의 위치도 지키기 어렵게 되니 자중(自重)해야 한다.

- **상담** : 자신의 뜻대로 추진되지 않을 때다. 또한 상대편의 말을 액면(額面) 그대로 믿지 않는 것이 좋다. 이면에 다른 생각을 갖고 있을 수 있다. 추진중에 돌발적인 사건이 발생하여, 무산(霧散)되는 등의 난관이 많다. 무리하게 성사 시키려고 하지 않는 것이 좋다. 그러나, 뜻하지 않았던 여성의 도움으로 원만하게 성사 될 수도 있다.

- **매매** : 상대편의 마음을 종잡을 수 없으니 당분간 중단하고 다시 한번 잘 생각하여 결정하라. 이때는 문제점이 없는가를 잘 살펴서 진행하면 유리하다. 파는 것은 이익이 있다.

- **계약** : 너무 서두르지 마라. 상대방에게 의혹(疑惑)을 받게 되어 기회를 잃을 염려가 있다. 아니면 본인이 상대에게 속임을 당할 수도 있으니 주의하여야 한다. 그러나 작은 일이라면 서로 의견이 합하여 이익은 적으나 성사된다.

- **소송** : 공연한 시비만있고 재판까지는 안가겠으나, 되도록이면 소송을 피하고 서로 화해하는 편이 좋다.

- **취직** : 혼자의 힘으로는 안된다. 괜한 노력만 낭비하게 되니, 잘 아는 사람에게 부탁하면 시일이 걸리나 늦게라도 성사된다. 그러나 전문 기술을 가지고 있으면 좋은 곳에 들어 가게된다.

- **승진** : 열심히 노력을 다하나 혼자의 힘으로는 어렵다. 주위의 선배나 웃사람의 도움을 받으면 된다.

- **입학** : 다소 힘들겠으나, 열심히 노력하면 가능성은 있다. 예·체능 계통이나, 기술 학교등에는 좋다.

- **이사** : 지금은 때가 아니니 움직이지 않는 것이 좋다. 만약 억지로 강행하면 흉한 일이 발생하게 되는 때다.
- **여행** : 가벼운 여행이나 가까운 곳에는 괜찮으나, 먼곳이나 장기간의 여행은 손재가 있게 되니 중단하라.
- **연애** : 순수하고 건전한 관계가 아니고 일시적인 유흥(遊興)의 상대가 많을 때다. 서로 진지하게 장래를 의논할 사람이 못된다. 여성인 경우에는 여러 남성의 주목(注目)의 대상이 되어 참된 사랑을 구하지 못하는 때다.
- **결혼** : 좋치 않다. 물론 성사 되기도 어렵지만 설사 된다 하여도 결혼후에 이혼을 하거나, 불행하게 되니 숙고해야 한다. 서로가 확고한 의사(意思)가 없는 경우가 많다.
- **출산** : 별탈없이 출산은 하되, 산후에 조금 심려(心慮)할 일이 있으나 큰 문제는 없다. 초산이면 여아이고, 두번째면 남아이다.
- **가출인** : 남쪽으로 먼곳으로 갔으니 쉽게 돌아오지 않는다. 빨리 수소문(授所聞)하여 찾아 보라. 간 곳을 알게 되거나 소식을 들을 수 있다.
- **기다리는 사람** : 돌아오려고 하나 여인이 가로막아 오지 못한다. 다소 지연(遲延)되나 늦게라도 돌아온다.
- **분실물** : 서둘러 찾아 보라. 늦으면 찾기 어렵다. 잃은 장소에 즉시 가보라. 찾을 수 있다.
- **건강** : 겉으로는 가볍게 보이나 중병일 경우가 많으니 서둘러 치료해야 한다. 유행성, 전염병 등이다. 고열이나고 두통, 식욕부진 등의 증세가 있다.
- **날씨** : 흐린 날씨가 계속된다. 바람이 많고 날씨가 고르지 못하다. 여름이면 큰비가 예상된다.

45. ䷬ (二.八) 택지췌(澤地萃)

췌, 형(萃, 亨)

•상(象)의 해설

췌(萃)는 모인다의 뜻으로, 땅위 연못에 물이 모여 윤택하니, 만물(萬物)이 무성(茂盛)하고 많은 물건이나 사람이 모여 번성(繁盛)한다는 것이다.

왕(王)이 종묘(宗廟)에 나아가 효성(孝誠)을 다해 조상(祖上)의 영전(靈前)에 지극한 마음으로 정성을 다해 제사(祭祀)를 지내고, 현재의 번성도 조상의 은덕(恩德)이므로 감사드리고 이와같은 겸허(謙虛)한 마음으로 민심(民心)을 모으는 것을 말한다.

•운세

물건이 모이고 사람이 모여 서로 친하고, 기뻐하는 때이다. 물자(物資)가 풍부하고 많은 사람이 모여 융성(隆盛)하니 상업이나, 현재하고 있는 사업등이 번창(繁昌)하여 더욱 크게 발전해 나아가는 호운의 시기를 만났다고 할 수 있다.

옛말에「잉어가 용문(龍門)을 오르면 용(龍)이 될 수 있다」라는 등용문(登龍門)으로, 입학시험이나 취직시험의 합격이나 지위(地位)나 직위(職位)의 승진(昇進), 승급(昇給)이 있을 때이고 또한 재물이 모인다는 의미도 있지만, 반면에 사람이 많이 모이면 논쟁이나 분쟁 등의 일이 발생하기 쉽고 경쟁 또한 치열하여 뜻밖의 사고가 일어나는 변괴(變怪)의 뜻도 있으며, 여난(女難)의 문제로 고통을 당할수도 있으니 대인관계에 유연(柔軟)하게 대하고 서로 상부상조(相扶相助)하는 마음 자세를 가진다면 매사에 큰 이익을 얻을 수 있게 된다.

택지췌(澤地萃)지침

대단히 왕성한 호운을 만났다. 크게 번창하고 발전할 시기다. 아무리 좋은 때가 찾아와도 행동으로 옮기지 않으면 아무런 소용이 없다. 이때는 과감(果敢)하게 적극적으로 밀고 나아가면 반드시 좋은 결과를 얻게 될 것이다. 단, 주의해야 할것은 대인 관계에 유순하고 겸허하게 대하고, 서로 상부상조한다는 마음을 가져야 한다.

1효(爻), 목적이 뚜렷하지 못하고 마음 또한 산란해 심하게 동요되어 어떻게 할 것인가 갈피를 잡지 못하는 혼란이 따르는 시기다.

이때는 처음부터 다시 잘 검토해 목표를 새롭게 정하여 나가는 것이 현명하다. 그러나 마음은 가지고 있으나 행동으로 옮기지 못하는 때가 많다. 망설이지 말고 뜻을 굳게 세우고 나아가면 좋은 결과를 얻게 될 것이다. 또한, 이때는 다른 사람의 협력도 필요한 때이고 협력자를 구하면 구할수 있다.

2효(爻), 호운을 본인 스스로 만들어가야 하는 때로, 자기의 노력 여하에 따라 충분히 좋은 방향으로 나아갈 수 있다. 특히, 주위 사람들을 성의를 다해 이끌어 줌으로 인해서 본인이 하는 일에도 크게 도움이 된다. 현재하고 있는 일을 계속해서 밀고 나가는 것이 좋다. 머지않아 자신의 노력이 결실(結實)을 보게 되니, 계획을 변경하지 말고 지켜나가야 한다.

3효(爻), 현재하고 있는 일에 진척이 없으며 마음과 같이 제대로 되지 않는 곤란에 처해 있을 경우가 많다. 주위의 도움을 구하려해도 마땅한 협력자도 없고, 그렇다고 그대로 있을 수도 없는 난처한 입장에 놓여 있을 때다. 그러나, 어차피 해결해 나가야 하니, 좀더 적극적으로 대처해 나가면 자신에게 협력해줄 사람을 만나게 되어 지금의 어려움을 풀어나갈 수 있을 것이다. 다만 다소의 난관(難關)은 각오(覺悟)해야 한다.

4효(爻), 대체적으로 강한 운세라 볼 수 있다. 이때는 자기의 능력이나 실력 이상의 과중(過重)한 일이나 직책을 맡게되어, 근심과 걱정이 있을 때이다. 하지만 이를 충분히 극복해 나갈수 있으니 너무 염려하지 말고, 주위의 인간관계에 있어 원만하게 처신(處身)한다면 크게 성공할 수 있는 좋은 기회가 될 것이다.

5효(爻), 아직까지 모든 것이 성숙되지 않아 눈앞에 큰 이익이 없을 때이나, 너무 조급하게 생각지 말고 장기간에 걸쳐서 인내와 노력을 다하면 반드시 좋은 결과를 얻을 수 있게 된다. 비록 지금은 힘들고 답답하지만 뜻을 굽히지 말고, 성의를 다해 현재 하고 있는 일을 계속해 밀고 나아가면 자연히 이루어지게 된다.

6효(爻), 매사에 되는 일이 없고 근심 걱정만 생기게 되는 좋지 않은 시기다. 의욕을 가지려고 하나 어느것 하나 자신에게 도움되는 일도 없고, 그러한 처지(處地)도 못되는 입장에 놓여 있게 된 경우가 많다. 이 모든 것이 자신의 운명이니 누구를 탓하겠는가. 신불에 기도하라. 신규사(新規事)는 금물이다.

택지췌(澤地萃)사항판단

- **소원** : 강한 신념을 가지고 추진해 나가면 성취 된다. 다소의 방해가 있더라도 염려 하지 마라.
- **사업** : 재력(財力)도 갖출수 있고, 실력과 능력을 갖춘 사람이 모여드는 강한 운세이니, 큰 성과를 올릴 수 있는 좋은 시기이다. 목표를 분명히 세워 흔들리지 말고 굳은 신념을 가지고 추진해 나가면 된다. 다소의 변고(變故)가 생길수 있으나, 개의치 마라. 이때는 대인 관계를 원만하고 부드럽게 잘 유지해 나가면 큰 도움을 받게되고, 일 또한 무리 없이 성공할 수 있다.
- **상담** : 대체적으로 성사되나, 너무 자신의 이익만 추구하지 말고, 상대편도 도운다는 마음을 가지고 진행해 나가면 서로 이익을 얻게 된다. 만약 일방적으로 자신의 생각대로만 밀고 나가면 성사되기 어렵게 된다.
- **매매** : 상대방을 믿을 수 없으니, 파의(破意)하는 것이 좋겠다. 자칫, 큰 손해를 입을 가능성이 많다.
- **계약** : 서로 마음과 뜻이 다르니 지금 그만 두는 것이 서로를 위해 좋다. 만약 성사 되어도 서로 화합하지 못하고 끝내 분쟁이 일어나든지, 손해 보기 쉽다.
- **소송** : 순리(順理)대로 온건(穩健)하게 처리하는 것이 좋다. 아니면

아예 자신의 의견을 무시하고 웃사람의 의견을 따르는 것이 유리하다.

- **취직** : 경쟁이 치열할 때이나, 자기의 소신대로 밀고 나가면 충분한 가능성이 있다. 만약 다른 사람에게 부탁하는 것이라도 겸손과 신의를 다하면 된다.

- **승진** : 승급이나, 지위가 오르는데는 대단히 좋은 때다. 주위의 도움을 받든지, 자신의 능력을 인정 받아 크게 발전할 수 있을 때다.

- **입학** : 원하는 학교에 합격할 수 있다. 자신의 실력에 맞는 학교에 소신껏 지원하라.

- **이사** : 그대로 있는 것이 길하다. 옮기게 되어도 그곳에 오래있기 어렵고, 장애나 곤란이 있게 된다.

- **여행** : 가벼운 단체 여행은 괜찮다. 그러나 장기간의 여행은 중도에 고생되는 일이 발생할 수 있고, 손재도 있게 된다. 아니면 색정(色情)의 장애가 있다.

- **연애** : 서로 자주 만나는 아주 가까운 관계일때다. 서로 부담없이 둘이서 먼곳으로 여행을 떠날수 있는 깊은 사이이다. 그러므로 장래(將來)문제를 생각할 때다. 너무 오래가게 되면 결합하기 어려운 일이 발생할 수 있다.

- **결혼** : 남녀 모두 여러군데 혼처(婚處)가 있을 때로 망설임이 많게 된다. 그러나 너무 오래 끌면 좋지 않으니, 웃사람이나 주위 사람들의 조언을 들어 빨리 결정하는 것이 좋다. 또한 좋은 인연을 만날수 있게 될 것이다. 결혼에는 좋은 때이다.

- **출산** : 무사하게 출산하나, 초산이면 다소의 심려가 있다. 여아일 가능성이 높다.

- **가출인** : 서남쪽 산속의 절로 갔으니 당분간 돌아오지 않는다.

- **기다리는 사람** : 도중에 가지 못하게 방해하는 사람이 있어 머물고 있으나, 소식은 오게 된다.

- **분실물** : 밖에서 잃은 물건이면, 가까운 파출소나 물품보관소에 신고하면 찾을 수 있다. 집안에서 잃은 것이라면 곧 찾을 수 있다.

- **건강** : 복통이 있고, 한열이 나는 증상이다. 기관지, 위장병, 감기 등 위험은 있으나 치유된다.

• 날씨 : 흐린 날씨가 계속되 비가 많이 내린다. 여름에는 홍수가 있겠다.

46. ䷭ (八.五) 지풍승(地風升)

승, 원형(升, 元亨)

• 상(象)의 해설

승(升)은 오른다, 상승(上升)한다는 뜻이다. 즉, 땅밑의 어린싹이 돋아나 점차로 자라서 올라가는 모습을 나타내는 것으로, 아직까지 그 뿌리가 튼튼하지 못하고 새싹 또한 이제 땅속에서 솟아오르니 그 세력이 왕성하지 못한 미숙한 상태이다. 흙속의 수분과 영양분을 흡수하고 태양의 영향을 받아야 비로소 무성하게 되는 것이다. 그러므로 자신의 역량을 키우면서 때가오면 그 힘을 발휘할 수 있도록 충분히 준비해 나간다는 마음의 자세가 중요하다는 것이다.

• 운세

이제부터 운이 점차트이는 시기가 온다고 할 수 있겠다. 지위나 직책 등의 승진이나 승격이 되는 호운의 때를 만났다고 볼수 있다. 새로운 희망이나, 새로운 계획이 자신의 노력여하에 따라 크게 발전해 나가는 호기이다. 그러나 이 괘의 형상(形象)을 보면 땅속에 묻힌 새싹이 올라는 왔으나, 아직 그 힘이 미약하기 때문에 자신의 뜻을 실현하기에는 시일이 필요한 것이다. 한꺼번에 그 힘을 발휘하려고 하면 오히려 실패를 하게 된다.

그러므로, 차분하게 자신의 실력을 키워 나가면서 한걸음 한걸음 순서를 밟아 나아가면 반드시 본인이 바라는 목표에 도달하게 된다. 결코 망집(妄執)하거나, 당장의 성과를 바라고 일을 하면 모처럼의 호기를 잃게 되는 우(憂)를 범하게 된다.

이때는 주위 환경에 순응해야 할때는 그에 따르지만, 자신의 의견이나 능력을 주위의 웃사람이나 선배에게 적극적으로 인식시켜 협조를 얻는 것이 중요하다.

지풍승(地風升)지침

크게 발전하여 뻗어나갈 수 있는 좋은 시기를 만났다. 그러나 아직 완숙 단계에 오르려면 시일이 필요한 때이니, 자신의 실력을 양성해 나가면서 기회가 올때까지 점차로 순서를 밟아 나아가라. 급진(急進)하면 화가 미치게 되어, 행운의 시기를 불행으로 바꾸게 된다.

1효(爻), 성운을 만났다고 할 수 있다. 일을 경영하면 크게 이루어지는 좋은 시기다. 그러나 독단으로 결정하거나 추진해서는 안될뿐만 아니라, 혼자의 힘으로는 할 수도 없다. 웃사람이나 식견(識見)과 능력있는 사람의 의견이나 뜻을 좇아 일을 진행해 나가야 성공하게 된다. 이때는 뜻이 맞는 좋은 사람도 만나게 된다. 너무 서둘거나 독주(獨走)하면 모든 일이 수포로 돌아가게 되니 유의해야 한다.

2효(爻), 모든 일에 성심, 성의를 다하면 반드시 기쁨이 따른다. 대개 현실적으로는 물질적으로나 경제적으로 부족할때가 많지만, 주위의 신망이나 신뢰를 받아 크게 발전할 수 있는 시기이니, 불평스러운 일이 있더라도 마음속으로 간직하고 겸손하고, 검소한 자세로 매사에 임하면 경사로운 일이 있게 된다.

3효(爻), 어떤 일을 착수하거나, 지금하고 있는 일에도 방해나 장애가 없는 상황이라 볼 수 있다. 자신의 역량에 맞아 소신있게 해나가면 큰 소득은 없지만, 무난하게 이루어진다. 이때는 기대하는 만큼의 성과는 얻지 못하나, 그렇다고 손해나 다른 문제는 발생하지 않는다. 무애무득(無碍無得)한 시기다.

4효(爻), 삼가 근신하면 아무런 탈이 없다는 것이다. 설사 실력과 능력을 가졌다 하더라도 지금은 그것을 발휘할 시기가 아니니, 하고자 하는 욕망이 일어나더라도 자제심(自制心)을 가져 현재 놓여진 환경에 순응하고 현상유지에 더욱 힘쓰면서 결정적인 기회가 올때까지 더른 실력을 쌓는 것이 중요하다.

5효(爻), 큰 욕심을 내지말고 무리하게 진행하려고 하지말고, 차분하게 순서를 밟아 나아가면 자신이 바라는 목적이 반드시 달성된다.

현재의 위치를 견고(堅固)하게 지키면서 노력을 다하라. 운기가 뻗어가는 호운의 시기로 한단계 한단계 올라가 크게 발전 할 수 있게 된다.

6효(爻), 성운(盛運)이 다하고 쇠운(衰運)을 맞았다. 이제 더이상 어떻게 해볼 대책(對策)이 없는 위험한 상황에 놓여있을 시기다. 지금은 아무리 비상수단(非常手段)을 강구(強求)해도 해결 되지 않으니, 모든 것을 중지하고 물러서는 길밖에 없다고 하겠다. 혹시나 하는 마음으로 나아가면 더큰 실패를 당하게 된다. 또한 현상유지가 어려우니, 자신의 운세가 다했음을 자각(自覺)하고 일체를 포기하는 마음으로 나아가면 돌파구(突破口)를 찾게 될 것이다.

지풍승(地風升) 사항판단

- 소원 : 무리하지 말고 서서히 진행하면 성취된다. 자신의 힘으로는 어려운 것이면, 웃사람이나 선배에게 도움을 구하라.
- 사업 : 단기간에 큰 기대는 할 수 없으나, 운세가 뻗어나갈 때이므로 전망은 밝다. 새로운 계획이나 일은 충분한 시간과 명확한 목표 그리고 굳은 신념을 갖고 서서히 추진해 나가면 크게 성공할 수 있는 호운의 시기를 만났다.

  지금은 자신의 생각대로 독단으로 나가지 말고, 웃사람이나 주위사람의 의견을 구하여 진행하는 것이 좋다. 새로운 사업이나 영업은 큰 성과를 올릴수 있게 된다.
- 상담 : 자신이 목적한 대로, 자신감을 가지고 밀고나가면 큰 성과를 올릴수 있는 때다. 방해되는 일이나 장애가 따라도 굽히지 말고 소신대로 추진해 나가면 시일이 걸리더라도 반드시 성공할 수 있는 운기를 만났다.
- 매매 : 큰 이익을 볼수 있는 운이다. 그러나, 당장 큰 이익을 바라지 말고 조금더 멀리보고 결정하는 것이 좋다. 이때는 사두는 것이 더욱 길하다.

- **계약** : 대단히 좋은 때이고, 그로인해 큰 이익이 있게 된다. 서로가 의견이 상통하니 망설이지 말고 결정하라.
- **소송** : 오래 끌게 되면 패소(敗訴)할 가능성이 많으니, 조기(早期)에 화해하는 것이 좋다. 노력하면 화해가 될 것이다.
- **취직** : 대기업이나, 큰 회사에 목표를 정하고 꾸준히 노력하면 가능성이 있을 때다. 그러나, 당장은 어렵다. 만약 지금까지 노력해 왔다면 곧 소식이 있을 것이다.
- **승진** : 지위나 직책등이 올라갈 시기가 곧 오게 되는 때이다. 서두르지 말고 자기의 책임과 직분에 충실하면서 순서를 밟아 차분히 진행해 나가면 반드시 이루어진다.
- **입학** : 자신의 실력이 합당한 곳이라면 합격된다. 무리는 통하지 않는 때이다. 열심히 노력해온 사람이면 걱정할 필요가 없다.
- **이사** : 지금은 별로 좋은 시기가 아니다. 다음에 하게 되면 더욱 좋은 곳으로 가게 되고, 더큰 득이 있게 된다.
- **여행** : 단기간이나, 가벼운 여행도 하지 않는 것이 좋다. 아니면 가지 못하게 되는 일이 발생하게 된다.
- **연애** : 새로운 만남이나 만난지 얼마되지 않았을 경우다. 점차로 열을 올리기 시작하는 때이고, 서로 큰 허물이 없으니 오래지속해도 관계가 없는 상대를 만났다고 할 수 있다. 만약, 오랫동안 사귀어왔던 사람이면 임신 했을 경우도 있다.
- **결혼** : 좋은 인연을 만날수 있게 된다. 이때는 두곳에서 혼처가 나와 다소의 갈등이 일어날 수 있다. 그러나, 결과는 좋게 된다.
- **출산** : 출산할 시점에 이 괘가 나왔으면 산모, 태아 모두 무사하나, 그이전 이면 대개 유산이나, 아기가 장수하기 어렵다. 초산이면 여아일 가능성이 많다.
- **가출인** : 멀리 가지 않고 가까운 곳에 있어, 애써 찾지 않아도 자연히 알게 된다.
- **기다리는 사람** : 서로 마음이 상통하니, 가까운 시일에 돌아오게 된다.
- **분실물** : 빨리 찾지 못해도 시일이 경과하면 자연히 알게된다. 만

약, 주위 사람의 도움이 있으면 빨리 찾을 수 있다.
• 건강 : 위장, 늑막염, 신장등의 병이다. 서두르지 않으면 병이 점
  차 깊어져 오래가기 쉬우니, 빨리 치료해야 한다. 늦으면 완치가
  어렵다.
• 날씨 : 바람이 불고, 구름도 많아 비가 오겠다. 그러나 비오는 시
  간은 짧아도 양은 많겠다.

47. ䷮ (二.六) 택수곤(澤水困)

곤, 형정(困, 亨貞)

• 상(象)의 해설

곤(困)은 곤란(困難), 곤궁(困窮), 곤고(困苦)의 뜻으로, 연못의
뚝이터져 물이 모두 빠져버린 상태를 나타낸다. 관개용수(灌漑用水)
로 쓸물이 없으니, 아무것도 경작(耕作)할 수 없는 난감한 처지에 놓
여있고, 또한 많은 비가 내리나 물을 담아둘 수 없어 범람(汎濫)하여
가옥과 전답이 유실된 상태니, 과연 어떻게 앞으로 살아가야 할지 대
책이 없는 고난의 처지에 빠진 상황이 바로 이 곤괘의 의미다.

• 운세

대단히 어려운 환경에 처해 곤궁이나, 곤고의 형편에 놓여 있을
경우가 많다. 하는 일에서의 실패나, 직장에서의 실적, 뜻하지 않은
장애나 방해로 인하여 좌절되는 등의 매사에 운기가 꽉 막힌 불운의
시기를 만났다.

그러나, 이 곤괘는 곤란과 고통을 겪은 후에 다시나아가 발전하는
의미도 있으니, 현재의 상황을 감수(甘受)하고 자포자기(自暴自棄)
하지 말고 현실에 순응하며 역경(逆境)을 이겨나가면 머지않은 장래
에 지금의 어려움에서 벗어나게 될 것이다. 그때가 올때까지 희망을
버리지말고, 자신의 내부를 정비하고 실력을 쌓으면서 지금의 불운
한 시기가 지나가고, 호운이 찾아오기를 기다려야 한다.

택수곤(澤水困)지침

어떤 수단과 방법을 동원한다 해도 지금은 통하지 않는 때다. 자신의 운이 나쁘니 누구를 탓할수 있겠는가. 아무리 벗어날수 없는 최악의 상태가 닥쳐와도 모든 것이 자신의 부덕함으로 알고, 운명으로 받아드리는 각오를 가지고 용기와 희망을 잃지 않는다면 반듯이 길은 열리게 되는 법이니, 조그만 욕망이라도 버리고 마음을 비워라.

1효(爻), 깊은 골짜기에 들어가 밝은 빛을 잃어버린 상황이다. 자신의 현명하지 못한 판단으로 인하여, 난감한 처지에 놓여 괴로움을 당하고 있을 때다. 경솔한 행동으로 직장을 그만두어 궁핍한 생활을 하거나, 일에 손을 잘못 대어 곤란한 입장에 빠져 고심하는 등 자신의 주위에 불안이 떠나지 않는 상태이다.

2효(爻), 사람의 행복과 불행은 스스로 만들어가는 것이 많지만, 이 괘의 경우는 본인 뜻대로 되는것이 자연적(自然的)으로 찾아오는 때이다. 비록 궁지에 처한 경우라도 함부로 행동하면 안된다. 마음에 갈등과 동요가 일더라도 이를 삼가고 인내하면, 조만간에 지금의 곤경에서 벗어날수 있는 계기(契機)가 오게된다. 자신의 실력만 믿고 적극적인 행동을 취하면 더큰 화가 미치게 되니, 경계하지 않으면 안된다.

3효(爻), 모든 불운이 한꺼번에 속수무책(束手無策)으로 겹쳐 일어나는 일이 발생하기 쉬운 때이다. 이를테면 일신(一身)은 의탁(依託)할 곳을 잃어 버린든지, 가정파탄으로 일가의 이산(離散) 또는 실직하여 생활의 고통을 당하는 등의 악운이 겹쳐 파멸(破滅)을 초래하는 기운이 있으니 매사에 삼가 근신해야 한다.

4효(爻), 자금난(資金難), 생활난(生活難), 여난(女難) 등의 일이 있게 되는 어려운 환경에 놓이게 되는 때다. 또한 하는 일에 방해자로 인하여 곤경에 빠져 헤어나오지 못하는 경우가 생겨나기 쉽다. 그러나, 너무 염려하지 마라. 조만간에 지금의 난제들이 점차로 해결되는 기회가 오게 될 것이다. 아니면 도움을 주는 사람이 나타나 모든 것이 원만하게 처리될 여건이 조성되는 때이다.

5효(爻), 악순환이 계속되는 고통을 받는 시기로, 주위의 어느 누구에게도 협조를 구할 수 없는 상태에 처해 있을 때다.

6효(爻), 현재 주위상황이 여의치 않아, 해결(解決)의 기미가 전혀 보이지 않는 상태에 처해 있을 때다. 그러나 궁(窮)하면 통(通)하게 마련이니, 화급(火急)하게 처신하지 말고 다시한번 차분하게 문제의 핵심을 파악하여 과감하게 나아가면 기회가 오게된다.

택수곤(澤水困)사항판단

- **소원** : 자신의 역량을 다해 노력하나 헛수고만 할뿐 아무런 성과를 얻을 수 없다. 아직 힘이 모자라니 좀더 기다려야 한다. 오히려 더 곤란한 지경에 빠질수 있다.

- **사업** : 지금은 모든 것이 자신에게 불리하게 작용하는 때다. 물질적으로나, 정신적으로나 또는 인적자원(人的資源)모두가 부족한 상태이니, 자중하지 않으면 안된다. 자신이 판단하기에 전망이 밝은 사업이라도, 지금으로는 역부족이고 많은 어려움을 겪게된다. 그러므로 불운을 벗어 나려면 자신의 능력과 결점을 잘 관찰하여 보완해 나가면 다소 도움이 될것이다.

- **상담** : 조급하게 서두르지 마라. 성사가 어려울뿐 아니라, 다된 일도 놓치게 된다. 상대편의 입장을 고려하여, 차분하게 행동하고 자신의 뜻을 전부 관철 시키려 하지말고 한걸음 물러나는 것이 현명한 태도이다.

- **매매** : 매입은 하지 않는 것이 좋겠다. 앞으로 가격이 하락할 가능성이 많다. 그러나 파는것은 유리하다. 단, 현재 형편에 별 어려움이 없으면 그대로 두고 관망하라.

- **계약** : 부담(負擔)을 많이 느끼는 것은 하지 않음이 좋다. 그러나 자연스럽게 서로 부담없이 이루어지는 것은 이익이 되지만, 억지로 성사시키려면 안될뿐만 아니라 만약 성사 되더라도 후회하게 된다.

- **소송** : 싸움은 피하라. 서로 이익될 것이 없다. 승소 하더라도 아

무런 득이 없으니 화해함이 좋다. 만약 여자와 관계된 일이라면 무조건 수습함이 최상의 길이다.

• **취직** : 아무리 노력해도 어렵다. 아직때가 아니다. 자신의 실력도 부족하고 시운도 따르지 않는다. 남의 말을 듣지 마라. 괜한 헛고 생만 할뿐 진실성이 없다.

• **승진** : 현재의 위치를 지키기 위해 노력하라. 좌천(左遷)될까 두렵다.

• **입학** : 실력이나, 운 모두 역부족이니 목표를 달리 잡아라. 아니면, 다음 기회로 미루어라.

• **이사** : 현재 있는 곳이 불편해도 그대로 있어라. 옮기려해도 되지 않을 뿐만아니라, 이동(移動)을 해도 좋지않다.

• **여행** : 가까운 곳에는 상관없겠으나 장거리, 장기간의 여행은 불길하다. 서북쪽은 괜찮으나 될수 있으면 가지 않는 것이 좋다.

• **연애** : 대개 불안정한 위치에서 사귀는 경우가 많다. 이를테면 처녀와 유부남, 총각과 유부녀와 같이 정상적인 만남이 아니고 결합하기 어려운 관계이다. 또한 상대에게 속임을 당하는 일이 있을 수 있는 때다.

• **결혼** : 한마디로 결혼운이 좋지 않다. 지금까지 여러번 성사직전에 무산된 경우가 많은 사람이다. 아니면 중간에 장애가 많이 따른다. 어렵게 성사되어도 결국 파경(破鏡)에 이르게 될 가능성이 많으니, 심사숙고(深思熟考)해야 한다.

• **출산** : 출산에 가까운 때의 점(占)이라면 무사히 출산되나, 그 이전이라면 유산되기 쉽다. 초산이면 여아이고, 생남이면 키우기 힘들다.

• **가출인** : 멀리가 언제 돌아올지 기약(期約)이 없으니 기다리지 마라.

• **기다리는 사람** : 사·오일안으로 소식이 없으면 기다리지 말고, 당분간 잊도록 노력하라.

• **분실물** : 급히 찾지 못한다. 깊은 곳에 숨어있든지 아니면 이미 타인 손에 넘어가 돌아오기 어렵다. 혹시 가까운 여인에게 물어보라.

• **건강** : 병이 깊고 오래된 것이다. 체력이 소모되어 회복이 늦지만,

점차로 회복 될 것이다. 그러나, 보름정도 발병 했다면 병명도 정확하게 알수 없고 상당히 오래가겠다. 어린 아이 병이면, 속히 서둘러라 위험에 빠질수 있다.

• 날씨 : 맑은 날씨가 계속되어 가뭄이 극심할때이다. 그러나, 오랜 가뭄이면 큰비가 내리게 되어 홍수의 위험이 있다. 겨울이면 추위가 극심하다.

48. ䷯ (六.五) 수풍정 (水風井)

정, 개읍불개정 (井, 改邑不改井)

• 상 (象)의 해설

정 (井)이란 우물을 뜻하고 그 우물이 깊다는 것이다. 물은 인간이 살아가는데 없어서는 안되는 필요 불가결한 것이다.

고대 (古代)에 촌락 (村落)을 형성하는데도 물이 있는 곳이나, 우물을 중심으로 이루어졌다. 물이 이처럼 중요한데도 그 물의 고마움을 모르고 지내는 경우가 많다. 이 괘의 형상은 물이 나무위에 있고 우물에 나무로 만든 두레박을 드리운 형태다. 우물은 아무리 길러내어도 마르지 않고 항상 같은 수위를 유지하고 있다. 목마른 나그네에게는 목을 축이게 하기도 한다. 그러나 우물을 너무 오랫동안 사용하지 않으면 섞고만다. 가끔씩 퍼내어 물이 새로이 고이게 해야한다. 또한 아무리 우물에 물이 있다고 하나, 두레박이 깨어지거나 줄이 끊어지게 되면 그 우물은 아무런 소용이 없게 된다. 이런 것들이 우물이 지닌 뜻이다.

• 운세

우물에 두레박을 드리운 형상이니, 물을 길러 올려야 하는 수고로움과 조심성을 가져야 제대로 물을 퍼올려 쓸수가 있는 것이다. 즉, 주위가 산만 (散漫)하여 안정이 안되어 불안과 근심 걱정이 많을 때이다. 가정일이나 직장 내부에서 복잡한 문제가 얽혀있거나, 서로 의견이 맞지 않아 불화와 충돌이 있을 때이다. 그러나, 두레박에 구멍이 생겨 물이 새거나 또한, 줄이 끊어져 물이 혼탁해도 시일이 지나면 물은 다시 맑아지게 되어 음료수로 사용할수 있게 되는것 같이, 지금은 어려움에 처해 있더라도 점차로 회복되어 갈수 있으니 인내심을 가지고 노력을 다하면 좋은 결과를 얻을 수 있다. 우물은 이동(移動)하지 않는다. 그러므로 섣불리 계획을 바꾸거나 움직이면 안된다. 조용하게 현재 자신의 자리를 지켜나가는 것이 상책이다.

수풍정(水風井)지침

사람은 덕을 쌓고 닦음으로 자신은 물론 남에게도 베풀수 있는 아량(雅量)이 생겨나는 법이다. 이 괘는 물이 일상 생활에 없어서는 안되는 중요한 것으로 물을 길어올리는 수고로움도 함께 하여야 한다. 그러므로 자신만이 혜택을 받는것이 아니라, 남에게도 베풀수 있는 마음 가짐이 중요하다.

1효(爻), 우물 물이 더러워서 먹을수 없으며, 새 우물은 아직 맑아지지 않아서 음료수로 사용할 수 없는 상태이다. 그러니 아무도 샘물을 찾아오지 않는 것과 같이, 모든 사람이 자신으로부터 멀어져 버리니 어느곳 의지 할 곳이 없을 뿐만아니라, 계획이나 마음먹은 일들이 어긋나게 되므로 잠시 중단하고 기다리는 것이 상책이다.

2효(爻), 우물 물이 너무적어 물고기가 먹을 양 밖에 되지 않는데, 두레박 조차 깨져 물이새고 있는 형상이다. 계산착오로 금전을 손해를 본다든지, 사업 실폐등 여러가지 좋지못한 일들이 발생할 가능성이 많을 시기이다. 아무리 애써 노력을 다해도 전혀 성과가 없을 때니 기대도 하지말고 뜻대로 안된다고 한탄도 하지 마라.

3효(爻), 자신의 역량은 갖추어 있으나, 아직 실력을 발휘할 시기가 조성되지 않은 불운한 때이다. 시운이 무르익을 때까지 조용히 기다려라. 주위의 사람들이 자신의 능력을 인정해주지 않아 답답하고 괴로운 심정이지만, 반드시 알아줄 날이 오게되니 서두르지 마라.

4효(爻), 이제 간신히 어려운 상황에서 벗어났다고 볼수 있다. 그

러나 다시한번 자신의 생각과 주위의 환경을 잘 점검하여 실수가 없
도록 만전을 다하라. 비록 모든 것이 갖추어져 출발하는데 지장은
없으나 과욕은 금물이다. 아직 운기가 완전히 무르익지 않았으니 급
하게 서두르면 장애가 따르게 된다.

5효(爻), 지금까지 불운했던 사람에게 호운이 찾아오는 시기라 볼
수 있다. 주위의 모든 사람에게 자신의 능력을 인정받아 실력을 발
휘할 때이고, 그동안 열심히 노력한 보람이 나타날 때이다. 아니면
지금까지 해결 안되던 일이 좋은 방향으로 결말이나게 된다. 계속해
서 노력을 다해 추진하라.

6효(爻), 길운이 찾아왔다. 크게 발전하여 크게 이루는 시기다. 매
사에 자신감을 가지고 임하라. 이때는 자기 자신뿐만 아니라 남에게
도 혜택이 돌아가는 호운을 맞았으니, 어떤 일에도 구애(拘礙)받지
말고 과감하게 모든 문을 개방하면 많은 이익이 돌아오고 여태까지
미진(未盡)한 일, 풀리지 않은 일 모두 해결 된다.

수풍정(水風井)사항판단

- **소원** : 이루기 어렵다. 시기적으로 적절하지 못 할뿐만 아니라, 자
  신의 능력이나 재력등 모든 것이 갖추어 있지 못할 때이다. 상대
  도 도와줄 여력이 없다. 그러나 시간을 충분히 가지고 먼 안목으
  로 추진해 나가는 일이라면 가능성이 있지만, 보통의 노력으로는
  안된다.
- **사업** : 고군분투(孤軍奮鬪)하나 아무런 성과도 없고, 오히려 손해
  를 보게되는 어려운 시기이다. 그러나, 좌절하지 말고 계속해서
  밀고 나가야 한다. 경영방침을 바꾼다든지 결손(缺損)이 되는 원
  인을 면밀(綿密)히 검토해서 시정(是正)해 나가는 것이 유리하다.
  단, 신규사업이든지 전망이 불투명한 일에는 아예 단념하는 것이
  좋다. 또한 단기간에 큰 이익을 바라지 마라. 오히려 사태를 더 악
  화시킬 뿐이다.
- **상담** : 뚜렷한 진전없이 지지부진한 상태다. 서로가 자신의 입장을

분명하게 드러내놓고 말할 수 없는 사정이 있든지 아니면 반듯이 성사시키려는 의욕도 없어 힘들여 노력해보아야 헛수고만 할 뿐이니, 여유를 가지고 각자의 입장을 서로 잘 검토해서 상통하는 부분을 찾기 바란다.

- **매매** : 지금은 큰 물건을 움직이는 것은 좋지 않다. 섣불리 동하면 큰 손실이 따른다. 그러나 액수가 적은 물건은 조금의 이익은 있다.
- **계약** : 성사되기 어려울뿐 아니라. 사기 당하기 쉽고, 나를 도우는 사람이 배반을 할 징후가 많으니 하지 않는 것이 좋다.
- **소송** : 사건 자체가 복잡하게 얽혀있어 쉽사리 결말이 나기어렵고, 순조롭게 해결되지 않는다. 서로 한걸음 물러나 타협하는 것이 최선의 방법이다. 특히, 토지와 여자문제라면 타협하면 길하다.
- **취직** : 될듯 하면서도 되지 않고 시일이 걸린다. 아직 시운이 닿지 않으니 기다려라.
- **승진** : 처음 대상에 올랐다면 어렵다. 그러나, 두번째의 심사라면 발탁(拔擢)된다. 주의해야 할것은 지나친 승진운동이나, 재물을 남용하면 오히려 불이익이 돌아온다.
- **입학** : 실력부족이다. 상향지원은 피하라 낮춰서 지원 해도 합격하기 어려울 때이다. 다음 기회를 보고 열심히 노력하기 바란다.
- **이사** : 움직이지 않는 것이 좋다. 금전적인 손실이나 뜻하지 않는 불상사가 발생하는 좋지 않는 때이니 불편한 것이 있더라도 참고 그대로 있어라.
- **여행** : 장거리, 장기간의 여행은 하지 않는 것이 좋다. 도중에 불의의 사고나 심적 고통이 발생할 가능성이 많다. 그러나 가까운 곳은 상관이 없다.
- **연애** : 서로가 많은 번민이 따르는 경우이다. 막상 헤어지려고 해도 쉽사리 결정지을 수 없는 상태다. 서로 정이 깊이들어 단념하기 어렵다. 서로 정신적으로 충분한 이해가 있고, 주위의 어떤 방해도 감수할 자신이 있으면 진행하라.
- **결혼** : 중매 결혼이면 단념하는 것이 좋다. 서로 의견 차이가 많아 도중에 말썽이 일어나거나, 설사 성사 되더라도 파경에 이르게 된

다. 그러나 연애 결혼이면 조금의 말썽이 있더라도 본인들의 의지로 현상황을 잘 극복해나가면 좋은 결실을 볼 수 있다.

• 출산 : 순산하기 어렵다. 수술하지 않으면 산모가 고생을 한다. 태아 또한 허약하거나 단명하니 신불에 기도하라. 초산이면 여아이고 두번째면 남아이다.

• 가출인 : 만나기는 어려워도 소식을 들을 수 있다. 동남쪽 물가에 머물고 있으며, 고생을 많이하고 있다. 너무 걱정말고 노력을 다하라. 늦어도 돌아온다.

• 기다리는 사람 : 기다리지 마라. 급히오지 않는다, 때가 지나면 인(寅), 묘(卯)일에 소식이 있든지 오게된다.

• 분실물 : 속히 찾지 못한다. 집안이나 내부 깊숙이 묻혀있다. 때가 지나면 발견된다. 물가에서 잃어버리는 경우도 있다.

• 건강 : 중병일 경우가 많고 좀처럼 회복하기 어려울뿐만 아니라 병의 원인을 밝히지 못하고 신고가 많게된다. 심(心)과 뇌(腦)의 원인으로 생겼을 가능성이 많다. 나이든 사람은 치료가 어렵다.

• 날씨 : 태풍이 불고 비가 많이 온다. 2~3일 지나야 개인다.

49. ䷰ (二.三) 택화혁(澤火革)

혁, 기일내부원형(革, 己日乃孚元亨)

• 상(象)의 해설

혁(革)은 혁명(革命) 즉 바로잡는다, 새로와진다는 뜻이다. 개혁(改革), 혁신(革新), 변혁(變革)등의 말과 같이 낡은것을 바꾸고 새로운 것을 창조하는 과정을 뜻하는 것으로, 종래(從來)의 방침을 과감하게 바꿔 새롭게 변화함으로써 도약(跳躍)할 기회라 할수 있겠다. 또 이 혁은 짐승의 가죽을 부드럽게 가공해서 여러가지 용도에 맞게 사용하는 것과 같이 현재까지 지니고온 생각이나, 일들이 전혀 다른 새로운 것을 의미하기도 한다.

• 운세

지금까지 해오던 일이나 환경 등이 크게 바뀌는 대변혁의 시기로 침착하고 사려깊은 행동을 취함으로, 크게 이룰수 있는 기회가 왔다고 볼수 있다. 이 혁(革)괘를 사계절에 비유한다. 즉, 봄, 여름, 가을, 겨울과 같이 천지자연이 그 모습을 계절에 따라 달리하고 그 사계절의 변화에 순응해나가는 것이 정도이다.

그러므로 이때는 여태까지의 생활이나 환경, 내무의 방침 사람과의 관계 등이 새롭게 형성되든지 바뀌게 된다. 따라서 관념이나 사고 자체도 바꿔야 한다. 그러나 그것이 결코 나쁜 방향으로 전개 되는 불상사는 없을 것이다.

그러나 새로운것 미지의 것에 도전한다는 것이 결코 쉬운일이 아니다. 불안과 두려움이 함께 공존하는 것이기 때문에 망설임이 따르게 된다. 세상의 모든 것이 시류(時流)와 시운(時運)이 있는 법이다. 흐를때 흘러가고 올때 잡지않으면 놓치게 되는 것이니, 과감한 결단력이 중요하다. 명심해야 할 것은 전변에서 도약이 있을려면 그에 상응하는 당혹감과 혼란도 있을 수 있으니, 차분한 마음으로 사물을 직시하여 결코 흔들림이 없는 신념을 가지고 끝까지 밀고 나가면 좋은 결과를 얻을 수 있게 된다.

택화혁(澤火革)지침

사람은 누구나 평생 두세번의 대전변의 계기가 있다. 자신에게 주어진 변혁의 기회를 놓치지 말고 분연(奮然)히 털고 나아가야만 크게 성공할 수 있다. 지금까지와는 전혀다른 자신의 모습, 높은 지위와 탄탄한 인생행로를 얻기 위해서는 굳은 신념과 용기로 개척(開拓)해 나가, 반드시 크게 이룰수 있게 된다. 버릴것은 과감하게 버리고 취할것은 주저말고 취하는 것이 이 혁(革)의 가르침이다.

1효(爻), 「자신이 갑옷을 입은것 같이 생각한다」 즉 아직 때가 이르다는 것이다. 변화가 온것은 틀림없지만 시기상조(時機尙早)다. 아직까지 일을 실행 하기에는 재능이나 역량 등이 부족하다.

모든 것이 시운이 적절해야 능력을 발휘할수 있는 법이다. 비록 일을 행하고픈 마음은 심하게 동하지만, 자중하고 그 시기가 더 무르익을 때까지 기다려라. 섣불리 움직이면 결코 좋은 일이 없다.

2효(爻), 초효와 마찬가지로 아직 때가 이르다. 그러나 이미 시작된 일이라면 다소의 시행착오는 있지만 결과는 좋게 된다. 급격한 변화는 금물이다. 차분한 마음으로 서서히 준비하여 나아가면 반드시 가까운 시일내에 기회가 오게된다. 그때까지 관망하면서 내부의 힘을 길러라.

3효(爻), 혼자만의 판단으로 결정을 지어놓고, 주위의 사정을 고려하지 않고 실행하면 낭패를 당할 위험이 있다.

다시한번 지금의 시기가 적절한지, 주위의 사정이 성숙되었는지, 자신에게 헛점이 없는지를 검토하기 바란다. 만약 몇번의 진퇴를 거듭한 일이라든지, 더이상 다른 방도가 없을때는 실행에 옮길수 밖에 없지 않는가? 이때는 좋은 결과를 얻게된다.

4효(爻), 아직 일에 대한 신뢰가 부족하여 망설임이 오히려 병이 된다. 자칫 지나친 경계심으로 인해서 일을 그릇칠까 두렵다. 이때는 이미 일의 시작이 눈앞에 닥쳐왔음을 본다. 주저하지 말고 반드시 관철할 수 있다는 자신감이 어느때 보다도 중요하다. 다소의 신고가 있더라도 최선을 다해 노력하면 좋은 결과를 얻게 된다.

5효(爻), 지금까지 어려웠던 모든 난관을 무사히 돌파하여 이미 상당한 지위를 확보했다고 볼수 있다. 이것은 오직 자신의 덕이 이미 갖추어져 있으니, 아무런 꺼리낌이나 두려울것이 없다. 여태까지의 잘못되었던 것을 과감하게 청산하고 새로운 개혁을 단행하여 크게 성공시킬수 있는 절호의 기회가 찾아온 것이다. 자신이 품었던 생각이나 추진하는 일에 조금도 미진한 점이 없으니 조금도 의심하지 말고 밀고 나가라 반드시 대성하게 된다.

6효(爻), 자신을 과대평가하여 남의 의견을 무시하고 독단으로 매사를 처리해 나가면 실패가 따른다. 항상 자신을 낮추고, 상대편의 의견을 존중하여 서로 진심으로 통하는 것이 좋은 결과를 가져온다.

이때는 신규나 확장, 갑짝스러운 변경등은 삼가해야 한다. 지금의 것을 더욱 튼튼하게 보완하고 보강하는데 더욱 노력해야 무사할 수 있다.

택화혁(澤火革)사항판단

- **소원** : 빠른 시일안에 성취되지 않는다. 그렇다고 중도에서 좌절하거나 단념하지 말고, 먼 안목을 가지고 방침을 바꾼다든지 방법을 달리해서 추진하면 달성할 수 있다. 대개 자신이 생각한 계획대로 되지를 않고 일이 지연(遲延)되거나 약속대로 진행되지 않는다. 이때는 부탁할 사람을 바꾸든지 상대방에게 신뢰있게 노력하여 태도를 바꾸게 해야한다.
- **사업** : 신규, 전업, 확장 등의 변화가 있게되는 시기로, 그 흐름을 잘 읽어 행동의 좌표(座標)를 결정해야 하는 중요한 때이니 심사숙고하여 도약의 발판을 마련하는 계기를 만들어야 한다. 또한 회사의 경영방침이 바뀐다든지, 인사 교체 등의 변혁이 있든지, 독립해서 자신의 길을 모색하든지, 전직을 해야 하는등 지금까지의 생활과는 전혀다른 새로운 환경이 전개 되는 때이다. 그러나, 위축(萎縮)되거나, 두려워하지 마라. 다소의 시행착오는 있어도 좋은 결과를 얻을 수 있다.
- **상담** : 좋은 결과를 보겠다. 너무 서두르면 이쪽에서 불리하다. 시간을 두고 시기가 충분히 무르익은 다음에 이쪽의 의견을 제시하면 상대편은 따라오게 된다. 서로 뜻이 통해 큰일도 이루워질 수 있다.
- **매매** : 앞으로 가격이 오를 전망이니. 파는 것은 시일을 더 두고 처리하는 것이 좋다. 사두는 것은 좋다. 그러나 단기간에 큰 이익은 바라지 마라. 시일이 지나야 이득이 있다. 그리고 오랫동안 팔리지 않았던 부동산 이라면 곧 팔리게 된다.
- **계약** : 서로 뜻이 통하니 성사가 순조롭게 된다. 상당히 큰 물건도 쉽게 성사되고 전망도 밝고 큰 이익도 생긴다. 그러나, 너무 서두르면 일을 그릇칠수가 있으니, 시간을 충분히 갖고 차분하게 진행

함이 좋다.

- **소송** : 오래 끌어온 것이면 곧 해결된다. 단 지금까지와의 방법을 달리하거나 돈을 쓰면 빠르다. 재판이 지연 되더라도 초조해 하지 말고 끈질기게 노력하면 승소한다.

- **취직** : 지금까지 여러군데 말하여 왔던 곳이라면 방법을 달리하면 가능성이 좀 있으나 신통치 않다. 신규 모집이나, 다른 곳으로 알아보는 것이 좋다.

- **승진** : 선배나 웃사람의 도움을 받으라. 직책이 바뀌거나, 다른 부서로 이동하는 신상의 변화가 있게 된다.

- **입학** : 목표한 곳은 어렵지만 과를 바꾸든지 이차, 삼차는 희망이 있다. 만약, 재수라면 합격한다.

- **이사** : 조금 늦더라도 마음에 드는 곳을 골라 가라. 좋은 곳이 발견된다. 어차피 옮기게 된다.

- **여행** : 계획이 바뀌거나 다소 변동이 있은후에 가게 된다. 장거리, 장기간의 여행도 좋다.

- **연애** : 남, 녀 각자가 딴곳으로 눈을 돌리게 되든지 혹은, 일신상의 변화로 자주 못만나게 되는 일이 발생하게 된다. 아니면 새로운 애인이 생기든지 하는 딴 마음이 일어날 가능성이 많다. 지금까지 애인이 없던 사람이라면 좋은 사람이 나타난다.

- **결혼** : 초혼인 여자는 성사 되기도 어렵지만 만약 성사되었다 해도 중도에 불행한 일이 발생할 수 있고, 신랑되는 사람이 분명치 않거나 병이 있겠다. 그러나, 재혼이라면 괜찮다.

- **출산** : 순산하며 여자 아이다. 이 아이는 앞으로 귀하게 될것이다. 만약 남자이면 몸이 허약하고 단명할 가능성이 있으니 신불에 기도하라.

- **가출인** : 멀리가지 않고 집근처에 있으니 빨리 찾으면 당일에 볼수 있겠으나, 늦게되면 연락은 있지만 돌아오기 어렵다.

- **기다리는 사람** : 있는 곳을 알아도 이미 다른곳으로 갔다. 이곳 저곳을 다니다가 소식을 듣고 나중에 온다.

- **분실물** : 사소한 것이라면 집안 가까이에서 발견 되지만, 귀중품이면 이미 남의 손에 건너가 찾기 어렵다.

- 건강 : 병세가 악화되면 위험하다. 특히 노인이면 생명이 위태롭다. 폐결핵, 열병, 대·소변의 불통, 목병 등 가을철에 오래된 병이면 사망하게 된다.
- 날씨 : 상당히 변덕스러운 일기다. 오랫동안 비가왔으면 개이고, 계속 맑은 날씨면 비가온다.

50. ䷰ (三.五) 화풍정(火風鼎)

정, 원길형(鼎, 元吉亨)

• 상(象)의 해설

정(鼎)이란 세발 달린 무쇠솥을 의미한다. 솥을 받치고 있는 세발은 안정감을 나타낸다. 즉 한가지 일을 세사람이 받들어 협력하고 있는 형상이다. 세사람이 힘을 모으면 어지간한 무거운 물건도 들수가 있다는 것이다. 이 솥은 물건을 삶는다, 익힌다, 음식을 만들어 하늘에 제사를 지내고 천자와 제후(諸侯)와 현신(賢臣)들이 솥을 중심으로 모여서, 향연(饗宴)을 베풀어 화기애애하게 담소(談笑)하며 공사(空事)를 논(論)하는 모습이다. 이 정(鼎)은 조화와 협력, 겸양의 뜻을 나타낸다.

• 운세

모든 것이 안정되고, 갖추어져 있다고 볼수있다. 안정되었다는 것은 경제적으로나 지위, 권력을 고루 갖추었다는 것이다. 그러나 덕이 없으면, 발전이 없다. 그러므로 지·인·용(智·仁·勇), 지혜와 인자함, 용기가 있어야 크게 성공할 수 있는 법이다. 이러한 조건이 갖추어졌으면 자신이 원하는 바를 시작해도 좋다는 것이다. 이 정(鼎)은 새롭게 고친다, 키운다의 새로운 것을 취한다는 뜻이있다. 그러므로 새로운 일을 시작한다든지, 확장이든지 모두 좋은 시기이다. 단, 독단(獨斷)으로 하기 보다는 여러 사람이 협력해서 큰일을 도모(圖謀)하면 서로 크게 성공할 수 있게 된다. 이 정(鼎)은 크게 뻗어 발전하는 것이므로 남의 의견과 말을 겸손하게 받아들이고 존중하여 도움과 협력을 얻는다면, 자신은 물론이고 남에게도 큰 이익이 있게된다.

화풍정(火風鼎)지침

고친다, 키운다, 새로운 것을 취한다. 등의 변화의 뜻을 지니고 있으며, 지금의 환경을 바꿈으로 크게 발전할 수 있는 때이다. 여태까지의 일들을 떨쳐버리고 새로운 일을 시작하라. 그러면 큰 성과를 얻게된다.

그러나, 명심할 것은 자기하고 싶은대로 과도한 행동은 삼가해야 한다. 자신의 능력을 과대 평가 하지 말고 주위의 선배나 연장자 또는, 지혜와 역량이 있는 사람의 조언을 구하든지 협력을 얻어라.

1효(爻), 가정이나, 일상생활에 이미 상당한 변화가 왔다고 볼 수 있다. 뭔가 시원하게 처리되지 않고, 해결해야 할 것이 남아있어 진행에 어려움이 있을 때다. 그러나 지금의 상태가 잘못된 것은 아니다. 어차피 오게 되있는 변화이다. 다만 미진(微塵) 일들이 남아있어 괴롭지만, 모두 버리고 미련을 두지마라.

2효(爻), 아직 운세가 무르익지 않았다. 일을 진행 시키기에는 장애물이 많아 어려움이 따르게 된다. 몸에 병이 발생하든지, 다른 사람의 방해가 있든지, 여러가지 걸림이 생겨 일에 전념할 수 없어 하고자 하는 일을 쉽게 할 수 없는 형편이다. 그러나, 그 장애물은 제거 될 것이다.

3효(爻), 자신의 주관대로 너무 강하게 믿고 나가면, 상대의 마음을 상하게 하든지 일 자체가 틀어져 버릴수가 있다. 또한, 신용까지 잃어 버리게 된다. 맛있는 음식을 눈앞에 두고 먹지 못하는 불상사가 생긴것과 같다. 이때는 사전에 충분한 검토와 귀를 기우려, 정보를 얻어 주안점(主眼占)을 찾아 행하지 않으면 일을 그릇치게 된다.

4효(爻), 심각한 어려움에 봉착해 있다. 자신의 능력을 너무 과신한 나머지 진행하다 크게 낭패를 당하는 아주 흉한 때이다.

사람을 너무 믿어 사기를 당하든가, 전혀 기반(基盤)이 없는데 남의 힘으로 이익을 취하려고 하는 허욕을 부렸든지, 큰일을 앞두고 언행을 잘못하여 만사(萬事)가 헛되이 끝나버리는 등의 일이 발생하게 된다.

5효(爻), 지금까지 여러가지 어려움을 무난히 극복하고 열심히 노력한 결과로 이제부터 수익(受益)이 오를 때이다. 그러나, 아직은 적극적인 행동을 자제하고 내실(內實)에 힘을 써야한다. 왜냐하면, 어느정도 난관은 넘었다고 보지만 다소의 장해가 남았기 때문이다. 하지만 자신이 여태까지 가지고 왔던 신념은 버리지 마라. 시일이 지나면 크게 발전할 수 있게 된다.

결코 의욕을 잃지말고 우선은 작은 이익이라도 감수(感受)하고 자기를 너무 내세우지 마라.

6효(爻), 크게 발전할 시기다. 모든 사람에게 신뢰를 받게되어 매사에 결점이 없다. 그러나 너무 강한 독선은 안된다. 강(剛), 유(柔)를 적절하게 사용하는 유연성이 필요하다. 그러면, 지금까지 쌓아왔던 공덕(功德)이 헛되지 않고 큰 성공을 거둘 것이다.

다만, 이룬 성공도 앞으로 계속 유지, 발전해 나가는 것도 중요하다는 것을 명심해야 한다.

화풍정(火風鼎)사항판단

• **소원** : 자기의 욕심만 생각하는 이기주의적인 마음을 가지면 이루어지지 않는다. 남에게도 이익이되고 더불어 자신에게도 이익이 돌아오게 하라. 그러면 성취할 것이다.

　그 일을 잘 아는 사람, 실력이 있는 사람과 의논하여 협력을 받으면 된다.

• **사업** : 업종의 변경 보다는 본업을 그대로 지켜 나가면서, 확장이나 면모(面貌)를 일신해 새로운 출발은 대단히 좋고 크게 번창할 수 있다.

　사람이 모여서 서로 각자의 의견을 나누고 서로 협력하는 괘상(卦象)이니 분위기를 잘 조성하면 큰 일도 성사 시킬 수 있다.

이는 상대에게도 이익이가고 자기에게도 이익이 되기 때문이다. 영업이나 경영 방침을 쇄신(刷新)해서, 새로운 거래처도 개척해 나가면 상당한 성과를 올릴 수 있게 된다.

- 상담 : 자신의 주장을 너무 내세우지 말고, 상대방의 의견을 존중하고 분위기를 잘 조성(造成)하여 성실하고 조화(調和)롭게 이끌어가는 것에 일의 성패가 달렸다.
- 매매 : 정직한 사람이 중개를 하면 진행이 순조롭고 빨리 성사된다.
  만약 부동산 이라면 오를 가능성이 많으니, 매입하면 큰 이익을 얻을 수 있다.
- 계약 : 문제가 발생할 수 있으니 잘 살펴보아야 한다. 서로 충돌이 있게 되어 해약(解約)할 가능성이 있으니, 하지 않는것이 좋다.
- 소송 : 사소한 문제가 크게 될 우려가 있다. 한걸음 물러나 화해하는 것이 좋다.
  만약 상대편이 화해할 의사가 없으면 성실하게 최선을 다하면 이익은 있다.
- 취직 : 성취되니 조금만 기다려라. 인생살이란 항상 자신의 뜻에 맞는 것만 있는 것이 아니다. 또한 남에게 인정(認定)을 받는 것이 하루 아침에 되는 것이 아니고 자신의 노력여하에 따라 빠르고 늦고하는 것이니, 실망하지 말고 주어진 일에 성실히 책임을 다하면 곧 발탁(拔擢)될 것이다.
- 승진 : 직책이나 지위가 상승하는 호운이다. 주위의 실력자나, 선배의 협력을 얻으면 좋은 보직(補職)을 받는다.
- 입학 : 문리대 계통이면 전망이 밝다. 국·공립 보다는 명문 사립 학교가 유리하다.
- 이사 : 주거의 변동이 있을 때다. 지금 움직이는 것이 좋다. 좋은 집을 구하게 되고 장래성도 있다.
  혹, 다툼이 일어날 수 있고, 관재구설(官災口舌)주의
- 여행 : 아무런 부담없이 출발하는 즐거운 여행이다. 여럿이 함께하면 더욱 좋다. 혼자가는 것은 좋지 않으니 삼가하라.
- 연애 : 서로 조화(調和)가 잘되는 한쌍이라 볼 수 있다. 성격이나

외모도 훌륭하여, 서로 만족하는 상대를 만났다. 이런 사람이면 결혼 상대로도 적합하고 결혼 후에도 아무탈없이 원만히 가정을 꾸려갈 수 있다고 본다. 서둘러 양가 부모님과 상의(相議)해서 결혼식을 올리도록 하라.

- **결혼** : 곧 성사된다. 신랑되는 사람이 직업이나 학벌, 인물도 좋아 장래가 유망하고, 신부되는 사람도 현숙(賢淑)하여 평생 해로(偕老)할 수 있는 좋은 배필이다. 단 중도에 여자 문제로 인하여 한번쯤 말썽이 있을 수 있다.
- **출산** : 산모가 고생할 수 있으나 염려할 필요는없다. 예정일 보다 다소 늦어지는 경우등 이다. 대개 여자아이고, 두번째면 남자아이다.
- **가출인** : 두사람이 함께 하였으니, 당분간 찾기 어렵고 애써 노력하나 헛수고만 할 뿐이고 쉬돌아오지 않는다.
- **기다리는 사람** : 중간에 소식은 있지만 쉽게 오지 않으니 기다리지 마라.
- **분실물** : 동·남쪽으로 찾으라. 수일내에 찾지 못하면 찾기 어렵다. 일찍 단념하라.
- **건강** : 갑작스러운 열병, 유행성 폐렴 등 이거나, 토하고 복통 등이 있게 된다. 속히 낫기 어렵다. 치료가 잘 안되면 병원이나 의사를 바꾸워 보라.

  만약 꿈자리가 사나우면 잡귀(雜鬼)의 염(念)도 있으니. 신불에 기도하라.
- **날씨** : 비가 내리고 흐리지만, 바람이 있어 곧 개인다.

51. ䷲ (四.四) 진위뢰(震爲雷)

진, 형(震, 亨)

- **상(象)의 해설**

진(震)은 천둥소리, 움직이는 것을 말한다. 즉 연달아 울려퍼지는 천둥소리, 번개가 치고 우뢰가 진동하는 모습을 나타낸 것이다. 맑은 하늘이 갑자기 흐려지고 번개가치고 찢어지는 천둥소리가 울리면, 모두 놀라게 되고 두려움에 빠지게 된다. 그러나, 천둥은 소리만 요란했지 형태는 없고 순간의 공포속에서 떨었지만, 실제로는 아무런 일도 일어나지 않는다. 옛날 사람들은 이 천둥소리를 하늘의 노여움을 나타내는 것이라 여겼다. 그러나 이 천둥은 소리만 요란했지 실제로는 큰 해나 위력은 없는 것이다.

• 운세

진(震)은 떨쳐 움직이다의 의미가 있으므로, 크게 뻗어 발전하는 때이고 갑작스러운 변화가 생길 수 있다. 좋은 의미로 떨쳐 일어난다는것. 원기(元氣) 왕성하게 추진해 나가면 크게 성취할 수 있이다. 그러나, 다른 의미로는 소리만 요란했지 실속 없는 것도 함께 하는 것이다. 우뢰는 그 기세가 등등하고 엄청난 위력을 갖은것 처럼 보이지만, 실제로는 아무런 힘도 영향도 미치지 않는 것과 같이 거창(巨創)하게 출발은 하나, 전혀 성과가 없을 수도 있다는 것이다. 그래서 떨쳐움직인다, 왕성하게 활동한다. 소리는 있지만 형태가 없다, 소문만 무성할뿐 아무런 소득이 없다란 두가지 의미가 있다.

또 이 괘는 진(震)이 두개가 있어 목표가 두가지 일 경우가 있게 되나 만족할 만한 성과를 올리지 못하게될 경우가 많으니, 사물을 냉정하게 판단하는 진지(眞知)한 태도가 중요하다.

진위뢰(震爲雷)지침

침착하고 냉정하게 행동해야 한다. 모든 일을 밖으로 너무 들어내지 말고 내부를 건실(健實)하게 다듬고 자신의 힘을 충실히 쌓아서 출발하면 크게 성취 발전할 수 있으니, 눈에 보이지 않는 힘을 축적(蓄積)하여 그 힘을 얻고 소란을 떨지마라. 소문으로 끝날 염려가 있다. 또한 갑작스런 변화가 닥치더라도 당황하지 마라. 자신의 힘으로 능히 해결되는 일이다.

1효(爻), 변화의 조짐이 보인다. 벌써 왔다고도 볼 수 있다. 지금까지 고전해 오던 것도 이제부터 풀리게 된다. 현실의 어려움을 타개하기 위하여 많이 노력한 결과 이다. 이제는 분위기를 쇄신하여 나아갈 때이다.

경영방침을 바꾼다든지 영업을 다각적으로 모색(模索)하라. 종래의 방식에서 과감하게 탈피하여 나아가면 좋은 성과를 거둘 것이다. 다소의 두려움은 있으나 너무 의식할 필요가 없다.

2효(爻), 재산상의 손실이나, 사업의 중단 등의 여러가지 장애가 발생하고 어려움에 처하여 고심이 많게 된다.

억지로 나아가면 나갈수록 더큰 손해를 볼 수 있으니, 미련을 버리고 사후 대비를 하는 것이 상책이다. 지금 손해를 보는 것이 더 적게 보는 것이다. 만약 무리하게 진행하면 정말 회복 불능한 상태에 빠지게 된다.

모든 것을 중단하고 한걸음 물러서서 후일을 도모하는 것이 현명한 처사다.

3효(爻), 현재의 위치가 불안하다. 나아가고자하나 아직 충분한 힘이 없다. 과거의 두려움이 모두 사라진 것이 아니기 때문이다. 그러나 너무 위축(萎縮)될 필요는 없다. 설사 놀랄일이 생겨도, 자신에게는 아무런 위해(危害)나 손해될 것이 없으니 지나치게 걱정하지 마라.

아직 기력(氣力)이 부족하니, 회복되기를 기다려라. 내부 정비에 더 힘을 기우려야 한다.

4효(爻), 매사에 욕심을 가져서는 안된다. 아직 쇠운에서 벗어나지 않았다. 사업을 이르키려 하나 아직 힘이 없을 뿐만아니라, 자신의 역량을 충분히 발휘할 수 없는 시기란 뜻이다.

섣불리 일을 진행시키면 중도에서 좌절되거나 큰 실패를 당할 우려가 많다.

5효(爻), 대단히 어려운 상황에 처했다. 진퇴양난의 기로에 섰더라도 당황하지 말고, 다시한번 일의 형편을 냉정히 판단하여 조심스럽게 한걸음 한걸음 나아가면 지금의 처지에서 벗어날 활로(活路)를 찾을 것이다. 인간사가 좋고 편안만 있는 것이 아니다. 때로는 위험에 빠질 때도 있는 법이다. 지금 아무리 어려운 지경(地境)에 빠졌더라도 포기하거나 물러서면 안된다. 수습에 힘쓰면 크게 잃지는 않는다.

6효(爻), 아직도 쇠운 상태에 있다. 절대로 일을 새로 시작하거나, 확장 등은 금물이다. 모든 운기가 다막혀 어디를 보아도 나갈 구멍이 없다. 나아감을 일시 중단하고 사태 파악을 다시하라. 눈앞에 위험이 있다.

지금이라도 경계심을 가지고 신중을 다하면 큰 일없이 무사할 수 있다.

진위뢰(震爲雷)사항판단

- **소원** : 성급하게 바라지 마라. 시간을 두고 성의를 다하라. 될듯하면서도 늦어진다. 재물은 지출이 되지만, 희망을 버리지 말고 노력하라. 큰 일은 조금 어렵겠으나, 작은 일은 성취(成就)된다.
- **사업** : 의욕을 가지고 분주하게 활동을 하나, 노력한 만큼 실적이 오르지 않는다. 신규 사업은 보류하는 것이 좋다. 현재하고 있는 일은 내실을 충실하게 다듬어라. 지금은 여러가지 어려움에 부닥치게 되지만 당황하지 말고 침착하게 처리해 나가면 무난히 해결될 것이다. 새로운 투자나, 확장은 하지 마라. 생각과는 달리 실속(實速)이 전혀없고 말뿐이다.
- **상담** : 큰 이득이 없다. 서로 잘 진행이 안될뿐 아니라 겉으로 말만요란할뿐 딴 마음이 있는것 같으니, 다시한번 상대의 의중(意中)을 잘 살펴보라.
- **매매** : 크게 오르므로 사두는 것은 좋다. 단기간의 이익을 취하려 하지 마라. 그러면 반드시 큰 이익이 있다.
- **계약** : 일이 될듯하다가 쉽게 성사 되지 않는다. 서로의 생각이 달라 합심이 안된다. 또한 중간에 방해를 하는 사람이 있게 되어 전망이 불투명하다.
- **소송** : 이쪽에서 강력하게 나가라 물러서면 손해를 보게된다. 처음에는 조금 놀라는 일이 있으나, 염려할 필요가 없다. 자신의 정당

함이 나타나게 된다.

- **취직** : 다소의 이견이 있어 쉽게 결정이 나지 않는다. 봄, 여름에는 가능성이 많으나 가을, 겨울은 가능성이 희박(稀薄)하다. 목표를 분명히 정하여 노력을 다하라.

- **승진** : 명단에는 올랐으나 심사 과정에서 의견이 있겠으니, 주위에 선배나 웃사람의 도움을 구하라. 아니면 불가능하다.

- **입학** : 목표를 분명히 정하라. 여러곳에 지원하면 실패하기 쉽다. 정한 목표를 위해 노력을 다하라. 어느 정도 가능성이 있겠다.

- **이사** : 집안의 일이 생겨 부득이 옮겨야 할 형편에 놓이게 된다. 가운(家運)이 불길하고 놀랄일이 발생해 산란(散亂)하다. 움직이지 않음이 좋다.

- **여행** : 여럿이 함께 하는 것은 상관없다. 혼자가는 것은 중지하는 것이 좋다. 여행중에 뜻하지 않는 변고(變故)가 생겨 놀라게 된다.

- **연애** : 일시적인 불장난일 경우가 많다. 진실성이 없고 건전한 관계가 아니다. 두사람을 상대로 만날 경우도 있게 되는 등 좋은 관계는 아니다. 서로를 위해서 빨리 정리하는 것이 좋다. 결혼 상대는 될 수 없기 때문이다.

- **결혼** : 여러곳에서 들어와 중매가 성사되기 어렵다. 초혼이면 안좋다. 중간에 말썽이 많게되고, 끝까지 가기 어렵게 된다. 그러나, 재혼(再婚)이면 괜찮다.

- **출산** : 놀랄일이 생겨도 염려는 하지마라. 출산에는 지장이 없겠으나 산모에게 후환(後患)이 있겠다. 대개 남자아이다.

- **가출인** : 동남쪽으로 찾아보라. 명확한 거처는 알 수 없으나 수소문 하면 소식은 들을 수 있다.

- **기다리는 사람** : 두세사람 동행이 있어, 조금 늦어지나 곧 연락이 오든지 오게 된다.

- **분실물** : 귀중품, 패물이나 보석은 당일에 찾지 못하면 찾기 어렵다. 그 이외의 것은 다른 사람이 알려주든지 가지고 온다.

- **건강** : 갑작스럽게 일어난 병이 많다. 정신병, 노이로제, 히스테리, 간장병 등이다. 대단한 병은 아니니 오래 가지는 않는다. 그러나,

오랫동안 앓아온 병이라면 위험하다.

• 날씨 : 낙뢰(落雷)나 지진등으로 천재지변(天災地變)이 있을 수다.
폭우, 폭설이 예상되나 곧 개이게 된다.

52. ䷳ (七.七) 간위산(艮爲山)

간기배불획기신(艮其背不獲其身)

• 상(象)의 해설

간(艮)은 산이 중첩되어 있는 형상이다. 산은 움직임이 없다. 즉
머문다, 멈춘다, 동(動)하지 않는다는 뜻이다.

인생을 살아가면서 모두가 활발하게 움직이고 앞으로 진행하는 것
만이 능사로 생각하지만, 이것만이 잘사는 길이 아니다. 때로는 긴
휴식을 취해야 할때도 있고, 모든 것을 중단하고 조용하게 자신을
돌아보면서 잘못된 것을 반성하고, 미래에 대한 설계(設計)를 하는
것도 큰 발전이 되는 밑거름이 된다. 이 간(艮)은 태산처럼 미동 없
이 태연하고 여유있는 마음으로 자리를 지킨다는 의미다.

멈춘다는 것은 아무때나 멈추고 머무는 것이 아니다. 머물러야 할
때 머물고 움직여야 할때 움직인다는 것이다. 그러므로 그때를 놓치
지 않음은 곧, 밝은 미래가 보장(保障)된다는 것이다.

• 운세

고립무원(孤立無援) 상태이다. 모든 일을 중지하고 현재의 위치를
지켜가는 것이 중요하다. 아무리 노력을 해도 아무런 성과가 없을뿐
아니라 오히려 더큰 피해를 당하는 위험이 있다.

때가 올때까지 기회가 주어질 때까지 조용하게 자신의 내부를 견실
하게 다듬고 힘을 길러야 한다. 이때는 어느 누구도 자신에게 도움을
주려는 사람도 없고 도리어 배반(背反)을 당하는 불운의 시기다.

산은 세찬 비바람속에서도 조금도 변함없이 그대로 묵묵히 그 위
치를 지키는것 같이 모든 일에 허둥대거나 경거망동(輕擧妄動)하지

말고 심사숙고(深思熟考)해야만이 무사(無事)할 수 가 있다. 이때는 재산상의 손해나 물질적인 피해, 몸이 상(像)하든가 또는 남에게 사기를 당하기 쉬운때니 매사에 주의를 다해야 한다.

간위산(艮爲山)지침

모든 욕망을 버려라. 남에게 도움도 구하지 말고 바라지도 마라. 구해도 얻어지지 않는다. 또한 남의 말을 믿지도 않아야 한다. 지금은 모든 것을 중단하고 현재 자신의 위치와 현상태를 잘 지켜 나가는 것이 최선의 길이다.

함부로 움직이면 큰 낭패를 당하기 쉬운 때이니, 인내심을 가지고 자제하라.

1효(爻), 나아가고 물러섬이 자유스럽지 못하다. 현상태를 잘 유지(維持)하는 것이 지금으로서는 최선의 길이다.

만약, 욕심을 내어 행하고자 하면 모든일 즉 사업, 직장, 상담(商談), 경영 등이 실패할 가능성이 많으니 단념해야 한다. 이때는 무언가를 행하고 싶은 욕망이 일어나게 되지만, 지금은 때가 아니니 결코 동하면 안된다.

자신의 몸을 낮추어 마음을 비우고 기회가 올때까지 장기간 하던 일을 지켜나가면, 무사하게 된다.

2효(爻), 자신의 생각이나 의견이 어느곳에도 통하지 않는다. 아무리 가까운 사람이라도 자기에게 도움을 줄 사람이 없으며 분명한 일이라도 남이 믿어주지 않으니 어떻게 해볼 도리가 없는 답답한 심정이다.

매사가 짜증스러울 뿐이지만, 이미 쇠운의 시기에 들었으니 누구를 원망하겠는가. 자신의 덕(德)과 운(運)이 부족한 탓이다.

3효(爻), 이미 상당한 위험에 봉착(逢著)하여 고통이 심할 경우가 많다. 현재의 어려운 상황에서 벗어 나려고 수단과 방법을 다 동원해도 쉽게 해결될 가능성이 희박(稀薄)하다.

그러나, 아무리 헤어날수 없는 곤경에 처하였더라도 벗어날 방도

(方途)가 있는 법이다. 강한 마음을 먹고 침착하게 행동하라. 그러면 차츰 나아지게 된다.

지금으로서는 자기의 분수을 잘 알아 지켜 나가면 무난할 것이다. 결코 무리수(無理數)를 쓰면 안된다.

4효(爻), 자신의 일 이외에는 일체 간여하지도 말고 한눈도 팔지 마라. 어떤일이든 자신에게 아무런 이득이 없고 도리어 화만 돌아온다.

경영사(經營事)나 계획 등 일상사(日常事)일지라도 함부로 외부에 표출(表出)하지 말고, 당분간 자기의 마음 깊숙히 접어두라. 그것이 좋은 말이든 나쁜말이든 다 마찬가지다.

5효(爻), 이제 차츰 운기가 다가올 조짐이 보이기 시작하는 때다. 그러나, 아직은 장애물이 남아있으니 신중하게 처신해야 한다.

특히, 말을 조심하라. 합당하고 논리정연하면 탈이 없으나, 자칫 그 뜻이 왜곡(歪曲)되어 낭패를 당할 위험이 있으니 오해가 생기지 않도록 주의하라.

6효(爻), 자신의 본분(本分)을 잃지 말고 분명하게 지켜나가면, 차츰 희망이 보이는 위치에 왔다고 본다. 아직은 운세가 무르익어 나타나기에는 시일이 걸리겠다. 지금까지 해왔던 일이라면 그대로 밀고 나가면 반드시 좋은 결과가 있게 될것이니 성급하게 진행하지 말고, 한걸음 한걸음 차분하게 진행하라.

만약 현재 사정이 여의치 못하면, 다음 기회로 미루라. 그러면 다시 그 기회가 오게된다.

목적을 분명히 하여 확고한 신념을 가지되 경망스러운 행동은 삼가하라.

간위산(艮爲山)사항판단

- **소원** : 당장은 어렵다. 방해가 있거나, 장애가 있다. 성급하거나 본인이 너무 앞서면 성취하지 못한다. 이는 시일을 두고 차분하게 해나가면 좋은 결과를 얻을 수 있다.
- **사업** : 본업은 굳게 지켜나가야 한다. 확장이나 전업은 안된다. 현

재로는 누구의 도움이나 협조를 구할 수 없다. 이때는 지금하고 있는 일에만 열중해야지 다른곳으로 눈을 돌리면 손해를 본다.

간(艮)은 멈춘다는 뜻이 강하게 내포(內包)되어 있기 때문에 아무리 열성과 열정을 다해도 실적이 오르지 않을 때이다. 오히려 여러곳에 벌려놓은 것도 정리하여 한곳으로 힘을 집중해야 현상유지나 현 위치를 지켜나갈 수 있다. 당장의 이익이나 성과 보다는 좀더 먼 안목을 가지고 추진해가면 성공할 수 있다.

• 상담 : 이쪽에서 적극적으로 나서면 될수 있는 일도 안된다. 본인이 아무리 능력이 있고, 유망(有望)한 일이라도 상대편에서 응해 오지 않는다. 또한 어렵게 성사되어도 아무런 이득이 없으니 중단하고 다음으로 미루는 것이 좋다.

• 매매 : 손해가 예상되니, 급하게 서둘지 마라. 말썽이 있든지 성사되어도 이득이 적거나 다음에 후회하게 된다. 시간을 두고 천천히 진행하라.

• 계약 : 아무리 애를 쓰고 노력을 다하나 정력만 낭비할 뿐이다. 성사되기도 어렵지만 만약 어렵게 성사된다 해도 장래가 불길하니 그만 중지 하는 것이 좋다.

• 소송 : 작은 일이 큰 일이 되어 혼란스럽기만 할 뿐이다. 본인이 직접 나서는 것은 불리하다. 화해함이 좋으나 재산에 관한 문제라면 변호사에 일임하라.

• 취직 : 임시직이면 무방하나, 자신이 목표한 곳은 어렵다. 대기업이나 공직(公職)은 좀더 실력을 쌓아서 긴안목으로 준비하라.

• 승진 : 지금으로서는 현 직책이나 직위에 더 신경을 써야한다. 선배나 주위의 도움이나 협력도 구하지 말고 바라지 않는 것이 좋다. 주위의 경쟁도 심하고 방해도 있다.

• 입학 : 목표를 낮추라. 아니면 잘아는 사람에게 부탁하라. 2차 3차에는 가능성이 있다. 재수하면 본인이 원하는 곳에 들어갈 수 있다.

• 이사 : 움직이지 마라. 재난을 당할 우려가 있다. 또한 마땅한 곳을 구하기 어렵고 여건도 좋지 않다. 피치 못할 사정이 없는한 불

편한점이 있더라도 그대로 있는 것이 좋다.

- **여행** : 가벼운 여행이라도 가지마라. 단기간의 가까운 곳이라도 손 재가 있거나 일신상의 불상사가 발생하게 되니 다음으로 미루라.
- **연애** : 가벼운 친구사이나 연인 관계라면 일시적으로 즐거운 상대 이고 별 문제가 없다. 단지 한때의 혈기와 열정(熱情)으로 끝나게 된다. 그러므로 장래를 약속할 수 있는 상대는 못된다.
- **결혼** : 서로 결혼을 전제로 오래 사귀었던 사람은 추진을 해도 상 관 없지만, 최근의 일이라면 성사되기 어렵다. 믿을만한 사람이 중매를 한다해도 서로 맞지 않고, 혼인 후에 말썽이 있거나, 원만 하지 못하니 단념하는 것이 서로를 위해 좋다.
- **출산** : 초산이면 위험이 있다. 산후에 병이 들면 오래 고생한다. 태아는 무사하다. 남자아이일 가능성이 많다.
- **가출인** : 서, 남쪽에 있거나 깊은 산중에 있다. 한곳에 머물러 있 지 않고 이곳 저곳으로 옮겨다니니 찾기 어렵다. 동행이 있어 쉽 게 돌아오지도 않는다.
- **기다리는 사람** : 빨리오지 못한다. 돌아오는 도중에 신상에 좋지않 은 일이 발생하여, 위험한 일을 당해 고생이 심하다. 그러나 걱정 하지 마라. 늦게라도 돌아온다.
- **분실물** : 집안에 있을 가능성이 많다. 철없는 아이의 장난일 수 있 다. 이삼일안에 찾지 못하면 어렵다. 아니면 도둑의 염려도 있다. 너무 늦게 되면 찾지 못한다.
- **건강** : 오래된 병이나 노인이라면 걱정스럽다. 비장(脾臟), 위, 중 풍, 관절 등 쉽게 치료되지 않고 오래간다. 몇일 안된 병이면, 곧 쾌차하게 된다.
- **날씨** : 구름이 많고 흐린 날씨나 비는 오지 않는다.

53. ䷴ (五.七) 풍산점(風山漸)

점, 여귀길(漸, 女歸吉)

• 상(象)의 해설

점(漸)은 나아간다는 뜻이다. 급하게 나아가는 것이 아니라 서서히, 점진적(漸進的)으로 나아간다는 의미다. 천리길도 한걸음부터.

산에 나무를 심어 그것이 자라기를 기다린다는 등의 말과 같이 착실하게 순리에 따른다는 것이다. 나무는 춘하추동 사계절의 변화에 순응하면서 큰나무가 되는 것처럼, 인간사의 일도 이와같이 순서에 따라 질서있게 미래를 설계해야 비로소 그 뜻을 펼수 있다는 것이다.

• 운세

지금까지 막혔던 일들이 점차로 풀려가는 때이다. 점(漸)이란 산에 나무를 심어 그것이 점점 자라나서 큰 숲을 이루는 모습을 가리키는 것이다. 또한 나무는 하루 이틀 사이에 훌륭한 나무가 되지않는 것과 같이 나무가 자라기를 기다린다는 뜻이다.

그러므로 한걸음 한걸음 조심스럽게 출발하여 목적지에 도달하는 발전의 시기를 맞았다. 오랜기간 나무가 자라서 재목으로 쓸수 있는 것처럼 성급하게 진행하면 안된다. 차분한 마음으로 진지(眞知)한 태도로, 나아가면 소정(所定)의 목적을 이루게 된다. 아직 모든 것이 시작에 불과 하니 부족한것이 많고, 다소의 어려움이 있을 수 있다. 그러나, 현재로선 큰 욕심을 내면 화를 자초하여 실패하게 된다.

풍산점(風山漸)지침

세상사(世上事)의 모든 일에는 질서와, 순서(順序) 순리(順理)가 있는 법이다. 이 점(漸)괘는 일을 진행함에 이와 같이해야 목적한 바를 달성할 수 있다는 것이다. 그러므로 태만하지 말고 꾸준히 끈기있게 추진해 나가라.

결코, 급격하게 나아가지 말고, 단기간에 큰 성과를 바라지 마라.

1효(爻), 아직까지 자신의 역량이 부족하고 주위의 여건이 성숙하지 않았다. 자신있게 일을 하기에는 때가 있으니 조심스럽게 나아감이 옳다.

섣불리 덤벼 들었다간 위험에 빠질수 있고, 주위의 비난을 받게된다. 만약 현재하고 있는 일이라면 그동안 고생하고 어려웠던 일이 차츰 풀려 조금씩 나아지게 되는 운이다. 새로 시작하는 일이라면 다소 여유를 두고 충분한 힘을 갖춘후에 하는 것이 좋다.

2효(爻), 운기가 차츰 상승하는 시기로 일상생활의 어려움은 없다. 경제적으로 다소 수입이 증가 할때이지만, 현재의 생활에 만족하는 것이 아니고 의욕(意慾)이 일어나는 때다.

그러나, 아직 힘을 더 길러야 하는 때다. 무슨 일이든 본인이 너무 적극적인 행동을 하면 안된다. 앞으로 그 기회는 얼마든지 오게 되니, 자신의 능력을 충분히 발휘할 수 있을때까지 기다리는 것이 옳다.

3효(爻), 흉(凶)한 일이 생겨날 조짐이있다. 자기의 욕심만 앞세워 나아가게 되니 자신의 처지나, 일의 경중(輕重)이나, 가불가(可不可)를 살펴보지 않았으니 필연적(必然的)으로 실패나 고통을 당하게 된다. 후회할 일은 애초에 잘 검토해서 하지 않음이 옳다.

특히 이때는 가까운 사람과의 불화(不和), 분쟁(分爭), 배신(背信) 등의 일이 일어날 가능성이 많으니 미리 경계심을 갖되, 큰일이 되지 않도록 방지하라. 재산상의 손실이 있기 쉽다. 도둑, 실물(失物) 등도 주의해야 한다.

매사에 자신의 능력을 너무 과신하지 말고 자만 하지 마라.

4효(爻), 현재의 상황이나 자신의 위치가 불안한 상태에 놓여 있지만, 이는 본인의 노력여하에 따라 충분히 수습되고 지켜나갈 수가 있다.

그러나 의지와 노력이 부족하면 현 위치도 위태롭게 된다. 더욱이 분외의 일이나 대외적인 일은 아에 염두에 두지 마라. 일상사의 작은 일은 성취되나 큰일은 불가하다.

5효(爻), 성운이 찾아왔다. 지금까지 고전을 면치 못했던 일들이 모두 해결되는 시기다. 그러나 계속해서 노력을 다해야 한다.

아직까지 정상에 도달하려면 장애나 방해가 남아있어 어려움이 따른다는 것이다.

그러므로 조금 나아진다고 기뻐하거나, 방심하면 자신이 정한 목적이 늦어지게 된다. 아직 갈길이 남아 있으므로 조급히 서둘지 말고 사물을 직시하여, 계속 추진해 나가면 성사 될것이다.

6효(爻), 모든 것이 자신이 원하는 대로 이루는 시기에 해당된다. 아직 미진(未盡)한 것이 있다면 조만간 모두 해결되어 큰 기쁨을 맞보게 된다.

사람이 정상에 도달 했을때 가장주의해야 할 것은 만족을 아는 것이다. 과거의 어려웠던 일을 되돌아보면서 두번다시 그런 전철(前轍)을 밟지 않도록 주어진 행복을 잘 가꾸워 나가야 한다. 다시말해 더큰 욕심과 안일(安逸)에 빠지지 마라는 것이다.

풍산점(風山漸)사항판단

- **소원** : 곧 이루어지지 않고 시간이 걸리겠지만, 순조롭게 진행된다. 조급하게 생각지 말고 마음의 여유를 가지고 임하라. 단시일내에 성사 시키려면 실패하기 쉽다. 단 합법적으로 순리를 따라야 한다.

- **사업** : 순조롭게 점진적(漸進的)으로 발전해나가는 운기다. 장기적(長期的)인 안목을 가지고 순차적으로 인사 문제나 자금을 투자, 보완해 나가라. 가시적(可視的)인 성과는 금방 나타나지 않지만, 조급해 하거나 서둘 필요는 없다. 산에 어린 묘목을 심고 가꾸워 가는 형상이니, 단번에 큰 재목이 될수 없기 때문이다. 다소의 어려운 고비가 있더라도 굴(屈)하지 말고 확고한 신념을 가지고 나아가면 반드시 크게 이루게 된다.

- **상담** : 순서(順序)를 지키고 정당한 절차를 밟아서 추진해 나가면 어떠한 어려운 문제나 큰일도 성사시킬 수 있다. 단 중도에 포기하지 말고 끈질기게 성의를 다하라.

- **매매** : 쉽게 이루어지지 않는다. 시일이 경과 하면 유연(儒然) 합

당한 사람을 만나게 되니 조급해 할 필요가 없다. 서두르면 손해를 보게 되니 명심해야 한다.

- **계약** : 적은 것이라면 큰 이익을 얻게 된다. 큰 일이라면 심사숙고(深思熟考)한 연후에 결정하라. 모든 것이 순조롭게 진행된다.

- **소송** : 대개 부동산에 관한 일이다. 속히 결말이 나기 어렵다. 조속(早速)히 처리하면 불리하니, 장기간에 걸쳐 일을 진행하면 승소한다. 좋은 변호사를 찾아 일임하라.

- **취직** : 지금까지 해왔던 일이라면 금방 구하게 된다. 그러나 성급하게 결정을 내릴 필요가 없다. 좀더 조건이 좋은곳도 구할수 있는 때이다. 신규일지라도, 조만간에 회신(回信)이 올것이다.

- **승진** : 관·공직 또는 현직에 있는 사람은 불길하다. 한직으로 물러나든지, 사표를 내든지 하는 위험이 있다.

- **입학** : 자신의 실력 수준 보다 높은 학교라도 꾸준히 노력하면 가능하다. 만약 재수생이라면 목표한 학교에 합격한다.

- **이사** : 별탈은 없지만 당분간 불편한 것이 있더라도 그대로 있는 것이 좋다. 웃사람의 의견을 쫓아라.

- **여행** : 해외 여행이나 장기간의 상용으로 출장갈 일이 생기게 되는 때다. 상당한 실적도 올리게 된다. 동반(同伴)이면 더욱 좋다.

- **연애** : 좋은 연분을 만났다. 서로 장래를 약속해도 아무런 허물이 없고, 일생의 반려자로써도 손색이 없으니, 양가 부모의 허락을 받아 결혼이 이루어지도록 성의를 다하라. 이 점괘는 혼기가 찬 처녀가 얌전하게 구혼을 기다리는 모습이라고 했다. 이때는 좋은 상대를 만나게 되고 그 만남도 순조롭게 이루어진다.

- **결혼** : 지금까지 여러번 말은 오갔으나 성사되지 않았던 사람도 합당한 배필을 만날수 있고, 좋은 인연으로 맺어질 것이다. 결혼에는 대단히 좋은 괘다. (특히, 여자가 시집가는 것은 길하다.)
  단, 너무 끌지 말고 서둘러 절차를 밟아 결혼식을 올리는 것이 좋다.

- **출산** : 임산(妊産)때의 점(占)이라면 순산하나, 그 이전의 점(占)이라면 유산(流産)되거나, 만약 출산을 해도 키우기 어렵다. 초산

이면, 남아이나 대개 여아이다.
- **가출인** : 먼곳에가 거처를 알기 어렵다. 유흥업소 등에 가 있을 경우가 많고, 빨리 찾기 어렵다.
- **기다리는 사람** : 조만간에 소식이나 거처를 알수는 있으나, 급히 오지 않는다.
- **분실물** : 집안에서 잃었다면, 동북쪽으로 높은 곳을 찾아보라. 쉽게 찾기 어렵다. 집밖으로 나간 물건은 단념하는 것이 좋다.
- **건강** : 어떤 병이든 조기에 치료를 서둘러라. 오래가면 중병이 된다. 위장, 대장, 소화기 계통을 주의하라.
- **날씨** : 흐린날씨면 바람이 높고 비가 내리겠으나, 많은 양은 아니다. 곧 개이게 된다.

54. ䷵ (四.二) 뇌택귀매(雷澤歸妹)

귀매, 정흉(歸妹, 正凶)

• 상(象)의 해설

귀매(歸妹)란 젊은 여자가 시집을 간다는 것을 뜻한다. 즉 연못위에서 천둥이치고 수면위에 파문을 일으킨다. 이는 천(天)과 지(地)가 교접(交接)한다. 즉, 음양(陰陽)이 서로 화합하여 천지자연의 만물이 생성한다는 의미다. 천지가 서로 교감(交感)하지 않으면 만물이 생성할 수 없는 것과 같이 인간사도 마찬가지로 여자가 시집을 간다는 것은 천지간의 법칙이고 인간의 상도(常道)인 것이다.

그러나, 이 귀매(歸妹)의 괘는 여자가 기뻐함으로 움직인다는 뜻으로, 여자가 능동적으로 결혼을 먼저 서두른다는 것이다. 그러므로 그 모습이 아름답거나 정상적인 결혼이 아닌것을 말한다.

• 운세

자신의 입장과 위치를 잘 파악해서 분수를 지켜나가야 할 때이다. 자신의 위치와 직분을 생각지 않고 앞서 나아가면 불행을 자초하게 된다.

이때는, 주위 환경에 순응해나가고 겸손하게 자신의 입장을 지켜나가면 좋은 결과를 얻을수 있다. 또한 다른 사람 보다 앞장서서 능동적인 행동을 삼가하고, 그 뜻에 배반(背反)하여 자기의 욕심만을 채우려 한다면 만사는 중도에서 좌절하든가 실패하게 된다.

젊은 여자가 시집을 가는 것이니, 지금까지 고전을 면치 못하던 사람이면 현재의 고통에서 벗어날 기회가 오게되니, 너무 감정을 앞세우지 말고 이성적으로 차분하게 행동해야 한다. 만약, 감정에 치우쳐 경솔하게 처신하면, 한때는 좋은듯 하지만 그것이 오래가지는 못한다.

이때는 가정불화, 형제간에 다툼, 여자로 인한 분쟁등이 일어날수 있고 뜻하지 않은 재난이 발생할 수 있으니 주의를 해야 한다.

뇌택귀매(雷澤歸妹) 지침

눈앞의 이익이나 일시적인 쾌락에 사로잡혀 패가망신의 염려가 있겠으니, 순간의 감정에 치우침이 없도록 주의하라. 사리, 사욕에 눈이 멀게되면 한치의 앞날도 보장 받을수 없는 불행속에서 허덕이게 되고, 실패가 따르는 것은 자명(自明)한 일이다. 매사에 먼 안목을 가지고 영속적(永續的)인 일에 정성을 다하라.

1효(爻), 자신의 능력이나 실력의 부족함을 깨닫고 경거망동하지 않으면 무사하게 지낼수 있다는 것이다.

현재 자신에게 주어진 지위나 위치가 안정되지 못하고 불안하다. 그러나 그것이 자신에게 주어진 운명이다. 아무리 주어진 상황이 그렇더라도 자신의 행, 불행은 본인의 마음에 따라 달라질 수 있는 것이 이효(爻)의 괘상(卦象)이다.

최선(最善)이 아닌 차선(次善)이라도 만족하는 마음을 가짐에 따라서 충분한 성과를 얻을 수 있게 된다.

2효(爻), 사물을 잘못보고 선택할 가능성이 있다. 모든 것이 자신의 식견이 부족한 것을 모르고, 섣불리 판단을 내려 나아가면 화를 면하기 어렵다.

때로는 주위 사람의 눈에 들어 발탁되어 중요한 위치에 오르게 되는 경우도 있으니, 기회가 오기를 기다리며 자신의 본분을 잃지말고 끝까지 노력을 다하라. 지금은 어떠한 일이라도 적극적으로 진행하지 말아야 한다. 반드시 실패가 따르게 되니 아무리 좋은 일이나, 기회가 왔다고 해도 불의의 사고나 뜻하지 않은 일이 발생하여 크게 놀라게 된다.

3효(爻), 혹시나 하는 요행수(僥倖數)는 바라지도 마라. 아무리 사력(死力)을 다해 발버둥을 쳐도 통하지 않는 불운의 시기를 만났다.

만약, 욕심을 내어 일을 할려다 도리어 큰 피해를 당하게 된다. 설사 자기에게 힘이없고 아무런 능력이 없더라도 정도(正道)를 행해야 한다. 만약, 부정한 방법으로 편법을 사용하면 장래를 그르치는 큰 재해를 당하여 회복할 수 없는 위험에 빠지게 된다.

이때는 몸을 삼가하고 자신의 분수를 지키고, 지금의 불운의 시기가 지나가길 기다리는 수 밖에 없다.

4효(爻), 모든 계획을 뒤로 미루고 안정을 되찾아 다음 기회를 보아야 한다. 이미 때를 놓쳐버렸기 때문이다. 조바심을 갖고 뒤를 돌아보고 애석해봐야 아무런 도움이 안된다. 지금 진행중인 일도 성사되기 어렵고 계획에 차질이 생기는 때이다. 그러나, 희망과 용기를 잃지마라. 또다시 기회는 오게 된다. 현재의 경영사가 부진하고 계획에 변동이 있다해도 결코 나쁘지만은 않다는 뜻이다. 조금 늦게 출발해 늦게 이루어는 차이 뿐이다.

5효(爻), 비록 현재의 상황이 겉으로는 형편없고 보잘것 없지만, 그 상태가 오래지속 되는 것은 아니다. 설사 남이 자기를 알아주지 않더라도 개의치 마라. 모든 것은 겉이 중요한 것이 아니다.

사업이나 경영이나 너무 과대 포장하지 말고 작지만 내실(內實)에 충실하도록 노력해야한다. 머지않아, 자신이 원했던 일들이 크게 발전하게 된다. 이때는 자신을 도와줄 신뢰성 있는 성실한 사람을 구하면, 큰 도움을 얻게 될 것이다.

6효(爻), 이효(爻)를 가리켜 악운을 만났다고 한다. 가는 곳마다

하는 일마다 모두 허사일뿐이다. 노력도 통하지 않고 힘도 남아있지 않을 때다.

지금은 현재하고 있는 일도 다시 점검하여 모든 지출을 줄이고, 계획하는 일은 축소 또는 당분간 중단하는 것이 좋다. 여태까지 애써 노력해 왔던 일도 아무런 성과가 없게 되는 시운이다. 하고 있는 일도 장래성이 전혀 없으니 고려해 보아야 한다.

뇌택귀매(雷澤歸妹) 사항판단

- **소원** : 성취되기 어렵다. 중간에 방해가 있든지, 너무 과분한 욕심을 내었든지, 매사가 자신의 뜻과 같지 않다. 작은 일은 성사되겠으나 큰일은 뒤로 미루고 다음 기회를 보라. 만약, 남의 의견을 쫓아서 따라가면 의외의 성과를 기대 할 수 있다.

- **사업** : 현상유지에 힘을 쓸때다. 자신의 생각과 현실이 일치하지 않게되어 어려움을 겪게 되는 시기로 과욕은 금물이다. 자신의 역량을 충분히 발휘할 때가 아니므로, 남의 의견을 따르거나 축소지향(縮小指向)으로 나아가면 점차 나아지게 된다.

  무리한 계획이나 확장 등은 필히 실패하게 되니 명심해야 할 것이다. 만약 새로운 일이나 계획이 있으면 당장 그만두는 것이 현명한 처사다.

- **상담** : 정도(正道)를 벗어나지 말고, 지나친 욕심을 버려라. 그렇지 않으면 도리어 해를 당할 우려가 있다. 상대방에 자신의 의견이 먹혀들지 않는다 하더라도, 포기하지 말고 재삼, 재사 시도해 보자.

- **매매** : 남의 말을 믿지 마라. 약속을 이행하지 않는다. 또한, 이쪽도 사정이 생기게 되니 확실한 언약(言約)도 하지마라. 매입을 하면 큰 이익을 본다. 그러나 파는것은 뒤로 미루는 것이 좋다. 지금은 가격이 하락하지만 시일이 지나면 상승한다.

- **계약** : 중도에 말썽이 있겠다. 해약 되는 일이 발생하든지, 남의 방해가 있으니 주의하라. 또한 상대방이 약속을 지키지 않는 등의 불

길한 때이니 피해를 당하지 않도록, 사전에 충분한 대비를 하라.

- **소송** : 서류상 또는 인장(印章)의 염려가 있겠다. 서로 극한(極限) 대립에 처해 말이 통하지 않는다. 패소할 가능성이 높으니 화해하는 것이 좋다.

- **취직** : 대기업이나 관·공직등 영구직은 불가하다. 임시직이면 외판, 아르바이트, 일용직이 괜찮다. 그러나 이전부터 해오던 본직이면 곧 된다.

- **승진** : 아직 때가 아니다. 이미 한번 기회를 잃었다. 그러나, 재차 기회가 올 것이니 조급하게 생각지 말고 기다려라. 그러나, 웃사람이 강력하게 끌어주면 가능성이 있다.

- **입학** : 자신이 바라는 곳은 어렵다. 이지망, 삼지망도 노력을 해야 한다. 아니면 다음 기회를 바라보라.

- **이사** : 그대로 있는 것이 좋으나, 꼭 해야 하는 경우라면 시일을 조금 늦추라. 마땅한 곳을 찾을 것이다.

- **여행** : 지금은 시기가 적절하지 않다. 또한 떠나지 못하는 사정이 생기게 된다. 다음 기회로 연기함이 좋다. 이때는 혼자 가는 것은 좋지 않다.

- **연애** : 상당히 깊은 관계로 볼수 있다. 정상적인 관계가 아니고 일시적인 감정으로 만나는 경우가 많다. 특히 여자는 나이 많은 사람, 아니면 나이가 어린 젊은 사람, 유부남 등이다. 남자는 여자에 깊이 빠져 가정불화까지 생기기 쉽다. 서로가 오래 지속하기는 어렵다.

- **결혼** : 상대편을 좀더 자세히 알아보고 해야한다. 뭔가 숨기는 것이 있든지, 행실에 문제가 있을 소지가 농후하다. 만약, 성사되더라도 후일이 걱정되니 유념하라.

- **출산** : 예정일보다 빨리 출산한다. 대개 여자아이다. 그러나, 남자 아이면 산모, 태아 모두 위험하다.

- **가출인** : 이미 돌아올때가 지났으면 오지 않는다. 돌아오지 못할 좋지 않은 일이 발생하여, 아무도 모르는 곳에 은신하고 있어 알기 어렵다. 찾으려고 백방으로 노력을 다하나 고생만한다.

- **기다리는 사람** : 도중에 일이 있어 조금 늦게 돌아오니 기다리지 마라.
- **분실물** : 여자가 관계 되었으니, 서둘러 찾아보라. 조금 늦게라도 찾게 된다.
- **건강** : 정신, 신경 계통, 수족, 속병, 신경쇠약, 노이로제 등의 병으로 쉽게 치료가 안되어 오래가겠다. 때로는 병명을 알수 없을 경우가 많다. 귀신의 장난 일수 있으니, 신불에 기도하라.
- **날씨** : 뇌성을 동반한 비, 바람을 동반한 비 등 변덕스러운 날씨다. 비의 양(量)은 많지 않다.

55. ䷶ (四.三) 뇌화풍(雷火豊)

풍, 형, 왕가지(豊, 亨, 王假之)

• 상(象)의 해설

풍(豊)은 말 그대로 풍년, 만물이 물과, 불, 바람의 활동에 의해 곡식이 풍성하게 생산된다는 것이다. 모든 것이 풍부하고 풍성하여 성대(盛大)하다는 뜻으로 강력한 군왕의 모습을 나타내는 것이다. 그러나 강력한 군왕도 그자리를 오래도록 보전하려면, 더 많은 노력을 기울여야 한다. 한낮의 태양도 정오가 지나면 기울게 되고, 달도 차면 이즈러지고, 천지 자연 또한 계절의 변화에 따라 차고 지며, 생장하기도 소멸하기도 하는 것이 대자연의 법칙이다. 우리의 인간사도 이와 같다는 것이다.

• 운세

성운의 시기이로, 회사나 가정이나 모두 부족함이 없는 풍요롭고 번성할 때다. 이 풍(豊)괘는 풍족한 가운데 위험이 내포되어 있다. 세상의 이치가 정점(頂點)에 다달아 더 올라갈 수 없게되면 내려간다는 것이다.

그러므로, 지금의 상태를 유지하기 위해서 결코 방종해서는 안된다는 것이다. 이미 그 기운이 찾아올 때이다. 점차 운이 쇠퇴하여, 불안한 그림자가 보이기 시작하니 내부를 단속하고 자신의 욕망을 자제해야 한다. 방심하여 속임을 당하든지, 뜻하지 않은 불상사가 발생해 당황하게 되든지, 소송, 논쟁, 재난, 화재 등의 염려가 있으니 사전에 주의를 게을리하면 안된다.

그러나, 현명한 사람은 이를 잘 받아들여 지금의 상태를 깨뜨리지 않고 잘 유지, 보존해 나갈 것이다.

뇌화풍(雷火風)지침

사람은 모든 일이 정점, 정상에 이르면 지금까지 열심히 노력하여 숱한 역경을 넘어온 자신의 과거를 망각하고, 방심, 방종하여 패가 망신 하는 경우가 많다.

일이 번창하고 풍족할때 결코 흥분하여 자신의 본분을 잃지 말아야 한다. 다시한번 자신의 주위를 돌아보고, 잘 살펴서 과도한 욕심을 버리고 차분한 마음으로 매사에 임하라.

1효(爻), 무슨 일이든지 함께 해야한다. 물론 자신의 능력이 없는 것은 아니다. 그러나, 그 능력이 함께 협력함으로써 더 큰 힘을 발휘한다는 뜻이다. 즉, 지혜로운 사람과 재력과 능력과 실력을 갖춘 사람이 서로힘을 합하면, 큰일도 도모할 수 있고 성취한다는 것이다. 단, 자신의 입장을 너무 내세우지 마라. 사소한 문제로 인하여 큰일을 망치게 된다. 이때는 자신을 낮추고, 상대방 의견을 존중함으로서 아무런 탈없이 무사할 수 있다는 것이다.

2효(爻), 장래의 일이 어떻게 전개될지 판단을 할 수 없는 시기다. 앞길이 어둠속에 가렸다는 것이다. 그러니, 나가고자 하지만 어떤 위험한 일이 있게 될런지 불안한 상태에 놓여 있게된다. 자기는 진실을 말하나, 상대방은 그것을 의심하거나 오해를 불러 배척(排斥)당하는 일이 생기기 쉽다.

이때는, 자신의 결백(潔白)을 아무리 주장해도 통하지 않고 도리어 궁지에 몰리게 되니, 모든 것을 마음속 깊이 간직하고 밖으로 너무 나타내지 말아라. 불의에 화를 당할 염려가 있다.

3효(爻), 본인의 계획이나 뜻은 오직 마음속에 간직만 하라. 그 뜻을 펴기에는 도저히 불가능하다. 또한 통하지 않는 때이다. 지금 작은 손해를 보았다면 다행으로 여기고, 더 큰 재난을 만나기 전에 포기하는 것이 상책이다. 지금으로써는 아무것에도 손을 대서는 안된다. 신규투자나 확장, 가까운 사람과의 거래 등도 하지 마라. 모두 흩어지고 실패한다. 자칫 잘못하면, 몸까지 상(傷)하게 되는 운이니 큰 사건이 일어나지 않도록 매사에 주의를 거듭하라.

4효(爻), 모든 일이 한계에 이르렀다. 재산의 손해, 하는 일의 막힘, 장애 등 패운(敗運)이 앞을 가려 진퇴양난의 가운데서 어찌 할바를 모르는 형국(形局)이다.

그러나, 이 효(爻)는 희망이 있다고 본다. 주위의 실력자나 도움을 받을 협력자를 찾아 협력을 구하라. 그러면 현재의 상황에서 벗어날 수 있다. 또한, 그러한 사람도 얻게되는 때다. 단, 혼자만의 고집과 아집으로는 결코 해결하지 못한다는 것을 알아야 한다.

5효(爻), 성운을 만난 사람 일지라도 사람을 잘못 만나면, 모든 일이 수포로 돌아가고 만다. 또한 어려운 환경이나, 고전을 면치 못할때, 진정한 협력자를 만나면 만사가 뜻대로 풀려나갈수 있게 되고, 큰 성공을 거두게 된다.

만약, 어려운 문제에 부닥쳤을때 혼자힘으로 해결 하려고 하지 마라. 또한 큰 일을 도모 할때도 마찬가지다. 능력있고, 지혜로운 사람과 함께라면 크게 빛을 보게된다. 이때는 사고(思考)의 전환(轉換), 계획변경, 환경의 변화를 시도해야 발전이 있다.

6효(爻), 지금부터 쇠운의 시기로 삼가 조심하지 않으면, 회복할 수 없는 파멸의 길로 접어들게 되는 불상사가 겹치게 된다.

일체의 욕심을 버려라. 이미 잘못된 일은 아예 미련을 두지말고 깨끗이 단념하는 것이 오히려 득이 된다. 당분간 움직이지 말고 조용히 지내는 것이 상책이다. 가까운 사람도 자신의 능력도 너무 믿지 마라.

모든 것이 자신에게는 전혀 도움이 되지 못하고, 오히려 더큰 손해와 손실을 가져오게 되어 낭패를 당하게 된다.

뇌화풍(雷火豊)사항판단

* **소원** : 지금까지 추진해 왔던 일 또는, 빨리 결말을 보는것은 이루어진다. 그러나, 지금부터 시작하는 일이나 장기적인 일이라면 어렵다.
* **사업** : 현재는 번창하는 것 같아도 실상은 그렇지 못할 경우가 많다. 외형적으로는 화려하고 거창하지만, 이제부터 쇠퇴의 기운이 보이기 시작하니 경영방침을 재고해야한다.

    신규투자나 증설(增設), 확장 등의 일들을 중단 하고, 경비를 줄이고 감량경영에 초점을 두어야만 앞으로의 시류(時流)에 적응해 나갈수 있게 된다.
* **상담** : 지금이 기회이니 서둘러 추진하여 조속히 결말을 짓는것이 유리하다. 늦게되면, 그 만큼 성사가 어렵고 문제가 발생할 소지가 많으니, 속전속결(速戰速決)로 처리해야 한다. 아니면 모든 것이 허사(虛事)가 되고 도리어 피해를 당할 수 있다.
* **매매** : 부동산은 그대로 두어라. 갑자기 올라 큰 손해를 입게 된다. 매입도 하지 마라. 자금난으로 고전을 면치 못하게 되는 때다.
* **계약** : 하지 않는 것이 좋다. 또한 자신의 뜻이 통하지 않을 경우도 있고 의심을 받을 수 있으니 좀더 시간을 두고 결정함이 옳다. 혹시 그로 인한 손해나 말썽이 생길 수 있으니, 다시 한번 잘 검토하기 바란다. 특히, 구두(口頭)로 끝내지 말고 문서(文書)로 분명하게 하라.
* **소송** : 작은일이 큰일이 된다. 일이 확대되기 전에 수습함이 좋다. 너무 강력하게 나가면 도리어 악화되어 손해를 볼수 있는 흉한 때이다.

    대개 문서(文書)나 인장(印章)의 부주위로 일어날 경우가 많다.

- **취직** : 관·공직, 기업체등 자신이 원하는 곳에 된다. 시일이 걸리거나, 후일을 약속하는 곳에는 어렵다. 빠른 시일에 결정되는 곳이 유리하다.

- **승진** : 지금까지 몇차례에 걸쳐 노력해 왔으면, 이번에는 틀림없이 된다. 또한, 지금 시점(時點)에서 가까운 시일이라면 가능하나 너무먼 시일이라면 어렵다.

- **입학** : 지금까지 열심히 노력한 사람은 자신이 원하는 학교에 들어가게 된다. 단, 너무 높은 곳은 지원하지 않는 것이 좋다.

- **이사** : 움직이지 않는 것이 좋다. 마땅한 것이 없을뿐 아니라, 가보아야 좋은 일은 없다. 피치 못할 사정이 아니면 그대로 있어라.

- **여행** : 가벼운 여행이나 짧은 기간의 여행은 상관 없지만, 장거리나 오랜기간의 여행은 하지 않는 것이 좋다. 중간에 좋지않은 일이 발생하는 불길한 때이다.

- **연애** : 서로가 진실성이 없으며, 외양(外樣)에 현혹되어 사귀게 되니 오래가지는 못한다. 그저 일시적인 불장난의 만남이라 하겠다. 장래에 대한 약속도 말로만 그치고, 정작 뜻은 그렇지 않음이 많다.

- **결혼** : 성사는 되지만 서로 화합하기가 어렵다. 차라리 하지 않은 것만 못하니 숙고해야 한다. 결혼후에 말썽이 생기게 되어 순탄(順坦)하지 못하다. 만약, 남녀 어느 한 사람이 신체적인 결함이 있으면 좋은 연분이다.

- **출산** : 산모가 위험스럽다. 수술하지 않으면 합병증이나 후유증으로 병이 오래 가겠다. 아이 또한 정상(正常)이 아닐 경우가 많고, 수명이 짧다.

- **가출인** : 동행한 사람이 있고, 돌아올수 없는 곤경에 빠졌을 가능성이 많다. 동남쪽에 있으나 그곳을 알기는 어렵고 쉬 돌아오지도 않는다.

- **기다리는 사람** : 오래 기다리는 중에 서신이나 소식은 듣겠으나 빨리오지 않는다.

- **분실물** : 속히 찾아보라. 늦어지면 찾기 어렵다. 집안이나 가까운 곳에서 잃었다면 찾기 쉬우나, 바깥이나 먼곳에서 잃었다면 찾기 어렵다.
- **건강** : 열병, 심장병, 유행성, 두통 등 갑자기 높은 열이 나고 통증이 심해 발작이 일어나는 등, 급성병 일때가 많다. 병세가 위중하니 특히, 고열이 있으면 서둘러라. 만약 오래된 병이면 생명에 지장이 있다.
- **날씨** : 맑은 날씨다. 그러나 곧 흐리고 비가온다. 여름과 가을이면 뇌성과 비를 동반한다.

56. ䷷ (三.七) 화산여(火山旅)

여소형(旅小亨)

• 상(象)의 해설

여(旅)는 여행한다. 즉, 집을 떠난 나그네가 해가 기울면 여관에 머문다, 피한다의 뜻이다. "집떠나면 고생이다"라는 옛말과 같이 요즘 처럼 문화시설이 발달하지 못한 그 당시는 여행은 고달프고, 고생하고, 괴로운 것으로 보았다. 지금도 일단 집을 떠나면, 여러가지로 불편한점이 많고, 가정에서 처럼 안정이 잘 안되는 법이다. 크게는 우리들 인생살이 자체가 여행을 떠난 나그네라 볼수 있다. 때로는 지치고, 고달프고, 외롭고, 고생스럽고 하는 등의 불안속에 살아가는 모습이다.

그러나, 지나가는 과정이야 어떻든 목적지를 향해 꾸준하게 나아가는 것이 여(旅)괘의 상이다.

• 운세

모든 것이 불확실하고 불안정할 때이다. 힘써 노력을 다해보나 뚜렷한 경과가 없고 자신의 뜻대로 순조롭게 되어가는 것이 없다고 볼수 있다. 아직 기본적인 운이 약하다. 의욕적으로 일을 추진해 보려 하지만, 자꾸만 기대와 멀어지게 되니 의기소침(意氣銷沈)해지게 된다.

또한 이때는 가정불화, 형제, 친척 등 친하고 가까운 사람과 헤어지게 되는 일이 생긴다. 괘(卦) 그대로 불안하고 고독한 나그네이다. 그러나 길을 떠난 나그네는 목적지가 분명히 있다. 결코 희망을 잃지 말고 미래에 대한 계획을 차분하게 구상하라. 머지않은 장래에 어두운 길을 비추워 주는 희미한 불빛이 비칠 것이다.

화산여(火山旅)지침,

인생의 여정(旅情)은 길떠난 나그네와 같은 것이다. 한 평생을 행(幸)과 불행(不幸), 시비(是非)와 곡직(曲直)등의 변화 무상함 속에서 살아가는 것이다.

그러나, 어떠한 환경에 놓여도 자신을 지켜 가려는 목적과 목표가 있기 때문에 발전을 거듭하는 것과 마찬가지로, 자신이 비록 불행한 처지와 불확실속에서 살아가지만 목적과 목표, 이상(理想)은 결코 버려서는 안되는 것이다. 모든 일을 침착하게 순리대로 충실히 지켜 나가야 한다.

1효(爻), 큰일을 행하는데, 사소한 문제 때문에 큰일을 망쳐버리는 불길한 시기다. 대수롭지않게 생각하고 지나쳤던 일이 큰 사건이 되어 재난과 화를 당하는 좋지 않은 때다. 한마디로 운이 없다. 재수가 없다라고 말할 수 밖에 없다. 이는 곧, 아직 자신이 덕과 아량과 지혜가 부족하다는 것이다. 이때는 눈앞에 닥친 사소한 일 작은 이익에 집착하지 말고 대범(大凡)하게 처신하여 내일의 큰 것을 잃지 않도록 해야 한다. 사소한 시비를 피하고 서류 취급에 주의하라.

2효(爻), 다소 안정(安定)을 찾았다고 본다. 어느 정도의 자본도 있고 도와줄 사람도 있으나 아직 힘을 덜 갖추고 부족한 것이 있다. 상거래(商去來)에도 이익이 생길때다.

그러나, 급격한 변화나 큰일을 도모하기에는 적절한 시기가 아니니 현상태를 잘 유지해 나가라. 지금은 별 어려움이 없고 큰 문제도 없는 상태인데, 함부로 일을 펼치면 스스로 화를 자초하게 된다. 또한 남이 하니까, 남이 큰 이익을 보고 잘 되니까라는 마음으로 자기도 하면 되겠다라는 생각을 하면 큰 오산(誤算)이다. 결코 해서는 안된다.

3효(爻), 위험이 목전에 닥쳤다. 주거가 불안정 하든가, 경영에 위기가 닥쳤든가, 회사의 파산 등 궁지에 몰릴 경우가 많다.

또한, 믿고 있는 사람, 가까운 사람의 배신도 생겨날 수 있는때다. 어떠한 형태이든 피해를 당할 우려가 많으니, 매사에 각별한 주위를 해야한다. 주위 사람들에게도 인심과 신용도 잃게 되어 아무도 도와줄 사람이 없게되니 누구를 원망하겠는가. 모두가 자신의 불찰이고 덕이 없음을 자각하여 물러남이 옳다.

4효(爻), 아직 심신이 안정되지 않아 불쾌함이 많다. 어느 정도의 목적은 이루었으나 해야할 일이 남아 있을 때다.

모든 것이 마음과 같이 되지 않고 진행에 애로(碍努)사항이 많지만 지금까지 갖추어진 것만으로 만족해야 한다.

5효(爻), 자신이 목적한바를 한꺼번에 다 얻지는 못하지만, 소기의 성과를 얻을때다. 장사를 해서 큰 이익이나 사업의 발전 등 안정된 시기다.

그러나, 작은 손실도 있게 되지만 너무 신경쓸 필요가 없다. 더 큰것이 되어 돌아오니 잃은 것은, 투자로 생각하라. 그로인하여, 주위의 신망을 얻게된다. 사소한 문제에 집착하지 말고 과감하게 던져 버려라.

6효(爻), 파산, 수표, 어음의 부도, 뜻하지 않은 재난 등이 일어나, 큰 손실과 충격을 받을 염려가 많다.

이는 자신의 오만하고 방만한 마음과 태도에서 비롯된 것이다. 모든 기반을 송두리째 잃기전에 남의 의견도 들어야 하고, 교만한 마음을 버리고 겸손한 태도로 무리한 행동을 삼가해야 한다. 일체의 일에 한걸음 물러나서 다시한번, 점검하여 중지하는 것이 좋다.

화산여(火山旅)사항판단

- **소원** : 아무리 애를 쓰나 고달프고 고생만 할뿐 성사되기 어렵다. 주위의 도움을 구하나, 아무런 반응이 없다. 작은 일은 성취되나 큰일은 안된다. 혼자서 해결하라. 남에게 부탁하면 도리어 장애만 될 뿐이다.

- **사업** : 최선을 다해 노력은 하나. 진전이 없을때다. 일을 앞서 행하지만 도로 제 자리로 돌아오니 답답하고 불안하다. 현재의 운으로는 무엇하나 신통치 않은 상황이다. 그러므로 이때는 수동적인 자세로 일의 상황과 형편에 따라 신축성있게 대처해 나가야 한다. 목전의 일은 급하게 서둘러도 당장 성사가 안된다. 좀더 장기적인 안목을 가지고 추진해 가라. 무역이나 외교적인 일은 좋다.

- **상담** : 상당히 부담스럽다. 누구하나 곁에서 도와줄 사람도 없고, 혼자서 처리하려니 힘이 부족하다. 이때는 일의 형편에 따라 상대편의 의견을 따라가면 어느정도 성과가 있게된다. 끝까지 포기 하지말고 밀고 나가라.

- **매매** : 중단하라. 지금은 때가 아니다. 손해만 보고 이익은 없다. 무리한 것이 아니라면 매입은 이익이 있다.

- **계약** : 서두르지 마라. 너무 적극적으로 덤비면 성립이 어렵게 된다. 상대방의 의견에 따르면 순조롭게 된다. 특히, 외지인(外地人)과의 일이라면 성공되고 이익이 있다.

- **소송** : 빨리 화해하라. 고집도 부리지 마라. 아주 흉한 때이므로, 강력하게 밀고 나가면 감옥에 가는 불상사가 생긴다.

- **취직** : 이곳 저곳을 알아보나 신통치 않다. 그저 외판원이나 임시직은 되지만 불만이 많게 되어 오래있지 못한다. 조급하게 생각지 말고 좀 기다려라. 그러나 먼곳이나, 지방은 가능하겠지만 별로 좋지않다.

- **승진** : 열심히 노력은 하나 어렵다. 주위의 협력자가 없다. 그러나, 결코 낙담(落膽)하지 마라. 다음에는 가능하다.

- **입학** : 열심히 끝까지 최선을 다하면, 자신이 목표한 학교에 합격한다. 명문학교도 노력여하에 따라 충분히 가능하다.
- **이사** : 이때는 가기 싫어도 가야하는 피치못할 일들이 생긴다. 웃사람의 의견을 들어라.
- **여행** : 해외여행이나 출장, 상용(常用)등의 일이 생겨, 자주 다녀야 할 때이다. 단, 여행중에 좋지 않은 일이 발생하기 쉬운때니 주의하라. 상용이라면 노력에 비해서 그 성과는 없다.
- **연애** : 여행중에 우연히 알게된 사이다. 깊이 있는 관계가 아닌 일시적인 감정에 의해서 만나는 경우가 많다. 연상이거나 연하의 관계등으로, 이루어질수 있는 여건(與件)을 갖추지 못한 사이가 많다.
- **결혼** : 성사되기 어렵다. 직업이나, 주거등이 확실하지 않다. 서로가 생활환경의 차이, 성격의 부조화등 서로 결합하기에는 장애가 많다.
- **출산** : 초산이면 대개 여자아이다. 산모가 출산에 어려움이 있겠고, 아이도 자라는데 장애가 많다.
- **가출인** : 멀리갔다. 언제 돌아올지 모르니 기다리지 말고, 어디 갔는지 찾기도 어렵다. 인연이 다해 기약이 없다. 먼 훗날 올지 모르니 희망을 버리지 마라.
- **기다리는 사람** : 간 길이 멀고 소식이 없으나, 중간에 혹시 연락이 와도 돌아오기 어려우니 기다리지 마라.
- **분실물** : 빨리 찾지 못한다. 대가 도둑의 소행이다. 이미 타인의 손으로 넘어갔을 가능성이 많다. 찾아봐야 괜한 고생만 할 뿐이다.
- **건강** : 오래된 병이면 차차 쾌차한다. 그러나, 최근에 생긴 병이면 완치하기 어렵다. 일시적으로 차도가 있어도 재발할 가능성이 많다. 열병, 유행성, 고혈압, 심장병 등이다.
- **날씨** : 맑은 날씨가 계속된다. 비가 내리면 양이 많겠고, 몇일간 계속된다.

57. ䷸ (五.五) 손위풍(巽爲風)

손, 소형(巽, 小亨)

• 상(象)의 해설

손(巽)은 바람이다. 풍(風)이 두개겹친 형상으로 바람이 가볍고, 부드럽게 부는 형상이다. 그러나 이 바람은 사물을 쫓는다, 따른다의 의미로, 바람 자체가 주체(主體)일 수는 없다. 사물 즉, 물체를 만남으로써 비로소 그 진면목을 나타낸다.

암·수꽃의 중개자로 씨앗을 맺게도 하고, 그 씨앗을 딴곳으로 나르기도 한다. 또 이 바람은 어느 곳이든 안가는 곳이 없다. 작은 틈이 있어도 파고 들어간다.

그래서, 이 손(巽)은 유연성을 가지고 남의 의견을 따라야만 자신의 입장과 위치를 얻는다는 것이다.

• 운세

눈에 보이지 않는 바람처럼 무언가 확연(確然)하게 드러나는 것이 없다. 즉, 자신이 하고자 하는 실체(實体)가 뚜렷하지 않을 때다. 무엇을 어떻게 해야하는 명확한 계획이 서있지 않아 마음이 침착하지 못하고 흔들리고 있는 상태로 볼수 있다.

나아가야 할지 물러서야 할지, 할까 말까 하는 진퇴속에서 결단을 못내리고 망설이는 때이다. 이 손(巽)은 유순함과 겸손, 겸양의 뜻이 있기 때문에, 많은 사람의 인심을 모을수 있어 장사를 하면 큰 이익을 볼 수 있는 때이다.

다른면으로는 우유부단(優柔不斷)하여 불안정한 때로도 본다. 또는 도적, 방해, 비난 등의 사건이 연거푸 일어날 염려도 있다.

주의해야 할 것은 남에게 분명한 자신의 입장을 밝히는 태도가 중요하고 실력자의 명령에 순종해야 위험에 빠지지 않는다는 것이다.

손위풍(巽爲風)지침

웃사람에게 항상 겸손, 겸양, 순종함을 잊지 말아야 한다. 유순함으로써 자신의 목적과 희망이 이루어진다는 것이다.

단, 매사에 우유분단한 태도를 버리고 자신의 입장을 분명히 해야한다. 그래야만 위험에 빠지지 않는다는 것이다.

1효(爻), 지나친 의심과 조심성은 도리어 일을 망치는 결과를 가져온다는 뜻이다. 때로는 무인(武人)의 의지처럼 우직함도 필요한 법이다.

아무리 좋은 계획과 일의 성사가 분명한 것이라 할지라도, 확고부동(確固不動)한 신념이 없으면 그 일은 무위(無爲)로 끝나게 된다. 이 효(爻)는 어느쪽이 잘못되었든 진퇴를 분명히 하라는 것이다. 가불가(可不可)어느쪽을 선택했든지간에 선택한쪽으로 향해 굳게 밀고 나가면 좋은 결과를 얻게 된다는 것이다.

2효(爻), 자신의 행동에 허물이 없는지 하는일에 무슨 잘못이 없는지 겸허하게 나아가면 길하다는 것이다. 어떤 문제를 어떻게 풀어가야 할지 대책이 서지 않는 때다. 또한 그 문제들이 복잡하게 얽혀있어 고심이 많을 때다.

그러나, 한걸음 물러나 다시한번 현재 상황을 살핀후에 용단(勇斷)을 내려, 추진해 나가면 의외로 잘풀려 해결될 것이다.

3효(爻), 겸손도 어느 정도여야 상대방에게 예의를 갖추는 것이되고, 사양도 정도껏 해야 욕이되지 않는다. 지나치면 도리어 상대방에게 혐오감을 일으켜 배척을 당하게 되는 것이다.

매사에 너무 지나치게 조심하는 것도, 지나치게 숙고하는 것도 오히려 일을 실패하는 원인이 된다는 것이다. 자신의 소신을 지켜나가라. 그래야 현재의 어려움에서 벗어날수 있게 된다.

4효(爻), 대단히 좋은 운기를 만났다. 큰일을 이룰수 있고 그 이익 또한 크다고 본다. 다소 지나친감이 있더라도 주저하지 말고 행하라. 목적한바를 이룰수 있게 되는 호기이다.

그러나, 명심할 것은 자기의 독단으로 일을 하지말고 남의 의견을 듣고, 능력있는 사람을 보좌(補佐)함으로써 그 빛을 더 할 수 있다는 것이다.

단, 의욕을 가지고 열심히 최선을 다해 노력함을 잊지 말아야 한다.

5효(爻), 운이란, 본인이 억지로 만든다고 오는 것이 아니다. 대운은 때가 되어야 찾아오는 법이다. 천신만고(千辛萬苦)의 노력을 다해도 안되는 것은 안된다.

이 효(爻)는 열심히 노력하는 중에 자신도 모르는 사이에 이미 일이 성취되어 있음을 말한다. 전후(前後)를 잘살펴 신중하게 처신해 나가라. 처음에는 다소 어려운 문제에 부닥치겠으나 순조롭게 풀려나갈 것이다.

6효(爻), 가진것을 잃게되는 흉운을 만났다. 직장생활에 태만하여 직장을 잃게되는 시기다. 신중하지 못한 투자로 재산의 손실을 입게 되는등 사기, 도난의 염려도 있으니 매사를 삼가 주의 해야한다.

닥친 위난(危難)을 극복하기에는 역부족이지만 지혜와 인내로써, 그 피해가 최소한이 되도록 노력을 다하라.

손위풍(巽爲風)사항판단

• **소원** : 빨리 결정 되는 것은 좋다. 큰일은 웃사람이나 능력이 있는 사람의 의견을 따르면 이루어지겠으나, 본인이 확고한 결정을 하지 못하고 망설이고 있다. 작은일이라면 쉽게 성사된다.

• **사업** : 지금까지 부진하던 일들이 차츰 풀려나가 이익이 있을때다. 경영방침을 바꾼다든지, 확장등도 상당한 효과를 올리게 된다.

　여태까지 막혔던 운이 조금씩 열리는 시기로, 자신의 능력에 과중한 일이 아니라면 다른곳에 투자를해도 좋을때다. 단, 큰 일은 혼자서 하지말고 그 일을 잘아는 실력자에 의존(依存)하면 큰 이익을 볼수 있다. 이때는 너무 세심하여 꼼꼼이 따지고 망설이다 좋은 기회를 놓치고 후회하는 일이 없도록 확실한 결단이 필요하다.

• **상담** : 속전속결(速戰速決)의 말처럼 망설이지 말고 신속하게 대응해야 성사가 된다. 우유부단한 태도로 임하면 의혹을 받거나 방해가 있어 이루기 어렵다.

• **매매** : 부동산이면 빨리 처분하라. 지금 처분하지 않으면 팔기 어

렵다. 매입하는 것도 이익이 있다. 이 괘는 초(初)에는 이익이 있으나, 후(後)에는 손해가 있다는 것이다.

- **계약** : 상대편의 말을 종잡을 수 없다. 마찬가지로 본인도 결단을 내리기에 어려움이 있다. 억지로 하지마라. 다음에 말썽이 생기게 되고 관재의 우려도 있다.
- **소송** : 쌍방이 서로 아무런 이득없이 시간만 끌게되어 가부(可否)가 쉽게 결정이 않되니, 그만두고 화해하라. 그렇지 않으면 불리하니 물러나라.
- **취직** : 현재는 어렵다. 관, 공직은 안된다. 괜히 헛수고만 할뿐이다. 다른곳이라면 좀더 기다려라.
- **승진** : 직장내에서 수평적 이동은 있겠으나 승진은 어렵다. 지방으로 전출(轉出)등의 의미도 있다.
- **입학** : 어느 학교로 갈지 목표를 확실한 결정을 못하고 고심하는 때다. 주위의 선배나 웃사람등 잘 아는 사람과 상의하라.
- **이사** : 크게 해될 것은 없으나, 그대로 있으면 다음에 기회가 온다. 지금은 웃사람의 원망이 있겠으나 일시적인 것은 상관이 없다.
- **여행** : 상용은 좋다. 예상하였던 일이 잘풀리게 되어 큰 성과를 거둔다. 일반적인 여행도 좋다.
- **연애** : 적극적인 관계가 아니다. 말이 오락가락하여 신빙성(信憑性)이 없고, 약속도 서로 어긋나게 되어 원만하게 진행되지 않는다.

  또한 혹시나 더 괜찮은 사람이 있지 않을까하는 마음으로 확실한 결심이 서지 않을때다.
- **결혼** : 성사되기 어렵다. 또 이루어진다 해도, 오래가지 못한다. 파혼의 염려가 있다. 이때는 본인의 결정이 서지않아 망설일 경우가 많다.
- **출산** : 아무 탈없이 순산한다. 여름에 낳으면 남아이고 가을, 겨울에는 여아일 경우가 많다. 산모, 태아 모두 건강하다.
- **가출인** : 시골이나 절에 가있다. 때가 되면 돌아오니 걱정하지 않아도 된다. 신상에는 아무런 문제가 없다.
- **기다리는 사람** : 두사람이 남쪽으로 갔으니 도중에 말썽이 생겨

사람은 오지 못하나 소식은 있겠다. 만약 여자라면 빨리오겠다.

• 분실물 : 집안에서 잃은 물건이면, 가까운곳에 있으니 찾겠고, 만약 밖에서 잃은 물건이라면, 이미 찾을 길이 없으니 포기함이 좋다.

• 건강 : 고혈압, 중풍, 한열이 있고 팔, 다리가 온전치 못한다. 오래 된 병이면 완쾌하기 어렵고 생명에 위험이 있다. 폐결핵, 유행성 감기, 세균감염등은 치유된다.

• 날씨 : 여름에는 태풍을 동반한비, 다른때는 흐리고 바람이 분다.

58. ䷹ (二.二) 태위택(兌爲澤)

태, 형(兌, 亨)

• 상(象)의 해설

태(兌)는 기뻐하는것 즉, 희열(喜悅), 열락(悅樂), 유화(柔和)를 뜻한다. 기뻐한다는 것은 웃음을 말한다. 이 웃음은 인간만이 지니고 있는 독특한 감정의 표현이라 할 수 있다. 그러나, 그 웃음이 진실되어야 한다는 것이다. 그것이 가식이 되어서는 안된다는 것이다.

이 태(兌)괘는 입(口)이 두개 겹쳐있는 모습이다. 입은 웃거나 말하는 것으로 자신의 뜻과 감정을 표현하는 중요한 역활을 하는 것이다. 때로는 서로 마음을 통하게 하여 기쁨과 화합을 공유하지만, 때로는 서로 돌이킬 수 없는 상처를 주기도 한다. 그래서 입은 그 밑바탕이 되는 마음이 성실하고 온화하고 정직해야 한다는 것이다.

• 운세

보통사람은 기뻐한다, 즐거워한다의 의미이나 발전해 나아가는 시기이다. 가정도 화목하고 하는 일에 큰 어려움도 없다. 그러나 누구나 욕망이 있듯이 내적으로는 뭔가 불평, 불만, 욕구가 잠재되어 있을 때다.

큰 일을 구상하고 계획하는 것이 뜻대로 되지 않고 인간 관계도 서로 불신과 불화로 반목하는 등의 일이 발생할 수 있다.

이 태(兌)는 훼손(毁損), 훼방(毁謗), 파괴(破壞)의 뜻도 함께 있기 때문에 고심할 수도 있다. 그러나 유화의 뜻도 있지만, 강의 뜻도 있기 때문에 강직한 태도와 마음가짐도 중요하다.

단 어떠한 비방과 중상, 언쟁이 일어나도 같이 동조하지 말고 자신의 신념을 지켜나가는 것이 좋다.

태위택(兌爲澤)지침

진실한 마음으로 기쁨을 나타내면 아무리 어려운 문제가 놓여 있다 해도 마음이 서로 통하여 만사가 순조롭게 이루어진다. 또한 많은 사람들이 자신의 주위에 모이게 되어 서로 화합하니, 자연스럽게 일을 도모(圖謀)할 수 있게 된다. 단, 언행이 일치 되어야 한다. 이를 명심치 않으면 훼절, 비방, 불신 등으로 큰 실패가 있게 된다.

1효(爻), 지금까지도 모든 일이 순조롭게 잘되었다고 볼수 있으며, 현재도 큰 애로사항이 없다고 본다. 그러나 아직 의심하지 않는다는 말이 있기 때문에 장차 그럴 가능이 생길수도 있는 것이다. 그러므로 현상황을 잘 지켜 나가도록 노력해야 한다.

남과 의(義)를 상(傷)하지 않도록 주위해야 한다. 상담하는 일은 순조롭게 진행되고, 모든 사람의 마음이 서로 화합하고 원만하니 이를 잃지 않도록 자신의 분수를 잘 지켜 나가라.

2효(爻), 모든 일에 자신이 적극적으로 진심을 보여서 상대편이 신뢰하도록 하면, 상대 또한 믿음과 호감으로 성의를 다하게 되니 매사가 잘 이루어진다.

그러나 조금이라도 의심을 갖는다든지, 자신의 뜻대로 일을 해나가 믿음을 잃게되면 모든 일이 실패로 돌아가니 항상 성실한 태도와 믿음을 지켜나가는 것이 중요하다.

3효(爻), 자신의 영달(榮達)과 안위(安慰)만 생각하고 옳지않은 일을 정당치 않는 사람에게 환심을사 일을 성취하려는 마음을 가진다면, 자신의 신변에 위태로운 일이 일어나는 흉한 때다.

이때는 자기의 이익만 취하려는 사욕을 버리고 정도를 걸어가야 한다. 결코 후회하지 않는 길을 선택하라는 것이다. 남의 감언이설 (甘言利說)을 경계하고 의를 지켜라.

4효(爻), 신의(信義)를 잃는것은 모든 것을 잃는것 임을 명심해야 한다. 일시적인 이익은 있으나 그 이익은 오래가지 못한다. 비록 지금은 여러가지로 곤궁하고 형편이 어려워도 먼 훗날을 생각하라.

잃은 재물은 언제든지 열심히 노력하면 다시 찾을 수 있지만, 한번 잃은 신용은 다시 얻을 수 없기 때문이다.

이 효(爻)는 신의를 지키고, 불의를 멀리하면 반드시 그 혜택을 크게 받게 된다.

5효(爻), 감언이설에 자신을 망칠 위험이 있으니, 남의 말을 다듣지 말아라. 감언(甘言)에 넘어간다는 것은, 자기에게 뭔가 헛점이 있다는 것이다. 아무리 호감을 가지고 접근하는 사람도 일단은 경계가 필요하다. 그러나 너무 배척은 하지 마라. 원망(怨望)을 가진다면 화를 당할 위험이 있다.

이때는 모든 일에 적극성을 띠지 말고, 한걸음 물러나는 것이 길하다.

6효(爻), 남에게 속는다, 사기를 당한다는 것은 오직 자신의 잘못이라고 본다. 왜냐하면 자기에게 뭔가 헛점이 있었기 때문이요, 이헛점은 바로 허욕(虛慾)에 한순간 마음을 팔았기 때문이다.

아직 운이 오지 않았다. 자신의 역량이 부족하다는 것이다. 모든 계획이나 일들을 무리하게 진행시키지 말고, 자중하여 한걸음 물러나 다음 기회에 희망을 가져라.

태위택 (兌爲澤) 사항판단

- **소원** : 곧 이루어질듯 하지만 결과는 낙관(樂觀)할 수 없다. 작은 것이라면 성취되지만, 대망(大望)은 다른 사람의 장애로 어렵다.
- **사업** : 지금은 현상유지에 힘을 쓸때다. 작은 문제가 발생 할 수 있겠으나 염려할 정도는 아니다. 인화(人和)관계에 신경을 써야한다. 지금하고 있는 이외의 일에는 장래가 불투명하니 적극적으로

나아가면 안된다, 혹 남의 말을 너무 믿게 되면 위험을 초래하게
될 가능성이 있으니 주의함이 좋다. 이때는 자신의 본업을 잘지켜
나가는 것이 상책이다. 큰 것에 욕심을 갖으면 중도에 좌절 되거
나, 현재의 것도 잃는 등의 불길한 때니 숙고(熟考)하라.

- **상담** : 상당한 성과를 올릴수 있는 때다. 말을 부드럽고 조리(調
理)있게 잘하지만, 진실성이 없으면 상대방의 의심을 받게 된다.
성실한 마음으로 최선을 다하면 좋은 결과를 얻을 수 있다. 반대
로 상대방의 말에 현혹(眩惑)되기 쉬운 약점도 있으니 그 진의를
잘 파악하라.

- **매매** : 등락의 변화가 심하여 판단하기 어려운 때다. 성심(聖心),
진력(盡力)하면 적은 이익은 있다.

- **계약** : 오가는 말을 종잡을 수 없다. 말썽만 있게되고 실제로 되는
것은 없다. 서류가 복잡하여 자칫 실수를 범하여 낭패(狼狽)를 당
할 수 있으니 주위하기 바란다.

- **소송** : 말은 요란하지만 큰 사건이 아니므로, 조용하게 대화로 풀
어나가라. 이쪽의 사정을 성실하게 말하면 통하리라 본다.

- **취직** : 보험회사, 출판관계, 언론, 판매 등의 일에는 좋다.
즉, 말로써 하는 직업은 합당한 때이다. 더욱이 여자는 좋다. 처음
에는 어렵지만, 곧 이루어진다.

- **승진** : 직책이나 직위가 상승하는 좋은 때다. 아니면 좋은 보직(補
職)이나 영전(榮轉)등이 있겠다. 그러나 말 조심해야 한다. 주위
의 비방(誹謗), 중상(中傷)등으로 인해 부위(富爲)로 끝날수 있기
때문이다.

- **입학** : 학교나 학과를 낮춰서 지원하라. 일지망에 안되면 이·삼지
망은 가능하다.

- **이사** : 지금 움직여도 아무런 장애는 없으나, 흉한 방향은 피하라.

- **여행** : 먼곳이나 장기간의 여행은 삼가하라. 일회일비(一壹一悲),
일득일실(一得一失)이 있겠다. 동행도 좋지않다. 될수 있으면 다
음으로 미루라.

- **연애** : 일시적인 감정에 사로잡혀 만날때다. 상대편의 말에는 진실

성이 없다. 그저 말로만 화려할 뿐이지 실질적인 행동이 따르지
않는 경우가 많다.

한편으로는 한사람을 중간에 두고 서로 쟁탈전을 벌이는 추(醜)
한 일도 있을 수 있다.

• **결혼** : 겉과 속이 다르고 그말은 진실성이 없으니 믿지 않는 것이
좋으며, 좋은 상대가 아니다. 과거에 이성교재가 복잡한 사람일수
있으니 유의하기 바란다. 재혼은 길 하다.

• **출산** : 대개 여자아이다. 초산이면 산모가 조금 고생하겠으나 큰
일은 없다.

• **가출인** : 여자로 인하여 급히 오지 않는다. 여자면 남자로 인하여
늦게되니, 찾으려해도 알길이 없고 고생만 하게 되니, 가만히 안
정(安定)하고 있으면 늦게라도 오게 된다.

• **기다리는 사람** : 여자가 있어 방해를 하나 시일이 경과하면 오게
된다.

• **분실물** : 찾기 어렵다. 이미 손상되어 찾아도 별 쓸모가 없다. 혹
여자와 연관되어 있겠다.

• **건강** : 목, 입속의 질환, 호흡기 즉 기침, 천식, 폐렴 등 이다. 빨
리 치료하지 않으면 오래간다.

• **날씨** : 대개 맑은 날씨나 곧 바람이 불고 비가 내린다. 여름이면
많은 비가 내린다.

59. ䷺ (五.六) 풍수환(風水換)

환, 형(渙, 亨)

• **상(象)의 해설**

환(渙)은 분산한다, 풀어 흐트린다는 뜻으로 대전환을 의미한다.
즉, 겨울에 꽁꽁얼어 붙었던 어름이 봄을 맞아 깨져 흩어지는 것과
같이, 지금까지 정체되어 있던 것이 풀어져 흩어지는 모습이다.

또는 작은 돛단배를 타고 파도에 실려 항해하는 형상(形象)이므로, 새로운 출발의 의미도 있지만 풍랑으로 큰 변(變)을 초래한다는 것이 이 환(渙)의 상이다.

• 운세

대단히 강한 호운의 시기를 만났다. 전환(轉渙), 전변(轉變)의 때 즉, 지금까지 불운했던 사람이 그 근심과 고통에서 벗어나는 새로운 전기(轉機)를 맞게 된다. 즉, 새로운 출발을 하는 좋은 괘(卦)라 볼 수 있다.

이를테면 헌집에서 새집으로 옮긴다든지, 작은일에서 큰일로 바꾸는 것은 대단히 좋다고 할 수 있다.

그러나, 반면에 돌발적인 사고로 가족이 서로 흩어지든지, 회사나 재산의 파산 또는 가까운 사람과 감정의 대립으로 괴로움과 고통을 당한다는 뜻도 암시하고 있으니 각별히 유의해야 한다.

대체로, 이 환(渙)괘는 형통(亨通)하다고 본다. 큰 냇물을 건너려면 다소 위험과 난관이 있다는 것을 각오하고 나가면, 반드시 이를 극복하고 큰뜻을 성취할 수 있다는 것이다.

풍수환(風水渙)지침

환(渙)은 전환(轉渙)한다, 바꾸어나가야 한다. 그래야만이 큰 뜻을 이루게 된다는 말이다. 아무리 좋은 기회가 와도 그대로 안일한 생활속에 빠져버리면 그 행운을 놓쳐 버리게 되고, 또다시 그 행운은 오지 않는 법이다.

이때는 능히 큰 일을 감행할 수 있다는 자신감을 가지고 나가야 한다. 설사 자기의 실력과, 능력이 부족하더라도 강력한 후원자가 나타나 자신을 도와 크게 성공하게 된다.

1효(爻), 어려운 환경이나 고전을 면치 못하는 일에서 벗어나는 좋은 기회를 얻었다. 뜻하지 않은 사람의 도움을 받아 현재의 위기에서 탈출해 크게 일어날수 있다는 것이다.

그러나 마음이 유약하고 결단력이 없는 사람은 자칫 좋은 기회를 놓치기 쉬우니, 결코 어리섞음을 자초하지 말고 분연히 떨쳐 일어나야 한다.

2효(爻), 호운이 스스로 찾아오는 때다. 지금까지 혼신을 다해 노력해왔던 일이 무너지기 직전에 구원자를 만나 무난히 위기를 타개할 수 있다는 것이다. 지금의 기회를 놓치지 말고 기반을 견고하게 다듬도록 노력을 다해야 한다. 이때는 자신이 간절히 원하던 일들을 충분히 이루게 된다.

3효(爻), 자신의 힘으로는 현재의 상황을 타개해 나가기에는 역부족이다.

무조건 남의 도움을 청하여 받지 않으면 안된다는 것이다. 체면이나 염치를 따지지 말고, 믿을 수 있는 사람을 찾아서 현재의 어려운 전후 사정을 말하면 도움을 줄 것이다. 그렇지 않으면 현재의 위기에서 벗어날수 없다. 바꿔 생각하면 나를 위해서가 아니고 남을 위해서 일한다는 마음을 가지면 소망은 이루어진다.

4효(爻), 사업이라면 경영을 쇄신하므로써 도약할 수 있는 발판을 만든다는 것이다. 이때는 평범한 일을 추진하는 것이 아니라, 주위에서 생각지 못한 일들을 획기적으로 감행하여 크게 이루워 내는 것을 말한다. 이때는 가까운 사람의 사정 때문에 다소의 고통이 따르기도 한다.

현재 일체의 악운이 물러나고 덕망 있는 사람과 자신의 노력으로 크게 성공할 수 있는 기회라는 것을 잊지 말아야 한다.

5효(爻), 운기가 대단히 왕성할 때다. 아무튼 큰일도 능히 해나갈 수 있는 역량과 시운을 만났다고 볼수 있다. 공익우선이란 말과 같이, 남의 이익을 위함이 자신을 크게 높인다는 것이다.

이때는 자신이 해야 할 일을 잘 파악하고 검토하여, 초지일관(初志一貫) 최선의 노력을 다하면 반드시 크게 이름을 떨치고 대성할 수 있다.

6효(爻), 쇠운의 시기를 맞았다. 스스로 분수를 알고 조용하게 물러서 있으므로 닥쳐올 환난을 면할수 있다. 자칫 몸을 상하게 되는 일도 생길 수 있는 대단히 위험스러운 때로도 볼수 있다.

매사에 사욕을 버리고 행하면 큰 어려움은 없다고 본다. 아무런 이익이나 대가를 바라지 마라.

풍수환(風水渙)사항판단

- **소원** : 지금까지 계속해서 추진해왔던 일은 곧 성취된다. 그러나, 최근의 일이나 지금 시작한 일은 계획이 바뀌든지, 늦게 이루어지니 꾸준한 노력이 필요하다.
- **사업** : 지금까지 고전을 면치 못하고 어려운 처지에 놓여있던 사업은 이제부터 새로운 전환기를 맞아 크게 발전할 수 있는 계기가 될 것이다.

  자신의 능력을 총동원하여, 과감한 투자와 인사 쇄신, 적극적인 경영 방침으로 나아가라. 만약 부족한 부분이 있더라도 능히 해결될수 있다. 자금이나 노동력도 구해지고 협력자도 있게된다.

  단, 큰사업을 이룩하는데는 혼자의 힘으로는 부족하다. 공동체 즉, 큰집단이 할수 있는 일이라 하겠다.
- **상담** : 종전의 방식에서 탈피하여 새로운 방침으로 다시 시작하라. 그일이 큰것이면 더욱 잘 진행될 것이다. 여태까지 진척 없던 것도 지금부터는 새로운 국면(局面)을 맞게 될 것이다.
- **매매** : 물건도 좋지 않고, 등락의 변화가 심해 성사도 어렵고, 자칫 손해를 볼수 있겠으니 지금은 때가 아니다.
- **계약** : 그리 큰 것도 아니고 노력에 비해 전혀 득이 없으니 그만두는 것이 좋다. 공연히 헛수고만 할뿐 실상이 없다.
- **소송** : 작은 문제면 그만 중단하라. 서로 시간 낭비만 한다. 그러나 큰 사건이면 남의 의견을 참고하라. 그렇지만 쉽게 결말이 나지 않겠으니 화해하는 것이 좋겠다.
- **취직** : 이곳 저곳으로 부지런히 다니나 마땅한곳이 없을때다. 지금은 때가 아니니 당분간 기다려라. 이 시기만 지나면 합당한 곳에 들어가게 된다.
- **승진** : 지금은 어렵다. 차분하게 다음 기회를 위해서 준비하는 것

이 좋다.

- **입학** : 명문학교에 지원하라. 가능성이 있다. 재수한 사람은 목표한 학교에 합격한다.
- **이사** : 환경의 변화가 있어 집의 중축 등의 운이 있으니 주거변동은 좋다.
- **여행** : 상용으로 먼곳에 가는 것은 상당한 성과를 올릴수 있으나, 일상적인 관광여행의로의 먼곳은 삼가하는 것이 좋다. 뜻하지 않은 사고가 날 위험이있다. 가까운 곳이라면 상관없다.
- **연애** : 서로가 심각하고 깊은 사이라 할 수 없다. 아직 만난지가 얼마되지를 않아 마음의 결정이 안된다. 그저 가벼운 마음으로 만나는 사이이다. 중년의 남성이나, 여성은 억압된 가정에서 벗어나고 싶은 심정이기 때문에 탈선으로 인한 파경의 염려가 있으니 각별히 주의해야 한다.
- **결혼** : 혼처는 좋은 자리이나 진행이 잘 안되는 때다. 여자쪽에서는 좋다고 하는데 남자쪽에서 망설이는 경우다. 만약, 혼기가 늦은 여자라면 좋은 사람이 나타난다.
- **출산** : 임신 초라면 유산이 된다. 그 후라면 순산한다. 단 초산이면 다소 고생을 하겠다. 대개 여자아이다. 두번째면 남자아이다.
- **가출인** : 먼곳에가 있어 찾기가 어렵다. 쉽게 돌아오지 않으나 시간이 지난후 인편으로 소식을 알게 된다.
- **기다리는 사람** : 돌아오다 중도에 다른곳으로가 머물러 있다. 본인은 오지 않고 소식만 있다.
- **분실물** : 이미 먼곳으로가 다시 찾기 어렵다. 괜히 확정(確定)을 찾으려다 봉변을 당할 염려가 있으니 중단하는 것이 좋다.
- **건강** : 감기, 신장염, 성병 등의 빨리 치료하지 않으면 오래가 만성 또는 중증이 되면 완치가 어렵다.
- **날씨** : 맑은 날씨면 바람불고 비가 내리나, 비가 내리면 바람불고 개이게 된다.

60. ䷻ (六.二) 수택절(水澤節)

절, 형(節, 亨)

• 상(象)의 해설

절(節)은 절제(節制), 절조(節操), 절도(節度)라는 뜻으로 자기 분수를 안다, 절도를 지킨다는 것이다. 이 절(節)은 대나무마디를 말함인데 이 마디가 한마디 한마디 자라는 모습처럼, 한계(限界)를 지어 절제해 나가야 한다는 것이다. 또한 이 절은 연못에 물을 담고 있는 형상으로, 이 물이 넘치지도 마르지도 않고 적당하게 담수(潭水)되어있는 형상이다. 그러므로 지나치게 나아감을 멈추고 생활의 과도한 지출도 억제하고 분출하는 욕망도 절조한다는 것이다. 그러나, 물도 너무 오래 머물면 섞게되니 순환이 필요한것 처럼, 너무 절(節)만 고집하면 안되고 시기와 장소, 일을 상황에 따라 민첩하게 대처해 나가야 한다는 것이다.

• 운세

먼저 모든 일에 절제해야하는 시기다. 일에 무리가 따르면 반드시 중도에 여러번 난관에 부닥쳐 고통이 있게된다. 이때는 일상 생활이나 하는일 모두 지나침이 있을 경우가 많다. 예를들면 건강, 대인관계, 사업 등이다. 절제와 절도, 절조하지 않으므로써 건강이상, 대인관계 불화, 사업의 중도 좌절등이 생기기 쉬운 때니, 불필요한 것에 참견을 하지말고 과음, 과식도 주의하고, 자신의 능력 이상의 일에 뛰어들지 않는 것이 좋다.

대나무 마디처럼 자신의 한계를 잘 지켜나가면 큰 불상사는 일어나지 않는다. 그러나, 이 모든 것이 그렇게 쉽게 조절되지 않는 것이 이 괘를 만났을 때다.

그러나, 너무 끊어나가는 것만이 능사는 아니다. 자칫 모든것이 정체되어 더큰 피해를 당할 위험도 있으니, 때로는 어느 정도의 위험을 받아들여 자신의 입장을 잘 지켜나가면 발전해 나갈수 있다고 본다.

수택절(水澤節)지침

자기의 능력이외의 일은 하지말것. 생활의 절조, 절제, 절약등을 잊지 말아야 한다. 매사에 자신의 분수를 지키지 않으므로해서 생활의 파탄이 오게되고 하는일에 좌절과 실폐가 따르게 된다. 그러므로 욕망을 억제하고 현재를 잘 끌어가면 더욱 크게 발전할 수 있다는 것을 명심해야 한다.

1효(爻), 어떠한 일에도 나서면 안된다. 비록하고 있는 일이라도 조용히 관망하면서 한걸음 물러서 있는 것이 좋다. 조금이라도 허욕을 내면 더큰 손해를 보는 때다.

이때는 현재 주어진 일에만 신경을 쓰고 그 이외의 일은 일체 관여하지 마라. 이를테면 남을 도와준다는 것이 도리어 큰 피해를 당하는 고통이 따르게 된다. 설사 자신에게 능력이 있고 재능이 있더라도 나타내려 하지말고 가만히 간직하고만 있으면 아무런 탈이 없다.

2효(爻), 이미 호기를 놓쳤다고 볼수 있다. 큰일을 중간에 수습하여 무난히 지날수 있었는데, 그렇치 못하고 도저히 감당할 수 없는 지경에 이르러 고심이 많은 상태일 경우다. 즉 진퇴양난에 빠진 흉한 때다.

이미 기회를 놓친 일은 미련을 두지 말고 현재하고자 하는 일이 있어도 지금은 모든 것을 중단하고 다음 기회로 미루는 것이 좋다.

3효(爻), 일상생활에서 절제와 절도를 지키지 않아 무질서한 생활로 인해 가정의 파탄과 일에서는 태만(怠慢)하여 실폐 할 염려가 농후 하다.

큰 일을 당하기전에 몸가짐을 삼가하고, 절약을 생활의 으뜸으로 삼아야 비참한 처지에 빠지지 않는다. 지금은 자신의 마음가짐에 따라 스스로 행복과 불행을 만들어가는 것이다. 일체의 유혹과 낭비에 빠지지 않도록 주의하라.

4효(爻), 항상 검소하고 절약이 몸에벤 사람은 다른 사람이 보기에 부족한 것이 많아 보이지만 본인은 만족한 생활을 하는 것이다. 이로인하여, 모든 사람들이 그를 따르고 신회(信賴)하여 도움을 주려고 할 것이다.

지금은 큰 변화는 없지만 차츰 나아져가는 운이다. 아직은 혼자의 힘으로는 어떠한 일도해서는 안된다. 단 주위에 신뢰할수 있는 사람의 말이라면 좇아 행하면 발전할 수 있을 때다.

5효(爻), 매사 큰 욕심은 일을 그릇치게 되지만, 작은 것이라도 만족을 아는 사람은 항상 기쁨이 있다. 이제 점차로 운기가 상승하는 때다. 급진은 안되지만 하고자 하는 일은 해야만이 공로(功勞)가 있게된다. 한꺼번에 많은 것을 얻으려 하지말고 일을 추진해 나가면 점차로 발전해 나가는 때다. 아직 큰 일은 행할 때가 아니다. 자칫 지금까지 쌓아 올린것도 무너질수 있으니 주의하라.

6효(爻), 모든 것이 뜻대로 되지않아 고통스러운 생활중에도 또다른 고통을 당하는 불운의 시기로 볼수 있다. 이는 자신의 아집(我執)에 사로잡혀 벗어나지 못하기 때문에 더욱 곤경에 빠진다는 것이다. 때로는 버릴것은 버리고, 끊을 것은 끊어야 현재의 상태에서 벗어날수 있게 됨에도 불구하고 고집스럽게 지켜나가는 모습이다. 세상사가 원리 원칙만이 능사가 아니다. 그러므로 때로는 주위 환경에 어느 정도의 타협이 필요하다는 것이다. 그렇다고 불의와 타협하라는 것은 아니다.

수택절(水澤節)사항판단

- **소원** : 자신의 역량에 맞는 큰 일이라면 두세번의 장애가 있어 곧 성취하기 어렵다. 조금 시일을 두고 기다려야 한다. 그러나, 작은 일이라면 이루어진다.
- **사업** : 대개 이때는 자신의 능력보다 과중한 일을 하는 경우가 많다. 생각처럼 순조롭게 진행되지 않고, 의외의 난관에 몇번 부닥치게 된다. 그러나 결코 당황하거나 허둥대지 말고 절도, 절조하면서 차근 차근 하나씩 풀어 나가야 한다. 금방 큰 발전은 기대하기 어렵다. 그러나, 중도에 포기하면 안된다. 이미 시작된 일은 끝까지 밀고 나가야 한다. 다소 위중(威重)한 일이 있어도 당연하게

받아들이고 추진해 나가면, 어려움이 많이 따르지만 결과는 좋게 된다. 만약 새로운 큰 사업이라면 다시한번 숙고하여 자신의 역량이 미칠수 있는가를 판단하라.

• **상담** : 자신의 입장만 너무 고집하면 진행이 어렵다. 몇번의 고비가 있게되나 쉽게 단념하지 말고, 절도를 지키며 추진하면 성과가 있게된다.

• **매매** : 큰 변동은 없으나 파는 것은 괜찮다. 큰 이익은 없지만 작은 이익은 있다. 그러나 손해는 안본다.

• **계약** : 서로 뜻이 통하여 순조롭게 진행된다. 큰말썽은 없으니 편안한 마음으로 하라.

• **소송** : 서둘러 화합하는 것이 좋다. 너무오래 끌면 불리하다. 중간에 사람이 있어 중재(仲裁)하면 의외로 빨리 끝날수 있다.

• **취직** : 빨리 구하지 못한다. 몇차례 심력을 다하면 늦게라도 된다. 그렇지 않으면 잘아는 가까운 사람에게 부탁하라.

• **승진** : 이전부터 노력해왔으면 가능하나 그렇지 않으면 제차, 삼차 노력을 다해야만 될 것이다.

• **입학** : 열심히 노력을 다하라. 일차에 안되면 이차, 삼차에는 틀림없이 된다. 그러나 자신이 목표한 곳에는 아직 실력을 더 쌓아야 한다. 자기 주장만을 세우지 말고 주위사람의 말도 들어야 한다.

• **이사** : 하지않는 것이 좋다. 재난이나 뜻하지 않은 불상사가 생기게 된다. 꼭 가야할 피치못할 경우라면 집을 판 경우에는 괜찮다.

• **여행** : 특히 원거리, 장기간의 여행은 그만두라. 좋지않은 일이 발생하게 된다. 그러나 상용이라면 뜻하던 일이 이루어진다.

• **연애** : 서로 상당히 깊은 관계다. 다소 넘어야할 몇가지 문제는 남았지만 서로 신뢰할 수 있는 사람이고 장래를 약속해도 좋은 사이라 볼수 있다. 서로 합심하여 앞에 놓인 문제를 해결 하면 무난히 해결될 것이니 빨리 절차를 밟아야 한다.

• **결혼** : 다소 장애가 있어 늦어지겠으나 좋은 상대를 만날수 있게 된다. 시간이 걸리더라도 상대를 충분히 파악한후에 결정하는 것이 좋다.

- **출산** : 예정 보다 늦어 걱정하는 일이 생기나 염려하지 않아도 된다. 남자아이일 가능성이 많다. 아이 또한 앞으로 훌륭하게 자랄 것이다.
- **가출인** : 당장은 찾기도 어렵고 전혀 모르는 곳에가 있다. 소식은 오겠으나 믿을 바는 못되 애써 찾으려하면 고생만 하게 되니 가만히 있어라. 때가 되면 돌아오게 된다.
- **기다리는 사람** : 자기가 있는곳을 떠나 다른곳으로 갔으니 소식은 없고, 늦어지겠으나 돌아온다.
- **분실물** : 집근처에서 잃은 물건이면 빨리 찾기 어렵다. 그러나 늦어지게 되면 일부만 찾을 수 있다.
- **건강** : 술로 인한병 특히 위장병, 요통, 부인은 월경불순, 자궁병 등 오래된 병이 차츰 나아진다. 갑작스러운 병이면 중증이니 서둘러 치료하지 않으면 안된다.
- **날씨** : 많은비가 예상된다. 여름장마면 홍수가 예상된다. 겨울이면 많은 눈이 온다.

61. ䷼ (五.二) 풍택중부(風澤中孚)

중부, 돈어길(中孚, 豚魚吉)

- **상(象)의 해설**

중부(中孚)란 성심(誠心), 성의(誠意), 성실(誠實)의 뜻으로, 어미새가 알을 품고 그 알이 부화 할때까지 둥지를 떠나지 않고 온몸으로 정성을 다하는 감동적인 모습을 가리킨다. 또 이 중부는 신의, 정성을 의미한다. 즉, 어미새와 알의생명, 어머니와 아들의 관계, 세상의 어느 것도 어머니가 아들에 대한 자애심은 미치지 못하는 것이다. 어미새가 발톱으로 알을 따뜻하게 보호하는 자애성(慈愛性)을 지니고 있다는 것이다. 반면, 알은 부화 할때까지 알이 상하지 않도록 신중해야 하므로 몸과 마음의 고생이 많다는 의미도 있다.

• 운세

성심(誠心), 성의(誠意)를 다함으로 자신의 미래가 밝아 지는 길한 시기이다.

이때는 공동사업, 남과 더불어 하는 일도 좋다. 그러나, 불성실한 태도와 마음 가짐은 더 큰해를 당하는 흉괘의 의미도 있으니, 매사에 정성이 부족하고 열의가 없으면 중도에서 좌절하거나 남에게도 신의를 잃게되어 파멸 당하는 위험이 따르게 된다. 즉, 어미새가 둥지에든 알에 성의를 다하지 못하면 그 알이 부화도 되기전에 깨어지거나 병아리가 되지 않는 것과 같다.

진행하는 일이 부진해도 열과 성을 다하여 끈기있게 나아가면 만사가 순조롭게 풀려나간다.

풍택중부(風澤中孚)지침

호운의 시기는 아니나, 일이 잘 풀리는 좋은 시기이다. 남에게 너무 의지하지 말고, 자기 혼자라도 열심히 성실하게 꾸준히 진행하면 순조롭게 이루어진다. 그러므로 욕심을 버리고 남에게 바라지 말고 베풀어라. 그리고 함부로 나서지 말고 조용히 관망하면서 매사에 성실하고 진실되게 행하면, 지금은 좀 어렵더라도 차차 풀리게 된다.

1효(爻), 현재의 생활방식을 바꾸지 말고, 전에부터 해오던 일을 지켜나가야 한다. 만약 현상황에 변화를 일으킨다는 것은 좋지 않을 때다. 경영방침을 변경한다든가, 새로운 일에 몰두하면 지금까지 쌓아왔던 모든 일들이 무너지는 위험에 빠진게 된다. 그러므로 어떤 좋은 일들이 있더라도 결코 마음이 동하거나 현혹되어서는 안된다.

2효(爻), 세상은 혼자서해야 할일과 남과 더불어해야 할 일이있다. 이익이 혼자가지면 많은것 같지만 남과 같이 행 할때 몇배의 이득이 있을때가 있고, 조금 베풀어 많은 것을 취할때가 있는 법이다. 이효(爻)가 그런 시기다. 조건없는 베품이다. 그로인하여 본인에게 돌아오는 것은 상상을 초월한다.

3효(爻), 어떤일이 옳은지 잘못되었는지 판단하기 어려운 혼란의 시기로 자칫 큰 낭패를 당할 위험이 많다.

이때는 어떤일이 되었든 결정을 함부로 하지말고, 일단 한걸음 뒤로 물러서서 시간적 여유를 가지고 냉정하고 침착하게 처신해야한다. 흥분은 금물이다. 사사로운 감정에 얽매여서 큰일을 망칠 염려가 많다. 믿었던 사람의 배신, 안일한 생각으로 했던일이 엄청난 화를 당하는 때이다.

4효(爻), 남의 말을 믿지 마라. 그사람이 아무리 가까운 사람이라도 아무도 당신에게 덕이 안된다. 설사 그 일이 좋은일 일지라도 결국은 손해가 되어 돌아온다. 조금도 도움을 구하려 하지말고 받지도 말아야 한다.

냉정하게 불필요한 사람은 손을 끊고, 감정에 좌우되지 말아야 한다. 이것이 현재의 자신을 지켜나가는 것이다.

5효(爻), 항상 성실하고 진실한 마음을 잃지 말아야 한다. 서로 진실한 마음을 가지고 통할수 있는 사람이 있다면 그것이 곧 재산이다.

아직은 혼자의 힘으로 일을 해나가기는 부족한 것이 많다. 그러므로 더불어 함께 나아가면 서로 이득이 된다는 것이다. 혼자만의 욕심을 가져서도 안된다.

6효(爻), 출발은 좋지만 결과는 좋지않다. 자신의 생각으로는 틀림없이 될것 같지만 시운 자체가 자신을 따라 주지 않는다고 볼수 있다.

어떤 일을 구상하고 계획한 일이 있더라도 지금은 착수하지 않는 것이 좋다. 좀더 시일을 두고 관망하는 것이 좋다. 이미 지난후에 후회해봐야 아무 소용이 없는 법이니, 사전에 방지하는 것이 상책임을 알아야 한다.

풍택중부(風澤中孚)사항판단

• **소원** : 성실과 정성을 다하면 시일이 늦더라도, 반드시 성취한다. 사소한 것이라면 곧 이루어진다.

• **사업** : 점차로 발전하는 호운의 시기로 비록 현재 부진한 일이 있

더라도 최선을 다해 노력하면 큰성과를 올리수 있는 기회가 왔다고 본다. 만약 다른 사람의 협력이 필요하면 주위의 가까운 사람에게 현재의 상황을 솔직하게 털어놓고 도움을 청하면 협조를 받을 수 있게 된다. 그러나 매사에 급진은 삼가함이 좋다.

- **상담** : 본인이 진심으로 성의를 다하면 상당히 큰 일도 성사시킬 수 있게 된다. 그러나 생각만큼 큰이익은 없을 때이니, 지금 당장의 이익보다는 장래성을 보고 진행하면 더욱 좋다.

- **매매** : 급히 서둘지 마라. 매매는 되나 큰 이익은 없으므로, 시간적 여유를 가지고 자세히 알아본 후에 결정하라. 파는 것보다 매입이 더 이익이 있다.

- **계약** : 서로 진실된 마음으로 통해야 한다. 지금까지 진행해온 일이라면 좋은 결실을 맺을 수 있다. 그러나 지금 시작한 일이라면 성실하고 차분하게 진행시켜 나가면 자신이 마음먹은대로 이루어진다. 급하게 서둘지 마라.

- **소송** : 부드러운 말로 좋게 타협하라. 그래야 빨리 결정이 난다. 만약 너무 강변(強辯)하면 결코 이롭지 않다.
  사건이 악화되어 큰 피해를 당할 위험이 많으니 화해하도록 최선을 다하라.

- **취직** : 관·공직, 대기업체도 무난히 들어갈수 있으니 최선을 다해 노력하라.

- **승진** : 주위에서 인정을 받게되고, 또한 끌어주는 사람이 있다. 진심으로 성의를 다하면 아무리 경쟁자가 많아도 자신한테 돌아온다.

- **입학** : 열심히 노력하여 적당한 실력을 갖추면 명문학교도 무난하다.

- **이사** : 반드시 해야할 사정이 없으면 옮기지 말아라. 결코 좋은 시기가 아니다. 이사가는 집에 문제가 있을수도 있다.

- **여행** : 해외나 국내, 장기간 모두 좋다. 상용이면 좋은 성과를 얻을 수 있는 때이다.

- **연애** : 깊은 사랑에 빠져있어 주위의 충고가 있다고 해도 쉽사리 헤어질수 있는 관계가 아니다. 조금 도가 지나칠 경우가 많다. 그러나 서로 미래를 약속해도 괜찮은 사람끼리 만났다고 보면 된다.

서둘러 집안의 웃어른이나 믿을수 있는 사람과 의논하여 냉정하게 처신해야 한다.

- **결혼** : 서로 합당한 사람끼리 만났다고 본다. 주위에서 다소의 이견(異見)이 있어 말썽이 오갈 수도 있지만 성사될 가능성이 많다.

  둘사이는 마음이 서로 통하지만, 주위 어른들과의 생각이 다를 수 있으니 잘 설득해서 진행하는 것이 좋다. 또한 순조롭게 될 것이다.

- **출산** : 대개 여아이다. 산모, 태아 모두 건강하게 순산한다.

- **가출인** : 멀리가지 않았다. 근처의 아는집에 있을 것이니 서둘러 찾아보라. 늦게되면 소식이 올 것이다.

- **기다리는 사람** : 중간에 문제가 발생하여, 조금늦게 오게되든지 아니면 소식이 온다. 만약 부인이면 빨리온다.

- **분실물** : 빨리 찾지 못한다. 찾으려 노력해도 어렵다. 때가 지나면 돌아오게 되니 기다려라.

- **건강** : 심장, 고혈압, 눈병등 이다. 만약 높은 열이 있어 오래 끌면 위험하니 서둘러 치료하라. 차도가 없으면 신불에 기도하라.

- **날씨** : 대개 맑은 날씨가 계속되나, 때에 따라서 바람이나 구름이 조금있을 뿐이다.

62. ䷽ (四.七) 뇌산소과(雷山小過)

소과, 형(小過, 亨)

- **상(象)의 해설**

소과(小過)는 지나치다, 자신의 힘에 비해 너무 과(過)하다, 무리하다, 중(過重)하다는 뜻이다. 하늘을 날으는 새는 흉(凶)하다. 즉, 새가 하늘을 높이 날을때는 쉴곳도 없고, 자칫 둥지를 잃을 염려도 있고, 또한 먹이를 구할수도 없다. 그러나 적당하게 낮게 날을 때는 그런 일이 생기지 않는다는 것이다. 그래서 이 괘는 하늘을 나는 새의 상(象)이다. 그러므로 이것은 자기를 낮추고 저자세로 임해야 바른 태도와 행동이라는 것이다.

• 운세

무슨 일이든지 과하지 않으면 괜찮은 때이다. 결코 자신을 너무 내세우거나, 앞장서면 안된다. 과부급(過不及)이라 자기의 능력이나 재능 등이 지나치거나 미치지 못한다는 것이다. 그러므로 작은일은 좋지만 큰일은 흉하다.

또한 피차 상반(相反)되는 일이 생기든가, 때를 놓친다든가, 실수, 불화, 분열 등으로 인하여 큰 고통을 당할 수 있게되니, 매사에 자기의 주의와 주장을 앞세우지 말라는 것이다.

뇌산소과(雷山小過)지침

겸허하게 자기를 낮추어라. 무슨일이든지 적극적 입장이 아닌 소극적으로 행해야 된다.

또한 자기 능력 이상의 일과 과중한 책임을 맡아서는 안된다. 만약 이를 지키지 않으면 심하게는 파산등의 우려가 있고, 아니면 대인관계의 불화로 일자체를 그릇치게 되든지, 몸을 망칠 수 있다.

겸손, 절도, 절약의 덕으로 지켜나가라.

1효(爻), 모든 일의 실폐의 원인을 보면 대개 지나친 욕심에서 비롯된다고 보면 틀림없다. 이때는 자기의 능력이 미치지 못하는 일에 손을 대든지, 적은 지식으로 섣불리 다른 일을 착수하는 일이 없도록 해야 한다.

만약 자신의 생각만으로 무슨일을 처리한다면 즉 분외의 일을 결행하면 도리킬수 없는 재난을 만나게 된다. 이때는, 큰 욕심을 내지말고 현재하고 있는 일에 더욱 충실하게 해나가면 발전이 따르게 된다.

2효(爻), 최선(最善)보다 하선(次善)이 좋다는 것이다. 말하자면 아직 자기에게는 힘이 부족함을 알아야 한다. 어느 정도의 능력은 있지만 아직 그 위치가 불안하다고 볼 수 있다. 그러므로 웃사람보다 아랫사람과 더불어 함께하는 것이 더런 이익과 발전이 있게 된다.

가령 재력이 많은 사람과 적은 사람이 함께하면 적게가진자는 그 빛을 잃게되나, 그보다 못한사람과 함께하면 그 중요성을 인정 받게 되어 빛이난다는 것이다.

3효(爻), 자기의 한계를 분명히 지켜나가야 한다. 이때는 자신의 감정을 억제하지 못하고 주위의 상황에 편승(便乘)하여 망집하다 큰 재난을 당할수 있는 위험이 있다. 또한, 친한 사람과 득과 실을 논하다 다툼이 생길 수 있다.

자신의 욕구를 자제하여 분에 넘치는 행동을 삼가해야만이 현재의 위난에서 벗어날수 있게된다. 특히 애정 문제도 일어나지 않게 주의하라.

4효(爻), 자기에게 주어진 환경과, 일을 잘 지켜나가는데 힘을 쏟아야 한다. 자기 주관대로 일을 처리하지 말고 주위 사람들과 서로 타협해서 나아감이 옳다. 만약 이를 망각하고 고집을 부리면 현재 주어진 일이나 가지고 있던 것도, 모두 잃게 되는 불행한 일이 닥친다.

아직 자신의 실력을 발휘할때가 되지 않았으니 침착하게 자신의 마음을 다스려라.

5효(爻), 이제 차츰 운기가 찾아올때다. 전망이 밝아져온다고 해서 본격적으로 나아갈 준비를 하라는 것은 아니다. 더 성숙 될때까지 기다려야 하는 때다. 비록 지금 하고자 하는 일이나 협력자를 찾지 못하고 있을 수 있지만 부단한 노력을 통해서 반드시 좋은 여건이 만들어질 것이고 찾아올 것이다. 모든 일에 신중하게 처신하는 것이 좋다.

6효(爻), 지금하고 있는 일이 잘 되어간다고 해서 과도한 행동을 취하면 안된다. 즉 투자나 확장, 신규는 곤란하다. 이는 일시적인 현상일뿐, 곧 변수가 있게되어 뜻하지 않은 재난을 당하게 된다. 오히려 지금의 일들을 다시 재검토하여 불상사가 일어나지 않도록 만만의 주의를 다해야 한다.

아직 시운이나 자신의 능력이 부족하고 맞지 않다는 것이다.

뇌산소과(雷山小過) 사항판단

- **소원** : 가능성이 희박하다. 뜻하는 바가 너무 크거나 다른 사람의 방해로 인하여 어렵게 된다.

- **사업** : 대개 상당한 고전을 하고 있는 경우가 많다. 내부의 알력으로 분열이 있거나, 서로의 의견차이로 정상적인 운영이 어렵든지, 뜻하지 않은 사고로 인하여 고심하는 경우가 있다. 또한 자신의 힘에 너무 과중한 부담을 안고 나아가는것 등이다.

  이때는 본업이외의 일에는 손을 대서는 안된다. 특히 신규 사업은 실패하기 쉬우니 해서는 안된다. 현재하고 있는 일이라도 절대로 무리는 하지말고 현상유지에 최선을 다해 노력해야 한다.

- **상담** : 서로의 의견차이로 대화가 이루어지지 않는다. 무리하게 성사시키면 큰 손해를 보게 되든지 분쟁이 일어난다.

- **매매** : 지금은 때가 아니니 그만두라. 그렇지 않으면 손해도 보고 다음에 큰 후회를 하게된다.

- **계약** : 신중하게 처신해야 한다. 서로의 마음에 상처를 크게 입을 수 있다. 각자가 욕심이 지나치거나 아전인수격(我田引水格)이되어, 낭패를 당하는 일이 발생할 소지가 많으니 숙고하라.

- **소송** : 소송이 길어지게 되고 서로 손해를 본다. 화해 하도록 최선을 다하면 결국 화해가 될 것이다.

- **취직** : 아직 운이없어 실력만으로 할때라, 괜한 헛고생만 할 뿐이다. 설사 된다 하여도 오래가지 못한다. 임시직, 일용직은 괜찮다.

- **승진** : 지금은 시기가 아니다. 자기를 너무 내세우면 오히려 주위의 미움을 받게된다. 현재 주어진 직분과 지위에 충실하게 근무하라.

- **입학** : 자신이 목표한곳 보다 낮춰서 지원하라. 과욕과 자만은 절대 안된다.

- **이사** : 움직이지 않는 것이 좋다. 설사 불편한 것이나 사정이 있더라도 다음으로 미루라. 어떤 재난을 당할지 모른다.

- **여행** : 무조건 가지않는 것이 좋다. 떠나면 도중에 병난이 있거나 도난, 손재등의 일이 발생하거나 아니면 다른일로 큰 고생을 하게

된다.

- **연애** : 심각한 문제가 일어났을 경우가 많다. 성격차이로 이견이 있든지, 남녀간의 반목 또는 언쟁이 있게 된다. 이때는 자기의 감정(感情)을 내세우지 말고, 상대편의 기분을 이해하고 따르수 밖에 없다. 그렇지 않으면 서로 평행선을 달리게되 화합하기 어려운 곤란에 빠지게 된다.
- **결혼** : 혼기를 놓치고 고민하는 경우가 많다. 너무 자신을 높이 평가하여 성사가 어렵게 되었다고 볼수 있다. 지금은 이미 때가 늦었으니 더기다려 봐라. 만약 맺어져도 좋은 상대가 아니라 장래가 평탄하지 못하다.
- **출산** : 대개 남자이다. 태아가 건강하지 못해 출산에 어려움이 있든지, 아니면 산모가 불의의 재난이 있으니 신불에 기도하라.
- **가출인** : 쉽게 돌아오지 않고 현재로는 찾기도 어렵다. 때가 되면 거처를 알 수 있다.
- **기다리는 사람** : 중도에 오지 못하는 일이 있어 당분간 오지 않는다. 그러나 곧 소식이 오게 된다.
- **분실물** : 도난당해 이미 자기의 것이 아니니 찾지 마라. 찾으려하면 마음 고생만 할뿐이다.
- **건강** : 치료가 어렵다. 만성병 아니면 병명을 모르는 경우가 많다. 간장, 심장, 신경 등 장기적인 치료를 요하는 병이므로 조급히 생각지 말고 꾸준히 체력 보완에 힘쓰라.
- **날씨** : 비가 많다. 여름이면 장마가 계속되고 홍수의 염려도 있다.

63. ䷾ (六.三) 수화기제(水火旣濟)

기제, 형소(旣濟, 亨小)

- **상(象)의 해설**

기제(旣濟)는 이미 이루었다, 이미 갖추어졌다, 정리(整理)되었다는 뜻이다. 그러나, 이것으로 끝나지 않는다는 것이다. 어찌보면 다시 시작한다는 의미가 내포되어 있다고 보면 된다. 즉 과일이 무르익어 땅에 떨어지고, 다시 싹을 움트게하는 유전(流轉)하는 모습을 말한다. 그러므로 시작하는 마음을 가지지 않으면 모든 것이 흩어진다는 의미다. 괘상대 물과 불이 화합한것 같으나, 결국 물과 불이 함께하면 아무것도 남는것 없이 사라진다는 것이다.

• 운세

자신의 노력의 결실을 보는 좋은 시기로 본다. 운기가 왕성하여 최고조에 달하여 있을때를 말함이다. 그러나 세상이치란 모든 것이 한계(限界)가 있는 법이다. 무작정 올라만 가거나, 앞으로 나아가는 것만이 능사가 아니라는 것이다.

정상을 오르는 것보다 수성(守成)이 더 어려운것 같이, 자칫 방심하여 현재 갖추워진것과 지닌것을 흐트리거나 잃을 위험이 있다는 것이다. 그러므로 이때는 현상유지를 어떻게 안정시켜 나가냐는 것이 중요하다.

또한 매사에 안일함에 젖어 소홀함이 있으면 지금부터 서서히 무너지기 시작하여, 혼란의 위험에 빠지게되 앞으로 더 나아가지 못해 좌절의 고통도 따르게 되니, 어제의 힘을 믿고 내일의 일을 도모하지 말라는 것이다.

이 괘는 처음에는 길하고, 나중은 흩어진다, 무너진다의 뜻이 있으므로 그끝을 잘지켜 오래가도록 노력하는 것이 중요하다.

수화기제(水火旣濟)지침

사람이 열심히 노력한 끝에 정상에 도달했을때, 그에 도취되어 방심하거나 자만에 빠져버리면 지금까지의 모든 것이 무너져 내리게 된다. 그러므로 이때는 과거의 어려웠던 시절을 생각하여 음덕(陰德)을 쌓아야 그 모든 것이 무너지지 않는다. 항상 유순한 마음과 화합과 각고(刻苦)의 힘으로 정상에 올랐듯이, 그보다 더욱 자신을 채찍질하여 엄격하게 지켜나가라.

1효(爻), 아직은 자신의 능력이 부족하다. 만약 어떤일을 구상하고 있거나 계획한 일이 있다면 지금 바로 중단해야한다. 결국 실패로 돌아가게 된다. 또는, 다른 사람과 상담하는 일이 있다면 없었던 일로 하라. 서로 다투게 되어 몸을 상할 우려도 있다. 이때는, 매사에 신중하지 않으면 화를 당할 염려가 있으니 몸을 삼가하라.

2효(爻), 지금 상당히 어려움에 빠져있는 경우가 많다. 뜻하지 않은 불상사로 곤경에 처해 있지만, 당황하지 말고 차분히 수습해 나가라. 이미 잘못된 것은 과감하게 포기하고 다음을 위해서 준비해 나가라.

일시적인 좌절은 있지만 시일이 경과하면 서서히 만회하게 된다.

3효(爻), 이때는 아무리 노력을 해도 큰 성과를 거둘수 없는 시기로 애써 노력한 만큼의 대가도 얻지 못한다는 것이다. 이는 곧 충분한 실력을 갖추지 않고 일을 시작한 것이기 때문이다. 필요없는 일에 힘을 소모하게 되면 그만큼 더 큰것을 잃어버리게 된다.

무리한 일, 전망이 불투명한 것에는 손을 대지 말라는 것이다. 모든 일을 멀리 내다보고 마음에 준비만 하고 아직은 행동으로 실행하면 안된다.

4효(爻), 지금까지 쌓아왔던 일에 문제가 생길 수 있으니 사전 점검을 게을리 말아야 한다. 뜻하지 않는 문제가 발생하여, 큰 곤란을 겪게 될 소지(素地)가 있다.

하는 일에 대해 앞으로의 전망이 어두운데 새로운 투자를 한다든지, 가까운 사람에게 배신을 당할 우려가 있으니 조심해야 한다.

5효(爻), 이제까지 운이 막혀 고생한 사람이 점차로 풀려가게 된다. 이 모두가 본인이 근면하고, 검소하게 살아온 덕일 것이다. 지금부터 자신이 목적한바를 위해서 한층 더 분발함으로써 크게 이루게 되는 때다. 또한 부족한 것이 있으면 주위의 도움과 협력도 능히 구할 수 있게 된다.

일은 적극적으로 추진하되 절대 자만하거나 방종하면 안된다.

6효(爻), 대단히 위험한 상황에 도달했다. 어떻게 하면 현상황을 타개해 나가야 할지 대책이 어렵다. 지금 닥치지 않았다면 곧 닥치게 될 운명에 놓여 있다고 보면된다. 모든 것이 과불급이다.

아무리 죽음이 눈앞에 닥쳤다해도 흔들림없는 마음이 중요하다. 굳센 용기와 용단(勇斷)으로 현실을 풀어나가야 한다. 이때는 조그만 욕심과 욕망이라도 모두 버리고 사물을 신중히 파악하여 대처해 나가야하는 때다.

수화기제 (水火旣濟) 사항판단

- **소원** : 일상적인 작은것은 이루어지나, 새로운 일이나 큰것은 안된다. 급하게 구하지 말고 때를 기다려라. 애써 노력을 하나 헛수고만 하게된다.
- **사업** : 새로운 것이나 큰일은 결코 시작하면 안된다. 또한 확장, 투자 등도 섣불리 하지마라. 미래가 불투명하여 계획대로 되지 않을 때다. 지금은 현재하고 있는 일에 더 많은 신경을 써야한다. 현재는 비록 모든 것이 순조롭게 보이지만 어려운 문제가 일어날 가능성이 많다.
- **상담** : 처음에는 잘진행되어 가는듯 해도 끝에가서는 서로 의견이 맞지않아 잘못되는 경우가 많다. 사전에 상대방을 잘파악하여 곤란한 문제가 발생하지 않도록 세심한 주의가 필요하다.
- **매매** : 파는 것이 유리하다. 그러나 사는 것은 가격이 내려 큰 손해를 보게 되므로 보류해라.
- **계약** : 급하게 서두르지 마라. 성사가 어렵다. 또한 계약이 된다해도 결코 좋다고 볼수 없다. 다음에 좋지않은 문제가 일어나든지, 손해 볼 가능성이 많다. 다시한번 신중히 검토하라.
- **소송** : 서둘러 결정해야 한다. 소송이 길어지면 큰 화를 당할 염려가 있으니 화해함이 좋다.
- **취직** : 관, 공직, 대기업 등은 안된다. 그 보다 낮은 작은 곳에는 되나 오래있을 곳은 못된다. 여러가지로 마땅하지 않지만 현직(現職)을 그대로 지키는 것이 좋다.
- **승진** : 좋은 곳으로 영전이나 직책, 지위가 올라가는 좋은 때이다.

- **입학** : 실력을 갖췄다면 자기가 목표한 좋은 학교에 들어가게 된다. 쥐위에 선배나 웃사람과 상의하라.
- **이사** : 꼭 옮겨야 할 경우가 아니면 그대로 있는 것이 좋다. 만약 이사를 가야할 때는 흉한 방향을 피하라.
- **여행** : 가벼운 여행 또는 단기간이라면 상관없다. 그러나, 먼곳은 뜻하지 않는 불상사가 발생하여 고생이 많게 된다. 상용도 별성과가 없을 때다.
- **연애** : 상당히 오래된 관계다. 성격이나 환경 등 서로 합당하여 결혼에 별 지장 없고 또한, 둘사이도 원만하여 별 어려운 문제는 없다고 본다. 그러나 이런 관계를 계속 유지하기 곤란한 일이 있을 수 있다고 본다. 생활문제나 주위환경 때문에 그럴 수 있다.
- **결혼** : 혼담이 순조롭게 진행되어 성사 되겠고, 서로가 만족하는 관계다. 그러나 계속해서 현재의 좋은 관계가 유지되도록 서로 언행을 삼가하고 화합을 깨뜨리는 일은 해서는 안된다. 왜냐하면 처음은 좋지만 끝이 조금 불안하기 때문이다.
- **출산** : 대개 여자 아이다. 출산에 조금 걱정스러운 일이 있으나 무사하게 되니 염려할 필요없다.
- **가출인** : 나간지가 오래되었으면 멀리가 있어 찾기가 어렵지만, 얼마되지 않았으면 머지않아 돌아온다.
- **기다리는 사람** : 중간에 장애가 있어 오지 못한다. 만약 소식이 있다고 해도 오지 않는다.
- **분실물** : 집안에서 잃은 조그만 물건은 쉽게 찾는다. 그러나 좀 큰 물건이나 밖에서 잃은 물건은 찾기 어렵다. 이미 남이 가져갔으니 단념하는 것이 좋다.
- **건강** : 폐렴, 심장병, 호흡기 계통 등으로 만성병이 많고, 오래된 병이면 위험하다. 급성일 경우 서둘러 치료하지 않으면 완치되기 어렵다.
- **날씨** : 오랜 가뭄이 계속되거나 장마가 계속될 때가많다. 만약 비가 오면 곧 개이고, 맑은 날이면 비가 내린다.

64. ䷿ (三.六) 화수미제(火水未濟)

미제, 형(未濟, 亨)

• 상(象)의 해설

미제(未濟)는 미완성(未完成), 아직 갖추지 않았다, 결정되지 않았다, 적당하지 못하다는 뜻이다. 좌절과 위험, 곤란에 봉착하여 고생하는 모습을 나타낸다. 그러나 세상만사가 유전하는 것과 같이, 꽃이 피어 떨어지면 열매를 맺는 것과 같이 희망이 있다는 것이다. 새끼 여우가 강을 건너다 꼬리를 적시는 형상이니, 아직 역량이 부족하지만 언젠가는 힘을 길러 능히 그 강을 건널수 있게 된다는 것이다.

• 운세

모든 것이 생각과 뜻대로 되지 않는 어려운 시기를 만났다고 볼수 있다. 어떠한 일에도 확신이 없고, 대책도 세우지 못하는 난감한 처지다.

또한 이때는 어느 누구의 도움이나 협력도 구할수 없고, 도리어 믿었던 사람의 배반 등이 있을 때다. 이 모두가 자기의 운세가 그러하기 때문임을 생각하라. 그러나 이 괘는 자포자기하지 말고 발분하여 노력을 다하면 반드시 발전할 수 있다는 의미를 갖고 있다. 즉, 해가 저물면 다시 새벽이 찾아온다는 것이다. 비록 지금은 모든 것이 불투명하고 전망이 없지만, 결코 좌절하지 말고 굳은 의지로 현실을 타개해나가야 한다. 그것이 곧 나타나지는 않지만 가까운 시일 내에 희망이 보일 것이다. 그러나 조급하게 처리하려 하지말고 하나하나 결점을 보완해 나가야만 한다.

화수미제(火水未濟)지침

인간사의 흥망성쇠가 자연의 섭리다. 비록 흥(興)하다고 너무 즐거워 하지말고 쇠(衰)하다고 슬퍼하지 마라. 이 모두가 자신에게 있기 때문이다. 만약 지금 최악의 상태에 이르렀다고 결코 좌절하거나 비탄에 빠져 허덕이지 마라. 해가지면 달이뜨고 달이 지면 다시 새벽이 온다. 절대 희망을 잃지 말고 현실을 직시하며 최선의 노력을 다하라.

1효(爻), 아직 모든 일에 역부족이다. 자신의 능력은 생각지 않고 함부로 덤벼들다 큰 실패를 당할 위험이 있다. 아직 자기의 힘과 운기가 되지 않았으니, 기회가 올때까지 더욱 분발해서 노력해야 한다. 모든 일을 쉽게 자기 나름대로 판단 하지마라. 그 안목이 맞지 않게된다. 새로운 일이나 그밖의 잘 알지 못하는 일은 하지 않는것이 좋다. 현재 잘되어가고 있는 일조차도 곤란한 지경에 빠질 염려가 있다.

2효(爻), 점차로 발전해 나가는 운이다. 아직은 자신이 바라는 목표를 향해 나아갈 수 없는 여건과 입장이다.

언젠가는 반드시 기회가 오게되니 조용하게 현재의 일에 몰두하면서 기다려라. 비록 과거의 실수로 현재 타격을 받아 곤란을 겪고 있어도 머지않아 이를 만회할 수 있게 된다.

3효(爻), 아직은 자신의 힘이 미숙하고 때도 오지 않았다. 의욕만 가지고 매사에 뛰어 들었다가는 큰 위험에 빠진다. 결코 초조해 하거나 서두르지 말고 자기의 능력이 갖춰질때까지 충분한 시간을 가지고 목적한 바를 위해서 나아가야 한다.

만약, 일단 시작한 일이라면 멈추지 말고 끈기있게 밀고 나가라. 곤경에 빠지거나 위험한 난관에 봉착하더라도 결코 물러서거나 좌절하면 안된다.

4효(爻), 호운이 찾아왔다. 자기의 역량과 재능을 총동원하여 적극적인 자세로 추진해 나가야 하는 때다. 설사 장애물이 있다해도 능히 이를 극복할 수 있고 큰 일을 성취할 수 있다.

단, 한가지 일에 초지일관(初志一貫)하여 노력을 다해야한다. 그리고 성급하게 눈앞의 이익만을 생각지말고 멀리보고 일을 해야 하고, 남의 도움으로 큰 투자를 하는것은 삼가하라. 자칫 실패하기 쉽다.

5효(爻), 지금까지 어려운 환경과 고통속에서 지냈던 사람이 해방되고, 그간의 노력이 결실되는 좋은 때를 만났다. 지금까지 해왔던 일을 계속해 나가야 된다. 아직 풀리지 않는 일이 있다고 해도 결코 중단하지 말고 끝까지 자신의 의지를 굽히지 말고 관철해 나가야만 성공할수 있다.

이때는 부족한 것이 있으면 주위의 협력도 구할수 있고 도움도 받을 수 있다.

6효(爻), 자신의 행동이 방종하지 않도록 주의를 해야 할때다. 애써 쌓아올린 공적이 무너질 위험이 있다. 특히 술과 여자를 삼가해 건강을 지켜야 한다. 또한, 혼자만이 지나친 욕심을 채우려 하다간 크게 잃게된다.

절도, 절제, 화합, 성의를 다해야 무사하게 된다.

화수미제(火水未濟)사항판단

- **소원** : 급하게 구하는 것은 이루지 못하나 목적한 바를 위해서 꾸준히 노력하면 반드시 성취한다.
- **사업** : 지금까지 고전 하던 사람은 지금부터 서서히 풀려가는 때다. 그러나 아직까지는 여러가지 난관이 남아있으므로 급진하지 말고, 차분하게 어려운 문제를 하나씩 풀어나가면 장애물도 해소되어 갈 것이다. 아직은 성운의 시기가 멀었기 때문이다. 아무리 견디기 어려운 환경에 부닥치더라도 절대로 좌절하거나 용기를 잃지 말고, 자기에게 주어진 일에 최선을 다해 노력해 나가라.

  신규사업은 하지 않는 것이 좋다. 조금더 시일을 두고 자신의 능력이 닿으면 그때가서 시작하라.
- **상담** : 진척이 잘 안될때다. 그러나 물러서지 말고 두번 세번 접촉하여 자기의 솔직한 의견을 상대방이 이해 할 수 있도록 노력을 지속하면 풀릴 가능성이 있다.
- **매매** : 큰 이익이 있을 때다. 처음에는 손해를 보는듯해도 시일이 경과하면 이득이 있으니 하도록 하라.
- **계약** : 처음에는 상당한 어려움이 따른다. 그러나 굽히지 말고 성의를 다해 추진하면, 성사되어 서로 좋은 결과를 얻을 수 있다.
- **소송** : 빨리 화해하는 것이 좋다. 고집을 부려 강행하면 길어지게

되고, 결코 이롭지 못하다. 악화 되면 관액(官厄)도 있게되는 불길한 때다.

- **취직** : 아직 기회가 오지 않았다. 아무리 노력해 여러곳에 뛰어다녀도 시원한 결과를 얻지 못하는 불운한 시기다. 그동안 실력을 향상 시키면서 기다리면 기회는 온다.
- **승진** : 사전에 미리 윗사람이나 실력자에게 손을 쓰면 이번에는 안되도 다음에는 된다. 그러니 조급하면 될일도 안되니 마음을 넉넉하게 가지고 처신하라.
- **입학** : 아직 실력이 부족하여 자신이 목표한곳에는 어렵다. 열심히 노력하여, 다음 기회를 대비하라. 그러면 가능하게 된다.
- **이사** : 지금 움직이는 것은 불리하다. 여러가지 문제가 있게되어 괴로움이 따른다. 조금 기다리면 합당한 곳이 발견된다.
- **여행** : 먼곳은 가지마라. 뜻하지 않은 사고가 생긴다. 그러나 가벼운 여행, 기분전환등은 괜찮다. 상용은 뜻대로 되지 않으니 큰 기대는 하지마라.
- **연애** : 심각한 관계는 아니다. 그렇다고 적극적이거나 열열한 사이도 아니다. 마음이 안정되지 않을 때가 많아, 장래를 약속하기에는 시기상조다. 앞으로 넘어야할 난관이 많이 남아있다.
- **결혼** : 한사람을 두고 두곳에서 혼담이있든지, 중간에 방해를해 처음에는 여러가지 어려움이 따르지만, 차츰 순조롭게 진행되 결국에는 성사 된다. 이때는 여자가 주도권을 쥐는 경우가 많다.
- **출산** : 대가 여자아이다. 다소 늦어지지만 안산한다. 아이가 귀인이다.
- **가출인** : 집을 나간지 오래면 찾기어렵고, 그렇지 않으면 다소늦게라도 돌아온다. 동행하는 사람이 있다.
- **기다리는 사람** : 간곳이 멀고 소식이 끊겨 돌아오기는 어려우나 소식은 있겠다.
- **분실물** : 어디 두었는지 모를수 있으나 생각지 못한곳에서 찾을수 있다. 밖에서 잃은 것이면 찾기 어려워 찾으려면 고생만 할 뿐이다.

- 건강 : 심장병, 성병, 열병, 전연병 등이다. 오래된 병이면 쉽게 치료되지 않는다. 최근의 생긴병이면 처음에는 위험하나 걱정할 필요없다. 곧 차도가 있게 된다.
- 날씨 : 대개 흐리기만 하고 비가 올듯하면서 오지 않아 가뭄이 예상된다. 가을, 겨울은 바람이있다.

下卦 \ 上卦	1(天)	2(澤)	3(火)	4(雷)	5(風)	6(水)	7(山)	8(地)
1(天)	乾爲天 (29)	澤天夬 (210)	火天大有 (79)	雷天大壯 (170)	風天小畜 (58)	水天需 (43)	山天大畜 (132)	地天泰 (66)
2(澤)	天澤履 (62)	兌爲澤 (278)	火澤睽 (187)	雷澤歸妹 (259)	風澤中孚 (291)	水澤節 (287)	山澤損 (201)	地澤臨 (100)
3(火)	天火同人 (75)	澤火革 (236)	離爲火 (150)	雷火豐 (264)	風火家人 (183)	水火旣濟 (299)	山火賁 (114)	地火明夷 (178)
4(雷)	天雷无妄 (127)	澤雷隨 (91)	火雷噬嗑 (109)	震爲雷 (245)	風雷益 (205)	水雷屯 (35)	山雷頤 (137)	地雷復 (123)
5(風)	天風姤 (215)	澤風大過 (141)	火風鼎 (241)	雷風恒 (160)	巽爲風 (274)	水風井 (232)	山風蠱 (96)	地風升 (224)
6(水)	天水訟 (46)	澤水困 (228)	火水未濟 (304)	雷水解 (197)	風水渙 (282)	坎爲水 (145)	山水蒙 (39)	地水師 (50)
7(山)	天山遯 (165)	澤山咸 (155)	火山旅 (269)	雷山小過 (295)	風山漸 (255)	水山蹇 (192)	艮爲山 (250)	地山謙 (83)
8(地)	天地否 (71)	澤地萃 (220)	火地晉 (174)	雷地豫 (87)	風地觀 (105)	水地比 (54)	山地剝 (118)	坤爲地 (32)

부록

꿈 해몽
－꿈의 학문－

제1장 꿈은 인생에 대한 충고자

1. 어제 저녁 어떤 꿈을 꾸었나?

꿈에는 당신의 마음이 반영되어 있다.

우리들은 현실의 세계에서 살고 있다. 현실의 세계란 간단히 말해 눈뜨고 있을 때 체험하는 세계로 꿈과는 다르다. 꿈속에서는 현실에서는 상상도 할 수 없는 불가사의한 정경이 펼쳐진다.

가령 꿈속에서는 당신이 잊어버린 먼 옛날의 체험이 어제 있었던 일처럼 생생하게 되살아 난다. 어릴 때 개울에서 놀던 일, 아버지에게 안겨 동네 잔치에 갔던 일, 친구들에게 돌을 던진 일, 새까맣게 잊었던 옛날 기억이 돌연 되살아 나는 것이다.

이에 대한 재미있는 보고가 있다.

19세기의 프랑스에 엘베드 상드니라는 꿈 연구가가 있었다. 이 사람은 의식적으로 꿈을 꾸고 자각할 수 있도록 하는 훈련으로 유명하다. 어느날 밤에 그는 브뤼셀의 번화한 거리를 걷는 꿈을 꾸었다.

거리에는 가게가 즐비하고 여기저기 간판이 걸려 있어 상점 이름이나 번지까지 확실하게 읽을 수가 있었다. 하지만 그는 브뤼셀에 가본 적이 한 번도 없었다. 그래서 그는 부랴부랴 브뤼셀에 가보았다. 그런데 어디에서도 그 거리는 찾아볼 수가 없었다.

그러다 6년이 지나 상드니는 우연히 찾은 프랑크푸르트에서 꿈에 본 그 거리를 발견했다. 여러 가지 간판, 붐비는 사람들, 가게의 이름, 번지까지……

그는 마치 계속 꿈을 꾸고 있는 기분이었다. 드디어 그는 자기가 어릴 때 이 거리에 끌려 온 일을 생각했다. 꿈에 나타난 것은 그때 본 정경이었던 것이다.

이와 같은 경험은 아마 당신도 있을 것이다. 눈뜨고 있을 때는 전혀 생각할 수 없는 노래나 시(詩)가 꿈에서는 입에서 술술 나오는 것과 같은 체험이다.

즉 꿈은 마음속 깊이 간직된 기억의 영상으로, 마치 추억을 되살리는 앨범을 펼친 것처럼 우리들은 꿈을 통해 옛날을 추억하게 되는 것이다.

그러나 꿈은 과거의 추억에만 한정된 것이 아니다.

자주 화장실에 가는 꿈은 대개 화장실에 가고자 하는 생리적 욕구에서 오는 것이고, 찹쌀떡을 먹는 꿈은 우리 몸이 단 것을 요구하는 것을 가르쳐 준다. 물을 마시는 꿈은 목이 마른것과 무관하지 않다.

이와 같이 꿈은 과거의 추억 그 자체보다도 그때의 욕망에서 생긴 것이라 보는 수도 있다. 이런 꿈은 어른보다 어린이가 꾸기 쉽고 특히 음식물의 꿈은 어린이에게 압도적으로 많다.

물론 소망하는 꿈은 육체적, 생리적인 것만은 아니다. 정신적인 소망도 충분히 꿈에 나타날 수 있다. 이와는 달리 어두운 소망은 사람이나 동물한테 상처를 입히거나 죽이는 꿈으로 나타나기도 한다.

학교에 가기 싫어하는 아이가 학교 가는 꿈을 꾸고 눈을 떴을 때에 "앗, 오늘 학교 갔다 왔으니 깨우지 말아요."라고 착각하고 내처 자는 것도 어두운 소망의 반영이라 할 수 있다.

이밖에도 늘 마음속에 지니고 있는 불안도 꿈의 큰 요인이 된다. 이에 속하는 것으로는 수험생들에게서 볼 수 있는 것으로 시험에 떨어지는 꿈이 대표적이다.

꿈은 말하자면 '자기 마음을 비추는 거울'과 같은 것으로 당신이 어떤 과거를 가졌으며 어떤 소망이나 불안을 가지고 있는지 알 수 있다.

꿈을 진단하는 데는 우선 이런 것들을 머리에 두고 생각해야 한다.

2. 자기 꿈은 자기가 풀자.

꿈 진단의 의의는 꿈을 분석하고 그 뜻을 알아서 인생에 도움을 주는 데 있다.

자기가 어떤 소망과 불안을 안고 있는지는 눈뜨고 있을 때도 자각할 수 있으니 꿈에 의지할 필요가 없다고 생각하는 사람도 있겠지만 소망이나 불안은 현실에서는 아무래도 억압되기 쉬운 것들이다.

요컨대 가슴에 손을 대고 당신이 무슨 소망을 갖고 있는지 생각해 보라. 짝사랑하는 사람의 사랑을 원한다, 좋아하는 스타의 연인이 되고 싶다, 좀더 미인이 되었으면…… 이런 것들은 내놓고 말할 수 없는 것으로 대개 가슴에 품고 있는 것이 인지상정일 것이다. 따라서 '이런 것은 망상에 지나지 않아.'라며 억압하고 말 것이다. 하물며 누구를 죽이고 싶다, 죽고 싶다, 가출하고 싶다 등의 어두운 소망은 한층 더 말하기 힘들 것이다.

불안에 대해서도 마찬가지이다. 목표하는 대학에 떨어지는 것은 아닌가, 연인에게 버림받을지도 모른다는 불안 등은 억압하는 것이 당연하며 밝힐 수 없는 것이다. 꿈은 이러한 억압된 소망이나 불안의 얼굴을 드러내는 것이다.

또 현재에는 관계가 없는 것같이 보이는 과거의 기억이 돌연 생각이 나는 것은 나름대로 의미가 있을 것이다.

만일 부친과 관계가 좋지 않은 사람이 아버지에게 안겨 마을 잔치에 구경을 간 꿈을 꾸었다면 그것은 아버지와 다시 사이좋은 관계가 되기를 바라는 소망이 마음속 어디엔가 작용하기 때문이다.

이와 같이 소망이나 불안이 꿈에서 반복되는 작업은 보통 심리학상으로 행해지는 일이다. 그 때문에 심리학자는 면담자와 몇 번이고 상담을 거듭해 그 사람의 성장과정, 성격, 현황 등을 조사해 종합적으로 판단을 내린다.

그러나 생각해 보면 자기 일은 자기가 제일 잘 알 것이다. 거기다 자기 꿈을 일일이 심리학자와 이야기하는 것은 쉬운 일이 아니다.

그러므로 자기 꿈은 자기가 진단하는 '자기 진단'이 필요하다. 남의 진단을 받는 것은 아무래도 자기 기분을 밝히는데 저항감이 생기게 된다. 자기가 진단자라면 부끄러울 것도 없고, 꿈은 자신이 이해할 수 있도록 풀어야 하니 자기 진단이 가장 좋은 방법이라고 생각한다.

3. 꿈의 해몽

꿈을 해몽하기 위해 필요한 순서부터 말해 보자.

① 꿈의 줄거리

꿈은 극적인 구성을 가진 하나의 드라마이므로 그 개요를 파악하도록 한다. 예를 들어 도피(도망), 대결구조 등에 대하여 생각해 본다.

② 꿈의 배경

꿈의 장면이나 상황, 거기에 나타나는 사물에 대하여 생각해 본다. 꿈의 배경이나 장면은 꿈의 주제의 골조를 나타낼 때가 많다.

③ 꿈의 등장인물

꿈에 나타나는 인물이나 그 역할, 동물이나 살아 있는 것에 대하여 연상해 본다. 사람이나 동물은 자기 마음의 내면을 나타낸다고 생각하면 그 뜻을 이해하기 쉬워진다.

④ 꿈속의 행동이나 움직임

꿈속에서 하는 행위나 행동, 움직임의 뜻을 생각한다.

⑤ 꿈속에서의 감정

꿈에 등장하는 인물의 감정이나 꿈을 꿀 때 자기가 느낀 기분에 대하여 생각해 본다.

⑥ 꿈속의 상징

꿈 속의 사물, 인물이나 동물이 무엇을 상징하고 있는지 생각해 본다. 이때 신화나 옛날 이야기가 표현하는 상징적인 의미도 참고가 된다. 또 꿈에는 아무리 생각해도 모를 것이 등장하기도 하지만 왜 그런 것이 나타났는지, 왜 그런 짓을 했는지 그것이 상징하는 바에 대해 생각한다.

이러한 순서로 현실적인 측면과 내면의 꿈에 대한 것을 여러 모로 생각한다. 나아가서는 꿈을 대상화하지 말고 꿈속에 들어가서 느껴보는 것이 중요하다.

또 몇 가지의 꿈을 시리즈(일련의 연속)로 생각하고 거기서 어떤 테마를 보여주는 것이 아닌가 생각해 본다.

꿈속의 이야기, 명사나 동사, 형용사 등에 착안한다. 그러노라면 일관된 테마를 나타낼 때도 있다. 그러나 아무리 노력해도 의미를 파악할 수 없는 꿈은 무리해서 해석을 하지 말고 모르는 것은 모르는 대로 꿈이 새로 전개될 때까지 기다리는 것이 중요하다.

4. 꿈의 기억

사람들은 보통 하룻밤에 4~5회의 꿈을 꾼다고 하는데, 다음날 꿈을 외우고 있는 사람이 있는가 하면 하나도 기억하지 못하는 사람도 있다. 왜 이런 차이가 생기는가?

꿈을 잊어버리는 데는 몇 가지 이유가 있다. 우선 꿈에는 전혀 생각지도 않은 과거의 경험이 나타나기 쉽다. 생각하면 불쾌한 경험을 되살리게 되어 다시는 생각하지 않으려고 하지만, 그러한 경험이 어떠한 형태로든 꿈으로 다시 나타날 때가 있다.

그러므로 생각하면 불쾌한 꿈은 잊어버리려고 하는 것이다.

또 꿈을 잊어버리는 것은 꿈에 대해 충분한 주의를 기울이지 않기 때문이라고도 할 수 있다. 꿈에 흥미를 가지고 꿈을 기억하려고 한다면 1주일에 몇 개의 꿈이라도 생각해낼 수가 있는 것이다. 즉 항상 꿈을 외우고 있는 사람은 꿈에 흥미가 있든가 꿈에서 무언가 불안을 느끼는 사람이라는 것을 알 수 있다.

꿈을 외워두기 위해서는 몇 가지 공부가 필요하다. 우선 잘 때 무언가 좋은 꿈을 꾸고 싶다고 소원하며 자연스럽고 느긋한 마음으로 자는 것이 좋다.

다음은 아침에 깨어날 때의 방법에 따라 꿈을 기억하는 효과가 다르다. 만일 아침에 일어나서 주의를 딴 데로 돌리면 악몽같은 강렬한 꿈이 아니면 꿈을 생각해내기란 어렵다.

몇 분동안이라도 좋으니 꿈을 생각하려고 하면 도움이 된다. 어떠한 사소한 시각적 정보 또는 근육활동도 그것이 새로운 인상이라고 의식되면 이전의 꿈의 인상은 눈을 뜨자마자 소멸된다. 이것을 피하기 위해서는 눈을 뜨지 말고 자세도 그대로 하고 꿈을 천천히 생각해 본다.

생활이 바쁜 사람, 아침에 일찍 일어나지 않으면 지각한다는 강박관념을 가지고 있는 사람은 꿈을 꿀 여유도 없는 것이다. 꿈은 물 위에 뜬 달 그림자 같은 것으로 아무 생각도 없이 보는 것으로 잡으려고 하면 흐트러져 산산조각이 나고 마는 것이다.

꿈은 그야말로 하염없는(허무한) 것으로 꿈꾸는 것과 그것을 기억하는 시간이 지나면 대개의 꿈은 잊게 된다.

그러므로 꿈을 외워두려면 머리맡에 종이와 연필을 준비하여 기록하는 버릇이 필요하다. 또 꿈꾸던 도중 무언가에 의해 눈을 뜨게 되면 꿈을 외우는 간격이 짧아져 꿈을 잘 외우게 된다. 그러니 아침에 기상하는 시간 조금전에 조용한 음악이 울리는 알람시계를 장치해 놓는 것도 꿈을 외우기 위한 방법으로 좋다.

아침 나절에는 비교적 긴 렘(REM : 급속안구운동)수면이 있어 꿈을 외우려고 한다면, 이때에 그 목적을 달성하는 수가 많다.

5. 꿈의 기록

꿈은 외웠다가도 기록해 두지 않으면 시간이 지남에 따라 사라진다. 꿈을 잊지 않기 위해서는 머리맡에 종이와 필기도구, 잠자리에서 기록할 수 있도록 스탠드나 회중전등을 준비해 둔다.

꿈을 기록하기 위해 일어나면 꿈이 지워져 버리든가, 다시 잠들려고 할 때 잠이 오지 않아 수면부족이 될 수 있으니 요점만 써 넣고 자는 것이 좋다.

그리고 아침에 일어나면 될 수 있는대로 빨리 잠자리에서 메모해둔 기록을 더듬어 꿈을 꾼 그대로를 되풀이 기록해 둔다.

너무 시간을 오래 끌면 생각하는 것이 어려워지고 또 잊어 버려 메모도 쓸모가 없게 된다.

메모를 중심으로 꿈을 생각할 때 주의할 것은 뚜렷하게 생각나지 않는 것은 그대로 두는 것이다. 무리해 맞추려고 하거나 줄거리를 만들려고 의식적으로 꿈을 바꾸지 않아야 한다.

단순한 꿈이라도 무시하지 말고 그대로 기록해 둔다. 될 수 있는대로 의식적인 선택이나 개조를 하지 말고 기록하되, 이 작업은 시간이 걸리는 일이니 아침시간에 여유를 두고 일어나도록 노력할 필요가 있다.

꿈을 기록하면서 날짜를 써두되 여러 가지 꿈을 꾸었을 때에는 순서대로 번호를 매긴다. 그리고 꿈의 테마나 내용에 연상되는 것이나 감상을 써 넣는다.

단, 이런 일은 처음부터 완벽하게 하려고 하면 안된다.

꿈을 기록하는 데에 너무 집착하면 수면 리듬이 깨져서 현실의 리듬도 우습게 되니, 처음에는 제대로 안되더라도 차츰 익숙해져 자연스럽게 계속되게 된다.

(1) 꿈은 두 가지 요소로 되어 있다.

꿈을 기록할 때는 꿈의 뜻을 해석하는 것으로 우선 꿈의 내용을 잘 간추리는 것이 필요하다.

앞서 말한 것같이 꿈의 세계는 현실과는 다르다. 그러므로 언뜻 보기에는 무엇이 무엇인지 모른다. 그러나 잘보면 거기에는 하나의 이야기가 있는 것을 알 수 있다.

이것을 유추해 보면 다음과 같다.

- 무엇이 어떻게 되었나?
- 무엇을 어떻게 했나?
- 무엇이 어떤 것으로 되고 말았다.

두 가지 요소, 즉 〔주어+술어〕로 되어 있는 것을 알 수 있을 것이다. 이 점에선 꿈의 세계라도 현실의 세계와 다를 바가 없다.

예를 들어 당신이 길에서 돈을 줍는 꿈을 꾸었다고 하자. 이 경우 주어는 돈이고 줍는 것은 술어가 된다. 길이라는 장소는 말하자면 부사이다.

따라서 꿈을 기록하기 위해서는 돈을 줍게 된 것을 중심으로 해서 길이라는 장소도 기록한다.

이것이 꿈 외우기의 기본이다.

물론 실제의 꿈은 이런 단순한 것만이 아니다. 돈을 얻은 뒤 은행에 맡기는 수도 있을 것이다. 이렇게 되면 하나의 스토리로 간추려 보고자 해도 어느 것이 주어고 어느 것이 술어인지 혼란스럽게 된다.

이런 경우 '돈을 주웠다', '그 돈을 예금했다'라는 식으로 두 가지로 나누어 꿈을 간추린다.

그런데 여기에는 두 가지 해석법이 있다. 하나는 꿈의 돈을 돈 자체로 받아들이는 방법, 또 하나는 돈의 숨겨 있는 의미를 찾는 법이다.

만일 당신이 항상 돈에 집착하고 있는 사람이라면 이 돈을 줍는 꿈은 그 소망을 그대로 반영한 것이라 보아도 될 것이다.

은행에 맡기는 것도 저축에 대한 집착을 나타낸 것이다.

한편 이 진단이 이해되지 않으면 돈에 대한 다른 뜻을 찾아야 한다. 말하자면 돈은 주고 받는 것이므로 일반적으로 애정을 뜻한다.

그러므로 꿈에 돈을 줍는 것은 당신이 평소에 애정을 소망한다는 것이다. 그것을 길에서 얻은 것은 말하자면 길을 가다가 생긴 사랑이라고나 할까. 그리고 은행에 예치하는 것은 그 사랑을 간직하겠다는 소망이 반영된 것이다.

이런 식으로 꿈의 줄거리를 2, 3분동안 분석해 본다. 이것이 꿈 진단을 용이하게 하는 비결이다.

(2) 복잡한 꿈은 추려서 정리한다.

꿈에는 단순한 것부터 복잡한 것 등 여러 가지가 있다.

복잡한 것 중에는 줄거리가 황당하게 전개되고 또 등장인물과 배경, 무대가 계속 변해 무엇이 무엇인지 알 수 없다.

이러한 꿈은 어떻게 처리할 것인가?

이런 경우에는 불필요한 부분은 제거하고 정리한다.

꿈은 '마음의 거울'이라고 할 정도로 어떠한 사소한 것도 뜻을 가지고 있다고 생각하기 쉽다. 특히 지금부터 꿈에 대한 자기 진단을 하려는 사람들에게는 그런 생각이 강할 것이다.

그러나 꿈은 수면중의 정신작용이므로 여러 가지 의식이 혼재하여 나타나는 경향을 가지고 있다. 어떤 연구가는 "꿈은 빈 깡통을 모은 것에 지나지 않는다."고까지 말하고 있다.

좀 지나친 말이라 할 수 있지만 꿈은 확실히 '쓰레기 처리장'과 같은 면도 있다.

문제는 모든 것을 다 추리면 판단을 할 수 없게 된다. 필요한 것은 취하고 나머지는 기억에서 지워버리는 것이다. 그 예를 들어 보자.

스물두 살의 남자가 이런 꿈을 꾸었다.

한밤중에 역을 향해 걸어가고 있었다. 거리에는 가로등과 네온이 켜져 있었고 인기척도 없이 조용하기만 하였다. 밤기차를 타려고 하는데 시계를 보니 8분밖에 여유가 없었다. 나는 조급해져 발걸음을 차츰 빨리했다. 얼마쯤 가다보니 두 갈림길이 나왔다. 하나는 지하도, 또 하나는 가로등이 눈부신 지상도로 거기에는 많은 사람들이 걷고 있었다. 지하도를 통하면 기차 시간에 맞출 수가 있겠지만 어두침침한 것이 어쩐지 기분이 내키지 않아 지상도로를 따라 걸었다.

꿈은 여기서 끝났다. 그러나 눈을 뜨고도 이상한 풍경이 연이어 머리에 떠오르더라는 것이다. 그것들은 마치 과거의 꿈을 생각나게 하는 느낌이었다고 한다.

한편 머리맡의 시계를 보니 기상벨을 울리게 한 시간의 꼭 8분 전이 아니었던가? 즉 밤기차가 출발하는 시간과 기상벨이 울리는 시간이 묘하게 일치하고 있었던 것이다.

이 꿈은 다음과 같이 정리할 수 있다.

나는 역을 향해 조용한 거리를 걷고 있었다. 밤기차를 타려는데 시간이 촉박했다. 지하도로 가면 시간에 맞게 갈 수 있었지만 캄캄해서 밝은 길을 택했다. 그리고 잠이 깼다.

이 정도라면 앞서 말한대로 주어＋술어의 방식을 써서 몇 개의 이야기로 나누는 것이 가능해진다.

① 조용한 밤거리를 걷는다.
② 밤기차를 타려고 한다.
③ 시간이 촉박하다.
④ 어두침침한 지하도로 가지 않는다.
⑤ 밝은 지상도로 간다.

이런 식으로 각 문장의 의미를 해석한 뒤에 전체적인 꿈의 의미를 진단한다.

그러나 꿈에 따라서는 줄거리를 나누기 힘든 것도 있다. 그런 경우는 무리하게 나눌 필요없이 내용적으로 중요한 말만 추려 그것을 해독해 전체의 뜻을 파악해도 된다.

여기에서는 조용한 밤거리, 밤기차, 시간이 없다, 어두침침한 지하도, 밝은 지상도가 중요한 말이다.

그럼 이 남성의 꿈은 어떤 진단을 내릴 수 있을까? 또 눈뜬 다음 그의 머리를 스치고 간 색다른 풍경은 무엇이었을까?

답은 8분이라는 수수께끼를 해결함으로써 다음과 같은 결론을 내릴 수 있다.

이 꿈을 정리해 보면 조용한 밤거리, 밤기차, 시간이 없다, 캄캄한 지하도 등으로 표현할 수 있는데, 이것들에게서 다음과 같은 의미를 유추해낼 수 있다.

조용한 밤거리는 잠자는 세계를 그대로 나타낸다. 꿈의 주인공은 그 속에서 밤기차를 타고 꿈의 세계를 여행하려고 한다.

그런데 그전에 꿈이 깼다. 무엇 때문인가?

그 이유는 사람들이 분주하게 오가는 길(지상도)을 택했기 때문이다. 8분이라는 시간의 일치가 암시하듯이 꿈을 꾸고 있을 때 그 사람은 반쯤 눈뜬 상태에 있었던 것이다. 캄캄한 지하도는 잠깨는 것을 억압하고 좀더 자려는 것을 나타낸다.

즉 이 꿈은 각성현상의 영상화라는 대단한 속임수의 구성으로 되어 있다. 한편 눈뜬 뒤 머리에 떠오른 새로운 풍경은 과거에 꾼 꿈의 기억같이도 생각되지만 오히려 그것은 밤기차를 타면 볼 수 있는 꿈이 계속 나타난 것이 아닌가 생각한다.

계속 꾸려던 꿈을 깬 후 관념으로 떠오르는 것은 기이한 일이 아니고 충분히 있을 수 있는 일이다.

이것은 꿈의 잔여로 현실적으로 시간에 쫓겨 언제나 하고 싶은 일을 다 하지 못하는 생활을 나타내고 있는 것이다.

실제로 이 남성은 일에 쫓기는 나날을 보내고 있었던 것이다.

(3) 우선 간단한 꿈부터 도전하라.

꿈을 기록하기 위해서는 우선 간단한 꿈부터 연습을 쌓아 나갈 것을 권한다. 어려운 꿈은 무리하게 풀지 않아도 된다.

보통 복잡하고 기이한 꿈에 중대한 뜻이 있다고 생각하기 쉽지만 꼭 그런 것은 아니다. 간단한 꿈, 아무 뜻없이 꾸는 꿈이 도리어 중요한 메시지를 담고 있을 때가 가끔 있는 것이다.

또한 자기가 꾸는 모든 꿈을 풀려고 하는 것은 벅찬 작업이다. 그 작업에 집착을 하다 보면 정말로 꿈에 쫓기는 나날이 되고 말 것이다.

실제 매일밤 꾸고 있는 무수한 꿈들 중에서 자기 인생과 크게 관여되는 꿈이란 그렇게 많지 않다. 사람에 따라 다르지만 열에 하나 정도 있을 뿐이다.

그러니 모든 꿈을 풀이하려고 하지 말고 우선 다음과 같은 꿈에 주의하여 진단해 보기로 하자.

• 자주 꾸는 꿈

같은 내용의 꿈을 반복해서 꾸는 것은 본인에게 무슨 문제가 있다는 것을 나타낸다. 이런 꿈을 꿀 때에는 그 문제가 무엇인지 대처방안을 생각해야 한다. 잘 관찰하면 꿈속에 대처방안이 나타날 수도 있다.

또 이런 종류의 꿈은 다분히 성격과 관계되어 자신의 성격 판단에도 도움이 된다.

• 강한 인상이 남는 꿈

강한 인상이 남는 꿈은 대개 악몽 형태로 나타나지만 예언 꿈, 계시꿈의 형태로 나타나는 종교적, 신비적 색채를 띠는 것도 적지 않다.

제 2 장 자기 진단을 위한 꿈의 해독

1. 꿈해독 사전

앞에서 예로 든 젊은 남성이 돈을 줍는 꿈에서 말한 것같이 꿈에는 표면적인 의미와 숨겨진 의미가 있다.

그중에서 진단이 쉬운 것은 표면적인 의미를 파악하는 방법이다. 그러므로 꿈을 꾸면 우선 표면적인 뜻부터 생각하도록 한다.

가령 개나 고양이 꿈을 꾸면 그것을 현실의 개와 고양이로 생각해 보는 것이다. 부모, 형제 등 가족의 꿈이라면 실제의 가족과 맞추어 본다. 불타는 물건, 건축물, 풍경 등에 대해서도 마찬가지이다.

이 방법은 단순하면서도 현실과 결부되는 수가 있으므로 소홀히 할 수 없다.

실례로 비행기 여행을 하려고 했던 사람이 비행기가 추락하는 꿈을 꾸고 나서 여행을 취소했는데, 정말 비행기가 추락했더라는 이야기를 들은 적이 있다. 이것을 예언꿈으로 칠 것인가, 혹은 비행기 추락을 걱정한 나머지 꾼 꿈으로 보느냐 등 의견이 다르지만 그 사람은 꿈으로 인해 재난을 면한 것만은 확실하다.

그러나 실제 이 방법으로 이해되지 않는 꿈의 진단도 많이 있다. 이 경우는 숨겨진 의미를 찾아야만 한다.

가령 개는 표면적으로 동물로서의 개에 지나지 않지만 충견, 집 지키는 개라는 말이 있듯이 충실한 친구, 부하 또는 감시자, 스파이 등의 뜻이 있다.

다음의 해몽 사례는 주로 이런 숨어 있는 뜻을 풀이한 것이다. 따라서 생각지도 않은 형태를 풀 수 있게 될 것이다.

물론 숨어 있는 뜻이 중요하다고 거기에만 편중하는 것은 좋지 않다. 어떤 부분은 표면적으로, 어떤 부분은 숨겨진 의미를 추적해 풀어나가는 것이 필요하다. 어딘가 한쪽만 고집하다 보면 막히게 되는 것이다.

그런 경우에는 그 항목에서 연상되는 의미의 여럿을 자기 나름대로 그려보며 꿈의 이미지에 가장 적합한 것에 맞추어 해석하기 바란다.

가령 지뢰라든가 함정이라는 항목은 '꿈해독 사전'에는 없다. 그러나 지뢰는 밟으면 위험한 것, 아래쪽인 발 부분을 놀라게 하는 이미지가 있다. 함정이라고 할 때는 남을 모략에 빠지게 하는 것을 뜻하는 수도 있다.

실제로 머리를 잘 쓰면 꿈해독은 그다지 어렵지 않게 할 수 있으며, 다소 자기류로 해석해도 무방할 것이다.

◆ 부모

아버지는 집안의 어른으로서 지배, 권위, 존경 등 통솔력의 상징으로 꿈에 등장하게 된다. 그와 반대로 어머니는 일반적으로 보호를 뜻하며 자기희생, 양육의 본능을 나타내며 또 의지하고 싶다는 기분으로 연결되어 있다. 또 부모는 예의라든가 도덕을 상징하는 역할도 담당하고 있다.

그러나 양친이 꼭 완전무결한 존재는 아닌 것이다. 그 힘은 당신이 성장하려는 힘을 약화시킬 수도 있다.

그런 때 느껴지는 것이 무력한 아버지, 부도덕한 어머니의 꿈으로 나타난다. 이런 꿈을 빈번하게 꾸게 되면 차차 부모로부터 독립하려는 시기가 되었다고 생각하면 된다. 그런 요구가 심해지면 부모를 속이는 꿈이 될 수도 있다.

◆ 형제자매

질투, 시기, 박해, 반목 등의 의식이 고조된 때에 꾸기 쉬운 꿈이 된다. 당신을 둘러싸고 있는 사람들이 형제자매의 모습을 빌어 나타나는 수도 있다.

외아들인데 형제자매가 있는 꿈을 꾸는 것은 당신 속에 숨겨진 성격의 일면이 나타나는 것이라 할 수 있다.

◆ 조부모

부모를 뛰어 넘는 존재로서 부모를 믿을 수 없을 때, 그 대리로 등장한다. 이미 돌아가신 조부모는 수호의 혼으로 등장하는 의미도 있고 늙음이나 죽음을 나타내기도 한다.

◆ 친척

조언자, 구제자의 뜻도 갖는 반면 간섭하는 사람, 지켜보는 사람이라는 뜻도 가지고 있다.

◆ 아이들, 어린아기

어린이다운 응석부리기, 독점, 위태로움, 번거로움을 나타낸다. 또한 기쁨과 호기심도 뜻하며 대부분 진퇴양난의 소망과 연결되지만 한쪽에서는 어린이로 돌아가 다시 한번 해보자는 재출발의 의지도 포함되어 있다. 아기를 낳는 꿈은 새로운 의식이나 결의의 탄생을 뜻한다.

◆ 노인

노인은 어두운 이미지를 갖기 쉬운데, 반면에 예지의 구현자 역할도 한다.

두려움의 대상, 독특한 공포감을 수반하는 것이 특징으로 늙은 선인(仙人)은 그 전형이 된다.

정신적인 부모상의 집약이라 해도 좋을 것이다.

◆ 분신(分身)

당신속에 잠재하는 또 한 사람의 자기를 뜻한다.

◆ 친구, 아는 사람

대개는 친구를 뜻한다지만 때로는 당신의 분신으로 등장하기도 한다.

다중인격적인 성격의 사람일수록 그 경향이 심하게 나타난다.

◆ 연인

대개 현실의 연인을 나타내지만 불안도 곁들인다. 끊기 어려운 인연, 소유, 독점 등의 뜻을 간직하고 있다.

옛날 연인에 대한 꿈은 현실로서는 잃어버린 무언가의 인연이라든가 집착을 나타내고 표현할 수 없는 성욕도 나타낸다.

◆ 선생님

가르치는 사람, 인도하는 사람, 부모와 같이 도덕의 대변자로 등장하게 된다. 또 무언가 배우는 상황, 가르치는 상황을 나타낸다.

◆ 의사

사람의 생명을 담당하는 의사는 이 사회에서는 권위있는 직업의 하나이다.

즉 권위를 나타내는 이것은 주위 사람들에게 강인하고 명령적이며, 한편 의존성도 나타내 아버지, 선생님, 상사 등과 친밀해지려는 의미도 떠오르게 되리라.

또는 당신을 교정 개조하는 어떤 힘이 의사의 모습을 빌려 표현되는 수도 있으며 건강에 대한 불안, 신체의 회복 등도 나타낸다.

◆ 경관, 재판관

권력이라는 뜻도 있지만 일반적으로는 법과 질서, 또는 양심을 나타내고 있다. 마음에 내키지 않는 일이 있거나 밝히기 힘든 비밀이 있을 때 꾸기 쉬운 꿈으로 이것이 고조되면 재판관이나 염라대왕이 나타나기도 한다. 또 죄악감, 자기혐오 등도 포함된다.

◆ 도둑, 강도

당신의 무엇인가를 뺏으려는 힘과 존재 또는 실물. 뺏으려는 쪽이 숨어서 하는 형태라면 도둑, 광포하게 등장하면 강도의 꿈이 된다. 뺏기는 물건은 꼭 중요한 것에 한정된 것은 아니다. 괴로움을 벗어나는 것도 되어 한결 개운해질 수도 있는 것이다. 의지의 갈등이나 불가능한 소망도 포함된다.

◆ 왕, 여왕

당신을 지배하는 느낌을 주는 인물로 대부분의 경우 부모를 나타낸다. 열등감 또는 우월감을 나타낸다.

◆ 유명인

자신을 나타낼 욕심으로 잠재 능력을 나타낸다. 부모를 뜻하기도 하며 우상으로도 등장한다. 자기 자신을 존중한다는 것이 되며 용기나 사랑을 과시하기 위한 것도 된다.

◆ 군중

눈에 띄고 싶지 않다, 선발되고 싶지 않다는 숨고 싶은 욕망 또는 정리되지 않은 여러 가지 생각이나 거기에 파묻힌 자기 자신을 나타낸다.

군중속에서 길을 잃으면 혼란을 뜻한다. 한편 군중에게 공격을 받으면 지도자를 나타낸다.

◆ 군인, 무사

남자다운 면을 표현하는 반면, 명령에 의해 움직이는 로보트같은 인간이나 자기 희생정신을 표현한다. 갈등이나 능력을 나타내며 자기 훈련정도도 나타낸다.

혼자서 활약하는 영웅은 명령이나 속박으로부터의 자립을 뜻한다.

◆ 승려, 목사

금욕이나 자제심과 결부된다. 모든 것이 인생 안내자, 조언자, 경고자의 역할을 하고 있다. 또 자기의 신앙을 뜻한다. 동정심이나 죄의식도 나타낸다.

◆ 신, 부처

모든 힘을 초월한 만능의 상징으로 인간소망의 궁극점을 나타낸다. 기적적인 구제를 나타낸다. 절망할 때나 인간이 불신에 빠져 있을 때 꾸기 쉽고 종말사상과도 결부되고 있다. 번뇌에서 해방된다. 이기심을 부정하는 것과도 관계된다.

◆ 악마, 요괴

인물은 아니지만 반이성적인 본능이나 악의 유혹자라는 뜻을 가지고 있다. 또 알 수 없는 두려움이 이런 종류의 꿈을 꾸게 한다. 어떻게 해볼 수 없다는 것을 뜻하기도 한다.

◆ 죽은 사람

죽음은 생을 마치는 것이다. 여기서 죽은 사람은 생을 끝낸 인생 즉 과거를 말한다. 또 사인(死因)은 매장해야 하는 것으로 감추어 놓을 비밀을 나타내고 있는 수도 있다.

상실감, 비애, 분노, 지워지지 않는 애정, 고뇌를 나눌 사람 (꼭 필요한 사람), 무서움 등을 나타낸다.

◆ 개

예로부터 사람과 가깝게 길러온 개는 친한 친구나 충실한 부하 등 당신을 협력해 주는 누군가의 우정을 나타낸다. 그러나 막 뛰어놀거나 짖어대는 개는 스파이, 감시, 입싸움 등 대적의 뜻도 있으므로 주의해야 한다. 헌신적인 태도 또는 죽음의 공포를 씻어주는 역할을 한다.

◆ 고양이

몰래 다가오면서 달콤한 말로 다가오는 것. 일반적으로 자신에게 해꼬지하려는 사람이 고양이 모습을 하고 나타나는 수가 있으니 잘 보고 판단해야 한다. 위험을 알려주는 경고가 된다.

◆ 말

원기왕성한 정열(활기찬 성적 충동을 나타내며 성욕에 대한 공포감도 표현된다), 유행적인 기분, 걷잡을 수 없는 충동등 기분의 고조를 보여주는 반면 위험에 빠질 경우도 포함되어 있다. 백마는 안심하는 상태나 사람, 흑마는 죽음에 대한 감정, 특히 어미말은 여성다운 점과 번식력을 뜻한다.

◆ 원숭이

유치한 점이나 사람을 흉내내는 양상을 나타낸다. 또 지혜의 상징으로도 나타난다. 백색은 한층 더 강하다. 반면 어리석고 경솔하다는 것을 나타낼 수도 있다.

◆ 맹수

광포한 힘, 투쟁심, 이성에 대한 우세함을 나타낸다. 권위있는 맹수나 큰 동물은 부모를 나타내기도 하고 또 무의식적으로 친근한 사이도 나타낸다.

◆ 뱀

힘든 고비와 속박에 빠져 움직일 수 없을 때 꾸기 쉽다. 기분나쁜 꿈의 대표로 유혹의 뜻이 있고 의미가 깊은 꿈일 때도 있다.

사람이 알 수 있는 공포나 호기심도 포함된다. 성교와도 관련이 있다. 뱀은 '독'과 '약'의 양쪽 역할을 한다.

한편 뱀에 물리면 건강을 근심하는 상태, 탄생, 성장, 죽음, 재생 등 인간의 주기를 나타내기도 한다.

녹색뱀은 성장의 충족감과 병의 치유를 뜻한다. 푸른뱀은 종교적 감정을 나타낸다.

◆ 새

큰 포부나 발전, 자립, 자유에의 동경을 나타낸다. 한편 상상력, 사색, 폭넓은 인식도 나타낸다. 그런데 프로이드는 새가 남성의 성기를 나타내며 나는 것은 성행위를 뜻한다고도 했다. 단 새장안에 있는 새는 억제, 중상, 진노, 원한 등을 나타내며 파랑새는 행복이나 사후의 혼, 까마귀는 나쁜 소식, 공포를 나타낸다. 닭은 영양상태, 성장을 나타내고 암탉은 어머니를 상징한다.

◆ 고기

잠재의식의 활동 기대를 나타낸다. 기력이 쇠하는 증상도 되어 건강에 유의해야 하고 섹스와도 관련이 있다.

◆ 달걀

재생과 부활을 상징한다. 새로운 생명이나 지식의 탄생을 알려 주며 여성의 경우는 임신과 연관된다. 또 실현되지 않은 것을 뜻하기도 하고 잠재력을 말하기도 한다.

◆ 나무

대지에 뻗으며 쉬지 않고 성장하는 데서 강한 생명력, 성장력, 부동의 정신을 나타낸다. 반면 자유를 속박하는 것을 뜻할 수도 있다.

인체로는 척추에 해당하며, 나무 끝은 희망, 잎은 인생을 나타내고 만일 나무가 넘어지면 친척중 누군가 타계하는 것을 뜻하기도 한다.

◆ 꽃

당신의 성숙도, 아름다움, 매력 또는 재능의 꽃핌이나 쾌락을 알린다. 봉오리는 성장, 장미는 사랑 또는 여성적인 것을 상징한다.

◆ 과일

성숙, 재생, 부활의 뜻이 있다. 또는 노력의 결과로 물건을 얻거나 거기에서 파생된 것을 뜻하는데, 프로이드 학파에서 꽃은 여성의 성기, 과일은 여성의 육체를 나타낸다고 한다. 사과는 유혹이나 유방을 뜻하기도 한다.

◆ 피

혈맹이나 서약, 신성, 단결의 상징 또는 생명이나 재산으로도 본다. 이밖에도 착취, 희생, 정열, 흥분 등 피에는 많은 것이 연관된다.

◆ 해골

죽음과 일맥상통하기도 하나 뜻은 가벼우며 자신의 능력 감정을 나타낸다. 맥빠지는 일을 상징하기도 한다.

◆ 돼지

특성에 따라 또는 모양에 따라 판별하는 일이 많다. 그러므로 새끼를 많이 낳는 돼지는 재산이 불어나는 것을 상징하는 수도 있고, 반면 자기만 아는 신체적 욕심을 상징할 때도 있다. 호색적인 것, 특히 암돼지는 현실적인 태도, 남의 시중드는 것 등을 뜻한다.

◆ 하늘을 나는 꿈

현실에서 막힐 때 하늘을 나는 꿈을 꾸게 된다. 현실에 매이는 것보다 자유와 해방이 포함된다. 자유와 해방에의 강한 욕구, 능력의 호기를 나타낸다. 떨어지지 않으려고 노력하면서 나는 꿈은 지속력이나 인내를 나타내는데 젊은이가 많이 꾼다.

새로운 자유와 질서를 찾으려는 것과 성에너지의 발로라고도 본다. 또 자랑과 선망, 결단, 도피하려는 소망, 이밖에 자기의 지식을 남에게 전달하려는 기분인 때도 있다.

◆ 떨어지기

잘꾸는 꿈으로 실패, 좌절, 손실에 대한 불안을 나타내고 일반적으로 자신이 없다는 점도 나타낸다. 한편 과로로 건강을 해친다는 뜻도 있고, 스트레스가 쌓인다는 뜻도 있다.

◆ 습격, 쫓는다

추궁, 탐구, 획득, 정복 또는 파괴, 잃었던 것을 찾는 꿈도 된다.

◆ 도망, 쫓긴다

위와 반대의 현상으로 탈출 또는 성공의 기회를 놓친다는 뜻이 된다.

◆ 뛰다

쫓는 꿈과 도망가는 테마의 경우에 서두르라는 경고가 된
다. 또는 자기의 일에 불안감, 죄악감을 느낄 때, 그리고 위험
을 상징할 수도 있다.

◆ 헤엄친다

심리학자들 사이에서 여러 가지 논의가 있다. 미지에 대한
호기심, 모험심을 나타내며 남과의 유대, 새로운 행동, 또는 곤
란을 느낀다는 것도 되어 젊을수록 많이 꾼다.

◆ 죽음

자살이든 타살이든 꿈에서의 죽음은 다시 산다는 재생 또는
공격을 뜻한다. 다시 하겠다는 마음을 고조시킨다. 누가 죽는
다는 것은 그 사람과의 관계가 청산된다는 뜻이다. 죽은 사람
이 나타날 때는 자신과의 인연이 끊어지지 않은 것을 뜻함. 과
거의 청산과 활용이라는 경고의 뜻도 포함된다.

한편 가능성이 없을 때도 시체로 나타나고 또 모르는 사이
에 기회를 놓칠 때, 마음과 신체의 분열도 나타낸다. 또는 하
려는 일과 해야 할 일을 지시할 때와 더불어 미래를 계승한다
는 뜻도 있다.

◆ 불

격한 감정, 충동적인 욕망, 정열, 소망을 나타내며 불이 켜지
는 것은 욕망을 억제할 수 없다는 뜻이 된다. 또는 현실에 대
한 충동, 크게 변한다는 것, 성숙의 다음 단계, 단란이나 온정
을 나타내기도 한다.

◆ 이가 빠지는 꿈

이가 빠지는 꿈은 불길한 징조로 대부분 사람들이 싫어하는
데, 이것은 이가 자라면 가족들이 건강하고 이가 빠지면 가족

중 누구와 사별하게 된다는 뜻으로 생각하기 때문이다.

그러나 실제 이 빠지는 꿈으로 가족이 죽은 예는 없다. 오히려 가족중 병고를 당하게 된다는 점을 고려해야 한다. 또는 인간관계나 생활이 힘든 것을 나타내기도 하고 분노, 공격력의 저하도 된다. 아울러 노화로 인한 건강의 저하, 불안, 매력의 상실을 뜻하기도 하고 임신이나 그것에 대한 불안 그리고 약속을 지키지 않는다는 것을 뜻하며 식사중에 받치는 병에 주의해야 한다.

◆ 악몽
꿈속에서 무서운 상황에 빠져 헤어나지 못하고 고생하는 수가 있다. 악몽은 깨어서도 뇌리를 떠나지 않는다.

이것은 다음과 같은 원인에서 생긴다.

① 무의식적으로 기억된 강력한 정서적 체험에서 생긴 일.
② 전쟁의 체험이나 성폭행, 심한 고문 등을 당한 경험이 있는 사람.
③ 중한 병이 원인인 경우.
④ 운명적인 사건을 예고해줄 때.

악몽은 원인을 알면 대처할 수가 있다.

즉 꿈속에서 도망치려고 발버둥칠 때는 눈뜨고 있을 때의 공포감의 원인이 된 것과 직면해 보는 것이다. 그러한 이유를 알게 되고 그 일에 대처하면 다시는 그런 꿈을 꾸지 않게 되는 것이다.

◆ 바다
수면의 잔잔함과 바다의 깊이는 인간에게 모르는 것이 많다는 것을 뜻하는 이미지가 된다. 그러므로 희망에 대한 뜻을 지니고 있다.

또 바다는 무한한 보물과 신비, 인류의 역사도 담고 있다. 일반적으로 바다는 생명의 기원이 되는 지혜, 자립, 결혼, 무한한 에너지를 상징한다.

특히 만조 때는 사랑, 감정의 기복을 뜻한다.

◆ 거울

자기성찰, 자기에 대한 관심 또는 무의식의 세계를 탐구하는 뜻이 된다. 한편 다른 사람에게 자신의 성격을 알리기 시작했다는 것도 뜻한다.

① 독립, 일의 시초단계, 동일함.
② 사물이나 마음의 2중성, 어느쪽을 택할지 몰라 우유부단한 것. 사물의 표리, 비교하는 것 혹은 대립을 뜻함.
③ 삼각형 또는 통합, 상반되는 일의 해결, 우정관계 등.
④ 대지와 같은 안정감과 강력성, 정신적인 것, 감각-직감-감정-사색을 나타내고 흙→공기→불→물 등의 4기(氣)를 나타낸다. 또는 이상과 계획을 나타낸다.
⑤ 인간의 몸에 대한 것. 5지 5감 등을 뜻함.
⑥ 조화, 균형, 섹스 등을 뜻함.
⑦ 인생의 주기(7, 14, 21세 등), 7색(色) 등 인간의 전체성.
⑧ 새로운 일의 시작, 삶과 죽음을 뜻하고 무한의 반복을 뜻함.
⑨ 임신과 출산, 사건의 새로운 발생.
⑩ 여성, 무의식, 영원 또는 모든 경험, 완전, 무(無), 죽음을 말한다.

◆ 반복해서 꾸는 꿈

꿈의 테마, 인물, 장소 등이 반복해서 꿈에 나타나는 수가 있다. 반복되는 방법도 여러 가지이다. 어떤 것은 어릴 때부터 시작, 일생 동안 변치 않든가 또는 천천히 변하는 일련의 꿈으로 재현하게 된다. 이것은 인생의 일대 변환기 즉 사춘기나 결혼을 고비로 하여 그 뒤부터 시작하는 수도 있다.

일반적으로 반복해 꾸는 꿈은 꿈꾸는 사람의 내적 또는 외적 세계에 대해 정해진 양상으로 대처해 나갈 때 재현된다.

그러므로 이에 반영되는 꿈도 바뀌지 않는 것이다. 내적 외적으로 변화가 생기면 꿈도 변화가 가미된다. 때때로 말이나 마음이 달라지는 특징으로 심리적인 성장중에 있다는 것을 말하기도 한다.

한편 오래도록 변화가 없다는 것은 마음의 정서적 측면이 만성적 상태에 있다는 것과 그 사람의 감정이 고착상태에 있다는 것도 된다.

반복되던 꿈이 간단한 정보를 받아들임으로써 재현되지 않는 수도 있다. 이것은 반복되는 꿈은 그 과정이 자기 조정기능(호메오스타시스)을 가지고 있기 때문이라 한다.

한 예로 어떤 젊은 여성이 손수건이 얼굴을 덮는 꿈을 꿀 때마다 소리를 질러 가족들을 깨우는 등 소동을 부렸다.

어느 날 그녀가 또 소리를 지르자, 잠을 깬 식구들 중 시집간 언니가 모처럼 친정에 와 있다가 왜 그러느냐고 물었다. 그러자 그녀는 손수건 때문인데 그 손수건이 할머니가 돌아가실 때 시신에 매어 있던 것과 같아서 그랬다는 것이다. 그 말을 한 후로는 두번 다시 그런 악몽을 꾸지 않았다고 한다.

◆ 강간

어떤 여성이 이런 꿈을 꾸었다. "한 남자가 강간을 하려고 하여 필사적으로 저항하며 도망치려고 하는데 발에 쇠사슬을 채운 듯 몸이 말을 듣지 않았다. 할 수 없이 상대방의 기분을 누그려뜨리려고 이야기를 걸던 중 그가 매우 불쌍하게 생각되었다. 그러자 공포심도 사라지고 상대방이 선량한 사람같은

340

생각이 들어 결국 그에게 키스해 주기까지 했다."

이 꿈에서 상황은 처음과는 전혀 반대로 전개되었다. 어떻게 그런 꿈을 꾸게 되었을까?

이 여인은 남자가 약한 것을 알고 그런 가설을 설정, 꿈을 통하여 자기가 강한 것을 확인한 것이 된다.

또한 성적 욕망이 강한 편이라는 해석을 내릴 수 있다.

◆ 사막, 황야

사람들과 멀리 떨어진 적막함이나 고독함을 뜻한다. 풍부한 감정이나 충만함의 결여를 나타낸다. 인생의 창조성, 서정성 결여, 죽음 또는 성적으로 불모인 것을 뜻한다.

삶에 활기가 필요한 상태를 나타낸다.

◆ 절벽

실패에 대한 공포감을 느낄 때, 자신이 없을 때를 뜻하며 또는 큰 변화에 빠지려는 상태이다. 만일 절벽이 무너지면 죽음 또는 무언가 알 수 없는 일을 뜻하고, 만일 절벽 아래에 있다면 장애에 부딪히는 것을 뜻한다.

◆ 장례식

죽음에 대한 자신의 감정을 나타낸다. 또 건강에 대한 경고이기도 하다. 자기의 인생종말에 대한 철학으로 자기를 자각시키는 것, 현실의 세계에서 탈각하려는 기분이다.

타인의 장례식은 그 사람이 죽기를 소망한다. 또한 자기의 원망이 남에게 퍼져가는 것을 피하는 감정!

양친의 장례식은 자립이 어려울 때 또는 노력하는 심정, 고통스러운 과거의 억압 또는 떼어버리려는 노력을 뜻함.

◆ 나그네

• 당신 자신인 경우 : 주위가 당신을 격려한다는 느낌. 세월과 더불어 나이를 먹듯이 자기도 따라간다는 느낌.
• 차를 타고 여행한 경우 : 다른 사람의 입장이나 의견, 감정이 움직인다는 느낌. 의존하는 상태. 우유부단하거나 자존심이 강하거나 2차적인 측면을 인식할 때.
• 나그네를 데리고 갈 때 : 당신의 일이나 가족에 대해 책임을 가지고 있는 기분.

◆ 음식물

음식물은 마음의 양식, 사고하는 양식, 신체의 양식, 영혼의 양식 등에 영향이 있다. 인간 관계에서의 경험, 다른 사람의 성질, 성적 쾌락, 사회적 만족성, 건강에 도움의 여부 등등.

• 남에게 음식을 줄 경우 : 시간, 사랑, 사업, 성적 쾌감 등을 남에게 주는 느낌.
• 음식을 훔칠 경우 : 남을 속이는 술수 또는 남에게 음식을 먹여 달라는 느낌.

◆ 달

사랑이나 로맨스를 나타낸다. 무의식적으로 직감하는 것을 포함, 공상이나 상상의 세계가 마음속에 있는 것을 나타낸다.

또는 광기의 감정이란 밀물때 생기는 심리라고 보는 견해도 있다. 이상한 유혹이나 매력을 나타낼 때도 있다.

밀물은 영고성쇠를 말하기도 한다. 한계나 제약을 넘어 자유스럽고자 하는 마음.

◆ 편지

보내는 사람의 이미지나 직감을 느끼게 함. 의식하지 못한 감정 또는 남과 교제하려는 소망도 나타냄.

• 편지 개봉 : 무언가의 실현 또는 소식을 알 수 있다는 뜻.
• 개봉되지 않은 편지 : 알리지 않으려는 심사, 처녀성을 뜻함.
검은 테두리 편지는 부고나 죽음에 대한 감정표현.

◆ 철도

• 철로 : 일반적으로 받아들일 방향성 기준, 습관이 된 사고와
행동의 경로, 유연성이 없는 것들을 나타낸다.
• 역 : 무언가 새로운 것을 향해 움직이려는 기분의 발로, 잊
혀진 것, 변화의 능력.
• 기관차 : 활동에너지.
• 객차 : 생활의 여러 부문.
• 놓친 열차 : 기회를 놓친 일이나 어떤 일에 자신이 없다는
표현. 변화를 피하려는 소망도 나타냄.

◆ 소망

사람들이 소망하는 것은 사회화 과정에서 억압 당하고, 여
러 감정이나 욕구 또한 무시당하게 된다.

그러므로 많은 사람들은 결단력과 창조력을 상실하게 될 가
능성을 지니게 된다. 그래서 꿈은 자신이 무엇을 소망하는 지
를 명확히 해주는 경우가 있다.

한편 꿈에서는 반대로 '소망하지 않는' 것이 나타나 긍정적
인 인식에 도움을 주도록 한다.

즉 꿈은 소망하는 사실에 반발하는 식으로 나타나는 때가
있다는 말이다.

"나는 미혼 여성인데 어느날 오후 기차역 플랫폼에서
나오다 보니 내 뒤에 남자가 따라오고 있었다. 나는 따라
오는 남자를 따돌리기 위해 택시 승차장으로 가서, 마침
여운전수가 모는 빈 택시를 탔는데 이 택시 운전수가 쫓

아오는 남자쪽으로 나를 데리고 가는 것이 아닌가? 그쪽
으로 가지 말아요! 하고 소리치며 땀을 흠뻑 흘리며 꿈에
서 깼다."

이 경우에는 택시의 운전수로 나타난 여성(꿈꾼 사람도 여
자)의 남성다운 면을 보여 주려는 소망이 이런 갈등과 불안으
로 나타나게 된 것이다.

◆ 올라가는 꿈
어린이들이 잘 꾸는 꿈으로 '올라간다'는 것은 저쪽의 높은
곳, 보이지 않는 곳을 보기 위해 나무를 타고 올라가는 꿈이
다.

또한 이것은 무엇을 피하기 위해 오르는 꿈이다. 반면 무엇
을 손에 넣기 위해 올라가는 수도 있다. 이것은 야심을 나타내
는 것으로 여기에는 위험이 도사리고 있는 수도 많다.

하는 일이나 새로운 목적에 달성할 때까지 희망과 동시에
불안을 직면하게 된다. 오르다가 실패해 떨어지는 것은 표리
가 동일하기 때문이다.

◆ 사다리
새로운 상황 또는 간단히 손에 넣을 수 없는 기대에 대해
느끼는 불안감 또는 안심도를 나타낸다.

또는 노력이나 용기를 가지고 시도하려는 상태를 뜻하기도
하고, 올라가는데 필요한 한 단계의 노력을 뜻하기도 한다.

◆ 야비하고 외설스러운 꿈
가끔 야비하고 외설스러운 꿈을 꾸어 쇼크를 받을 때가 있
다. 이것은 자기가 건전하다는 것을 보여주는 꿈이 된다.

현실에서는 용납이 되지 않는 충동이나 공상을 꿈으로 취급
해 현실을 지키기 위한 안전책의 역할을 하기 때문이다.

신성한 꿈에서 성적인 꿈, 또는 일에서 온건한 애정에 이르기까지 우리는 폭넓은 여러 양상의 꿈을 체험하게 되지만 이것은 자기가 건전하다는 증거를 보여 주는 것이다.

결국 이런 꿈을 체험함으로써 자기 영혼의 넓고 깊은 인식을 얻게 되는 것이다.

그러나 이것이 자주 반복되어 고심하든가 걱정하게 되는 것은 자기와 외적 세계와의 관계, 자기와 타인과의 관계에서 무언가 문제가 있다는 것을 알려주는 것이 되기 때문이다.

◆ 배

인생이 바다를 항해하는 것과 같은 괴로운 일, 평온한 일들과의 만남을 뜻한다.

예를 들면 결혼, 사업상의 인간관계 등 피할 수 없는 다른 사람과의 관계가 있는 사태를 말한다.

• 뱃머리 : 생활의 변화에 직면하게 됨을 말함.
• 배의 노 : 인생의 지향하는 방향이 안전함을 뜻한다.
• 배의 침몰 : 어머니 곁을 떠나는 아이같이 혹은 항해가 끝나는 것같이 인간관계가 끝나는 것을 두려워함을 뜻하기도 하며 병이나 죽음을 뜻하기도 한다.
• 닻을 내린 배 : 안전함을 나타냄. 반면 떠도는 배는 그 반대인 위험을 뜻한다.
• 모터보트 : 자동차와 같은 뜻으로 고립이나 고독의 뜻이 강하다.

◆ 낡은 것

과거를 나타낸다. 민족의 전통과 지혜를 나타낸다.

한 예로 오래된 건물은 지난 인생의 과거를 나타낸다. 오래된 가구도 마찬가지이다.

◆ 변신(變身)

꿈속의 인물에게 변화가 생기는 꿈은 변신을 나타내는 것으로 신체적인 것뿐이 아니고 심리적인 변화를 예고한다. 일면 자립을 나타내기도 한다.

◆ 보석

귀중한 것을 나타냄. 또는 무의식의 것이나 재보 등도 나타낸다. 자기의 통합과 전체성을 뜻하기도 한다. 자기의 본질중 뛰어난 공생력(共生力)을 나타내기도 한다.

보석의 종류에 따라 꿈의 해독이 약간 달라진다.

• 다이아몬드 : 인간의 강한 욕망. 견고한 자연의 힘. 그 사람에게 가치있는 것 또는 자기에게 계속 가치있는 것들.
• 에머랄드 : 사람의 성장. 생명과 결부된 자각.
• 진주 : 인생에서 여러 시련을 겪는 내면적인 아름다움과 가치를 나타낸다.
• 루비 : 감정, 정열, 동정 등 타인을 향해 자신을 넓혀나가는 것.
• 사파이어 : 종교적인 감정. 사고의 확대.

◆ 마귀(귀신)

복수심이나 질투심을 나타낸다.

◆ 물

정서나 감정의 흐름을 나타낸다. '물은 그릇에 따라 변한다.'는 격언과 같이 다양한 감정을 나타낸다.

한 예로 물속으로 들어가는 꿈은 새로운 인간관계나 새로운 사업을 뜻한다. 결단을 내리든가 순종한다는 뜻도 나타낸다. 생각이나 탐구의 방법을 지시하기도 한다.

◆ 길을 헤맨다

생각이나 감정의 혼란 또는 강한 충동과 이성과의 갈등을 나타낸다. 자기 마음에 끌어오르는 불합리한 이미지에 의해 자기가 갈 길을 더듬는 상태를 나타낸다.

때때로 우리는 길을 잃고 헤매면서 남에게 도움을 구하는 꿈도 꾸고 또 자기 스스로가 직면한 일에서 혼미한 길을 택하는 꿈도 꾸게 된다. 이것은 결국 무의식의 세계를 표현하는 것이 된다.

◆ 몸이 젖는다

에너지의 낭비나 소모를 뜻한다. 또는 이미 나타난 감정을 재강조하는 기분에서 이런 꿈을 꾸는 수도 있다.

◆ 유토피아(이상향)

걱정, 근심이나 내적인 고통에서 도망치려는 기분과 그 사람이 그리는 이상적인 세계를 보여준다.

◆ 유령

항상 따라다니는 기억, 감정, 죄악감 등을 표현해 준다. 직접적인 영향은 없었으나 지금도 영향을 주는 것같은 고통스러운 체험, 과거의 상처로 인한 영향을 나타낸다.

또는 공상이나 희망, 동경심이 충만해 그 기분이 지금도 지속되는 상태를 말한다.

한 예로 살아 있는 사람이 꿈에 유령으로 나타나는 것은 그 사람의 생각이나 존재가 자기에게 영향을 주고 있는 것으로, 특히 그 사람에 대해 원망 또는 분노 등의 특정한 감정에 놓여 있는 것을 뜻한다.

◆ 유혹

자기와는 다른 측면의 갈등을 나타낸다. 그것은 성적 욕망

과 사회적 공포와의 중간에 있는 갈등으로 개인적인 가능성의
한계를 알게 해주는 수도 있다.

◆ 눈(雲)

눈에 대해 어떤 느낌을 가지고 있는가는 사람마다 다르지만
대개 정서적인 차가움, 순수성, 아름다움 등을 나타낸다. 자유
로운 해방감과 피로를 푸는 기분도 표현한다.

2. 미래를 알려주는 꿈의 실례

프로 권투선수 S. 레이로빈슨은 1947년 타이틀 매치 직전에
대전 상대인 드일에 관한 꿈을 꾸었다.

> "나는 2~3발 멋진 펀치를 그에게 안겨 주었다. 그는
> 나가 자빠지고 어리둥절한 눈으로 나를 올려다 보고 있었
> 다. 매트 위에 넘어진 드일은 조금도 움직일 줄 몰랐다.
> 그러자 관중들이 '드일이 죽었다!'라고 떠들어 댔다."

이런 꿈을 꾼 S·레이로빈슨은 트레이너 겸 프로모터인 아드
킨스에게 시합을 중지하자고 했다.

아드킨스는 "꿈은 꿈이야. 만일 꿈이 사실이라면 우리들은
백만장자가 될 거야."라고 말해 그 시합을 결행하게 되었다.

8라운드에서 드일은 마침내 로빈슨의 왼쪽 혹을 턱에 맞고
다운되었다. 그 후로 그는 다시는 일어나지 못했다. 죽은 것이
다.

여기서 문제는 이와 같이 앞을 예측하게 하는 꿈이었다고
해도 대개의 경우 꿈과 같은 일이 꼭 현실에서 일어나지 않는
것이 사실이다.

3. 다른 사람이 같은 꿈을 동시에 꾼 예

"누이동생이 가위로 나를 공격하는 꿈을 꾸었다 그녀는 나를 벽에 밀어붙이고 가위로 찔렀다. 그 꿈을 꾼 날, 동생은 일 때문에 나에게 전화를 걸어왔는데 그녀가 나를 가위로 찌르는 무서운 꿈을 꾸었다고 말했다."

미국의 버지니아 해안에 있는 포세이디아 연구소는 이 꿈의 연구 결과, 같은 꿈을 꾸는 것 같지만 꿈의 내용이 엄밀하게 일치한다는 증거는 포착하지 못했다고 발표했다.

또한 수면중에는 정신기능의 90%가 자각하지 못하게 되고 자각하는 동안이라도 잘못된 작동을 하게 된다고 발표했다.

① 의식은 몸을 떠나 멀리 떨어진 곳까지 뻗어나가 당장에 확인되지 않는 일을 알 수 있다. 이것은 '체외체험(體外體驗)'이라고 부르는 것으로 이런 체험은 의식이나 경험의 본질이 공간의 제약을 받지 않는다는 것을 말해주는 보기라 할 수 있다.

② 가족중 누가 죽거나 위기에 처해 있는 꿈은 그 장소에 가지 않고도 알 수가 있다.

③ 보통 생활에서 몸의 변조를 느끼든가 병을 예견할 때가 있다는 등이 모두 체외체험에 관한 꿈에 속하는 것이다.

4. 꿈의 과학적 측정

세계 각처에서 꿈을 연구하는 사람들은 꿈은 '형성되는 것'이라는 것을 규명하기 시작했다. 이미 알고 있을지 모르지만 꿈을 꾸고 있는 상태는 급속한 안구운동(眼球運動 : REM)을 수반한다는 것이 1953년에 발견되었다.

시카고 대학의 대학원생인 유진 아세린스키는 수면에 대한 권위자 나사니얼 크리트만 박사의 지도하에 신생아의 수면패턴을 연구하던 중 갓난아기 눈에 주기적으로 급속한 안구운동이 일어나고 있음을 발견했다.

그리고 이와 같은 안구운동이 어른에게도 일어나는지 실험하기 위해서 아세린스키와 크리트만은 뇌파기록장치(EEG : electroencephalogram), 즉 뇌파를 기록하는 기구를 사용해 보란태아(신체장애자)의 수면을 밤새도록 지켜보며 정성껏 채취해 보았다.

뇌안의 전위(電位)의 미세한 변화가 피실험자의 두피의 특정한 위치에 붙인 전극(電極)을 통해 EEG에 전해졌다. 뇌파계는 쉴새없이 전위의 변화를 펜에 전하고 이 펜끝은 시시각각 변하는 뇌의 리듬을 회전하는 그래프 용지의 둥근통에 그려놓게 하였던 것이다.

이렇게 하여 얻은 결과는 파선(波線)으로 되어 기록되었다.

여기서 사용한 뇌파계는 이미 몇 해 전부터 사용되어 온 것으로 수면을 연구할 때조차도 수면중 230분 동안만 기록하는데 한정된 것이었다. 이것은 결국 중요한 것을 놓친 이유가 되었다.

아세린스키와 크리트만은 뇌파계를 밤새도록 작동시켜 어린아기와 같이 성인도 급속한 안구운동의 주기를 나타내는 것을 발견했다. 두 사람은 렘(REM : rapid eye movement)상태에 있는 성인인 실험자를 깨워 도대체 어떻게 된 것이냐고 물어 보았다. 그러자 잠이 덜 깬 피실험자들은 이구동성으로 마침 꿈을 꾸고 있던 중이라고 대답을 하더라는 것이다.

이 발견은 커다란 충격으로 세계 각처에 급속히 퍼지게 되었다. 결국 꿈은 과학적으로 관찰하고 측정할 수 있는 것으로 된 것이다.

꿈과 수면에 관한 연구소가 세계 각처에 우후죽순처럼 탄생하게 되었다. 꿈의 연구는 밀어낼래야 밀어낼 수 없는 중요한 과학적 탐구 과제로 부상한 것이다.

인간의 수면에는 주기적 패턴이 있다는 아세린스키와 크리트만의 발견은 세계 각처의 연구자들에 의해 추가로 인정되었다. 보통 성인의 경우에는 평균적인 수면상태에서 4회에서 5회정도 렘주기를 경험하게 된다. 이런 렘주기는 수면중 90분만에 전형적으로 나타나 일정시간까지 지속된다.

짧은 10분간의 렘에서 시작, 아침에는 30분에서 45분간의 렘으로 끝난다. '꿈꾸는 것은 인류공통의 체험이다.'라는 사실을 과학자들은 밝혀낸 것이다.

사람에 따라서 꿈을 기억해내는 능력에 차이는 있을 망정 꿈을 꾸는 데는 누구나 마찬가지의 능력을 가지고 있다. 따라서 앞에서 말한 것같이 꿈 콘트롤의 기회는 매일밤 4~5회, 시간상으로는 한 시간 반 정도가 된다.

렘주기에 수반한 생리기능의 변화도 연구자들은 꼬리를 이어서 발견해 나갔다. 즉 렘주기에는 맥박수가 늘고 불규칙해진다. 호흡 또한 불규칙하게 된다.

남성은 완전 또는 불완전한 성기 발기를 보여준다. 큰 근육은 이완되지만 얼굴이나 손가락 등의 작은 근육은 산발적으로 경련을 일으킨다.

한편 연구자들은 렘수면은 개나 고양이에게도 일어나는 것을 입증했다. 실제 포유동물은 모두가 같은 수면 형태인 것이다. 거기다 일부의 조류도 렘수면을 체험한다고 한다. 또한 동물의 렘(REM)수면이 꿈을 동반하는지는 확실하지 않지만, 연구결과로 보면 동물도 인간과 같이 꿈을 꾼다고 판단된다.

지금까지 꿈연구에 몰두했던 사람들은 꿈의 내용이나 의미보다도 그 형태에 관심을 쏟고 있었다.

아울러 연구소내에서 꿈을 꾸는 피실험자는 계속 여러 가지

자극을 경험했다. 이것은 일정한 자극에 대한 꿈의 반응을 보려는 것으로 여기서 연구자들은 꿈 콘트롤의 관점에서 몇 개의 중대한 사실을 깨닫게 되었다.

① 문명인이 악몽을 꾸는 것은 흔한 일인데 왜 연구소 안에서는 악몽을 꾸지 않는가?
② 남성은 꿈을 꾸면서도 몽정을 하는 경우가 많은데 연구소에서는 그런 경우가 없다.

피실험자들이 의식하고 있었는지 아닌지는 뒤로 하고, 이것으로 피실험자들은 꿈을 콘트롤하여 자신들의 지극히 개인적인 일은 보이고 싶어하지 않는다는 것을 알 수 있다. 결국 꿈은 콘트롤할 수 있다는 것을 밝혀낸 것이다.

이상과 같은 점을 제외하면 피실험자들은 비교적 잘 협력해주는 편이었다. 그리고 피실험자들은 자고 있는 동안에도 미각에 관련하여 여러 가지 음식을 분간하는 것같았다. 또한 꿈꾸기 시작하면 버튼을 누르게 하여 실험자에게 알린다든가 또는 수면중 지시하는 대로 따르게 되는 것도 알았다.

한편 피실험자 중에는 수면중 자기의 의식수준을 느끼거나 특정의 뇌파를 생각대로 나오게도 하고 길게 끄는 사람도 있었다. 이런 것 등을 감안해 실험자는 꿈꾸는 사람들에게 꿈 콘트롤의 원칙을 실행하도록 당부했다.

5. 꿈 콘트롤의 원칙

일반적으로 육체는 뜻대로 되는 것과 그렇지 않은 것이 뚜렷이 구분되어 있다고 생각하기 쉽다. 팔은 움직이게 해도 소화기능까지는 좌우할 수 없다는 식으로 말이다.

그러나 현재는 이전에 콘트롤할 수 없었던 육체의 동작도 실제 콘트롤할 수 있다는 것이 밝혀지고 있다. 요가행자들이

몇백 년전에 실천하고 있던 것을 현대과학이 증명하기 시작한 것이다.

꿈 연구가들은 바이오피드백의 테크닉(생체의 자동제어기능을 응용)을 사용하여 자기의 혈압을 조정하든가 위액분비량을 스스로 조절하거나 뇌의 알파(α)파의 주파수를 늘리는 등의 작동을 하고 있다.

★ 야구 감독들의 경우 막상막하의 대전이나 아슬아슬한 게임을 치를 때 소변의 색이 붉은색을 띤다는 이야기에서 바이오리듬의 변화를 알 수 있지 않을까?

사람은 자기 꿈을 자기에게 도움이 되도록 콘트롤 할 수 있다. 여기에는 자기자신을 잘 볼 수 있도록 자기 몸을 만드는 것으로 족하다. 그렇게 하면 자기 꿈을 형성하는 자동제어기능 정보를 자기에게 유리하게 조작하여 자신에게 보내게 된다.

여러분도 이쯤하면 짐작할 것이다. 꿈을 많이 꾸는 사람은 꿈 콘트롤의 초보적인 체험을 이미 통과했다고 볼 수 있다. 당신이 무서운 꿈을 꾸고 있다면 꿈꾸는 도중에 이렇게 자기의 말을 들려주는 것이다.

"무서울 것은 아무것도 없다. 이것은 꿈이니까, 언제든지 깰 수 있어 !"

이때 벌써 당신은 꿈 콘트롤을 경험하고 있는 것이다. '이것은 꿈이다.'라는 자각을 살려 꿈을 깨는 사람도 있다.

또는 꿈의 내용이나 주제 자체를 바꾸는 사람도 있다.

그렇게 되면 무서운 꿈은 더이상 무서운 꿈이 아니고, 비록 이미지의 정경은 그대로 전개한다 해도 무서움보다 오히려 흥미가 강해지게 될 것이 틀림없다. 조금 전까지 당신을 쫓아오던 포악한 호랑이가 즉시 귀여운 새끼 고양이로 변하고 말 것이다. 그런가 하면 가라앉는 배에서 뛰어내려 파도 속에서 허우적대는 꿈을 꾸던 사람의 머리위에 갑자기 헬리콥터가 나타나는 경우와 같이 말이다.

꿈을 꾸는 사람 대부분은 순식간에 꿈을 의식한다. 그렇다고 꿈꾼다는 의식을 꿈이라는 세포의 구석구석까지 뻗게 할 수 있다고 생각하는 것은 무리지만, 적어도 꿈을 꾼다는 상태를 완전히 자각하면서 꿈을 계속 꿀 수 있는 것이다. 세심한 꿈에 대한 견해이긴 하지만 습득할 수 있는 방법이다.

특히 인간은 마음속 깊이 간직한 소망을 꿈속에서 실현 할 수도 있다. 좋은 상대를 의식적으로 선택하여 즐거운 데이트를 할 수도 있다. 먼 타국에 여행도 할 수 있다. 실제의 인물이건 가공의 인물이건, 살아있건 죽어있건 어떤 누구와도 말을 주고 받을 수가 있다. 그러므로 실생활의 문제 해결책을 알아낼 수도 있으며 예술적인 창작을 만들어 낼 수도 있다.

꿈을 꾸면서 '의식적'이 될 수 있는 사람은 바로 내적인 감동이 가득찬 문고리를 잡을 수 있는 것이다.

자각하는 선명한 꿈을 꾸는 사람이나 요가를 행하는 사람은 꿈속에서 꿈에 주의를 할 수 있는 기술을 고도로 발전시키고 있다. 꿈꿀 때 그들의 기술을 어떻게 적용하면 그런 매력적인 체험에의 문을 열 수 있는지는 뒤에 분명하게 되리라.

보통의 꿈을 꾸는 사람에 비해 창조적으로 꿈꾸는 사람의 장점은 자기의 인격을 가다듬는 기회를 갖는다는 데에 있다. 창조적으로 꿈꾸는 사람은 세노이족의 요가행자와 같이 자각되는 선명한 꿈꾸기 콘트롤법에서 꿈을 두려워하지 않는 것을 배운다.

그리고 거기에서 자기의 능력과 자신감을 길러 실생활에 이용함으로써 자신에 찬 효과적인 활동의 기초를 준비하는 것이다.

이렇게 꿈 콘트롤의 원칙을 적용하여 자기를 지탱하는 힘이 되는 의식수준으로 꿈을 꾸게 되는 것이다.

꿈에서 얻은 해결책으로 현실의 생활도 풍부하게 할 수 있을 것이다. 이런 플러스 성장의 사이클을 쌓아나가는 중에 사람으로서 완전한 활동을 하게 될 수 있을 것이다.

당신의 인격의 일부는 깨어있을 때의 활동, 다른 일부는 꿈꿀 때 활동하게 되어 어느 한부분이라도 성장을 도와주는 쪽으로 인도하게 될 것이다.

창조적인 꿈을 꾸는 사람은 특유의 기술을 발전시켜 꿈의 콘트롤을 실행할 때 필요한 집중력을 얻으려고 한다.

이렇게 노력을 계속하다 보면 꿈의 이미지는 장시간 유지할 수 있을 것이다.

이런 기술을 습득하면 꿈의 기억이 증대되고 활성화된다는 것을 알게 될 것이다. 자기의 흥미를 돋구워 주는 꿈의 정경에 주의를 집중하면서 그 영상을 확실하게 유지할 수 있을 것이다.

주의를 거듭해 초점을 정하고 집중력을 발휘해 기억하는 기술은 꿈을 깬 다음의 행동에도 파급될 것이다.

창조적으로 꿈꾸는 사람은 문제에 대한 해결책이나 예술적 창조력을 크게 증대시킨다. 그런 사람들은 그저 꿈만 꾸고 마는 사람에 비해, 자기 내부에 축적된 기억이나 기술의 전 영역을 통해 명확한 수단을 뚜렷하게 발휘시켜 줄 것이다.

도대체 무슨 조화가 있기에 이렇게 되는지는 아직 과학자들 사이에서도 수수께끼가 되어 있지만 당신은 지금까지의 인생 경험 모두를 자기 마음 속에 기록하여 온 것이 틀림없다.

어머니 자궁에 있을 때부터 보고 듣고 맛보고 냄새맡은, 또는 육체의 모든 기관을 통해 느낀 것들이 신경계통을 통해 뇌리에 기록되어 있는 것이다.

꿈 연구자들은 이런 '간직한 것'들이 실제 남아 있다고 생각하고 있다. 왜냐하면 사람은 특정의 상황에 처하게 되면 예전의 관찰 기록을 생각해내고 그런 다음 이것은 과거 경험한 일이 있다고 외적인 사실에 의해 확인할 수 있기 때문이다.

가령 최면상태에 있는 사람은 아기 때의 체험인 이미 잊어버렸던 작은 일까지도 생각해낼 수가 있다.

또 수술중에 의식불명이던 사람에게 최면을 걸면 수술 도중 의사와 간호사가 주고받은 이야기도 생각해낸다고 한다.

또한 몇해 전에 시공한 복잡하기 그지없는 벽돌공사를 한 벽돌공에게 최면을 걸었더니, 그 복잡한 공사상태와 구조를 놀랄 정도로 정확하고 상세하게 말할 수가 있었다는 것이다. 뒤에 그 현장에 가본 사람은 그 벽돌공이 한 말이 조금도 틀린 데가 없음을 확인하였다.

이와 같이 우리들이 날마다 하는 일들은—아주 사소한 일조차도—우리 몸 어디엔가 기록되어 있다. 우리들의 뇌는 우리가 경험한 어떠한 것이라도 정확하고 상세하게 기록해 두는 모양이다.

사람은 당장 지금의 상황에는 신경을 곤두세우고 있지만 지나간 상황에 대해서 신경을 쓰고 고통을 느끼던 것을 기억하며 살아가는 일은 없다.

즉 사람의 뇌는 사소한 기억들이 축적된 풍부한 보고로서, 창조적인 음식물의 축적으로 생을 다할 때까지 부족한 것이 없는 저장고로서 필요한 때는 언제나 그것들을 꺼내서 사용할 수가 있는 것이다.

또 누구도 손대지 못한 기억을 찾아서 다른 기억과 결부, 새로운 요리로서 의식의 도마위에 올려 놓을 수가 있는 것이다.

이러한 기억의 미세한 부분은 우리들의 꿈속에서 스스로 솟아나는 이미지로 등장하는 데 도움을 준다.

당신은 꿈을 의식적으로 사용하여 무진장인 기억의 보고와 교류하면서 거기서 끌어낸 기억을 자유롭게 결합할 수 있는 것이다. 이 결합 방법이야말로 당신만의 독자적인 것이다.

제 3 장 꿈을 이용한 병의 치료

1. 꿈 부화를 통한 병치료

달걀에서 병아리를 까듯 꿈을 부화시키려면 소망하는 꿈을 꾸게 하여야 한다.

그러면 여기에 필수조건은 무엇일까.

중요한 것은 첫째, 당신이 소망하는 꿈의 주제에서 벗어날 우려가 없는 곳에 자기를 두어야 하는 일이다. 고대 그리스인들은 그런 장소로 꿈을 유도하는 신전이나 이와 유사한 곳에서 찾았다.

조용하면서도 장엄한 건축미를 자랑하는 건물의 내부를 택하기도 하고 부근 자연환경도 자연스럽고 정적인 기운이 감도는 곳을 찾은 것이다.

고대 앗시리아인이나, 이집트인이나, 중국인들도 이와 같은 자연환경을 가진 곳에 꿈 부화의 신전을 세웠다.

또 미개 민족들도 각기 동굴속으로 들어가 조상의 묘 또는 제물로 쓴 짐승의 모피 위에 앉아서 병치료의 꿈을 꾸도록 대기하고 있었다고 한다.

그러나 현대는 심신을 휴양할 수 있는 곳이라면 아무곳이라도 관계가 없다. 한적한 바닷가나 공기가 맑은 산기슭이나 정신집중에 방해가 되지 않는 곳이면 된다. 더욱이 현대의 데라피스트(병 치료사)들도 그런 곳을 선택하여 환자들에게 제공하고 있다.

외적으로나 내적으로 조용함을 얻을 수 있는 장소를 구하면 다음 단계로 당신이 꾸려고 하는 꿈을 명확하게 말로 표현한다. 여기서 중요한 것은 기대하는 기분이 담겨 있어야 한다.

즉 치유에 대한 예언 또는 조언을 해주는 꿈을 기대해야 한다는 것이다. 특정한 꿈을 꾸길 예기하고 그것을 꾸기 위한 과정을 더듬을 때 꿈은 반드시 그런 효과를 가져다 준다고 자신이 믿기만 한다면 그대로 꿈은 진행되게 되어 있다.

고대 그리스인만이 꿈속에서 기적적인 치료를 경험한 것은 아니다. 그리스도 탄생의 본고장인 히브리, 이집트, 인도, 중국, 이슬람 등지의 사람들도 모두가 꿈 부화를 실천하고 있는 것이다.

현대 기독교도들의 꿈에도 병을 고치는 성인의 모습이 나타난다. 신자란 종교뿐 아니라 각기 자기들의 신을 꿈에 보기 원한다.

일설에 의하면 꿈에 나타나 병을 고치는 희미한 이미지는 치료자, 구제자, 의료신의 모습이라고 한다. 신을 꿈에서 본다는 것은 자기가 지금 믿고 있는 특정의 성인 또는 신의 얼굴을 빌리는 데 불과하다.

꿈속의 신이 성 미카엘과 동일시되는 것은 누구든 그런 꿈을 꾸기 때문이다. 깨어난 후로 즉 사후의 인식에 지나지 않는 것이다.

그렇다면 꿈을 꾸는 사람은 자기를 위해 의도한 꿈을 펼치든가 그렇지 않으면 외부에서 끌어 온 꿈의 이미지를 가지든가 둘 중의 하나가 된다.

사람의 마음은 암시에 걸리기가 매우 쉽다. 자기의 소망을 어떠한 꿈으로 꾸느냐고 물으면 학생들은 암시에 의한 꿈도 꾼 적이 있고, 자기 암시에 의한 것이 아니고 남이 준 암시에 따라 꿈을 꾼 적도 있다고 한다. 결국 암시에 따르면 자기 소망대로 꿈을 꿀 수 있는 것이다.

이거야말로 꿈을 유도하는 결정적인 첫걸음이 된다. 우선 꾸고자 소망하는 꿈을 확실한 하나의 생각으로 정한다. 그리고는 의식의 폭을 좁혀 기분을 발산시키는 꿈을 꾸는 것이다.

자, 당신이 꿈꾸고자 하는 주제를 정하자. 예를 들어 '날아가는 꿈을 꾸었으면……'하는 식으로 확실한 주제를 잡는다. 이런 식으로 그 어떤 것도 선택할 수가 있다. 잘 되면 당신에게 혜택을 주는 이미지로 선택할 수가 있게 된다.

고대 그리스의 의학자 힙포크라테스(B.C. 460~375경)는 다음과 같이 생각하였다.

'꿈에 나타나는 태양과 달 그리고 별은 꿈을 꾸는 사람의 기질적 상태를 나타내고 있다. 꿈속에서 별이 반짝이고 본래의 궤도를 달리고 있는 것을 본다면 그런 꿈을 꾸는 사람의 신체는 정상의 기능을 하고 있다. 만일 꿈속에서 별빛이 희미해지든가, 그 궤도에서 벗어나든가 천지이변이 생긴다면 그것은 어떤 병이 신체에 형성되는 징조다.'

또한 힙포그라테스는 『꿈에 대하여』에서 이렇게 적고 있다.

……(꿈속에서) 별이 빛을 흐리게 하고 서쪽으로 기울어 이동하든가, 호수 또는 바다를 향해 하강하거나 상승하면 그것은 병의 징조이다. 상승운동은 뇌액의 이상유출을 나타내며, 바다로의 하강운동은 장기의 병을 알려준다. 동쪽으로 기울어지는 이동은 육체내의 종창이 커지려는 징조로……

눈을 뜨자 마자 우선 꿈속에 병의 징조가 나타난다.

이런 꿈을 '프로도로믹크(前駒)'라고 하는데 이것은 '앞지른다'라는 뜻으로 그리스어 프로도로모스에서 유래된 것이다.

여기서 힙포크라테스는 생각했다.

'만일 어떤 종류의 꿈이 병을 예고한다면 건강의 상징인 그 밖의 꿈의 이미지(가령 찬연한 태양, 빛나는 별, 큰 강, 눈이 시릴 정도의 흰 이상등)는 치료 목적으로 사용할 수 있지 않을까?'

현대의 데라피스트중에 '유도백일몽(誘導白日夢)' 요법의 실천사인 프랑스의 로벨 데즈와젤과 같이 같은 기술을 사용하여 환자의 치료를 담당하는 의사도 있다.

그들에 의하면 꿈의 상징은 건강을 증진시키는 백일몽을 통하여 '유도'되어 가는데, 눈을 뜬 환자에게 유익하다고 생각한다.

한편 현대의 데라피스트 중에는 편안히 쉬다 눈을 뜬 환자에게 치료에 효과가 있는 특별히 고안한 일종의 정경을 삼삼하게 마음에 그려보라는 치료방법을 채택하고 있는 사람도 있다.

그러나 환자에게 자기 꿈속에 건강에 좋은 이미지를 유도하라는 요구를 하는 데라피스트는 아직 없다. 정말 현대인들은 고대인의 꿈에 대한 것을 이해하는데 배울 점이 많다고 본다.

2. 긴장을 푸는 기분 → 꿈의 유도

건강을 보여주는 꿈의 이미지를 자기가 암시한다면 그것으로 건강과 행복을 조장할 수 있다. 당신의 꿈을 바꾸면 당신의 태도도 바뀌고 이에 따라 당신의 건강상태도 달라진다.

즉 자기의 꿈을 바꿀 수 있는 능력은 내적생활에 큰 힘을 주며 나아가서 사회 활동에도 큰 도움이 된다.

당신이 편한 곳을 얻고 특정한 꿈을 꾸도록 정신도 집중할 수 있게 되었다면, 다음에는 당신이 의도한 것을 간명하게 말로 표현하는 일이다.

"오늘은 날아가는 꿈을 꾸자."라는 말만으로는 충분하지 않다. 두 귀에 똑똑히 들리도록 이렇게 말을 해야 한다.

"오늘밤에는 꿈속에서 나는 거다!"

이런 것이 확고한 패턴이 된다.

정신의 일부인 꿈을 꾸는 상태는 사랑스럽고, 감동적이며 매우 상상력이 풍부한 것이다. 그러므로 메시지는 간단하면서도 명백해야 한다.

고대의 4대 문명은 모두 꿈에 관한 생각과 꿈 유도술에 대하여 한결같은 기록을 남기고 있다.

가령 고대 앗시리아인은 꿈에 신을 불러 못된 신을 멀리하기 위해 특별한 기도를 올렸다.

고대 앗시리아의 왕 아슈르바니팔(B.C. 668~626년 재위)의 니네베 왕궁의 도서관에서 발견된 점토판에는 이런 기도문이 적혀 있었다.

　'나의 은혜로운 신은 나의 옆에 서서…… 나의 친구인 신은 나의 말을 듣는다. 나의 꿈의 신 마무여! 나의 신이여, 행복이 가득한 고지를 가져다 주소서.'

또 이슬람교도들도 어떤 종류의 꿈 부화의 의식적 기도를 가지고 있었다고 한다. 굳이 성스러운 장소에서 잠을 청할 필요는 없었다. 이스티카라라고 부르는 그 예배는 잠자기 전에 특별한 기도를 올린 후 문제의 해결책을 그날밤 꿈속에서 지시받도록 되어 있었다.

크르스탄(이란 북서부에 펼쳐 있는 산악 고원지대)의 사람들이나 델비슈(이슬람교 고행파의 탁발 수도승) 등은 포도주에 혼합한 마약을 사용, 환영을 보는 꿈을 의논했다고도 한다.

그러나 꿈 속에서 답을 얻는 것은 마약이나 종교가 필요없다. 본인에게 도움이 되게 이스티칼라 방식의 꿈을 부화에 사용하는 것이 간단하다.

단, 본인이 바라는 꿈을 꾸는 데는 다음과 같은 요건을 충족시키기만 하면 된다.

① 잠들기전 소망하는 꿈을 확실하게 말로 표현할 것.
② 꿈을 유도하는 것이 가능하다는 사실을 받아들일 것.
③ 자기가 꾸려는 꿈에 대하여 쉬지 않고 관심을 집중할 것.

기도하는 것이 아니라 특정한 꿈을 간결하고 뚜렷한 말로 들을 수 있도록 한다.

이때는 꼭 같은 말과 문구를 몇 번이라도 반복하여 그 꿈에 대한 생각을 집중시켜야 한다.

이렇게 하여 꿈에서 얻은 대답이 보통 생각하는 과정을 거쳐 나타난 대답보다 훌륭하다면 그것은 앞서 한 말이 자기의 정신과 감정 전역에서 뽑아낸 답임에 틀림없다.

3. 꿈의 자기 암시를 걸 때 신체는 편안한 상태가 되어야 한다.

신체를 편안하게 하기 위해서는 여러 가지 방법이 있지만 어느 것이나 단계를 거쳐야 한다는 것이 중요하다. 왜냐하면 몸이 편안할 때가 두뇌의 이해도 빠르고 사고력을 집중시키기도 수월하기 때문이다.

약물을 복용해 편안한 상태를 만들려고 하는 사람도 있는데, 꿈의 유도에서 이런 것은 피해야 한다.

약물중에는 알콜을 함유한 것도 있어 이것은 수면중 렘수면을 억압하기 때문에 의도한 꿈을 조금만 꾸게 한다.

그러므로 긴장을 풀고 편안하게 하기 위해서는 숫자를 외우든가 강가에 누워 있는 상쾌한 정경을 떠올리라고 초심자들에게 권하기도 한다. 사람에 따라서는 잠들기 직전 잠자리에서 긴장을 풀고 꾸벅꾸벅 조는 상태를 만들기도 한다.

이렇듯 깜박깜박 조는 상태가 되면 자기가 꾸려는 꿈에 대해 몇 차례 입으로 말해 보도록 한다. 당신이 소망하는 꿈의 패턴이 뚜렷하게 표현되면 내부에서 반응이 시작된다.

가장 좋은 결과는 메시지의 반복에서 얻어지기 쉬운 것이다. 그런 메시지는 '자장가 부르듯' 몇 번이고 반복하라고 권할 수 있다.

현대에서 가장 성공한 꿈 유도자의 한 사람인 메어리 아놀드 퍼스터는 자기가 소망하는 꿈을 잠들기전 뿐 아니라 낮동안에도 몇 차례 생각을 하라고 한다.

즉 그녀는 하루에도 몇 차례 '오늘밤 나는 꿈속에서 하늘을 날 것이다. 오늘밤 나는 날 것이다. 오늘밤 나는 날 것이다.'라고 자기에게 말하는 것이다.

꿈을 꿀 때의 두뇌는 처음 듣는다는 생각보다 몇 차례 들었다는 생각이 잘 받아들여진다는 것이다.

꿈을 유도하는 데 있어서 또 하나 도움이 되는 연습법은 자기가 꾸려는 꿈을, 마치 현실에서 보고 있는 것같이 생생하게 마음에 그리는 일이다.

꿈을 마음에 그린다는 것은 그 꿈을 오래 전에 본 것같이 느끼게 하는 것이다. 이것이 제대로 되면 또 그 결과도 마음에 그려 보도록 하라.

미국 심리학의 아버지 윌리엄 제임스(1842~1910)가 말한 것같이 "마치 ○○와 같은 행동을 하여라."라는 식이다. 당신이 바라던 조언이나 건강을 꿈을 통해 도움을 받으면 도대체 어떻게 되며, 어떤 모양으로 느낄가라는 것을 그린 일종의 마음속의 영화를 마음속으로 상영해 보는 것도 좋은 것이다.

모든 병은 마음속에서 생긴다는 고대 그리스인이 주장한 말에도 일리는 있지만 대개 병의 마음에서 생긴다고 하면 그것도 확실한 것이다. 최면술을 거는 사람은 피최면자에게 암시만 해주어도 어떤 병의 징후라도 환기할 수가 있는 것이다.

요가를 행하는 사람도 자기 암시를 거는데 따라 병의 징후를 생기게 할 수도 있고 제거할 수도 있다고 한다.

오늘날의 내과 의사들은 병상의 60~80%를 순수한 신체적 원인이 아닌 환자가 차지하고 있다고 주장하고 있다.

심신의학(心身醫學)의 지식은 현대의학에서 빼놓을 수 없는 것으로, 당신 마음에 생기는 생각은 당신의 신체상태에 크게 좌우한다고 말하고 있다.

외적 조건만으로 문제는 생기지 않는다. 외적 조건에 대하여 생각하는 내면에 의해 문제가 발생하는 것이다.

우리들은 자기 마음 속에서 지옥을 극락으로 바꿀 수도 있고, 극락을 지옥으로 바꿀 수도 있다.

'지옥과 극락은 마음에 있다.'라는 격언도 있듯이 바로 마음가짐 하나에 따라 이 세상을 지옥이나 극락으로 바꿀 수가 있는 것이다.

즉 적극적인 태도를 취하고 소망하는 조건 밑에서 자기를 생생하게 마음에 그리는 것만이 도움이 되는 것이다.

마음을 편안하게 한 다음 자기가 바라는 조건을 현실의 것으로 하여 뚜렷하게 마음에 그릴 수 있도록 하자.

그리고 여기서 생겨나는 기쁨을 느끼도록 하자. 여기서 얻는 기쁨을 부정적인 생각으로 무산시켜서는 안된다. 윌리엄 제임스는 다음과 같이 말하고 있다.

'의식하의 마음, 그 마음을 잡고 신뢰를 저버리지 않는다면 무엇이든 통하기 마련이다.

그러므로 우리는 최후의 한 단계 즉, 믿는다는 것에 이르게 된다.'

앞서 말한 것같이 꿈 부화에서 이익을 창출하기 위해 신을 믿을 필요는 없다. 그저 믿기만 하면 된다. 믿는 것이 무엇이든 상관없다.

어려운 문제를 푸는 법과 병을 고치는 요법은 언제 어느 때나 어떠한 문화, 어떠한 신앙에 있어서도 꿈에서 받아들인 것이다.

조언을 주든가 병을 치료하는 힘은 실제 꿈을 꾸는 사람의 내부에서 생기는 것으로 외부의 특정한 신에게서 주어지는 것은 아니다. 믿는다는 마음 자체가 꿈을 유도해 주는 것이다.

필자가 역설하는 신뢰란 실은 당신 자신의 신뢰에 지나지 않는다. 당신은 이 책에 쓴 진행법을 거쳐 자기안에 있는 원천을 동원하고 이용할 수가 있다.

만일 당신이 특정한 신을 믿고 있다면 그 신에게 소원을 명확히 말하라. 만일 당신이 뜻하는 마음, 또 꿈을 꾸는 상태에서의 예지를 믿는다면 당신은 문제를 해결할 수 있다.

우리들은 꿈속에서 해답을 얻는다고 믿어야 한다. 답은 자연 거기에 있다. 한번 유도된 꿈을 꾸면 항상 그 메시지를 배워 예지와 타당성을 마음에 새겨두라.

제4장 꿈의 학문

1. 악몽과 친해져라

"뭐야, 꿈이잖아!"라며 남자가 투덜댔다.

그리고는 입이 쓴지 물을 한 잔 들이키고 이마의 비지땀을 닦아냈다. 그는 심리학에 다소 조예가 있었던지 꿈속의 이미지를 그려보고, 결국 악몽에 시달린 것을 알았다.

꿈에 나타난 무서운 이미지는 도대체 어떤 것이었을까? 악몽이란 사실 여러 가지 형태를 취하고 등장한다.

예를 들면 갑자기 나타난 무서운 호랑이, 징그러운 괴물, 다가오는 살인마 등, 발은 움직이지 않고 가슴은 뛰고 손바닥과 이마에는 식은땀이 흐른다.

거기에 꿈속의 정경이 생생하게 첨가된다. 그러나 변화가 무상한 듯하다. 시나리오에도 한계가 있다.

대개 악몽은 이런 식으로 진행된다. 우선 무서운 이미지가 떠오른다. 우리는 공포에 사로잡힌다. 그리고 그 어떤 것이 다가온다. 우리들은 도망친다. 그러나 쫓아온다. 우리는 계속 뛴다. 그러나 결국 잡히고 만다. 거기서 우리는 현실의 세계로 돌아온다.

그러나 공포를 자아낸 이미지는 의식의 배후에 그대로 남아 또다시 밤이 되면 꿈은 다시 그를 사로잡는다.

결국 이러한 공포의 이미지와는 대결을 해야만 극복할 수가 있는 것이다. 방법은 즉, 꿈속에서 공포를 주는 적을 친구로 바꾸어 버리는 것이다.

사람은 수면시간 전체의 20%, 약 1시간 반 정도는 꿈을 꾸며 지나고 있다.

물론 독자 중에는 꿈을 꾸지 않는다고 하는 사람도 있을 것이다. 하지만 이것은 꿈을 기억하지 못하는 것일 뿐, 꿈을 억제하는 약을 복용하지 않는 한 사람은 누구나 꿈을 꾸게 되어 있다.

꿈꾼 것을 기억하여 꿈일기를 쓰면 이후의 인생항로에 많은 도움을 주게 되므로 꿈을 기억하는 방법을 익히기 바란다.

2. 꿈과 출산

미국의 두 학자의 이야기이다.

캐롤린 위게트와 프레데릭 캡은 꿈과 출산의 관계를 조사하였다.

첫출산이 가까운 70명의 여성을 대상으로 조사, 특히 임부의 꿈(꿈속에 나타난 이미지)을 분석한 것이다.

이들 임부중 아기를 낳았을 때 31명이 10시간 이내에 아기를 낳았고, 31명은 10시간에서 20시간 사이에 분만하고 8명은 30시간 이상이나 걸려 간신히 분만했다.

첫아기를 낳게 되는 임부의 평균 진통은 자궁수축에서 아기를 분만할 때까지 18시간이 소요된다. 그러나 이때 이 그룹의 진통은 평균 14시간 정도로 다소 짧은 편이었다.

위게트와 캡이 여기서 발견한 사실은 산모들이 임신중 꾼 꿈의 내용과 진통시간이 직접적인 관계가 있다는 것이다.

진통시간이 평균보다 짧은 10시간 이내에 분만한 산모 90%가 꿈에서 많은 불안을 느꼈다고 한다. 그런데 이와는 반대로 평균보다 긴 20시간 전후로 분만한 여성들중 꿈에서 불안을 느낀 사람은 25%밖에 없었다. 평균시간안에 분만한 여성의 경우 25%의 중간치가 된다.

아무튼 첫출산에 임하는 여성은 진통에 대한 불안을 꿈에 보면 볼수록 분만이 쉽게 되는 모양이다.

해산이 가까워져 이후에 자기가 받을 시련을 꿈으로 보며 불안해 하는 여성은 실은 무사히 출산하는 준비를 하고 있는 셈이 된다. 위게트와 캡의 연구보고에서 꿈의 역할은 실생활에 예기되는 고난을 극복하려는 시도라고 말하고 있다.

피실험자가 된 임산부들은 다가올 출산이라는 위험을 꿈속에서 타개하려고 했기 때문이라는 것이다.

꿈속에서 곤란한 상황에 처해보지 않은 여성은 오랜 진통을 견뎌야 했다. 진통으로 고생한 이들은 다른 임산부들보다 극히 매정한 꿈을 꾸었다는 보고였다.

여기서 진통이 긴 여성들은 출산을 무서워한 나머지 꿈의 그런 상징적 표현마저 거부하였다는 것이다. 위게트와 캡은 다음과 같이 생각했다.

긴장하면 혈액중의 각종 화학물질이나 호르몬의 분비가 이상하게 높아져 진통이 길어지기 쉽다. 그러나 출산이라는 불안을 오래 꿈꾼 임산부들은 꿈속에서 심리적인 면역이 되어 버렸다. 꿈속에서 위험에 직면해 있었기 때문에 막상 그 위험에 직면했을 때에는 잘 견디어 낼 수가 있었던 것이다. 이렇듯 꿈으로써 현실에 대처하는 효과는 앞으로도 수없이 많아지리라 본다.

결국 꿈을 꾸는 것은 경험을 쌓는 것이 될 수 있다.

"임신중에 나는 여러 차례 출산하는 꿈을 꾸었다. 그것은 자연출산하는 것을 연습한 것과 같아서 진통이 시작된 지 6시간만에 분만을 하였다. 첫출산인데도 아주 쉽게 분만하게 된 것이다.

당시에는 모든 것이 출산훈련 교실에서 배운 호흡법이나 체조의 덕임을 의심하지 않았지만 뒤에 생각하니 꿈에서 준비를 게을리하지 않은 덕이라고 여겨졌다."

"임신중에 갓난아기에게 젖을 먹이는 꿈을 몇 차례나 꾸었다. 어떤 꿈에서는 10여 마리의 새끼고양이들에게 둘러싸여 이 많은 것들에게 어떻게 전부 먹일지 쩔쩔매고 있었다.

그러나 출산후 나는 첫애에게 1년이 넘도록 모유을 먹여 키울 수 있었다."

젖을 먹이는 것은 의외로 어머니의 감정에 좌우되기 쉬운데, 아마 꿈속에서 젖을 먹이는 걱정을 해두는 것은 인생이라는 국면에서 여성이 향하는 길에 도움이 되는 것이 아닌가 한다.

한편 인디안인 오지아족내에서 산파는 높은 신분을 가지게 된다. 유능한 산파가 되기 위해서는 35세 이상으로 온건한 기질을 지녀야 하며 몇 차례 경험이 있어야 한다. 비법인 안무술도 배워야 한다. 무료로 도와주는 일도 있지만 사례를 요하는 술법도 있다. 가령 자기 어머니라도 지불할 것은 지불해야 한다. 수완이 있는 산파가 되면 안산을 기뻐하는 산모측의 사례로 유복하게 될 수도 있다.

가장 바람직한 것은 꿈을 꾸는 일이다. 바람직한 꿈은 여성에게 출산하는 힘을 주기 때문이다. 지금 임신중인 독자라면 출산과 젖을 먹이는 꿈을 꾸려고 시도해 보라.

누구나 꿈을 꾸는 것으로 인생 문제에 대처하는 능력을 개발할 수 있다. 불안한 꿈을 꾸어도 좋다. 불안한 꿈은 사실 실생활의 문제에 대한 건강한 관심에서 시작된 것인지 모른다. 그런 관심은 꿈속에까지 침투해 결국 꿈을 꾸는 사람은 꿈을 통해 문제를 타개하는 '수련'을 쌓는 것이다.

우선 꿈속에서 준비해 두는 것에 따라 인생의 위기에 응할 대책이 세워지는 것이다. 꿈속에서 문제 해결이 되면 그것은 실생활에 적용할 수도 있는 것이다.

그리고 그것은 나아가서 그 이상의 것도 가능하게 하는 힘을 주는 것이다.

꿈의 상징을 실생활에서 실천함에 따라 우리들은 환경을 풍요롭게 하고, 자기 인격에도 통합할 수 있다. 어려운 문제를 해결하는 연습무대로 꿈을 활용하는 데서 우리들은 자립심과 문제에 대처하는 힘을 배울 수가 있는 것이다.

이미 몸에 준비된 능력을 꿈속에서 다시 성장하도록 독려할 수 있다. 또한 꿈의 바른 사용에 의해 사회 전체를 더욱 좋게 할 수도 있는 것이다.

• 꿈의 혜택

① 꿈을 인생에서 중요한 것이라 생각할 것. 그러면 가치있는 꿈을 꾸고 그것을 생각해 낼 수 있다.
② 자기가 꿈을 꾸도록 유도할 것.
③ 꿈을 가치있는 것으로 인정하고 이용하면 당신의 꿈은 차차 실생활과 관련을 깊게 해나갈 것이다.
④ 꿈속에서의 친구는 많을수록 좋다. 꿈의 친구가 자주 당신에게 도움을 줄수록 바람직하기 때문이다.
⑤ 꿈속에서의 노래는 어떤 것이든 중요하게 생각하라.
⑥ 억압이 적은 환경일수록 꿈을 생각하기 쉽고 많은 꿈을 꾸게 된다.
⑦ 꿈속의 상징대로 실생활 형태를 바꿀 것.
⑧ 꿈을 꾸는 데서 자립의 비법을 배울 수 있다.
⑨ 꿈을 꾸는 데서 문제 해결의 실마리를 풀 수가 있다.

⑩ 꿈속에서 문제를 해결하면 그 성과를 실생활에 응용한다.

3. 고대의 꿈

고대 사람들은 신체속에 혼이 있다는 것과 자고 있을 때 그 혼은 신체를 떠나 자유롭게 날아다닌다고 생각하였다. 그리고 그들은 자고 있는 동안 자기 혼이 영적인 세계와 만날 때 꿈을 꾼다고 생각했다.

그러므로 꿈에는 초자연적인 힘이 있고, 꿈은 인지를 뛰어넘는 그 무엇을 알려주는 계시라고 중시해 왔다.

그 전형적인 예의 하나로 구약성서에 나오는 파라오의 꿈을 들 수 있다. 파라오는 다음과 같은 꿈을 꾸었다.

"나일강가에 서 있는데 돌연 살찐 일곱 마리의 황소가 강에서 올라와 갈밭에서 풀을 뜯어 먹기 시작했다. 그러자 이번에는 여윈 일곱 마리의 황소가 강에서 올라와 살찐 황소 옆에 섰다. 그리고 여윈 황소들은 살찐 일곱 마리의 황소를 잡아 먹었다."

파라오는 이 꿈의 뜻을 몰라 꿈해몽을 할 수 있는 노예였던 요셉을 불러 꿈의 뜻을 물었다.

요셉은 그 꿈은 7년간 대풍작이었다가 다음 7년동안은 대기근이 온다는 신탁(神託)임을 말해 주었다. 그리고 요셉의 해몽은 적중했다.

4. 수면과 꿈의 과학

수면중 꿈속에서 무슨 일이 일어났는지에 대한 과학적 연구를 하게 된 것은 뇌와 신체의 변화를 여러 가지 생리학적 지표를 사용해 연구하게 된 때부터이다.

1937년 뇌의 전기활동을 측정하는 뇌파(EEG)를 이용하여 스미스 등은 수면과 동시에 뇌파의 파형이 변화하는 것을 발견하였다.

또 1953년에 아세린스키와 크리트만은 잠자고 있을 때 안구가 움직이는 현상, 즉 급속안구운동(REM)을 발견하였다.

나아가 디멘트와 크리트만은 1957년 렘(REM)이 꿈꾸는 것과 직접 관계가 있다는 것을 알아냈다. 이 연구에서 수면에는 2가지 상태 즉, 렘(REM)수면과 논렘(non-REM)이 있는 것을 밝혀냈다.

또한 수면에는 '단계와 주기'가 있고, 수면의 각 단계는 뇌파의 패턴인 '주파수와 진폭(振幅)'에 의해 진행하는 것이다.

(1) 수면의 단계

잠이 깨었을 때 뇌파는 진폭이 적고 주파수가 높다. 잠자기 전 조는 상태에서 뇌파는 8~13사이클의 이른바 알파(α)파라고 부르는 뇌파의 특징을 보여준다. 수면의 제1단계는 조는 상태에서 잠에 드는 이행기로 4~7사이클의 세타(θ)파 뇌파를 볼 수 있다. 이 최초의 수면단계에서 우리들은 특정적이 아닌 이미지의 사려를 경험한다.

이와 같은 상태가 10분 정도 계속된 후 제2단계에 들어간다. 이 단계에서는 우선 '수면 방추파(紡錘波)'라고 부르는 12~14사이클의 뇌파를 볼 수 있다.

그것이 0.5~2초 정도 계속되고 드디어 K복합파라 부르는 느리고 큰 뇌파가 계속해서 나타난다.

우리들의 수면중 거의 반이 제2단계의 수면이다. 깊은 수면인 제3, 제4단계에서는 0.5~3사이클의 델타(δ)파라 부르는 뇌파가 나타난다. 그리고 잠이 들고 한 시간 정도 지나면 흥미있는 변화가 일어난다.

수면단계가 반전해 제3, 제2단계와 같은 수면상태로 돌아가고 렘단계에 이르게 된다.

이 렘단계의 수면이 꿈과 관계가 깊은 렘수면이다. 예를 들어 이 렘수면중의 사람들을 깨우면 대개 "꿈을 꾸고 있었다."고 말하는 것이다.

잠자기 시작하여 약 한 시간이 지날 무렵 나타나는 렘단계까지를 하나의 주기라고 하면 우리는 하룻밤에 34회 이상의 수면주기(렘단계에서 다음 렘단계까지가 1주기)를 경험하고 있는 것이다.

(2) 렘수면

우리는 누구나 하룻밤 4~5회의 렘수면을 경험하게 된다.

최초의 렘수면은 10분 정도이지만 차차 렘수면의 시간은 길어져 잠깨기 직전의 최종 렘은 40분 정도가 된다. 만일 수면시간이 8시간이라고 한다면 렘수면의 시간은 전부 2시간 정도가 된다.

한편 아이들은 렘수면이 차지하는 율이 높고 어린아기들은 렘수면이 반 정도이며, 성장하는데 따라 렘수면의 비율은 낮아져 5~9세가 되면 렘수면의 시간은 어른과 같아진다.

또 렘수면은 다른 동물에게서도 확인되어, 만일 렘수면이 꿈꾸는 수면이라면 꿈을 꾸는 것은 인간만이 아니라는 사실이 된다.

렘수면의 특징은 쉽게 깰 수 없는 상태이나 깬 때와 같이 뇌가 활동하는 수면 상태이다. 몸은 잠자는 상태이나 뇌는 활발하게 움직여 '역설(逆說)수면' 또는 '활동성수면' 등으로 부른다. 렘수면에서는 신체의 자유로운 활동이 억제되어 있어

몸은 마비된 상태(즉 '쇠사슬 묶임'의 상태)에 있다.

이것은 대뇌에서 근육으로 정보는 보내지나 뇌의 일부인 뇌간(腦幹)이 근육의 운동을 억제하고 있는 탓이라고 생각된다.

이와 같이 신체의 큰 움직임은 억제되나 미세한 순간적인 움직임은 볼 수 있다. 예를 들어 안구(眼球)의 급속한 움직임, 근육의 움직임, 동공 크기의 변화, 중이(中耳)의 수축, 페니스의 발기 등이 렘수면 중에 일어나는 것이다.

또 자율신경계의 폭풍이라 부르는 불규칙한 변화가 몸에 일어난다. 예를 들어 심장박동, 혈압, 호흡, 그밖의 자율신경계의 변화가 생긴다. 이것들은 우리들이 꿈꿀 때 수반되는 신체의 변화이다.

(3) 자고 있을 때의 몸 움직임

앞서 렘수면 중에는 근육운동이 뇌간에 의해 억제된다고 말했다. 만일 뇌의 이 부분이 장애를 받으면 억제가 없어져 우리는 꿈을 꿀 때 행동에 옮길 수도 있을 것이다.

예를 들어 뇌간에 장애를 받은 고양이가 몰래 쭈그리고 있다가 꿈꾸고 있다는 쥐들에게 달겨드는 행동을 보여주는 것이 관찰되고 있다.

이 발견이 보여주는 것은 우리들의 무의식 과정에는 두 가지 의지가 있어 하나는 늘상 의식하고 행동하는 '신체의 운동'을 지배하고, 또 하나는 의식하지 못하는 '공상적 이미지'를 지배하고 있다는 것이다.

말하자면 우리들은 무의식중에 작동하는 두 가지의 '의지의 중심'을 가지고 있고, 그것은 신체와 마음의 방향을 돌려 꿈속에 나타난다는 것이다.

이것에 대하여 니콜라스 험프리는 '사람은 꿈속에서 사회적인 행동을 실천하며 수정하고 있다.'고 하며, 또 크리스토퍼 에반즈는 꿈은 우리가 살아남기 위해 필요한 프로그램을 우선 실천하는 동시에 새롭게 하는 수단으로 꿈속에 일어나는 프로그램의 재편이 없으면 우리들 행동은 성숙으로 가는 과정의 일정단계에 머물 수밖에 없다고 말하고 있다.

5. 꿈의 기능

우리들은 왜 꿈을 꾸는가? 꿈의 존재이유는 무엇인가? 꿈의 기능에 대하여 많은 사람이 여러 가지 견해를 보여주고 있다.

프로이드는 꿈의 주요기능의 하나는 '욕구충족'이라고 말한다. 즉 무의식적으로 억압당한 소망이 꿈에 나타난다고 하는 견해이다.

또 과거의 고통스러운 체험, 마음의 상처를 꿈속에서 다시 경험하게 되는데 꿈은 현실의 고통을 완화시켜 주고 불만을 해소하며 불쾌한 감정을 정화해 주는 작용이 있다고 생각한다. 꿈을 하나의 연극이라고 생각하면 우리들은 그 작가이고, 연출가이고, 배우가 될 수 있어 꿈의 정화작용은 크다고 볼 수 있다.

쿠스타프 칼 융은 꿈에 '보상기능'이 있다고 생각했다. 간단히 말하면 꿈은 우리들의 의식적 태도로 개성의 부족한 면을 보상해주는 역할을 한다고 생각했다. 그러므로 꿈을 통해서 마음의 균형을 얻는다. 예를 들어서 냉정하고 지적인 인간은 그 보상으로 감정이 풍부한 비합리적인 꿈을 꾸기도 하고, 금욕적인 사람은 감정적 쾌감을 주는 꿈을 꾸기도 하고, 외롭고 사랑을 받지 못한 아이들이 오히려 애정이 풍부한 꿈을 꾸는 것이다.

이와 같이 꿈은 우리들의 생존과 자기조절과정에 관계된다고 생각한다. 그러나 실제로 꿈은 우리 자신이나 경험의 모든 측면에 관여되고 있어 꿈에 단순한 정의를 내리기는 힘들다.

아마도 꿈은 내계(내면)와 외계(외적현실)에서 받은 영향의 균형을 유지하기 위해 내적요구와 외적현실 사이를 조정하는 중개장치와 같은 것으로 폭넓은 기능을 가지고 있다고 생각된다. 또 꿈은 문제 해결이나 창조성의 작용도 한다.

현실에 직면한 문제가 곤란할 때 꿈이 문제를 해결할 수 있는 열쇠를 제공해 줄 때도 있다.

예를 들어 재봉틀의 발명자인 엘리아스 하우(Elias Howe)는 어떻게 하면 효과적인 재봉틀을 만들 수 있을까 하는 문제에 직면했다. 가장 문제가 되는 것은 바늘을 어떻게 해야 하느냐이다.

그는 미개인들이 중간에 구멍을 낸 창을 가지고 싸우는 꿈을 꾸었다. 그 꿈이 바로 오늘날 바늘 아래쪽에 실을 끼우는 재봉틀 발명의 힌트가 된 것이다.

눈뜨고 있을 때 우리들이 이용하는 정보량은 한정되어 있다. 그런데 꿈에서는 항상 지니고 있던 기억이나 무의식적인 정보가 동원되어 문제를 해결해주는 경우도 있다. 합리적인 해결이 막혀 있을 때 꿈은 비합리적인 이미지로서 새로운 방향을 제시하는 것이다. 창조성이 상상력과 밀접한 관계가 있듯이 꿈의 이미지는 그야말로 상상력에 의해 막힌 길을 열어주는 것이다.

과학자의 발명·발견이나 예술가의 작품에 꿈의 영향을 받았다는 예는 여러 가지가 있다.

6. 꿈의 분석

꿈을 현대적인 치료방법으로 처음 사용한 것은 프로이드다.

프로이드는 침대 위에 환자를 안락하게 눕게 하여, 꿈의 내용에 관련해 떠오르는 연상을 자유롭게 이야기하게 하였다(자유연상법).

이 방법으로 프로이드는 그 사람의 표면적인 이미지(현재 가지고 있는 내용)에서 그 속에 있는 감정, 공상, 소망(잠재 내용)의 보다 심층적인 의미를 찾도록 도와주었다 (그것은 가끔 유아기의 체험에 결부되는 것이지만). 그리고 꿈의 왜곡이라는 메커니즘을 밝히면서 꿈을 분석·해석하였다.

프로이드의 꿈 분석이 해명을 한다는 경향이 강한데 대하여 칼 융은 확충법에 의해 주로 환자가 연상(聯想) 탐구하는 것을 원조하여 꿈의 의미를 풍부하게 하도록 하였다.

칼 융은 꿈 분석을 할 때 두 가지 해석법을 썼는데, 즉 '객체수준'과 '주체수준'의 해석이 있다고 생각했다.

가령 꿈속에 어떤 친구가 등장했을 경우 현실에서 그 친구는 객체수준이고, 자기의 내면, 예를 들어 자신의 콤플렉스가 인격화된 친구로 나타날 때는 '주체수준'이라고 생각하는 것이다.

또 프릿츠 펄즈(형태심리학의 창시자)와 같이 꿈속의 역할이나 측면을 꿈꾼 자에게 실제 행동으로 재현 시키든가 언어화 시키는 방법이 있다.

예를 들어 어떤 사람이 집에 대한 꿈을 꾸었다고 하면 그 사람은 "나는 집이다."라고 말하기 시작한 다음부터 꿈속에 나타난 집이 되어 자기에 대해 말하는 것이다.

이런 경우 중요한 것은 집에 대하여 말하는 것이 아니고, 꿈속의 집이 되는 것이다.

이와 같이 같은 꿈 분석이라도 이론에 따라 해석방법이나 의미의 탐구법은 다르게 된다.

꿈은 다양한 것이기 때문에 이런 꿈을 꾸면 이런 뜻이라는 일반적인 해석은 꿈의 다양성을 상실한 해석이 된다. 따라서 꿈은 일방적으로 이해하지 말고 충분히 음미하고 몇 차례 더 경험해 보는 것이 중요하다.

가령 하늘에 떠 있는 구름은 보는 사람에 따라 또 그 사람의 상황에 따라 보는 방향이 다르고 구름자체도 조금씩 변화해 시간이 지나면 다르게 보이는 것과 같다.

우리들은 꿈을 꾸고 나면 바로 그 뜻을 알고 싶어하지만 꿈이란 이해하기 힘들 뿐만 아니라 무의식의 메시지도 빨리 이해할 수는 없는 것이므로 서서히 시간을 가지고 음미하는 태도가 바람직하다.

찾기 쉬운 명당

신비한 동양철학 44

풍수지리의 모든 것!

이 책은 가능하면 쉽게 풀려고 노력했고, 실전에 도움이 되도록 했다. 특히 풍수지리에서 방향측정에 필수인 패철(佩鐵)사용과 나경(羅經) 9층을 각 층별로 간추려 설명했다. 그리고 이 책에 수록된 도설, 즉 오성도, 명산도, 명당 형세도 내거수 명당도, 지각(枝脚)형세도, 용의 과협출맥도, 사대혈형(穴形) 와겸유돌(窩鉗乳突)형세도 등은 국립중앙도서관에 소장된 문헌자료인 만산도단, 만산영도, 이석당 은민산도의 원본을 참조했다.

· 호산 윤재우 저

명리입문

신비한 동양철학 41

명리학의 필독서!

이 책은 자연의 기후변화에 의한 운명법 외에 명리학도들이 궁금해 했던 인생의 제반사들에 대해서도 상세하게 기술했다. 따라서 초보자부터 심도있게 공부한 사람들까지 세심히 읽고 숙독해야 하는 책이다. 특히 격국이나 용신뿐 아니라 십신에 대한 자세한 설명, 조후용신에 대한 보충설명, 인간의 제반사에 대해서는 독보적인 해설이 들어 있다. 초보자들에게는 더할 수 없이 훌륭한 길잡이가 될 것이다.

· 동하 정지호 편역

사주대성

신비한 동양철학 33

초보에서 완성까지

이 책은 과거 현재 미래를 모두 알 수 있는 비결을 실었다. 그러나 모두 터득한다는 것은 어려울 것이다.역학은 수천 년간 동방의 석학들에 의해 갈고 닦은 철학이요 학문이며, 정신문화로서 영과학적인 상수문화로서 자랑할만한 위대한 학문이다.

· 도관 박흥식 저

해몽정본

신비한 동양철학 36

꿈의 모든 것 !

막상 꿈해몽을 하려고 하면 내가 꾼 꿈을 어디다 대입시켜야 할지 모를 경우가 많았을 것이다. 그러나 이 책은 찾기 쉽고, 명료하며, 최대한으로 많은 갖가지 예를 들었으니 꿈해몽을 하는데 어려움이 없을 것이다.

· 청암 박재현 저

기문둔갑옥경

신비한 동양철학 32

가장 권위있고 우수한 학문 !

우리나라의 기문역사는 장구하지만 상세한 문헌은 전무한 상태라 이 책을 발간하기로 했다. 기문둔갑은 천문지리는 물론 인사명리 등 제반사에 관한 길흉을 판단함에 있어서 가장 우수한 학문이며 병법과 법술방면으로도 특징과 장점이 있다. 초학자는 포국편을 열심히 익혀 설국을 자유자재로 할 수 있도록 하고 개인의 이익보다는 보국안민에 일조하기 바란다.

· 도관 박흥식 저

정본·관상과 손금

신비한 동양철학 42

바로 알고 사람을 사귑시다

이 책은 관상과 손금은 인생을 행복으로 이끌기 위해 있다는 관점에서 다루었다. 그야말로 관상과 손금의 혁명이라고 할 수 있을 것이다. 여러분도 관상과 손금을 통한 예지력으로 인생의 참주인이 되기 바란다. 용기를 불어넣어 주고 행복을 찾게 하는 것이 참다운 관상과 손금술이다. 이 책으로 미래의 좋은 예지력을 한번쯤 발휘해 보기 바란다. 이 책이 일상사에 고민하는 분들에게 해결방법을 제시해 줄 것이다.

· 지창룡 감수

조화원약 평주

신비한 동양철학 35

명리학의 정통교본!

이 책은 자평진전, 난강망, 명리정종, 적천수 등과 함께 명리학의 교본에 해당하는 것으로 중국 청나라 때 나온 난강망이라는 책을 서낙오 선생께서 설명을 붙인 것이다. 기존의 많은 책들이 격국과 용신으로 감정하는 것과는 달리 십간십이지와 음양오행을 각각 자연의 이치와 춘하추동의 사계절의 흐름에 대입하여 인간의 길흉화복을 알 수 있게 했다.

· 동하 정지호 편역

龍의 穴·풍수지리 실기 100선

신비한 동양철학 30

실전에서 실감나게 적용하는 풍수지리의 길잡이!

이 책은 풍수지리 문헌인 조선조 고무엽(古務葉) 태구승(泰九升) 부집필(父輯筆)로 된 만두산법(巒頭山法), 채성우의 명산론(明山論), 금랑경(錦囊經) 등을 알기 쉬운 주제로 간추려 풍수지리의 길잡이가 되고자 했다. 그리고 인간의 뿌리와 한 사람의 고유한 이름의 중요성을 풍수지리와 연관하여 살펴보아야 하기 때문에 씨족의 시조와 본관, 작명론(作名論)을 같이 편집했다.

· 호산 윤재우 저

동양철학전문출판 삼한

천직·사주팔자로 찾은 나의 직업

신비한 동양철학 34

역경없이 탄탄하게 성공할 수 있는 방법!

잘 되겠지 하는 막연한 생각으로 의욕만 갖고 도전하는 것과 나에게 맞는 직종은 무엇이고 때는 언제인가를 알고 도전하는 것은 근본적으로 다르고, 결과 또한 다르다. 더구나 요즈음은 I.M.F.시대라 하여 모든 사람들이 정신까지 위축되어 생기를 잃어가고 있다. 이런 때 의욕만으로 팔자에도 없는 사업을 시작했다고 하자, 결과는 불을 보듯 뻔하다. 그러므로 이런 때일수록 침착과 냉정을 찾아 내 그릇부터 알고, 생활에 대처하는 지혜로움을 발휘해야 한다.

· 백우 김봉준 저

통변술해법

신비한 동양철학 ㉑

가닥가닥 풀어내는 역학의 비법!

이 책은 역학에 대해 다 알면서도 밖으로 표출되지 않아 어려움을 겪는 사람들을 위한 실습서다. 특히 틀에 박힌 교과서적인 역술의 고정관념에서 벗어나, 한차원 높게 공부할 수 있도록 원리통달을 설명하는데 중점을 두었다. 실명감정과 이론강의라는 두 단락으로 나누어 역학의 진리를 설명했기 때문에 누구나 쉽게 이해할 수 있다. 역학계의 대가 김봉준 선생의 역서 「알기쉬운 해설·말하는 역학」의 후편이다.

· 백우 김봉준 저

주역육효 해설방법 上·下

신비한 동양철학 38

한 번만 읽으면 주역을 활용할 수 있는 책!

이 책은 주역을 해설한 것으로, 될 수 있는 한 여러 가지 사설을 덧붙이지 않고 주역을 공부하고 활용하는데 필요한 요건만을 기록했다. 따라서 주역의 근원이나 하도낙서, 음양오행에 대해서도 많은 설명을 자제했다. 다만 누구나 이 책을 한 번 읽어서 주역을 이해하고 활용할 수 있도록 하는데 중점을 두었다.

· 원공선사 저

사주명리학의 핵심

신비한 동양철학 ⑲

맥을 잡아야 모든 것이 보인다!

이 책은 잡다한 설명을 배제하고 명리학자들에게 도움이 될 비법만을 모아 엮었기 때문에 초심자가 이해하기에는 다소 어려운 부분도 있겠지만 기초를 튼튼히 한 다음 정독한다면 충분히 이해할 것이다. 신살만 늘어놓으며 감정하는 사이비가 되지말기를 바란다.

· 도관 박흥식 저

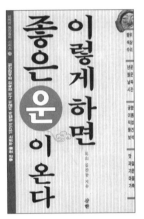

이렇게 하면 좋은 운이 온다

신비한 동양철학 ㉗

한 가정에 한 권씩 놓아두고 볼만한 책 !

좋은 운을 부르는 방법은 방위 · 색상 · 수리 · 년운 · 월운 · 날짜 · 시간 · 궁합 · 이름 · 직업 · 물건 · 보석 · 맛 · 과일 · 기운 · 마을 · 가축 · 성격 등을 정확하게 파악하여 자신에게 길한 것은 취하고 흉한 것은 피하면 된다. 간혹 예외인 경우가 있지만 극소수에 불과하고 대부분은 적중하기 때문에 좋은 효과를 본다. 이 책의 저자는 신학대학을 졸업하고 역학계에 입문했다는 특별한 이력을 갖고 있기 때문에 더 많은 화제가 되고 있다.

· 역산 김찬동 저

말하는 역학

신비한 동양철학 ⑪

신수를 묻는 사람 앞에서 말문이 술술 열린다!

이 책은 그토록 어렵다는 사주통변술을 이해하기 쉽고 흥미롭게 고담과 덕담을 곁들여 사실적인 인물을 궁금해 하는 사람에게 생동감있게 통변하고 있다. 길흉작용을 어떻게 표현하느냐에 따라 상담자의 정곡을 찔러 핵심을 끄집어내고 여기에 대한 정답을 내려주는 것이 통변술이다. 역학계의 대가 김봉준 선생의 역작이다.

· 백우 김봉준 저

술술 읽다보면 통달하는 사주학

신비한 동양철학 ㉗

술술 읽다보면 나도 어느새 도사 !

당신은 당신 마음대로 모든 일이 이루어지던가. 지금까지 누구의 명령을 받지 않고 내 맘대로 살아왔다고, 운명 따위는 믿지도 않고 매달리지 않는다고, 이렇게 말하는 사람들이 많다. 그러나 그것은 우주법칙을 모르기 때문에 하는 소리다.

· 조철현 저

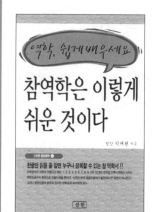

참역학은 이렇게 쉬운 것이다

신비한 동양철학 ㉔

음양오행의 이론으로 이루어진 참역학서 !

수학공식이 아무리 어렵다고 해도 1, 2, 3, 4, 5, 6, 7, 8, 9, 0의 10개의 숫자로 이루어졌듯이, 사주도 음양과 목, 화, 토, 금, 수의 오행으로 이루어졌을 뿐이다. 그러니 용신과 격국이라는 무거운 짐을 벗어버리고 음양오행의 법칙과 진리만 정확하게 파악하면 된다. 사주는 단지 음양오행의 변화일 뿐이고, 용신과 격국은 사주를 감정하는 한가지 방법에 지나지 않는다.

· 청암 박재현 저

동양철학전문출판 **삼한**

나의 천운 운세찾기

신비한 동양철학 ⑫

놀랍다는 몽골정통 토정비결 !

이 책은 역학계의 대가 김봉준 선생이 놀랍다는 몽공토정비결을 연구 ·분석하여 우리의 인습 및 체질에 맞게 엮은 것이다. 운의 흐름을 알리고자 호운과 쇠운을 강조했으며, 현재의 나를 조명해보고 판단할 수 있도록 했다. 모쪼록 생활서나 안내서로 활용하기 바란다.

• 백우 김봉준 저

쉽게푼 역학

신비한 동양철학 ❷

쉽게 배워서 적용할 수 있는 생활역학서 !

이 책에서는 좀더 많은 사람들이 역학의 근본인 우주의 오묘한 진리와 법칙을 깨달아 보다 나은 삶을 영위하는데 도움이 될 수 있도록 가장 쉬운 언어와 가장 쉬운 방법으로 풀이했다. 역학계의 대가 김봉준 선생의 역작이다.

• 백우 김봉준 저

역산성명학
....
신비한 동양철학 ㉕

이름은 제2의 자신이다 !

이름에는 각각 고유의 뜻과 기운이 있어서 그 기운이 성격을 만들고 그 성격이 운명을 만든다. 나쁜 이름은 부르면 부를수록 불행을 부르고 좋은 이름은 부르면 부를수록 행복을 부른다. 만일 이름이 거지 같다면 아무리 운세를 잘 만나도 밥을 좀더 많이 얻어 먹을 수 있을 뿐이다. 이 책의 저자는 신학대학을 졸업하고 역학계에 입문했다는 특별한 이력을 갖고 있기 때문에 더 많은 화제가 되고 있다.

· 역산 김찬동 저

작명해명
....
신비한 동양철학 ㉖

누구나 쉽게 배워서 활용할 수 있는 체계적인 작명법 !

일반적인 성명학으로는 알 수 없는 한자이름, 한글이름, 영문이름, 예명, 회사명, 상호, 상품명 등의 작명방법을 여러 사례를 들어 체계적으로 분석하여 누구나 쉽게 배워서 활용할 수 있도록 서술했다.

· 도관 박홍식 저

관상오행

신비한 동양철학 ⑳

한국인의 특성에 맞는 관상법 !

좋은 관상인 것 같으나 실제로는 나쁘거나 좋은 관상
이 아닌데도 잘 사는 사람이 왕왕있어 관상법 연구에
흥미를 잃는 경우가 있다. 이것은 중국의 관상법만을
익히고, 우리의 독특한 환경적인 특징을 소홀히 다루었
기 때문이다. 이에 우리 한국인에게 알맞는 관상법을
연구하여 누구나 관상을 쉽게 알아보고 해석할 수 있
도록 자세하게 풀어놓았다.

· 송파 정상기 저

물상활용비법

신비한 동양철학 31

물상을 활용하여 오행의 흐름을 파악한다 !

이 책은 물상을 통하여 오행의 흐름을 파악하고, 운명
을 감정하는 방법을 연구한 책이다. 추명학의 해법을
연구하고 운명을 추리하여 오행에서 분류되는 물질의
운명 줄거리를 물상의 기물로 나들이 하는 활용법을
주제로 했다. 팔자풀이 및 운명해설에 관한 명리감정법
의 체계를 세우는데 목적을 두고 초점을 맞추었다.

· 해주 이학성 저

운세십진법 · 本大路

신비한 동양철학 ❶

운명을 알고 대처하는 것은 현대인의 지혜다 !

타고난 운명은 분명히 있다. 그러니 자신의 운명을 알고 대처한다면 비록 운명을 바꿀 수는 없지만 충분히 향상시킬 수 있다. 이것이 사주학을 알아야 하는 이유다. 이 책에서는 자신이 타고난 숙명과 앞으로 펼쳐질 운명행로를 찾을 수 있도록 운명의 기초를 초연하게 설명하고 있다.

· 백우 김봉준 저

국운 · 나라의 운세

신비한 동양철학 ㉒

역으로 풀어본 우리나라의 운명과 방향 !

아무리 서구사상의 파고가 높다하기로 오천년을 한결같이 가꾸며 살아온 백두의 혼이 와르르 무너지는 지경에 왔어도 누구하나 입을 열어 말하는 사람이 없으니 답답하다. IMF라는 특수한 상황에서 불확실한 내일에 대한 해답을 이 책은 명쾌하게 제시하고 있다.

· 백우 김봉준

명인재

신비한 동양철학 43

신기한 사주판단 비법 !

살(殺)의 활용방법을 완벽하게 제시하는 책!
이 책은 오행보다는 주로 살을 이용하는 비법이다. 시
중에 나온 책들을 보면 살에 대해 설명은 많이 하면서
도 실제 응용에서는 무시하고 있다. 이것은 살을 알면
서도 응용할 줄 모르기 때문이다. 그러나 이 책에서는
살의 활용방법을 완전히 터득해, 어떤 살과 어떤 살이
합하면 어떻게 작용하는지를 자세하게 설명하고 있다.

· 원공선사 지음

사주학의 방정식

신비한 동양철학 18

가장 간편하고 실질적인 역서 !

이 책은 종전의 어려웠던 사주풀이의 응용과 한문을
쉬운 방법으로 터득할 수 있게 하는데 목적을 두었고
역학의 내용이 어떤 것이며 무엇이 어디에 속하는지를
알고자 하는데 있다.

· 김용오 저

원토정비결

신비한 동양철학 53

반쪽으로만 전해오는 토정비결의 완전한 해설판

지금 시중에 나와 있는 토정비결에 대한 책들을 보면
옛날부터 내려오는 완전한 비결이 아니라 반쪽의 책이
다. 그러나 반쪽이라고 말하는 사람이 없다. 그것은 주
역의 원리를 모르기 때문이다. 따라서 늦은 감이 없지
않으나 앞으로의 수많은 세월을 생각하면서 완전한 해
설본을 내놓기로 한 것이다.

· 원공선사 저

내가 보고 내가 바꾸는
DIY사주

신비한 동양철학 40

내가 보고 내가 바꾸는 사주비결 !

이 책은 기존의 책들과는 달리 한 사람의 사주를 체계
적으로 도표화시켜 한 눈에 파악할 수 있고, DIY라는
책 제목에서 말하듯이 개운하는 방법을 제시하고 있다.
초심자는 물론 전문가도 자신의 이론을 새롭게 재조명
해 볼 수 있는 케이스 스터디 북이다.

· 석오 전 광 지음

만세력 · 우주경전

신비한 동양철학 16

착각하기 쉬운 썸머타임 2도 인쇄

시중에 많은 종류의 만세력이 나와있지만 이 책은 단순한 만세력이 아니라 완벽한 만세경전으로 만세력 보는 법 등을 실었기 때문에 처음 대하는 사람이라도 쉽게 볼 수 있도록 편집되었다. 또한 부록편에는 사주명리학, 신살종합해설, 결혼과 이사택일 및 이사방향, 길흉보는 법, 우주천기와 한국의 역사 등을 수록했다.

· 백우 김봉준 저

周易 · 토정비결

신비한 동양철학 40

토정비결의 놀라운 비결

지금 시중에 나와 있는 토정비결에 대한 책들을 보면 옛날부터 내려오는 완전한 비결이 아니라 반쪽의 책이다. 그러나 반쪽이라고 말하는 사람이 없다. 그것은 주역의 원리를 모르기 때문이다. 따라서 늦은 감이 없지 않으나 앞으로의 수많은 세월을 생각하면서 완전한 해설본을 내놓기로 했다.

· 원공선사 저

한눈에 보는 손금

신비한 동양철학 52

논리정연하며 바로미터적인 지침서

이 책은 수상학의 연원을 초월해서 동서합일의 이론으로 집필했다. 그야말로 완벽하리만치 논리정연한 수상학을 정리한 것이다. 그래서 운명적, 철학적, 동양적, 심리학적인 면을 예증과 방편에 이르기까지 아주 상세하게 기술했다. 이 책은 수상학이라기 보다 한 인간의 바로미터적인 지침서 역할을 해줄 것이다. 독자 여러분의 꾸준한 연구와 더불어 인생성공의 지침서가 될 수 있을 것이다.

· 정도명 저

사주학의 활용법

신비한 동양철학 17

가장 실질적인 역학서

우리가 생소한 지방을 여행할 때 제대로 된 지도가 있다면 편리하고 큰 도움이 되듯이 역학이란 이와같은 인생의 길잡이다. 예측불허의 인생을 살아가는데 올바른 안내자나 그 무엇이 있다면 그 이상 마음 든든하고 큰 재산은 없을 것이다.

· 학선 류래웅 저

동양철학전문출판 **삼한**

쉽게 푼 주역

신비한 동양철학 10

귀신도 탄복한다는 주역을 쉽고 재미있게 풀어놓은 책

주역이라는 말 한마디면 귀신도 기겁을 하고 놀라 자빠진다는데, 운수와 일진이 문제가 될까. 8×8=64괘라는 주역을 한 괘에 23개씩의 회답으로 해설하여 1472괘의 신비한 해답을 수록했다. 당신이 당면한 문제라면 무엇이든 해결할 수 있는 열쇠가 이 한 권의 책 속에 있다.

· 정도명 저

핵심 관상과 손금

신비한 동양철학 54

사람을 볼 줄 아는 안목과 지혜를 알려주는 책

오늘과 내일을 예측할 수 없을만큼 복잡하게 펼쳐지는 현실에서 살아남기 위해서는 사람을 볼줄 아는 안목과 지혜가 필요하다. 시중에 관상학에 대한 책들이 많이 나와있지만 너무 형이상학적이라 전문가도 이해하기 어렵다. 이 책에서는 누구라도 쉽게 보고 이해할 수 있도록 핵심만을 파악해서 설명했다.

· 백우 김봉준 저

음파메세지(氣) 성명학

신비한 동양철학 51

새로운 시대에 맞는 새로운 성명학

지금까지의 모든 성명학은 모순의 극치를 이루고 있다. 이제 새로운 시대에 맞는 음파메세지(氣) 성명학이 탄생했으니 차근차근 읽어보고 복을 계속 부르는 이름을 지어 사랑하는 자녀가 행복하고 아름다운 삶을 살아갈 수 있도록 하는데 도움이 되었으면 한다.

· 청암 박재현 저

정법사주

신비한 동양철학 49

독학과 강의용 겸용의 책

이 책은 사주추명학을 연구하고자 하는 분들에게 심오한 주역의 이해를 돕고자 하는 의도에서 시작되었다. 음양오행의 상생상극에서부터 육친법과 신살법을 기초로 하여 격국과 용신 그리고 유년판단법을 활용하여 운명판단에 첩경이 될 수 있도록 했고, 추리응용과 운명감정의 실례를 하나 하나 들어가면서 독학과 강의용 겸용으로 엮었다.

· 원각 김구현 저

현장 지리풍수

신비한 동양철학 48

현장감을 살린 지리풍수법

풍수를 업으로 삼는 사람들이 진(眞)과 가(假)를 분별할 줄 모르면서 24산의 포태사묘의 법을 익히고는 많은 법을 알았다고 자부하며 뽐내고 있다. 그리고는 재물에 눈이 어두워 불길한 산을 길하다 하고, 선하지 못한 물(水)을 선하다 하면서 죄를 범하고 있다. 이는 분수 밖의 것을 망녕되게 바라기 때문이다. 마음 가짐을 바로하고 고대 원전에 공력을 바치면서 산간을 실사하며 적공을 쏟으면 정교롭고 세밀한 경지를 얻을 수 있을 것이다.

· 전항수 · 주관장 편저

완벽 사주와 관상

신비한 동양철학 55

사주와 관상의 핵심을 한 권에

자연과 인간, 음양(陰陽)오행과 인간, 사계와 절후, 인상(人相)과 자연, 신(神)들의 이야기 등등 우리들의 삶과 관계되는 사실적 관계로만 역(易)을 설명해 누구나 쉽게 이해할 수 있도록 썼으며 특히 역(易)에 대한 관심과 흥미를 갖게 하고자 인상학(人相學)을 추록했다. 여기에 추록된 인상학(人相學)은 시중에서 흔하게 볼 수 있는 상법(相法)이 아니라 생활상법(生活相法) 즉 삶의 지식과 상식을 드리고자 했으니 생활에 유익함이 있기를 바란다.

· 김봉준 · 유오준 공저